रामचरित रूपायन

विशेष सन्दर्भ बुन्देलखण्ड

संरक्षण

योगी आदित्यनाथ

माननीय मुख्यमंत्री, उत्तर प्रदेश

मार्गदर्शन

श्री जयवीर सिंह

माननीय मंत्री, संस्कृति एवं पर्यटन विभाग, उत्तर प्रदेश

निर्देशन

श्री मुकेश कुमार मेश्राम

प्रमुख सचिव, संस्कृति एवं पर्यटन विभाग, उत्तर प्रदेश
अध्यक्ष-संस्थान

श्री शिशिर

निदेशक, संस्कृति निदेशालय, उत्तर प्रदेश
उपाध्यक्ष-संस्थान

कार्यकारी संपादक

डॉ. लवकुश द्विवेदी

रामचरित रूपायन

विशेष सन्दर्भ बुन्देलखण्ड

नर्मदा प्रसाद उपाध्याय

ESTD.-1986

वाणी प्रकाशन | अयोध्या शोध संस्थान

सजिल्द प्रथम संस्करण : 2023

वाणी प्रकाशन

4695, 21-ए, दरियागंज, नयी दिल्ली-110 002

फ़ोन : +91 11 23273167, 23275710

शाखाएँ

अशोक राजपथ, पटना-800 004, बिहार
कॉफ़ी हाउस कैम्पस, महात्मा गांधी मार्ग, इलाहाबाद-211 001, उत्तर प्रदेश
महात्मा गांधी अन्तरराष्ट्रीय हिन्दी विश्वविद्यालय, वर्धा-442 001, महाराष्ट्र
36/ए, शेक्सपियर सरणी, रानी बिरला गर्ल्स कॉलेज के पास, कोलकाता-700 017, प. बंगाल
sales@vaniprakashan.in
vaniprakashan@gmail.com

In Association with

ESTD.-1986

Ayodhya Shodh Sansthan
presents

Ramcharit Rupayan
by Narmada Prasad Upadhyaya

ISBN : 978-93-5775-924-3
Religion/Culture

मूल्य : ₹ 3000

आर.के. ऑफ़सेट, शाहदरा, दिल्ली-110 032 में मुद्रित

वाणी प्रकाशन का लोगो मक़बूल फ़िदा हुसेन की कूची से

अनुक्रम

निवेदन

राम, रूप भी हैं और स्वरूप भी। रूप मोहता है और स्वरूप पूजा जाता है। वाल्मीकि ने दोनों के गुण गिनाए हैं। उन्हें वशी (सबको वश में करने वाले), वाग्मी (सुंदर वाणी बोलने वाले), श्रीमान (शोभा से सम्पन्न), विपुलांस (विशाल कंधे वाले), महाबाहु (विशाल भुजाओं वाले), कम्बुग्रीव (शंख के समान गर्दन वाले), महोरस्क (चौड़ी छाती वाले), आजानुबाहु (जिनकी भुजा घुटनों तक हो), सुललाट (सुंदर कपाल वाले), स्निग्धवर्ण (सुंदर वर्ण) और विशालाक्षी (विशाल आंखों वाले) सहित उन समस्त गुणों से युक्त कहा है जिनके कारण वे सदा एकप्रियदर्शन: अर्थात सदैव निश्चित रूप से प्रिय दीखने वाले हैं। यह राम का रूप है।

और जिस स्वरूप के कारण वे पूजे जाते हैं वह है नियतात्मा (दृढ़ चित्त वाले), महावीर्य (महाशक्तिशाली), घृतिमान (धैर्य रखने वाले), नीतिमान (नीति के मार्ग पर चलने वाले), धर्मज्ञ (धर्म के ज्ञाता), शुचिः (पवित्र), समाधिमान (जिनका अपना तत्व ब्रह्म तत्व है), समुद्रध्व गांभीर्य (सागर के समान गंभीर), क्षमया पृथवीसम (पृथ्वी के समान क्षमा प्रदान करने वाले), आदि हैं। वाल्मीकि उनके स्वरूप को 'सत्ये धर्म इवापरः' अर्थात जो सत्य में धर्म की मूर्ति के समान हो, कहते हैं।

राम का रूप तुलसी की दृष्टि में इतना मोहक है कि वे कवितावली में उन पलों का वर्णन करने का लोभ संवरण नहीं कर पाते जो पल नवपरिणीता जानकी की उस अप्रतिम भंगिमा के साक्षी हैं जब वे अपने कंगन के नग में राम के रूप को निहार रही हैं,

दूलह श्री रघुनाथ बने, दुलही सिय सुंदर मन्दिर मांहीं।
गावति गीत सबै मिलि सुन्दर बेद जुवा जुरि विप्र पढ़ाहीं।।
राम को रूप निहारति जानकी कंकन के नग की परछाहीं।
यातैं सबै सुधि भूल गई कर टेकि रही पल टारत नांहीं।।

ऐसा मोहक रूप है राम का कि उसे निहारते उनकी पलकें नहीं हिलतीं। और यही तुलसी राम के पूजनीय स्वरूप का भी वर्णन करते हैं इन शब्दों में जब राम वाल्मीकि के आश्रम पहुँचते हैं, वे कहते हैं,

राम सरूप तुम्हार बचन अगोचर बुद्धि पर।
अविगत अकथ अपार नेति नेति नित निगम कहा।।

अर्थात् राम आपका स्वरूप वाणी के अगोचर, बुद्धि से परे, अव्यक्त, अकथनीय और अपार है। वेद निरंतर उसका 'नेति-नेति' कहकर वर्णन करते हैं।

इस तरह तुलसी स्वयं रूप और स्वरूप का भेद स्पष्ट कर देते हैं। कवितावली में 'रूप' का प्रयोग करते हैं और रामचरितमानस में 'स्वरूप' का। राम के इस रूप और स्वरूप के अनेक उदाहरण हमारे वांग्मय में हैं।

राम के इस रूप ने मोहित किया कलाकारों को, विशेषकर चितेरों को और स्वरूप ने अपने पाश में बांधा भक्तों, दार्शनिकों और संतों को। इस तरह राम के रूप और स्वरूप की दो धाराएं प्रवहमान हुईं। उनके स्वरूप की धारा अधिक वेगवान रही। वह अविरल रूप से प्रत्येक युग पथ पर प्रवाहित होती रही, संत और भक्त सहित समूचा जनमानस उसमें आप्लावित होता रहा, डूबता रहा। लेकिन उनका रूप! वह गाया तो जाता रहा लेकिन रंगों और रेखाओं में उसने जो आकार लिया उस आकार की लोकप्रियता का क्षेत्रफल सीमित रहा। राम और रामदरबार की झांकी के अंकन तक उसकी लोकप्रियता प्राय: सिमट गई।

मगर तथ्य यह है कि रामचरित, चितेरों ने अपने-अपने समय में पूरे आस्था भाव से चित्रित किया, फिर चाहे वह चरित मुग़लकालीन रामचरित हो, या राजस्थान और पहाड़ की विभिन्न लघुचित्र शैलियों में रचे गए रामचरित के प्रसंग हों।

रामचरित से जुड़े इन प्रसंगों के रूपायन की यह अनमोल दृश्य विरासत, हमारे जनमानस के समक्ष बहुत कम आ पाई जबकि यह प्रभूत है तथा देश-विदेश के विभिन्न संग्रहालयों और व्यक्तिगत संग्रहों में बिखरी पड़ी है तथा आज भी वह उन आंखों की बाट जोह रही है जो उसे निहार सकें।

यह कृति एक छोटा सा प्रयास है इस दृश्य विरासत से परिचय कराने का और इसका माध्यम बने हैं बुन्देलखण्ड अंचल के अजयगढ़ में उन्नीसवीं सदी में निर्मित सचित्र रामायण के कुछ लघुचित्र जो आज से लगभग चार दशक पहले मुझे देखने को मिले थे और जिनकी सुंदर छवियां सुरक्षित कर ली गईं।

बुन्देलखण्ड में अयोध्या से ओरछा की महारानी गणेशकुंवरि के द्वारा लाए गए रामराजा विराजे हैं ओरछा के मन्दिर में, अपने पूरे दरबार के साथ, पूरे ठाठ के साथ। वे सत्रहवीं सदी में यहाँ लाए गए थे और मान्यता है कि गोस्वामी तुलसीदास के नेतृत्व में ही उन्होंने ओरछा आना स्वीकार किया था। तब से समूचे बुन्देलखण्ड अंचल में रामचरित के अंकन की बड़ी समृद्ध परम्परा रही है।

इस कृति में इसी दृष्टि से हमारी इस महान रामचरित केन्द्रित दृश्य विरासत की सहज भाषा में जानकारी दी गई है तथा बुन्देलखण्ड के ऐतिहासिक परिप्रेक्ष्य को भी स्पष्ट किया गया है।

इस कृति की विशिष्टता है बुन्देलखण्ड की देशज शैली में उन्नीसवीं सदी में निर्मित वे छत्तीस चित्र जिनमें रामचरित के सभी सात खण्डों के महत्वपूर्ण प्रसंगों के लघुचित्रों को समाविष्ट किया गया है। चित्रों के पीछे जो विवरण बुन्देली में अंकित है, उसे भी प्रकाशित किया गया है। इस तरह कुल बहत्तर अंकन इन चित्रों के इस कृति में प्रकाशित किए गए हैं।

बुन्देली क़लम की अपनी विशिष्ट पहचान है तथा बुन्देली लघुचित्र शैली में निर्मित लघुचित्र विश्वविख्यात हैं। ये छत्तीस चित्र इस दृष्टि से महत्वपूर्ण हैं क्योंकि इनकी शैली लघुचित्रों की है जबकि क़लम पूरी तरह देशज है इसलिए राम और उनसे जुड़े प्रसंग मानो हमारे समक्ष सजीव रूप में प्रस्तुत हो जाते हैं। इस कृति के माध्यम से भारतीय चित्रांकन परम्परा के विहंगम रूप के साथ बुन्देली शैली का यह देशज स्वरूप, वहाँ की स्थानीयता, रामायण की चित्रांकन परम्परा और बुन्देलखण्ड में निर्मित शैलचित्र, भित्तिचित्र, लोकचित्र और लघुचित्रों की परम्परा समग्रता के साथ पहली बार प्रस्तुत हो रही है।

हमारी यह महान दृश्य विरासत हमारी अनमोल धरोहर है।

इस कृति की रूपरेखा लंबे समय से मेरे मन में थी तथा मेरी धर्मपत्नी श्रीमती अंजना उपाध्याय इस कृति को इस रूप में संयोजित करने के लिए निरंतर प्रेरित करती रहीं। वे मेरे सृजन कर्म की धुरी रही हैं इसलिए उनका आभार क्या मानूं ? नि:संदेह यह उनकी प्रेरणा की परिणति है। मैं हृदय से श्रद्धेय डॉ. श्यामसुंदरजी दुबे के प्रति आभारी हूँ जिन्होंने इन छत्तीस लघुचित्रों के सम्बन्ध में वाल्मीकि रामायण तथा रामचरित मानस के संदर्भों, चौपाईयों व श्लोकों का परीक्षण कर उनकी उपयुक्तता सुनिश्चित की। जो मेरी अमूल्य निधि है। मेरे सभी परिजन, कलामर्मज्ञ विद्वान, स्नेही मित्र तथा अध्येता, ये सब मुझे निरंतर प्रोत्साहित करते रहे हैं, उनके प्रति कृतज्ञ हूँ। मेरे अनुजवत रेहान अन्सारी के सहयोग के बिना यह कृति इस रूप में नहीं आ पाती। टंकण और चित्र संयोजन से लेकर इसकी सीडी तैयार करने तक का कार्य उन्होंने किया। इस हेतु मैं उन्हें हृदय से साधुवाद देता हूँ। अयोध्या शोध संस्थान के ऊर्जावान निदेशक डॉ. लवकुश द्विवेदी ने इस कृति के प्रकाशन का उत्साहपूर्वक दायित्व लिया और इसके प्रकाशन को सुगम बनाया। इस हेतु मैं उनका तथा उत्तरप्रदेश शासन का हृदय से आभारी हूँ।

वाणी प्रकाशन जैसे प्रकाशक ने इस कृति को इतने मनोरम रूप में प्रस्तुत किया यह उनके प्रकाशन की उत्कृष्ट गुणवत्ता का परिचायक है। इस हेतु मैं श्री अरुण महेश्वरी तथा सुश्री अदिति महेश्वरी गोयल को हृदय से साधुवाद देता हूँ।

राम की यह विशिष्टता है कि वे उनसे प्रेरित होने वालों की नियति भी अपने जीवन के अनुकूल रच देते हैं और उनके जीवन का सार है अविराम यात्रा, ऐसी अविराम यात्रा जो रचने के लिए होती हो।

मैं यही प्रार्थना करता हूँ कि मेरे सृजन पथ पर मेरे पांव, राम की इसी यात्रा से सदैव प्रेरित होते रहें इसलिए कि रचते रहना ही, राम का अपने अंदर विराज जाना है।

मैं सुधि पाठकों और कलामर्मज्ञों से उनकी निष्पक्ष प्रतिक्रियाओं से अवगत कराने का विनम्र अनुरोध करता हूँ।

रामनवमी — वि.सं. 2080

नर्मदा प्रसाद उपाध्याय
इन्दौर

‘उस आस्था को जो सरयू के सुरम्य तट पर पावन
अयोध्या में विराजे भगवान राम के
जीवंत विग्रह का शाश्वत, स्पंदन है।’

बहुआयामी श्रीराम

राम, भारतीय अस्मिता के राग हैं। इस राग के बिना प्रत्येक भारतीय का जीवन संगीत सूना है। यह राग हमारे आचरण में पीढ़ियों से संस्कार के रूप में प्रतिष्ठित है। यह राग न हो तो जीवन न हो, वह जीवन जिसे हम जीना चाहते हैं। इसलिए राम इस देश के प्राण हैं, स्पंदन हैं, ऐसे ईश्वर हैं जो पूरी तरह मानवीय हैं और ऐसे मानव हैं जिनमें हम ईश्वर के दर्शन करते हैं। संसार में ऐसा कोई दूसरा उदाहरण नहीं है।

प्रख्यात साहित्यकार और संस्कृतिविद पंडित विद्यानिवास मिश्र का मानना है कि रामकथा के प्रसार के पीछे रामचरित की उदात्त मानवीयता और उनका लोक से सम्पृक्त हो जाना है। वे कहते हैं कि राम से पहले जटाजूट बांधने वाले तपस्वी तो बहुत हुए और किसी विशेष उद्देश्य के लिए तप करने वाले राजा भी बहुत हुए। इन सब को भारतीय लोकमानस ने सम्मान दिया क्योंकि सुख का त्याग करना भारतीय जीवन में एक महनीय मूल्य रहा है। लेकिन वनवासी राम की एक अलग धज है। वे जटाजूट बांधकर भी वन का अभावों और कष्टों से भरा जीवन जीकर भी धनुर्धर हैं।

वे कोलों, किरातों के बराबर होकर भी असहाय और निरुपाय नहीं है, वे किसी छोटे से भूखण्ड के राजा नहीं, एक विशाल मनोराज्य के सम्राट हैं। उनका कहना है कि राम स्मृति के विषय नहीं हैं वे बस मन में बसे रहते हैं, पुतलियों से कभी क्षण भर उतरते नहीं। राम को समझने के लिए शबरी बनना, निषाद बनना, कोल, किरात और गांव के साधारण जन बनना आवश्यक है। उनकी दृष्टि में रामकथा किसी नायक की न तो कथा है और न ही पारलौकिक लीला। वह तो राम-भाव का ऐसा रस-प्रवाह है, जिसमें आदमी को उबरने से डूबना अच्छा लगता है। रामकथा राम जैसे राजा मन की प्रतीक्षा है। इसे पढ़ने के लिए मन की आँख चाहिए। वे कहते हैं कि रामकथा राम की चिंता की कहानी है और जहाँ राम की चिंता का अतिशय होता है, वहाँ राम के प्रेम की पूर्णता होती है। तुलसी के राम का अपनापा ऐसा है कि यदि किसी को चोट लगती है, कोई टूटता है, खंडित होता है, गिरता है और चारों ओर से हारकर राम को पुकारता है तो वे प्रकट होकर उसकी पीड़ा स्वयं ले लेते हैं। राम के स्मरण मात्र से यह पीड़ा दूर हो जाती है। राम का रिश्ता निरंतर रिश्ता है और उनसे सम्बद्ध होने का अर्थ केवल राम से सम्बद्ध होना नहीं है बल्कि उन सबसे है, जो राम के हैं।

राम विद्यानिवासजी की दृष्टि में उनके घर ही थे और घर कभी बेगाना नहीं होता।

प्रख्यात ललित निबंधकार कुबेरनाथ राय ने विस्तार से रामकथा और उनसे जुड़े हुए प्रसंगों पर विचार किया है। राम के रूप के सम्बन्ध में वे कहते हैं, ''ऐसे थे रामचन्द्र। उनका रूप दूर्वादल श्याम था। चेहरा, हँसते

हुए नीलाभ चन्द्रमण्डल की तरह। ऐसा चन्द्रमण्डल जो आदिम रात्रियों के नीलाभ एकांत में उदित हुआ था। आजानुबाहु थे। नेत्र थे सद्यःप्रस्फुटित पद्म-पांखुरियों जैसे ! वे अचानक सामने पड़ जाते तो लगता कि मीठी-मीठी धूप से स्नात प्रसन्न निर्मल दिवस उद्घाटित हो गया।''

वे कहते हैं कि राम प्रकृति के अंदर, प्रकृति के साथ-साथ रहते हुए भी निर्लिप्त पुरुष हैं। वे माया के पशु नहीं हैं और उनका उद्देश्य भोगातीत है।

कुबेरजी राम को पूर्णावतार मानते हैं तथा इसकी कसौटी उनके अनुसार यह है कि अवतार वही पूर्ण माना जा सकता है जो रस अर्थात् सौंदर्यबोध, नीतिबोध और आत्मिकबोध इन तीनों दृष्टियों से पूर्ण हो तथा इस कसौटी पर राम ही पूर्णावतार के रूप में खरे उतरते हैं।

कुबेरजी का मानना है कि अनहद नाद के साधना-शिखर पर स्थित राम को पहचानने का अर्थ ही भारतीयता के सारे स्तरों के आदर्श रूप को, भारत के सहज चिनमय स्वरूप को पहचानना है।

कुबेरजी ने रामकथा के सम्बन्ध में एक मौलिक दृष्टि से विचार किया है। वे कहते हैं कि रामकथा सविता-कथा है। इसकी प्रकृति सूर्यात्मक है और यह द्यु-मंडल का काव्य है जो सगुण सृष्टि के विकास का 'आदि' रूप है तथा इसी से इसे 'आदिकाव्य' कहा जाता है। यह कथा मानवीय धरातल पर पारिवारिक शील के आदर्शों की और अधिदैवी धरातल पर देवासुर-द्वंद्व की ऐसी कथा है जिसमें राम प्रच्छन्न 'इन्द्र' हैं लेकिन शाश्वत धरातल पर यह कथा द्यु-मंडल के सविता की कथा है। इस तरह तीनों स्तर पर राम सूर्य-प्रतीक से जुड़े हुए हैं। राम का शील इस कथा में कभी पतित नहीं होता। वे ऋत-मार्ग से कभी भ्रष्ट नहीं होते, इसी से उन्हें 'मर्यादा पुरुषोत्तम' कहा गया है।

कुबेरजी विस्तार से उनके इन स्वरूपों पर विचार करते हैं तथा निष्कर्ष रूप में यह कहते हैं कि वैष्णव धर्म, वैदिक और लोक इन दोनों परम्पराओं का निचोड़ या मधु है और इसी से विष्णु का नाम वृहत्साम कहलाता है।

राम यों तो कथा के माध्यम से आते हैं लेकिन फिर कथा पीछे रह जाती है और राम ही कथा और कथानक दोनों हो जाते हैं। इस प्रश्न का अभी तक समाधान नहीं हो पाया कि यह कथा कितनी पुरानी है। लेकिन यह अवश्य कहा जा सकता है कि बुद्ध और महावीर के समय जनता में राम के प्रति अत्यंत आदर का भाव था। बौद्ध जातकों के अनुसार बुद्ध अपने पूर्वजन्म में एक बार राम होकर भी जन्मे थे और जैन ग्रंथों में 63 महापुरुषों में राम और लक्ष्मण की भी गिनती की जाती थी। इस तथ्य से यह अनुमान लगाया जा सकता है कि राम बुद्ध और महावीर के पूर्व से ही समाज में प्रतिष्ठित थे।

इक्ष्वाकु, दशरथ, जनक और सीता, कैकेयी तथा राम व अश्वपति के नाम वेद और वैदिक साहित्य में अनेक बार आए हैं, लेकिन विद्वान अभी तक यह स्वीकार नहीं करते कि ये नाम रामकथा के पात्रों के ही नाम हैं। सीता का उल्लेख वैदिक साहित्य में खेत में हल से बनाई हुई रेखा के रूप में आया है। यह रेखा सिरोर कही जाती थी तथा इसका समर्थन महाभारत से भी होता है। इन ग्रंथों में सीता उस रूप में विद्यमान नहीं हैं जिस रूप में वे मान्य की जाती हैं। इन अर्थों में सीता कृषि की अधिष्ठात्री देवी के रूप में वैदिक साहित्य में मान्य की गई हैं। विद्वानों का एक अनुमान यह भी है कि वेद में जो सीता कृषि की अधिष्ठात्री देवी थीं वे ही बाद में ऐसी

अयोनिजा कन्या बन गईं जिन्हें जनक ने हल चलाते हुए खेत में पाया। राम के सम्बन्ध में ऐसे विद्वान यह मानते हैं कि वेद में जो इन्द्र नाम से पूजित था वही व्यक्तित्व कालक्रम में विकास पाकर राम बन गया।

हाल ही में हुए शोध इस तथ्य को लगभग प्रमाणित कर देते हैं कि राम के वनगमन का अपना पथ था, रामेश्वरम का सेतु मानव निर्मित है तथा रामकथा ऐतिहासिक घटनाक्रम पर आधारित है। अयोध्या, चित्रकूट, पंचवटी और रामेश्वरम जैसे स्थान राम से संपृक्त माने जाते रहे हैं।

हाल ही में वर्ष 2021 में भारतीय राजस्व सेवा के प्रतिष्ठित अधिकारी रहीं श्रीमती सरोजबाला तथा श्री दिनेशचंद्र अग्रवाल ने रामकथा के वैज्ञानिक पक्ष को लेकर गहन अनुसंधान के पश्चात अपने निष्कर्ष सामने रखे हैं। ये निष्कर्ष वैज्ञानिक साक्ष्यों से पुष्ट हैं तथा इनके आधार पर यह असंदिग्ध रूप से प्रमाणित होता है कि वाल्मीकि रामायण में दिए गए खगोलीय संदर्भों को विज्ञान की कसौटी पर कसने पर वाल्मीकि रामायण में वर्णित घटनाओं की पुष्टि होती है।

वास्तव में हमारे पूर्व राष्ट्रपति तथा महान वैज्ञानिक डॉक्टर ए.पी.जे. अब्दुल कलाम ने यह कहा था कि वाल्मीकि रामायण में वाल्मीकि ने रामकथा में अनेक प्रमाण दिए हैं। एक ओर उन्होंने उस समय की खगोलीय स्थिति को वर्णित किया साथ ही राजाओं की वंशावलियों की भी जानकारी दी। इसलिए वैज्ञानिक विधि के आधार पर वाल्मीकि रामायण में वर्णित घटनाओं का समय ज्ञात करना असंभव नहीं है।

उनके इस कथन से प्रेरित होकर इन लेखकों ने वैज्ञानिक पद्धति निर्धारित की, विभिन्न स्रोतों से साक्ष्य जुटाए तथा यह असंदिग्ध रूप से सिद्ध किया कि वाल्मीकि रामायण में वर्णित घटनाएं वास्तव में सात हज़ार वर्ष पूर्व उसी क्रम में घटित हुई थीं जैसीकि वे रामायण में वर्णित हैं तथा इस तरह डॉ. कलाम ने जो तथ्य प्रस्तुत किए वे सत्य हैं।

जहाँ तक रामकथा की परम्परा का प्रश्न है, भारतीय परम्परा वाल्मीकि को असंदिग्ध रूप से आदिकवि मानती आई है तथा यह एक स्थापित मान्यता है कि रामावतार त्रेता युग में हुआ था। यह तथ्य इसलिए भी पुष्ट होता है क्योंकि महाभारत में रामायण की कथा आती है लेकिन रामायण में महाभारत के किसी भी पात्र का उल्लेख नहीं है। इसी प्रकार रामायण में बुद्ध का उल्लेख नहीं है। एक संस्करण में यद्यपि इस प्रकार का उल्लेख है लेकिन यह माना जाता है कि यह क्षेपक है। अब यह स्थापित हो चुका है कि रामायण बुद्ध से पूर्व का ग्रंथ है। फादर कामिल बुल्के का यह मानना है कि राम, रावण और हनुमान के विषय में स्वतंत्र आख्यान काव्य प्रचलित थे और इनके संयोग से रामायण काव्य जन्मा। दिनकरजी का भी यह मानना है कि राम, रावण और हनुमान ये तीनों चरित्र तीन संस्कृतियों के प्रतीक हैं जिनका समन्वय और तिरोधान वाल्मीकि ने एक ही काव्य में दिखाया है। अंततः अवतारवाद की अवधारणा में राम ईसा की आरम्भिक सदियों में पूर्णतः स्थापित हो गए। राम की कथा में भारत की भौगोलिक एकता के दर्शन होते हैं। इस कथा की लोकप्रियता इस तथ्य से स्पष्ट है कि इस कथा पर भारत की सभी प्रमुख भाषाओं में रामायण रची गई।

यहाँ यह तथ्य भी उल्लेखनीय है कि एशिया के विभिन्न देशों की संस्कृतियां रामकथा से गहरे प्रभावित हुईं। आज भी बाली सहित इण्डोनेशिया और दक्षिण पूर्व एशिया के अनेक देशों में रामकथा की व्याप्ति है तथा वहाँ रामकथा से सम्बन्धित अनेक तीर्थ भी हैं। यहाँ यह तथ्य भी उल्लेखनीय है कि रामकथा में वैष्णव तथा शैव मतों की दूरी को कम किया गया है। रामकथा का विस्तार ऐसा हुआ है कि न केवल शैव और वैष्णव मतों

की भिन्नता समाप्त हुई है अपितु ब्राह्मण धर्म में जहाँ राम को विष्णु का अवतार माना गया है वहीं बौद्ध धर्म में बोधिसत्व तथा जैन धर्म में आठवें बलदेव के रूप में उन्हें प्रतिष्ठित किया गया है। राम की भक्ति शिव की परमभक्ति हो गई है।

रामकथा की व्यापकता का अनुमान इस तथ्य से भली-भांति लगाया जा सकता है कि न केवल साहित्य में अपितु संगीत, नाटक, नृत्य, शिल्प और चित्रकला जैसे विभिन्न अनुशासनों में रामायण के प्रसंग अपने-अपने ढंग से अभिव्यक्त होते रहे हैं। रामायण की कहानी अनेक तरह से रुपांतरित होकर बार-बार जायमान होती रही है।

इस तरह यह स्पष्ट है कि राम का चरित्र युगों-युगों से भारतीय अस्मिता के संस्कारों को रचने वाला महान चरित्र रहा है। बिना राम के भारतीय लोकजीवन, साहित्य, संस्कृति और कला के तमाम अनुशासनों की पहचान ही नहीं बनती।

भारतीय लोकजीवन में राम इस तरह संपृक्त हैं कि वे लोक काव्य और लोक के आचरण का अभिन्न अंग बन गए हैं। राम की जीवन दृष्टि जातीय दृष्टि है, लोक मंगल की दृष्टि है और मर्यादा तथा ऐसी राजनीति की भी दृष्टि है जो रामराज्य के आदर्शों में अपने अस्तित्व की खोज करती है। राम की एक दृष्टि स्व के विसर्जन की दृष्टि है और एक दृष्टि काव्य की है जो वाल्मीकि और तुलसी सहित अनेक महान रचनाकारों की है।

काल के लम्बे प्रवाह में राम जैसे समर्थ और उज्जवल चरित्र जब लोक से एकात्म होते हैं तो उनका स्वरूप अंतर्अनुशासिक हो जाता है और इस स्वरूप की सबसे बड़ी विशेषता यह होती है कि वह जातीय हो जाता है, लोक का हो जाता है, लोक में समाकर फिर वह लोक के अस्तित्व का अभिन्न अंग हो जाता है। वह स्वरूप, भाषा और कौशल की तमाम सीमाओं को लांघ लेता है और फिर उसकी अभिव्यक्ति इतनी सहज और सजीव हो जाती है कि बिना किसी भेद के वह प्रत्येक मन मानस में समादृत हो जाता है। इसका एक उदाहरण मेरे पास है। मुझे लगभग 200 बरस पुरानी एक सचित्र पाण्डुलिपि मिली जिसका शीर्षक है 'रघुवर विलास'।

इसमें राम विवाह के माध्यम से बुन्देलखण्ड में अपनाए जाने वाले तमाम रीति रिवाज़ों के आधार पर चित्र बनाए गए हैं तथा विवाह के विभिन्न अवसरों पर गाए जाने वाले मंगल गीतों को इसमें सहेजा गया है। राम का विवाह एक आदर्श विवाह है। इसलिए लोक ने राम को इस रूप में ग्रहण किया। इसके अलावा राम के जन्म से लेकर उनके जीवन की तमाम घटनाएं लोक के जीवन का इसलिए अंग बन गईं क्योंकि उनमें अद्‌भुत ग्रहणशीलता थी। न केवल बुन्देलखण्ड में बल्कि देश के प्राय: सभी अंचलों के संस्कार-गीतों में जन्म से लेकर विवाह तक राम ही नवजात शिशु के रूप में, राम ही वटु या बरुआ के रूप में, राम ही वर के रूप में और राम ही एक सजग राजा और मर्यादा व्यक्तित्व के रूप में ग्रहण किए गए हैं।

चैत से ही वर्ष की शुरुआत होती है और अयोध्या में राम का जन्म चैत में होता है। तब कौशल्या सारा घर चंदन से लिपवाती हैं, मोतियों से चौक पुराती हैं, लेकिन बैसाख में यह ऋतु जहर हो जाती है, तब कैकेयी राम को वन भेजने का वर दशरथ से मांग लेती हैं। जेठ में लू चलती है और राम, लक्ष्मण तथा सीता वन में तपते हैं। आषाढ़ में घटा छा जाती है, पपीहा पुकारता है और अयोध्या में कौशल्या लक्ष्मण, राम और सीता के भींगने की कल्पना कर बिलखने लगती हैं। सावन-भादों की झड़ी में यही चिंता लगी रहती है कि मेरे बच्चे कहाँ होंगे? क्वांर में कल्पना करती हैं कि राम घर होते तो मैं भी दान-दक्षिणा देती। कातिक आते ही लगता है कि घर-घर भले दीप जल रहे हों, लेकिन हमारी अयोध्या तो अंधियारी हो गई। अगहन के महिने में सीता का विवाह हुआ

था। सोने के तारों की साड़ी सीता ने पहनी थी। पूस की रात तलवार की धार की तरह तीखी हो जाती है और याद आती है राम की, कि कुश के आसन पर वे कैसे सोए होंगे? माघ में राम के बिना जीना कठिन लगता है। भरत पादुका पर चँवर डुलाते रहते हैं, फागुन में अबीर घोलते हैं और चिंता करते हैं कि वे किस पर अबीर छोड़ें।

लोककाव्य इस प्रकार पूरे ऋतुचक्र में चैत से फागुन तक, राम को रुपायित कर देता है। इस प्रकार के बारह मासे भोजपुरी में लिखे गए हैं।

यह अपने आपमें अत्यंत विस्तार का विषय है कि विभिन्न लोकभाषाओं में राम को किस प्रकार वर्णित किया गया है। भोजपुरी में राम विषयक प्रभूत साहित्य की रचना हुई। भोजपुरी काव्य में राम के जन्म से लेकर उनके वनवास और पुत्र जन्म पर गाए जाने वाले सोहरों से लेकर उनके जीवन के विभिन्न प्रसंगों पर गीत गाए जाते हैं जिनसे कई कथानक जुड़े होते हैं। ऐसे अनेक गीत उदृत किए जा सकते हैं। एक सुन्दर गीत है जिसमें राम कौशल्या से कहते हैं कि हम तो मधुबन जा रहे हैं, तुम सीता को कैसे रखोगी? तब माँ कहती हैं कि मैं आंगन में कुंआ खुदवाउंगी और सीता को इसी आंगन में स्नान कराउंगी, खाण्ड और चिरौंजी खिलाउंगी तथा अपने हृदय के बीच रखूंगी। राम सीता से कहते हैं, तुम हमारे साथ मत चलो बहुत कष्ट होगा। लेकिन सीता कहती हैं कि मैं भूख-प्यास सह लूंगी, जेठ की दुपहरी भी सह लूंगी और मैं तुम्हें देखकर सब सुख पाउंगी। गीत इस तरह है —

राम जे चलेनि मधुबन के माई से अरज करइँ।
माई हम तो जाबइँ मधुबन के सितै कइसे रखबिउ।। 1।।
आँगन कुइयाँ खनइबइ सितहिं नहवइबइ।।
बेटा खाँड़ चिरौंजी खिअइबइ हिरदइया बीच रखबइ।। 2।।
राम जे चले मधुबन के सीता जे गोहन लागी।
सीता हमरे संग जनि चलहू बहुत दुःख पउबिउ।। 3।।
सहबइ मैं भुखिया पियसिया जेठ दुपहरिया।
पिया देखि हम तोहरी सुरतिया सकल सुख पउबइ।। 4।।

भोजपुरी में राम व उनके पुत्रों के जन्म से सम्बन्धित सोहर गीत बहुत हैं, इनमें से अधिकांश का अंत करुणा में होता है। सीता के पुत्र प्रसव से सम्बन्धित सोहर गीत में सीता की यह चिंता है कि सुनसान वन में जब पुत्र होंगे तो कौन उनके पास बैठेगा ? कौन उनके केशपाश को ढीला करेगा और कौन रातभर उनके साथ जागेगा ? इतने में ही वन में तपस्विनी आती है और वह सीता को आश्वस्त करती है कि वह सब करेगी। एक अन्य गीत में सीता के पास कोई नहीं आता तब वह जंगल में लकड़ी बीनकर आग जलाती हैं और उसी के उजाले में अपनी जुड़वा संतान का मुंह देखती हैं। गीत की दो पंक्तियां हैं —

कुस कै आढ़न कुस डासन बन फल भोजन,
सीता लकड़ी कै कइलीं अँजोर संतति मुख देखेलीं।

एक और गीत है जिसमें जंगल में ही नाई बुलाया जाता है और उसे कहा जाता है कि वह पुत्र जन्म का शुभ समाचार (रोचना) सुनाने के लिए अयोध्या जाए। सीता सबको यह समाचार सुनाने का निर्देश देती हैं लेकिन वे राम को संदेश नहीं भेजतीं। अनेक गीत ऐसे हैं जिनमें सीता के वनवास भेजे जाने को लोककाव्य में गाया गया है और भूमि में उनके समा जाने को भी शब्दों में बांधा गया है। राम-विवाह से सम्बन्धित लोकगीतों की संख्या तो इतनी है कि उन्हें गिना नहीं जा सकता। एक गीत में सीता भगवान शंकर को माला चढ़ाते हुए यह आशीर्वाद

मांगती हैं कि, बाबा अन्न-धन चाहे कम देना, पर स्वामी रूप में मुझे राम को देना जो मेरी नाव पार लगाएंगे और जिन्हें देखने से मन जुड़ जाएगा—

अन-धन चाहे जो दीहा शिव बाबा, स्वामी दिहा सिरीराम,
पार लगावैं जे मोरी नवरिया जेहि देखि हियरा जुड़ाइ।।

एक लोकगीत ऐसा है जिसमें राम के मुकुट के भींगने की चिंता की जाती है। उससे अधिक चिंता लक्ष्मण के दुपट्टे के भीगने की है क्योंकि लक्ष्मण ही तो राम के रखवाले हैं। लेकिन इन दोनों के भीगने से अधिक चिंता सीता के माथे के सिंदूर के भींगने की है, क्योंकि राम जो भी हैं वे सीता के ही कारण हैं और इसी सिंदूर की ओजस्विता के कारण ही तो राम घर लौटेंगे।

भीजै त भीजै पटुकवा सेनुरवा न भीजइ हो।
अहै, सेनुरवा के साथ सिया घर लवटइँ हो।।

भोजपुरी लोककंठ पूरे भाव से इसी सीता की आराधना करता है और कहता है कि राम और लक्ष्मण को जब प्यास लगती है तो वह सीता ही हैं जो उन्हें अमृत घोलकर दे देती हैं।

राम लछिमनवाँ के लगली पियसिया
सीता देलीं अमरिति घोर।

भोजपुरी एक समृद्ध लोकभाषा है। इसके ऋतु गीतों में, होली, चैता, कजरी, हिण्डोला, कोन्हू, जतसार, रोपनी, धोबिया, कहरवा तथा सोहनी जैसे श्रमगीतों में राम का बार-बार स्मरण मिलता है और वे इतने लोकप्रिय हैं कि कुछ न हो तो वे रामा या राम की टेक के रूप में इनमें समाए हुए हैं। राम लोक के संघर्षमय जीवन के प्रतिनिधि हैं और इसीलिए वे लोकगीतों की आत्मा के रूप में प्रतिष्ठित हैं।

लोकसाहित्य में रामकथा के अनेक रूप हैं। राम आदिवासियों में अलग रूप में प्रतिष्ठित हैं और ग्रामीण जनता के राम का स्वरूप अलग है। राम कृषक भी हैं, गृहस्थ भी हैं। वे और लक्ष्मण घर गृहस्थी के सभी कार्य करते हैं।

खेतिहर राम कैसे हैं—

राम बाधे हल, लइखन देवे माई
आउरी कि करबे जे...............
सीताया देबे रोई जे...............

अर्थात् —

राम हल चला रहे हैं।
लक्ष्मणजी जुताई करेंगे।
सीता के लिए और क्या काम है।
वे बीज बो देंगी।

एक बघेली लोकगीत में माता कौशल्या मेघ से प्रार्थना करती हैं कि, हे मेघ तुम वन में मत बरसना क्योंकि मेरे तीनों बच्चे वन में गए हुए हैं।

ओहिंतर बइठी कोसिला रानी, ते मेघा मनाव हो।
मेघा बरसा नहो, मोर मेघा, तुहिन मोर सब कुछ हो।

और एक दूसरे लोकगीत में वे कहती हैं कि, हे पूर्व में उठी बदली, तुम पश्चिम में मत बरसना, देखो मेरे तीनों बच्चे वन को गए हुए हैं। आंगन मेरे लिए मरघट के समान है और देहलीज़ पर्वत की तरह, मेरे समूचे घर में अंधकार छाया हुआ है। मेरे तीनों बच्चे वन में गए हुए हैं।

पूरब केर उमही बदरिया, पछिम जिन बरसै,
तीनिउ जन बन मेहंइ हो।
अंगना त मोरे लेखे मरघट, डेहरी त परबत,
भीतर घर अंधियार, तीनिउ जन बन मेहंइ हो।

ऐसे लोकगीत भी हैं जिनमें जनक और राम दु:खी होते हैं क्योंकि उन्हें यह ज्ञात हो जाता है कि वनवास ही होगा और सीता का हरण भी।

प्रख्यात लोकसाहित्य मर्मज्ञ पं. रामनारायण उपाध्याय ने राम के ऐसे उड़िया लोकगीतों को उद्‌त किया है जिनमें राम कृषक के रूप में कार्यरत हैं। बाहर बादल छाए हुए हैं, बिजली चमक रही है, तब सीता का मन टूटी-फूटी झोपड़ी में उदास हो जाता है और वे लक्ष्मण से कहती हैं कि वे जाकर राम को घर जल्दी से बुला लाएं।

विभिन्न लोकभाषाओं में राम की जीवनयात्रा पर केन्द्रित असंख्य गीत लिखे गए। इन सबकी बानगी देना भी अपने आप में एक पृथक ग्रंथ का विषय होगा। लेकिन इन लोकगीतों में राम की पूरी जीवनयात्रा को बड़े भावप्रवण रूप में संजोया गया है, इसके बारे में कोई संदेह नहीं। इन लोकगीतों में मर्म का उत्कर्ष तब दिखाई देता है जब सीता, धरती में समा जाती हैं। सीता तो ऐसा मिलन चाहती हैं जिसमें कभी वियोग न हो इसलिए वे राम की आंखों में आंखें डाल देती हैं और फिर राम को निहारते-निहारते धरती में समा जाती हैं।

राम का व्यक्तित्व और कृतित्व इतना विराट है कि उसे भाषा या कंठ की सीमाओं में बांधा नहीं जा सकता। यह एक आश्चर्यजनक तथ्य है कि राम जैसे ऐतिहासिक चरित्र से जुड़े असंख्य कथानक, असंख्य रूप से विस्तारित हो हमारे लोकजीवन और साहित्य में समा गए हैं। ऐसा ऐतिहासिक चरित्रों के सम्बन्ध में प्राय: नहीं होता। जो किवदंती चरित्र होते हैं या जिनकी ऐतिहासिकता सीमित होती है वे चरित्र असीमित विस्तार पाते हैं। राम साहित्य में और लोकजीवन में अपनी विविध भंगिमाओं को लिए ऐसे समाये हैं कि समय उनके लिए अर्थहीन हो गया है और इतिहास केवल संज्ञा।

राम को जनजातीय जीवन में या लोकजीवन में अद्‌भुत प्रतिष्ठा प्राप्त है। शास्त्रीय दृष्टि से जनजातीय जीवन और लोकजीवन को भिन्न माना जा सकता है लेकिन मैं इन दोनों को अविभाज्य मानता हूँ, इसलिए कि भारतीय परिवेश में जो लोक है वह इतना समर्थ है कि जातीयता उसमें घुल-मिल गई है। दोनों अविछिन्न हो गए हैं। इसलिए भी कि राम को खण्डित स्वरूप में देखा ही नहीं जा सकता। वे राजा अवश्य हैं लेकिन हैं सच्चे जनजातीय प्रतिनिधि अथवा लोकनायक जिनकी मर्यादा हमारी संस्कृति और संस्कारों की अनुशासन रेखा को खींचती है। राम चित्रकूट में जिन कोलों और भीलों के बीच रहते हैं और वे उनकी जिस तरह सेवा करते हैं, उन्हें देखकर जिस तरह हर्षित होते हैं, वह यह सिद्ध करता है कि राम अयोध्या के राजा नहीं बल्कि वहाँ के नागरिकों के नायक हैं।

कैसे हैं राम —

रामहि केवल प्रेमु पिआरा।
जानि लेउ जो जान निहारा।।

उन्हें केवल प्यार है तो निश्छल प्रेम से। चित्रकूट के कोल और भील राम, लक्ष्मण और सीता को देखकर ऐसे प्रसन्न हैं जैसे उन्होंने सभी नौ निधियां पा ली हों। वे कंदमूल और फल लेकर उनके दर्शन करने आते और उन्हें देखकर चित्रलिखित से खड़े रह जाते हैं, उनके शरीर पुलक से भरपूर हो उठते हैं और प्रेम के आंसुओं के जल की बाढ़ आ जाती है—

करहि जोहारु भेंट धरि आगे।
प्रभु गई बिलो कहिं अति अनुरागे।।
चित्र लिखे जनु जहँ तहँ ठाढ़े।
पुलक सरीर नयन जल बाढ़े।।

और राम, वे इन कपटरहित भीलों के वचन ऐसे सुनते हैं जैसे कोई पिता बालकों के वचन को सुनता है और वे ही उतने ही कोमल वचनों से उन्हें संतुष्ट करते हैं—

राम सनेह मगन सब जाने।
कहि प्रिय वचन सकल मनमाने।।

तथा —

बेद बचन मुनि मन अगम ते प्रभु करुना ऐन।
बचन किरातन्ह के सुनत जिमि पितु बालक बैन।।

राम जब उनके बीच बाते हैं तो उन्हें लगता है कि नवनिधियां उनके घर पर आ गई हैं। वे कंद, मूल और फल भर-भरकर उनके पास चले आते हैं। यह भेंट उनके आगे रखकर वे उन्हें जोहार करते हैं और लिखे हुए चित्र की तरह खड़े के खड़े रह जाते हैं। उनकी आंखों से आंसुओं की एक नहीं अनेक मंदाकिनी बहने लगती हैं। वे राम, लक्ष्मण और सीता से कहते हैं कि आप यहाँ सभी ऋतुओं में सुखपूर्वक रहें, हम सब प्रकार के जंगली जानवरों से बचाकर आपकी सेवा करेंगे तथा सरोवरों को, झरनों को आपको दिखाएंगे। मानस में यही सब कहते हुए तुलसी ने लिखा है—

यह सुधि कोल किरातन्ह पाई। हरषे जनु नव निधि घर आई।
कंद मूल फल भरि भरि दोना। चले रंक जनु लूटन सोना।।
तिन्ह महँ जिन्ह देखे दोउ भ्राता। अपर तिन्हहि पूँछहिं मगु जाता।
कहत सुनत रघुबीर निकाई। आइ सबन्हि देखे रघुराई।।
करहिं जोहारु भेंट धरि आगे। प्रभुहि बिलोकहिं अति अनुरागे।
चित्र लिखे जनु जहँ जहँ ठाढ़े। पुलक सरीर नयन जल बाढ़े।।

चित्रकूट, भरत मिलाप के प्रसंग का जीवन्त साक्षी है। गोस्वामीजी की प्रतिभा इस मिलन के वर्णन को काव्य के उत्कृष्ट शीर्ष पर पहुँचाती है —

कहत सप्रेम नाइ महि माथा। भरत प्रनाम करत रघुनाथा।
उठे रामु सुनि पेम अधीरा। कहुँ पट कहुँ निषंग धनु तीरा।।
बरबस लिए उठाइ उर लाए कृपानिधान।

भरत राम की मिलनि लखि बिसरे सबहि अपान।।
मिलनि प्रीति किमि जाइ बखानी।
कबिकुल अगम करम मन बानी।।
परम प्रेम पूरन दोउ भाई।
मन बुधि चित अहमिति बिसराई।।

लक्ष्मण जैसे ही राम से कहते हैं कि भरत उन्हें प्रणाम कर रहे हैं तब राम की सुधि जाने कहाँ खो जाती है। वे प्रेम में अधीर होकर कुछ इस तरह उठते हैं कि कहीं वस्त्र गिरता है, कहीं तरकश, कहीं धनुष और कहीं बाण और वे बलपूर्वक भरत को उठाकर अपने हृदय से लिपटा लेते हैं। दोनों भाईयों का यह मिलाप केवल उन दोनों की सुधि को ही नहीं खोता बल्कि उन सभी की सुधि को भी मानो विलुप्त कर देता है जो इस अद्‌भुत मिलन को देखते हैं। इस मिलन, इस प्रीति के वर्णन के लिए शब्द नहीं मिलते। मनसा, वाचा और कर्मणा से परे है इस मिलन का वर्णन। इस मिलन में सबकुछ गल गया है, मन, बुद्धि और चित्त, सबकुछ। दोनों भाईयों ने पूर्णता प्राप्त कर ली है और यह पूर्णता है प्रेम की।

राम को यदि भारतीय संस्कृति के रचयिता के रूप में प्रतिष्ठा दी जाए तो यह सर्वथा भारतीय संस्कृति के स्वरूप और उसकी आत्मा का परिचायक होगा। भारतीय संस्कृति समन्वय की संस्कृति है। संस्कृति वास्तव में हमारे संस्कारों का अंदर से आलोकमान हो उठना है। वह हमारे संस्कारों की विकसित अवस्था है। इसमें हमारे विश्वास और कर्म दोनों ही समाहित हैं। भारतीय संस्कृति, इस देश की विविधता में एकता का जीवन्त अनुवाद है। इस परिप्रेक्ष्य में यदि भारतीय संस्कृति की यात्रा पर दृष्टिपात किया जाए तो यह ज्ञात होगा कि यह यात्रा एकाकी यात्रा नहीं है। यह समन्वय की यात्रा है। अनेक यात्रियों की जिनके आचार भिन्न हैं, उनकी एक समान गंतव्य की ओर की जाने वाली यात्रा है और यह यात्रा रामकथा के उज्जवल आलोक में प्रत्येक युग में आगे बढ़ती है।

राम के जीवन की कथा में भारत की भौगोलिक एकता तो ध्वनित होती ही है साथ ही यह भी आश्चर्यजनक तथ्य सामने आता है कि इस देश की सभी प्रमुख भाषाओं में राम के जीवन को रचा गया है तथा जिनके प्रचार के कारण भारतीय संस्कृति की एकरुपता बढ़ी है। भारतवर्ष के विभिन्न क्षेत्रों के कवियों पर वाल्मीकि रामायण का व्यापक प्रभाव पड़ा। आगे के चरण में रामकथा के धार्मिक साहित्य व विभिन्न भाषाओं में लिखे गए साहित्य का संक्षिप्त उल्लेख किया गया है जिससे यह तथ्य पुष्ट होता है। राम के जीवन की यह कथा इतनी प्रेरक रही कि समूचा देश एक ही आदर्श की ओर उन्मुख रहा और भारत सहित सिंहल, तिब्बत, बर्मा और कश्मीर आदि में प्रचलित राम कव्यों को यदि मिला दें तो यह मानना पड़ेगा कि रामकथा एशियाई संस्कृति का महत्वपूर्ण तत्व बन गई है।

भारतीय संस्कृति की रचना ने शैव और वैष्णव मत महत्वपूर्ण रहे हैं लेकिन रामकथा में ये एकाकार हैं। रामेश्वर में शिव की प्रतिष्ठा राम के द्वारा करना तथा हनुमान का रुद्रावतार माना जाना यह स्पष्ट करता है कि राम की दृष्टि में दोनों मतों में कोई अंतर नहीं था। रामकथा में इन मतों की भिन्नता समाप्त हो गई है। वास्तव में राम ऐसे चरित्र हैं जो ब्राह्मण धर्म में यदि विष्णु के अवतार हैं तो बौद्ध धर्म में बोधिसत्व हैं तथा जैन धर्म में आठवें बलदेव के रूप में वे प्रतिष्ठा पाते हैं तथा उनमें शिवभक्ति भी समाहित हो जाती है।

राम, भारतीय संस्कृति के उन मूल्यों के प्रतिनिधि हैं जिन मूल्यों ने भारत के जनमानस की मानसिकता

और आचार दोनों को रचा है। वे मर्यादा पुरुषोत्तम कहे जाते हैं। अर्थात् मनुष्य के गुणों की मर्यादा का अपने कृतित्व में अनुपालन करने वाले सर्वश्रेष्ठ व्यक्तित्व। राम के चरित्र में ये गुण अपनी पूरी उत्कृष्टता के साथ अभिव्यक्त हुए हैं, एक पुत्र के रूप में, भाई के रूप में, पति के रूप में, पिता के रूप में, शिष्य के रूप में और अयोध्या के राजा के रूप में। फिर इन सब भूमिकाओं में आदर्श भूमिका क्या होनी चाहिए इसका निर्वाह उनके चरित्र में है। यह भी है कि इन भूमिकाओं के निर्वाह में ऐसी कौन-सी मानवीय दुर्बलताएं हैं जो आड़े आ सकती हैं, लेकिन उन पर कैसे विजय पाई जा सकती है। राम यहाँ ईश्वर नहीं हैं, मानव हैं। इसलिए मनुष्यता क्या होती है इसे उन्हें परिभाषित करना होता है और यही परिभाषा भारतीय संस्कृति की परिभाषा है। वे दुर्बल भी होते हैं, विकल होते हैं, माता सीता के अपहृत होने के बाद वे इतने विकल हो जाते हैं कि उन्हें लगता है कि सीता के जीवन के बिना उनका जीवन निरर्थक है। सीता को खोजते उन्हें रास्ते में किसी योद्धा का जब टूटा हुआ धनुष दिखाई देता है तो वे क्रोधित हो उठते हैं, देवताओं पर क्रोध करते हैं। कहते हैं कि मैं अपने बाणों की मार से तीनों लोकों की मर्यादा को नष्ट कर दूंगा। यह वाल्मीकि की कथा है और तुलसी के राम पेड़ों से, पक्षियों से, पशुओं से पूछते हैं —

हे खग, मृग, हे मधुकर श्रेनी,
तुम देखी सीता मृगनयनी।

राम की यह विकलता उन्हें मानवीय धरातल पर प्रतिष्ठित करती है। वे मनुष्य के उस व्यावहारिक मूल्य को स्थापित करते हैं जिसके कारण मनुष्य की पहचान बनती है।

राम और सीता का प्रेम अद्भुत है। यही समर्पण से भरपूर प्रेम हमारी संस्कृति का ऐसा मूल्य है जो आज भी पति और पत्नि को एकात्म रखता है। भवभूति कहते हैं कि राम की सीता के प्रति प्रीति उनके बाह्य और आंतरिक तथा व्यक्त और अव्यक्त दोनों प्रकार के गुणों के कारण निरंतर बढ़ती जाती है और रामचरित् मानस के सुन्दरकाण्ड में तुलसी कहते हैं —

तत्व प्रेम कर मम अरु तोरा। जानत प्रिया एकु मनु मोरा।
सो मनु सदा रहत तोहि पाहीं। जानु प्रीति रसु एतनेहि माहीं।।

राम के चरित्र की सबसे बड़ी विशेषता है उसका लोकोन्मुख होना। पूरा रामचरित्र लोकमंगल का आख्यान करता है। राम की पूरी जीवनयात्रा का एक ही उद्देश्य था, लोकमंगल के लिए एक आदर्श प्रतिमान खड़ा करना। राम के चरित्र के अनेक पहलू हैं लेकिन सबसे महत्वपूर्ण पहलू है अपने निजस्व का विसर्जन। अग्निपरीक्षा से निकली माता सीता का भी लोकोपवाद के कारण वे परित्याग कर देते हैं। राम की अपनी निजता तो कुछ है ही नहीं, जो कुछ भी है वह लोक का है, लोक के लिए है। इसलिए राम समग्रता के मानक हैं। निजस्व का यही विसर्जन और समग्र में समूचे लोक को समेट लेने की आकांक्षा भारतीय संस्कृति के वे मानक मूल्य हैं जिन्हें राम ने अपने कृतित्व के माध्यम से रोपा। राम अंर्तदृष्टि के प्रतिनिधि हैं, वे अपनी अंर्तदृष्टि से विश्व को देखते हैं, घटनाओं का आंकलन करते हैं—

ज्ञानहूँ गिरा के स्वामी बाहर अंतरजामी

राम, रावण के वध के बाद उसके शव को सम्मान देते हैं, विभीषण से कहते हैं कि इस मृत्यु के साथ बैर समाप्त हो जाना चाहिए। कहते हैं कि वे तुम्हारे भी और मेरे भी बड़े भाई थे इसलिए उनकी अंत्येष्टि सम्मानपूर्वक होना

चाहिए—

मरणान्तानि वैराणि निर्वृत्तं नः प्रयोजनम्।
क्रियतामस्य संस्कारो ममाप्येष यथा तव।।

(—वाल्मीकि रामायण, युद्धकाण्ड, 111/100)

राम वन्य संस्कृति के भी संरक्षक हैं। जब सीता का हरण रावण कर रहा था तब माता सीता ने वन का ही आव्हान करते हुए कर्णिकार, गोदावरी और वनदेवताओं तथा वन के पशु-पक्षियों का आव्हान करते हुए कहा था कि राम से कहो कि रावण उनका हरण कर ले जा रहा है। राम ने वन्य संस्कृति को अद्‌भुत प्रतिष्ठा दी है। वाल्मीकि रामायण में सीता के साथ पूरा वन है। पुष्करणी, कमल, वन के पशु-पक्षी, पर्वत, जलप्रपात ये सभी सीता के साथ हैं। वाल्मीकि हों, भवभूति या तुलसी इन सभी ने तपोवन परिक्रमा करते हुए वन्य संस्कृति के प्रति राम और सीता की प्रतिबद्धता को स्पष्ट किया है।

वाल्मीकि रामायण में राम चिंता करते हैं कि इस हेमन्त में, इस ठण्ड में राज्य का सब सुख और भोग छोड़कर भरत तपस्यारत् रहते हुए मुट्‌ठीभर खाकर ठण्डी ज़मीन पर कैसे सो रहे होंगे। राम का चरित्र इसी वन्य संस्कृति का काव्य है।

ऐसे अनेक उदाहरण वाल्मीकि, तुलसी और भवभूति सहित विभिन्न रामायणों से दिए जा सकते हैं जिनमें उन मूल्यों को व्यक्त किया गया है जो मूल्य राम ने अपने कृतित्व के माध्यम से अपने युग में रोप दिए वही मूल्य आज हमारी संस्कृति की उज्जवल पहचान हैं।

राम भारतीय कला की शाश्वत धरोहर हैं। वाल्मीकि के द्वारा रचित रामायण, रामचरित का आख्यान करने वाला सर्वाधिक प्राचीन ग्रंथ है तथा इसी आदिग्रंथ को आधार बनाकर परवर्ती रामायण लिखी गईं जिनमें सर्वाधिक प्रसिद्ध रामचरितमानस है। रामचरितमानस की लोकप्रियता का अनुमान जैसा कि पूर्व में उल्लेख किया गया है, इस तथ्य से लगाया जा सकता है कि पूरे दक्षिण और दक्षिण पूर्व एशिया में रामायण के प्रसंगों को चित्रित और उत्कीर्णित किया गया है। अंगकोरवाट के मन्दिर इसका आदर्श उदाहरण हैं।

रामायण के संदर्भ में यह विशेष रूप से उल्लेखनीय है कि चाहे दक्षिण भारत की मन्दिर सरणि हो या उत्तर भारत के विशाल क्षेत्र में फैले हुए मन्दिर, रामायण के प्रसंगों का उत्कीर्णन बहुतायत से किया गया है। रामायण के प्रसंग टेराकोटा में भी मिलते हैं। उत्तर प्रदेश के भीटा गांव में पांचवीं शताब्दी में निर्मित एक मन्दिर में बहुत सुंदर टेराकोटा शिल्प मिला है जिसमें राम तथा लक्ष्मण को धनुष बाण लिए हुए वनवासी रूप में दर्शाया गया है। हाल ही में हुई खोजों में हरियाणा के नाचरखेड़ा नामक स्थान पर रामायण में वर्णित प्रसंगों का एक बड़ा पैनल मिला है जिस पर ब्राह्मी लिपि उत्कीर्ण है। गया जिले में भी एक छटवीं सदी का मन्दिर मिला है जिसमें रामायण के विभिन्न प्रसंग उत्कीर्णित हैं। एक अंकन में निषादराज की नांव से नदी पार करते हुए राम, लक्ष्मण और सीता को दर्शाया गया है। इसी तरह बुन्देलखण्ड के नाचना स्थित मन्दिर में रामकथा के उत्कीर्णन के छः पैनल मिले हैं जो पांचवीं सदी के हैं तथा वर्तमान में राष्ट्रीय संग्रहालय, नई दिल्ली में हैं। इन अंकनों में सीता हरण के पूर्व के दृश्य चित्रित हैं। इनमें रावण को ऋषि के वेश में दर्शाया गया है तथा एक अंकन ऐसा है जिसमें बालि व सुग्रीव के बीच हुए युद्ध को अंकित किया गया है। एक अंकन में हनुमान भी दिखाई देते हैं। पाषाण पर उत्कीर्ण किए गए अंकन गुप्तकालीन देवगढ़ के मन्दिर में भी मिले हैं, ये अभी राष्ट्रीय संग्रहालय, नई दिल्ली

में हैं। इनमें से एक अंकन शर्पणखा के प्रसंग का है। चालुक्यों के समय में भी रामायण के प्रसंग उत्कीर्ण किए गए। पट्टादकल के प्रसिद्ध अवशेष इसके साक्षी हैं। आरम्भिक चोल काल में निर्मित नागेश्वर मन्दिर व हम्पी के अवशेषों में भी इस प्रकार के अंकन मिले हैं। इन अवशेषों में राम के राज्यारोहण व अन्य घटनाओं का अंकन मंडप की छत पर किया गया है।

हम्पी के अवशेषों में मिले ये अंकन इस दृष्टि से महत्वपूर्ण हैं कि हम्पी को किष्किंधा भी कहा जाता है। एलोरा के कैलास मन्दिर की दीवारों पर रामायण के उत्कीर्णन जीवंत रूप में उत्कीर्णित किए गए हैं।

यहाँ यह भी विशेष रूप से उल्लेखनीय है कि अनेक राम मन्दिर तथा राम व सीता एवं हनुमान की अनेक मूर्तियां बंगाल में बनीं तथा वहाँ के टेराकोटा के मन्दिरों पर अनेक फलक राम के जीवन की घटनाओं पर उत्कीर्णित किए गए। ऐसे मन्दिरों के सम्बन्ध में डॉ. शशिकान्त भट्ट ने विवरण देते हुए अवगत कराया है कि बंगाल के बीरभूम जिले में अदित्यपुर, बंकती, लबपुर, इलमबाजार व सुरूल में श्रीराम के कई मन्दिर ज़मींदारों द्वारा निर्मित किए गए जिनमें रामायण की कई महत्वपूर्ण घटनाओं को मिट्टी के फलकों पर उकेरा गया। ये सभी मन्दिर उन्नीसवीं सदी के हैं।

शांति निकेतन से लगभग 23 कि.मी. दूर अजोय नदी पर स्थित बंकती की बस्ती में वहाँ के एक ज़मींदार श्री रामप्रसाद मुखोपाध्याय ने एक राम मन्दिर का निर्माण कराया जिसमें राम के जीवन की अनेक घटनाओं को पकी मिट्टी के फलकों पर उत्कीर्णित किया गया। इसमें से एक फलक ऐसा है जिस पर राम दरबार उकेरा गया है तथा श्रीराम के मस्तक पर मुकुट के स्थान पर सुंदर मारवाड़ी पगड़ी व माता सीता के सिर पर सुंदर ओढ़नी उकेरी गई है। इसी प्रकार के मिट्टी के फलक पर अंकन लबपुर में भी हैं जो एहमदपुर से सात कि.मी. दूर अवस्थित है। कालिकापुर के शिव मन्दिर तथा इलमबाज़ार के लक्ष्मी-जनार्दन मन्दिर में व सुरूल के मृदपट्ट मन्दिरों में भी विभिन्न दृश्यों वाले रामकथा के अंकन चित्रित किए गए हैं। वीरभूम के मन्दिरों में भी ये अंकन हैं।

शांति निकेतन के निकट जो विभिन्न टेराकोटा मन्दिर बिशनपुर व उसके आसपास निर्मित किए गए हैं उनमें कृष्णलीला के साथ-साथ भगवान राम के जीवनचरित से सम्बन्धित विभिन्न घटनाओं को उरेहा गया है। पश्चिम बंगाल के ये टेराकोटा मन्दिर विश्वप्रसिद्ध हैं।

मध्यप्रदेश के पूर्वी निमाड़ क्षेत्र में बटकेश्वर (बालिकेश्वर) के मन्दिर की एक देहरी पर बालि और सुग्रीव के उत्कीर्णन पाए गए थे। ये अब इंदिरा सागर बांध की डूब से प्रभावित हो गए हैं। इसी प्रकार हरदा के पास नेमावर के मन्दिरों में भी रामायण के शिल्पांकन मिले हैं। दिल्ली से 150 कि.मी. तथा पश्चिमी कुरुक्षेत्र से 130 कि.मी. दूर एक अंकन में अशोक वाटिका को हनुमान के द्वारा नष्ट करते हुए चित्रित किया गया है। इसकी पुष्टि ब्राह्मी में उत्कीर्ण लेख, 'अशोक वाटिका हन्ता हनुमान्' से भी होती है। 'मकराक्ष राम द्वन्द्व-युद्ध' शीर्षक से उकेरा गया एक मृदफलक कुरुक्षेत्र से 80 कि.मी. दक्षिण पूर्व में अवस्थित एक स्थान पर मिला है। इसी प्रकार का एक और मृदफलक झज्जर गुरुकुल संग्रहालय में संरक्षित है। इसमें राम के द्वारा बालि के वध की घटना को उरेहा गया है।

रामायण को दक्षिण पूर्व एशिया के अनेक स्थलों पर भित्तियों पर उत्कीर्णित किया गया। इनमें जावा के प्रम्बनान तथा पनातरान, कम्पूचित्रा के अंकोरवाट तथा थाईलैण्ड के जैतूवन विहार के अंकन विशेष रूप से उल्लेखनीय हैं।

यहाँ यह भी उल्लेखनीय है कि पाषाणों के अतिरिक्त टेराकोटा, धातुशिल्प व हाथी दांत पर बनाए गए रामकथा पर आधारित शिल्पों के सम्बन्ध में विस्तृत जानकारी उपलब्ध है। यहाँ यह उल्लेखनीय है कि हमारे प्राचीन साहित्य में चित्रांकन के संदर्भ तो विपुलता से मिलते हैं किन्तु साक्ष्य उपलब्ध नहीं होते। साक्ष्यों के उपलब्ध न होने का सबसे बड़ा कारण विदेशी आक्रमणों के होने से उनका नष्ट हो जाना रहा है।

हाल ही में अयोध्या में किए गए उत्खनन में प्राचीन राम मन्दिर के अवशेषों के प्रमाण भी मिले हैं। अब माननीय सर्वोच्च न्यायालय के द्वारा इन प्रमाणों के आधार पर निर्णय दिए जाने के फलस्वरूप अयोध्या में राम मन्दिर का निर्माण किया जा रहा है। माननीय उच्च न्यायालय इलाहाबाद ने विस्तार से अपने निर्णय में इन अवशेषों के सम्बन्ध में जानकारी दी है जो डॉ. लाल के नेतृत्व में अयोध्या में किए गए उत्खनन में निकले पाषाणी अवशेषों के आधार पर आधारित है।

पटना संग्रहालय में रामायण के दृश्य को शिल्पांकित करने वाली पकी हुई ईंटें संरक्षित हैं। इनमें भगवान राम के साथ हनुमान व उनकी वानर सेना को उत्कीर्ण किया गया है। मध्य प्रदेश में नचना के मन्दिरों में भी गुप्तकालीन स्थापत्य के वे उदाहरण विद्यमान हैं जिनमें रावण को माता सीता से भिक्षा मांगते तथा लक्ष्मण द्वारा भगवान श्रीराम की उपस्थिति में सूर्पणखा की नाक काटते हुए शिल्पांकित किया गया है।

उनके अनुसार गुप्तकाल में शिखरविहीन चौकोर भवन वाले ऐसे राम मन्दिर निर्मित किए गए जिनकी दीवारों पर श्रीराम के जीवन की प्रमुख घटनाओं का उत्कीर्णन मृद पट्टिकाओं पर किया गया था। इनमें बाली-राम युद्ध, राम-रावण युद्ध, अशोक वाटिका में माता सीता और हनुमान, पंचवटी जाते हुए राम, सीता और लक्ष्मण, श्रीराम और मकराक्ष राक्षस का युद्ध, बाली-सुग्रीव युद्ध, त्रिशीरा राक्षस के युद्ध में श्रीराम द्वारा सिर-छेदन, स्वर्ण मृग का पीछा करते श्रीराम, अशोक वाटिका नष्ट करते हनुमान, वानर सेना का नेतृत्व करते हनुमान तथा सेतु निर्माण हेतु पत्थर रखते हुए वानर सैनिक आदि दृश्यों का उत्कीर्णन किया गया है।

हरियाणा के नाचरखेड़ा जीन्द व संधाय में भी इस प्रकार के उत्कीर्णन मिले हैं जिनके ऊपर या नीचे गुप्तकालीन ब्राह्मी लिपि में वाल्मीकि रामायण के संस्कृत श्लोक भी उकेरे गए हैं। ये लगभग 500 वर्ष पुराने हैं।

डॉ. भट्ट ने यह भी अवगत कराया है कि चौदहवीं सदी में विजयनगर राज्य की स्थापना के साथ ही वहाँ के स्थापत्य में विशेषकर वीरभद्र मन्दिर लेपाक्षी व विट्ठल मन्दिर हम्पी में रामायण की प्रमुख घटनाओं जैसे राज्यारोहण आदि का मण्डप छत पर चित्रण किया गया है। उनके अनुसार अक़बर दरबारी राजा टोडरमल ने 23 जिल्दों में 75000 श्लोकों वाले 'टोडरानन्द' काव्य का सम्पादन कराया जिनमें एक खण्ड रामावतार का भी था।

सम्राट अक़बर ने वर्ष 1604-1605 ईस्वी में सोने और चांदी के सिक्के जारी किए जिनके अग्रभाग पर धनुर्धारी राम व सीता खड़े हैं तथा ऊपरी भाग में नागरी लिपि में रामसीय तथा पृष्ठभाग पर फारसी में 50 इलाही, (अक़बर के राज्यारोहण का 50वां वर्ष) अमरदाद (महीना) टंकित है।

मध्य प्रदेश के संदर्भ में विशेष जानकारी देते हुए उन्होंने अवगत कराया कि अठारहवीं सदी के अंतिम दशकों में मालवा में रामायण संस्कृति तथा परम्परा को देशी रियासतों के शासनकाल में पर्याप्त प्रोत्साहन मिला जहाँ अनेक राम मन्दिर बनवाए गए तथा हनुमानजी की मूर्तियों का निर्माण हुआ। धार के शासकों ने सन् 1782 से अपनी मुद्राओं में हनुमानजी की आकृतियुक्त तांबे के कई सिक्के टंकित कराए। इसी प्रकार रतलाम राज्य के शासकों ने भी एक पैसे के लिए जो सिक्का ढलवाया उसके अग्रभाग पर एक हाथ में गदा तथा दूसरे हाथ में

गिरिखण्ड धारण किए हनुमान टंकित हैं। इसी तरह बिरमावल ठिकाणे के राजा हांडासिंह के तांबे के सिक्के पर भी उसके अग्रभाग पर दौड़ते हुए ऐसे हनुमान टंकित हैं जिनके हाथ में गदा व दूसरे हाथ में गिरिखण्ड है तथा पृष्ठभाग पर बिरमावल का हनुमान मन्दिर तथा उसके सम्मुख फहराता हुआ ध्वज टंकित है। ऐसे अनेक राम टंके भारत के विभिन्न प्रदेशों में विगत 200 वर्षों में टंकित किए गए।

राम और उनकी जीवनयात्रा के प्रसंगों पर केन्द्रित पाषाण शिल्प, धातु शिल्प तथा हाथी दांत पर बनाए गए शिल्प बहुतायत से उपलब्ध हैं। इनके सम्बन्ध में विस्तार से वर्णन किया जाना एक पृथक कृति का विषय होगा। पूर्व चरण में केवल एक झांकी उत्कीर्णनों के सम्बन्ध में दी गई है।

रामकथा के आधार पर किए गए चित्रांकनों के सम्बन्ध में ''रामायण की चित्रांकन परंपरा'' शीर्षक अध्याय में विस्तृत विवरण दिया गया है।

रामकथा के प्रदर्शनकारी रूप भी हमारी परम्परा में लम्बे समय से विद्यमान रहे हैं। भारत में नृत्य और नाट्य में रामकथा सबसे अधिक अभिव्यक्त की गई है। गायन की अनेक विधाओं में भी रामकथा के आधार पर किए जाने वाले अभिनय को देखा जा सकता है। विशेष रूप से एकल कथा गायन और कथन शैलियों में रामकथा के अभिनव तत्व विद्यमान होते हैं जिनके कारण रामकथा का एक प्रदर्शनकारी स्वरूप सामने आता है। 'रामसत्ता' जैसे कीर्तनिया रूप में भी रामकथा अभिव्यक्त होती है।

उत्तर भारत की रामलीला अनेक लोक शैलियों में विद्यमान हैं फिर वह चाहे तुलसी मंच की रामलीला हो या पारसी शैली की। उनमें अभिनय मात्र भावानुप्रवेश के रूप में मिलता है। स्वयं तुलसीदास ने बनारस के अस्सी घाट पर ऐसी रामलीला के अभिनय की कल्पना की थी जिसमें लोग अभिनय ही नहीं देखते थे बल्कि उस अभिनय में साक्षात राम के दर्शन करते थे, उनसे जुड़े हुए पात्रों को देखते थे। बाद में तुलसी के परम शिष्य मेघा भगत ने इस परम्परा को आगे बढ़ाया जो आज भी जारी है तथा इसकी निरंतरता 600 वर्षों की है। यह अस्सी घाट पर सम्पन्न होती है। बनारस में ही राम नगर की रामलीला वास्तव में भावलीला है जो आज भी प्राचीन स्वरूप में सम्पन्न होती है तथा अनेक दिवसों तक चलती है। यह वास्तव में भावलीला है जिसमें लाखों लोग सम्मिलित होते हैं।

रामलीला में गायन महत्वपूर्ण है। अपने समय में राधेश्याम रामायण बहुत लोकप्रिय हुई। संगीत इनमें स्वाभाविक रूप से आता है तथा यह परम्परा तब से आरम्भ हुई मानी जाती है जब लव-कुश ने वाल्मीकि के द्वारा रचित रामायण को अपने पिता राम को उनके राज दरबार में सुनाया था। रामकथा पर बैले भी हुए तथा ये सफल हुए क्योंकि बैले में गीत, संगीत तथा अभिनय का मनोरम समन्वय होता है। बैलेकार शांतिवर्धन ने कठपुतली शैली में रामकथा बैले को काफी लोकप्रिय किया। राजस्थान की कठपुतलियों के प्रदर्शन में भी रामकथा की लोकप्रियता के दर्शन होते हैं।

श्रीलंका में रावणवंशी आदिवासियों के बीच अनेक रामायण व उनके प्रदर्शन प्रचलित हैं। बर्मा (म्यांमार) में रामलीला होती है तथा लाओस में रामायण 'फालक का नाम' के नाम से प्रसिद्ध है तथा इसके आधार पर यहाँ रामलीला की जाती है। बांग्लादेश में 'रंगचीया' नाम की रामायण प्रचलित है जिसके आधार पर प्रदर्शन भी होते हैं। इसी तरह भूटान में 'लिंग गेसर गेलपो' नामक राजा की रामायण प्रचलित है जिसके आधार पर भी प्रस्तुतिकरण किए जाते हैं। पारम्परिक लोक विधाओं ने शास्त्रीय कला को भी प्रभावित किया है। इनमें दक्षिण का वह यक्षगान प्रमुख है जिसमें रामायण की प्रस्तुति होती है। इसी क्रम में महाराष्ट्र के दशावतार, कर्नाटक के

रामनाट्यम व तमिलनाडु के तेरुकुट्ट को सम्मिलित किया जा सकता है। इनमें रामकथा के प्रदर्शनकारी तत्व विद्यमान हैं। रामदरबार या सीताराम की झांकी आज भी बहुत लोकप्रिय है जिसे देखकर लोग स्वयं को धन्य समझते हैं तथा स्वरूपों की पूजा करते हैं।

वाल्मीकि की रामायण ने मध्यकाल में रामचरित् मानस के लिखे जाने के परिणामस्वरूप अद्‌भुत लोकप्रियता प्राप्त की तथा उसने कलाकारों के लिए उनकी कल्पनाशीलता के नए द्वार खोले। इन कलाकारों ने शब्दों की रामायण को रंगों और रेखाओं के माध्यम से कुछ इस तरह रचा कि यह रचाव हमारे कला इतिहास की महान धरोहर बन गया। रामायण की चित्रांकन परम्परा के सम्बन्ध में पृथक अध्याय में पूर्ण विवरण सचित्र रूप में दिया गया है।

रामायण हमारी सांस्कृतिक अस्मिता को रचने वाला महान ग्रंथ तो है ही वह साहित्य की दृष्टि से भी अत्यंत महत्वपूर्ण ग्रंथ है। रामकथा की लोकप्रियता इसी से सिद्ध है कि वह पूरे दक्षिण एशिया में आज भी अत्यंत लोकप्रिय है तथा उत्तर और दक्षिण भारत की तमाम प्रतिनिधि भाषाओं में उसे वर्णित किया गया है। यदि उत्तर में तुलसी का रामचरित् मानस है तो दक्षिण में कम्बन रामायण। जैन पऊम-चरिउ में रामकथा अपने ढंग से कही गई है। इसलिए यह तो असंदिग्ध तथ्य है कि रामकथा अत्यंत लोकप्रिय रही है लेकिन यह तथ्य भी अपने स्थान पर विद्यमान है कि इस कथा में एकरूपता नहीं है। हर रामायण एक-दूसरे से अनेक प्रसंगों में भिन्न है।

रामकथा के प्रख्यात विद्वान रेवरेण्ड फादर कामिल बुल्के ने अपने विद्वत्तापूर्ण ग्रंथ में रामकथा सम्बन्धी विभिन्न साहित्यिक आख्यानों का विवरण दिया है। उनका मानना है कि रामकथा सम्बन्धी आख्यान काव्यों की वास्तविक रचना वैदिक काल के बाद, इक्ष्वाकु-वंश के राजाओं के सूतों ने आरम्भ की तथा इन्हीं आख्यान काव्यों के आधार पर वाल्मीकि ने अपनी रामायण का सृजन किया। इस रामायण का उस समय के समाज में बहुत प्रचार था तथा कुशी-लव उसका गान करके और उसके अभिनेता उसके प्रसंगों का अभिनय कर, जीविकोपार्जन करते थे। धीरे-धीरे रामचरित् की लोकप्रियता बढ़ती गई और उसे केन्द्र में रखकर साहित्य रचा जाता रहा।

संस्कृत उस समय की सबसे प्रतिष्ठित भाषा थी। इसलिए संस्कृत के धार्मिक साहित्य में रामकथा की अनेक रचनाएं हुईं। इनमें रघुवंश, भट्टकाव्य, महावीरचरित्, उत्तर-रामचरित्, प्रतिमा-नाटक, जानकी-हरण, कुन्दमाला, अनर्घराघव, बालरामायण, हनुमन्नाटक, अध्यात्म-रामायण, अद्‌भुत-रामायण तथा आनंद-रामायण जैसे काव्य शामिल हैं।

आधुनिक देशभाषाओं के काल में रामचरित् पर अनेक उत्कृष्ट काव्य लिखे गए। इनमें प्रमुख हैं—कम्बन-कृत तमिल रामायण (12वीं सदी), तेलुगु द्विपाद रामायण (12वीं सदी) मलयालम रामचरितम् (14वीं सदी), बंगला कृतवासी रामायण (15वीं सदी), उड़िया बलरामदास रामायण (15वीं सदी), कन्नड़ी तोरावे रामायण (16वीं सदी), मराठी भावार्थ रामायण (16वीं सदी) तथा तुलसीकृत रामचरित् मानस (16वीं सदी)। इस सूची में वे अनेक रामकाव्य सम्मिलित नहीं हैं जो विभिन्न युगों में, देश के विभिन्न अंचलों में, विभिन्न भाषाओं में रचनाकारों ने रचे। ये काव्य केवल भारत में ही नहीं रचे गए अपितु तिब्बत से लेकर हिन्दचीन और समूचे दक्षिणी एशिया में इनकी रचना हुई तथा रामकथा, साहित्य का अभिन्न अंग बन गई।

यहाँ एक क्षेत्रीय उदाहरण देना पर्याप्त होगा। रामकथा का प्रचार-प्रसार सुदूर महाराष्ट्र के खानदेश

अंचल तक हुआ। धूलिया के समर्थ वाग्देवता मन्दिर में तुलसी के समकालीन कवि जसवन्त के ग्रंथ संरक्षित हैं। प्रख्यात साहित्यकार डॉ. मुरलीधर शहा ने जसवन्त की कृतियों पर महत्वपूर्ण कार्य किया है। जसवन्त कीर्तनकार थे। उनके अनेक पद राग-रागिनियों में आबद्ध हैं। उन्होंने मराठी मिश्रित खड़ी बोली में अपने सरस पदों की रचना की। जसवन्त ने स्फुट पदों में रामकथा की रचना की।

जिस प्रकार तुलसी को केवल अपने राम पर विश्वास है उसी तरह जसवन्त को भी राम के अतिरिक्त किसी और पर विश्वास नहीं। वे कहते हैं,

नैरे मेरे और न सु काम
राज्या राम बिनु कछु ही न जान्यो
येक देव मोकु कैवल्य राम।।
येक बुंद की करी हो आशा
जलधर से प्रीती धसी हो राम।।

रामजन्म को उन्होंने राग सारंग में इस तरह बांधा है,

राम जन्म सुनी नाचत मुनीजन। नाचत गणगंधर्व किन्नर।
नाचत धरणी नाचत शेष। नाचत उमया सहित महेश।
नाचत मधवा पुष्पही बरखत। नाचत भानु मगमो हरखत।
नाचत विधि और नाचत ईश। नाचत अमर सहित तेतीस।
नाचे तरु बंश दंडक वनमो। नाचत जसवं प्रफुलित मनमो।

जहाँ तक रामकाव्य के प्रमुख साहित्यिक ग्रंथों का प्रश्न है इनमें, वाल्मीकि, भवभूति और तुलसी प्रमुख हैं।

वाल्मीकि आदिकवि हैं तथा उनके द्वारा रची गई रामायण ही अन्य रामकाव्यों का स्रोत है। वाल्मीकि ने क्रौंचवध को देखकर उपजी करुणा के वशीभूत होकर रामायण रची। यह कहा जाता है कि ब्रह्मा ने वाल्मीकि को आज्ञा दी कि तुम धर्म के प्रतिमान, सत्य और करुणा के प्रतिमान राम की पूरी कहानी लिखो। उनसे जुड़ी हुई प्रत्येक घटना को लिखो। कुछ छोड़ो मत। तुमसे यदि कुछ छूटेगा तो ध्यान योग से वह तुम्हारे सामने उपस्थित हो जाएगा और तुम्हारी यह कथा जब तक यह पर्वत हैं, नदियां हैं तब तक लोक में प्रचारित होती रहेगी और परलोक में भी प्रचारित होगी। एक सृष्टा ने, वाल्मीकि के रूप में एक सृष्टा को पहचान लिया। ब्रह्मा ने उन्हें अपने बराबर स्थान दिया और तब वाल्मीकि आदिकवि का दायित्व सरस्वती की कृपा से निबाहने बैठे,

श्लोक एवास्त्वयं बद्धो नात्र कार्या विचारणा।
मच्छन्दादेव ते ब्रह्मन् प्रवृत्तेयं सरस्वती।।
रामस्य चरितं कृत्स्नं कुरु त्वमृषिसत्तम।
धर्मात्मनो भगवतो लोके रामस्य धीमतः।।

(-वाल्मीकि रामायण, बालकाण्ड, 2/31-32)

फिर वाल्मीकि ने साहित्य का इतिहास रच दिया। उन्होंने इतने भाव से रामायण रची कि वह युगों का कण्ठाहार बन गई। वह न केवल इस देश का इतिहास बनी बल्कि मानवमात्र की ऐतिहासिक यात्रा की साक्षी बन गई।

वाल्मीकि की रामायण में कठोरता और ममता दोनों के अछोर विस्तार हैं लेकिन विशेषता यह है कि राम के निर्णयों में ममता तिरोहित नहीं होती वह विद्यमान रहती है। रामायण एक कहानी मात्र नहीं है वह अपने आपमें एक स्वतंत्र संसार है। इस काव्य में गोचर जगत का सौंदर्य मन के प्रवाह में घुल जाता है और एक अलौकिक रूप धारण कर लेता है। रामायण की प्रत्येक परिस्थिति वास्तविकता प्रतीत होती है। वाल्मीकि ने दशरथ, कौशल्या, राम, लक्ष्मण, सीता, भरत और विभीषण, इन सभी के द्वन्दों को शब्द दिए हैं। फिर राम जैसे सहनशील और मर्यादापुरुषोत्तम की उस मानवीय वेदना को भी मार्मिक ढंग से चित्रित किया है जब सीता के बिछोह में वे अपना मानसिक संतुलन ही प्राय: खो देते हैं और वन में एक वृक्ष से दूसरे वृक्ष की ओर दौड़ते हुए पूछते हैं कि कदम्ब बताओ सीता कहाँ हैं, तुम्हारे पुष्प सीता को बड़े अच्छे लगते थे। उसके अंग तुम्हारे पल्लवों के समान स्निग्ध हैं। उसके अंगों पर तुम्हारे फूलों के रंग जैसे कौशेय वसन हैं। बिल्व, तुमने सीता को देखा है ? तुम्हारे फलों के जैसे उसके स्तन हैं। कुटज, तुमने सीता को देखा है ? उसके उरु तुम्हारे तने की तरह है। अशोक, तुम शोक दूर करने वाले हो, तुम सीता का पता क्यों नहीं बताते —

अस्ति कच्चित्त्वया दृष्टा सा कदम्बप्रिया प्रिया।
कदम्ब यदि जानीषे शंस सीतां शुभाननाम्।।
स्निग्धपल्लवसंकाशां पीतकौशेयवासिनीम्।
शंसस्व यदि सा दृष्टा बिल्व विल्वोपमस्तनी।।
ककुभ: ककुभोरुं तां व्यक्तं जानाति मैथिलीम्।
लतापल्लवपुष्पाढ्यो भाति ह्येष वनस्पति।।

(—वाल्मीकि रामायण, अरण्यकाण्ड, 60/12-13, 15)

वाल्मीकि रामायण का सर्वाधिक भावप्रवण प्रसंग है सीता की अग्नि परीक्षा। एक ओर तो राम, सीता के प्रति इतने व्याकुल हैं तो दूसरी ओर वह यह भी कहते हैं कि सीता मैंने तुम्हें पाने के लिए युद्ध नहीं किया अपितु सदाचार की रक्षा के लिए, लोकनिंदा से बचने के लिए तथा कुल पर कुलवधु हरण के लगे कलंक की शुद्धि के लिए युद्ध किया है। फिर सीता राम को फटकारतीं हैं। कहती हैं तुमने मेरा तिरस्कार नहीं किया, तुमने छोटे आदमी की तरह नारीत्व का तिरस्कार किया है। मेरी भक्ति, मेरा शील इन सब की तुमने अनदेखी की है। लेकिन राम कठोर हो गए हैं, वे सीता की परीक्षा लेते हैं और कहते हैं मैं केवल दाशरथि राम हूँ, मैं और नहीं जानता —

आत्मानं मानुषं मन्ये रामं दशरथान्मजम्।

और अंतत: सीता तपाये हुए सोने की तरह दीप्त रूप में अग्नि के बाहर निकल आती हैं। तब राम कहते हैं कि मुझे विश्वास था कि सीता तो स्वयं में अग्निशिखा हैं। फिर दूसरा प्रसंग तब आता है अग्निपरीक्षा का जब सीता वाल्मीकि के आश्रम से लौटती हैं और राम पुन: सीता को आदेश देते हैं कि वे अयोध्या की सभा में आकर शपथ करें कि मैं परिशुद्ध हूँ और फिर सीता शपथ लेती हैं, ''यदि मैंने मन से केवल राम की चिंता की हो, उनके अतिरिक्त किसी की भी चिंता न की हो, तो हे पृथ्वी! तुम फटो और मैं तुममें समा जाऊँ। यदि मैंने मन-वचन-कर्म से राम की ही अर्चना की हो तो हे माँ वसुधा! तुम फट जाओ और मैं समा जाऊँ। यदि मेरा यह कहना सच हो कि मैं राम के अतिरिक्त किसी को नहीं जानती, तो हे वसुधा! तुम फट जाओ —

यथाहं राघवादन्यं मनसापि न चिन्तये।
तथा मे माधवी देवी विवरं दातुमर्हति।।
मनसा कर्मणा वाचा यथा रामं समर्चये।
तथा मे माधवी देवी विवरं दातुमर्हति।।
यथैतत् सत्यमुक्तं मे वेद्मिरामात् परं न च।
तथा मे माधवी देवी विवरं दातुमर्हति।।

(—वाल्मीकि रामायण, उत्तरकाण्ड, 97/14-16)

वाल्मीकि रामायण के विभिन्न भाषाओं में अनुवाद हुए। इस रामायण की अनेक टीकाएं विभिन्न कालों में की गईं। महाभारत के द्रोणपर्व और अग्निपुराण के पांच से तेरह तक के अध्यायों में वाल्मीकि के नाम का उल्लेख करते हुए रामायण के सार का वर्णन है।

वाल्मीकि की रामकथा इसलिए अपने आप में विशिष्ट है कि उसमें नारीचित्त की सजीव प्रतिमा नई आभा के साथ रची गई है। वाल्मीकि रामायण में सतत् सीता के इन्हीं देवी रूपों का आख्यान तो है ही लेकिन सीता की तेजस्विता को वाल्मीकि ने बड़े अप्रतिम रूप में रचा है। वे राम के प्रति मन, वचन और कर्म से इतनी समर्पित हैं कि वे राम से भी अधिक हो गईं हैं और यही सीता का सबसे बड़ा जीवनमूल्य है जो भारतीयता का भी जीवनमूल्य है।

जैसा कि पूर्व में उल्लेख किया गया है कालिदास ने रघुवंश में राम की कथा अपने ढंग से कही है। उन्होंने पूरे रघुवंश का चित्र खींचा है। पहले सर्ग में राजा दिलीप के महर्षि वशिष्ठ के आश्रम में जाने से लेकर उन्नीसवें सर्ग में अग्निवर्ण श्रृंगार तक रघुवंश का वर्णन है। दसवें सर्ग में रामावतार, ग्यारहवें सर्ग में राम-सीता विवाह, बारहवें सर्ग में रावण वध, तेरहवें सर्ग में दण्डक वन से वापसी, चौदहवें सर्ग में राम द्वारा सीता का परित्याग और पन्द्रहवें सर्ग में रामाधि के स्वर्गारोहण तक का वर्णन है। कालिदास ने राम के जीवन की घटनाओं को विस्तार से वर्णित नहीं किया है अपितु इन घटनाओं के क्रम को संक्षेप में उसी तरह अपने काव्य में पिरो दिया है जिस तरह वाल्मीकि ने अपनी रामायण में इन घटनाओं को क्रम दिया है। राम के जन्म के प्रसंग को वर्णित करते हुए कालिदास ने लिखा कि रघुवंश में दीपक के समान, अपरिमित तेजस्वी उस पुत्र से प्रसूतिगृह के दीपक मानो फीके पड़ गए—

रघुवंशप्रदीपेन तेनाप्रतिमतेजसः।
रक्षागृहगता दीपाः प्रत्यादिष्टा इवाभवन्।।

(-रघुवंश, 10/68)

और आगे लिखा कि माता कौशल्या जो दुबली थीं वे राम के शय्या के आने पर ऐसी शोभायमान हुईं जैसे शरद ऋतु में पतली धार वाली गंगा अपने रेतीले तट पर चढ़ाये गए नीलकमल के साथ सुशोभित होती हो—

शय्यागतेन रामेण माता शातोदरी बभौ।
सैकताम्भोजबलिना जाह्नवीव शरत्कृशा।।

(-रघुवंश, 10/69)

राम के जीवन की इस महान कथा के घटनाक्रम को कालिदास ने अपने ढंग से कहा है।

जब सीता को लक्ष्मण वन में छोड़ते हैं तो जब तक लक्ष्मण उनके दृष्टिपथ में रहते हैं वे कुछ नहीं कहतीं लेकिन उनके जाने के बाद मयूर नाचना छोड़ देते हैं, वृक्ष कुसुम झरने लगते हैं जैसे उनके आंसू झर रहे हों और हिरणियों के मुख में रखे तृण मुख से छूट पड़ते हैं। सारा वन रो पड़ता है —

नृत्यं मयूराः कुसुमानि वृक्षा दर्भानुपात्तान् विजहुर्हरिण्यः।
तस्याः प्रपन्ने समदुःखभावमत्यन्तमासीत् रुदितं वनेऽपि।।

(-रघुवंश, 14/69)

'रघुवंश' के बाद संस्कृत काव्य में सर्वाधिक महत्वपूर्ण राम केन्द्रित नाटक है भवभूति का 'उत्तररामचरित्'। राम के जीवन के करुण पक्ष ने भवभूति को सबसे अधिक उद्वेलित किया। उनके इस महान ग्रंथ की पूर्व और पश्चिम के विद्वानों ने भूरि-भूरि प्रशंसा की है। मन के भीतर चल रहे अंर्तद्वन्द्व, प्रेम का उज्जवल धरातल और नाटकीयता उनके इस नाटक की विशेषताएं हैं।

भवभूति ने राम के दुःख को बांटने के लिए प्रत्यक्ष रूप में गंगा, गोदावरी, तमसा, मुरला, वनदेवता और वासन्ती इन सबको इस प्रकार प्रस्तुत किया है मानो वे अयोध्यावासियों के निष्ठुर व्यवहार के विरोध में मानवीय संवेदनाओं के साकार प्रतिमान के रूप में खड़े हैं। भवभूति दुःखवादी नहीं हैं लेकिन वे मनुष्य को मनुष्य बनाने वाली करुणा के पारखी हैं। भवभूति का जीवनदर्शन यह है कि वास्तव में दुःख से अधिक दुःख की भावना करुणा का मूल कहलाती है। भवभूति ने राम की करुणा को, उनके विभक्त चित्त को बड़े सजीव रूप में शब्दों में बांधा है। राम एक ओर तो उलाहना देते हैं उन लोगों को जिन्हें सीता का अयोध्या में रहना उचित नहीं लगा और उन लोगों ने सीता के इस प्रकार के तृण की तरह परित्याग किए जाने पर भी दुःख व्यक्त नहीं किया और दूसरी ओर उन्हीं लोगों से वे कातर प्रार्थना करते हैं कि मैं उस जगह पर हूँ जहाँ तुम्हारा वश नहीं है। तुम लोग नाराज़ न हो, मुझसे रोये बिना नहीं रहा जाता है।

न किल भवतां देवयाः स्थानं गृहेऽभिमतं तत-
स्तृणमिव वने शून्ये त्यक्ता न चाप्यनुशोचिता।
चिरपरिचितास्ते ते भावास्तथा द्रवयन्ति मा-
मिदमशरणैरद्यास्माभिः प्रसीदत रुद्यते।।

(-उत्तररामचरित्, 3/32)

'उत्तररामचरित्' सात अंकों में लिखा गया भवभूति का कालजयी नाटक है, जिसके दृश्य करुणा से भरपूर हैं और जिनमें राम और सीता के उन अपरिमित दुःखों से साक्षात्कार कराया गया है जिसमें पूरा संसार और उसके व्यवहार सम्मिलित हैं।

गोस्वामी तुलसीदास रामकथा के ऐसे अमर गायक हैं कि उनके कारण ईश्वर के अवतार राम सदैव के लिए प्रत्येक युग की स्मृति में ऐसे अमर हुए कि जब तक सृष्टि है तब तक उन्हें हमारे स्मृतिपटल से ओझल नहीं होना। गोस्वामी तुलसीदास की रामकथा प्रेम के आसपास घूमती है। रत्नावली के प्रेम में वे विव्हल होते हैं और बाद में उसके द्वारा धिक्कारे जाने पर वे रघुनाथ के प्रेम में विव्हल हो जाते हैं। प्रेम की परिधि वही रहती है लेकिन केन्द्र बदल जाता है। तुलसी राममय हो जाते हैं। तुलसी ने रामकथा को जल के रूपक में बांधा है।

समुद्र से जल खींचा जाता है, वह बादल बनता है और बादल का रस एक जगह सिमट कर मानस-सर बनता है और जब वह उसमें नहीं समा पाता तो उससे रामकथा की एक सरयू निकलती है जो रामभक्ति की सुरसरिता में मिलती है। उसमें फिर अनेक कथाएं मिलती हैं और वह फिर सागर हो जातीं हैं। चह चक्र निरंतर चलता है। इस चक्र को निरंतर संत चलाते हैं जो राममय हो गए हैं लेकिन फिर भी उन्हें तृप्ति नहीं मिलती—

जिन्ह के श्रवन समुद्र समाना। कथा तुम्हारि सुभग सरि नाना।।
भरहिं निरंतर होहिं न पूरे। तिन्ह के हिय तुम्ह कहुँ गृह रुरे।।

तुलसी के राम, काव्य में तो हैं लेकिन वे इस काव्य के माध्यम से हमारे जीवन में हैं, हमारे धर्म की परिभाषा में हैं, हमारे जीवन के प्रत्येक पल में हैं और इसीलिए तुलसी का रामचरित्मानस लोककण्ठ का काव्य बन गया है। तुलसी के राम उनका घर हैं और राम को देखने की सर्वाधिक महत्वपूर्ण दृष्टि उनके लिए लोकमंगल की है। यह दृष्टि स्व को छोड़कर, लोक के लिए राम के रूप में एकाकार होने की दृष्टि है। वाल्मीकि रामायण में यदि क्रौंचवध से उपजा हुआ क्रोध केन्द्र में है तो रामायण में राम और सीता का यश है। तुलसी ने लोकातीत सौंदर्य से लेकर लोकातीत मनोदशा को राम और सीता के माध्यम से भाषा में बांध लिया है। तुलसी के लिए इस काव्य का प्रयोजन विराट है। उनके लिए लोक को राममय बनाने का अर्थ उसे मंगलमय बनाना है और उनके काव्य की ज्योत्सना शिव से प्रकाशित है। वे कहते हैं —

भनिति मोरि शिवकृपा बिभाती।
शशि समाज मिनि मनहुँ सुराती।।

गोस्वामी तुलसीदास के इस रामकाव्य की दृष्टि यों तो परम्परागत है लेकिन उसकी व्यंजना अद्‌भुत है। भरत जब नंदीग्राम में कुटी बनाकर रहते हैं तो उस समय भरत की जो मनोदशा है उसका गोस्वामीजी ने बहुत थोड़े शब्दों में, अद्‌भुत व्यंजना को समेटते हुए वर्णन किया है—

देह दिनहु दिन दूबर होई। घटइ तेजु बलु मुख छबि सोई।।
नित नब राम पेम पनु पीना। बढ़त धरम दलु मन न मलीना।।
जिम जलु निघटत सरद प्रकासे। बिलसत बेतस बनज बिकासे।।
सम दम संयम नियम उपासा। नखत भरत हिय बिमल अकासा।।

देह दिन पर दिन दुबली होती जाती है लेकिन मुख पर वही छवि बनी हुई है। इसलिए कि नित्य नया-नया राम के प्रति प्रेम उमड़ता चला आ रहा है। भरत का हृदय शरद के आकाश की तरह निरभ्र है, इसमें सम-दम-संयम-नियम छोटे छोटे नक्षत्रों की तरह गुंथे हुए झिलमिला रहे हैं इसलिए कि राम का अचल और दोषहीन चन्द्रमा अपने तीव्र प्रकाश से इन्हें दीप्त कर रहा है।

भरत की प्रतीक्षा जब समाप्त होती है और वे राम से मिलते हैं तब गोस्वामीजी को एक ही उपमा सूझती है जैसे प्रेमभाव और श्रृंगार रस मिल रहे हों। राम प्रेमभाव हैं और राम को अंग-अंग, रोम-रोम में अभिव्यक्त करने वाले भक्त श्रृंगार रस हैं। यहाँ भाव, रस में साकार होकर रस का आराध्य बन जाता है।

रामचरित्मानस हो, बरवै रामायण हो, कवितावली हो तुलसी ने विभोर होकर राम के चरित्र को गाया है, उससे जुड़ी हुई घटनाओं को अपने काव्य में, सम्प्रेषणीय काव्य में इस तरह पिरोया है कि राम सबसे जुड़ जाते हैं। रामचरित्मानस के सातों काण्डों में राम इतने सजीव रूप में विद्यमान हैं कि रामचरित्मानस की चौपाई पढ़ो तो उसमें राम की छवि दीखती है और फिर सामने आँख उठाकर देखो तो भी राम समक्ष में दिखाई देते हैं। और यह

राम को निहारना, राम के प्रति सच्ची भक्ति की अभिव्यक्ति है। ऐसी भक्ति कि जिसकी तुलना केवल उस काम से की जा सकती है, जो कामी को नारी के प्रति होता है, और लोभी को दाम के प्रति। क्या अद्‌भुत तुलना है —

कामिही नारि पियारि जिमि, जिमि लोभिहिं प्रिय दाम।
तिमि रघुनाथ निरंतर मोहि प्रिय लागहु राम।।

तुलसी भक्ति की तीव्रता को व्यक्त करने के लिए अनेक उपमाएं दे सकते थे। चन्द्रमा और चकोर की, जल और मीन की, गगन और तारों की लेकिन उन्होंने घोर आसक्ति के उपादानों को चुना इसलिए कि आसक्ति अकुलाहट की चरमसीमा हो सकती है और अकुलाहट में, इस बेचैनी में उसे केवल अपने प्रिय का ही, अपने आराध्य का ही ध्यान रहता है।

रामकथा राम की ऐसी चिंता की कहानी है जहाँ चिंता का अतिशय तो होता ही है, राम के प्रति प्रेम की पूर्णता भी होती है। प्राय: राम को लक्ष्मण और सीता के परिप्रेक्ष्य में ही हम देखते हैं लेकिन राम तो समग्र के लिए जीते हैं। लक्ष्मण को जब शक्ति लगती है तो लक्ष्मण के शोक से अधिक चिंता उन्हें इस बात की होती है कि विभीषण कैसे रहेंगे ? क्योंकि लक्ष्मण के जाने के बाद तो राम के रहने का भी कोई अर्थ नहीं। तुलसी कहते हैं —

गिरि कानन जैहैं साखामृग, हौं पुनि अनुज सँधाती।
व्है हैं कहा विभीषण की गति, रही सोच भरि छाती।।

तुलसी के राम ऐसे हैं कि वे हरेक की पीड़ा स्वयं ले लेते हैं। हमें जब पीड़ा होती है तब राम का नाम ही याद आता है और राम से यह रिश्ता निरंतरता का है। हम अकेले राम से ही संबद्ध नहीं होते बल्कि उन सबसे संबद्ध हो जाते हैं जो राम के हैं —

सो जननी सो पिता सोइ भाई, सो भामिनि सो सुतु सो हितु मेरो।
सोइ सगो सो सखा सोइ सेवकु, सो गुरु सो गुरु साहिबु चेरो।।
सो 'तुलसी' प्रिय प्रान समान, कहाँ लौं बनाइ कहौं बहुतेरो।
जो तजि देह को गेह को नेहु, सनेह सो राम को होइ सबेरो।।

राम का चरित्र ऐसा है कि वे उनके आगे विवश हो जाते हैं जो केवल उनके ऊपर आश्रित होते हैं। वे कौशल्या के आगे विवश नहीं होते जो उनकी सगी माँ हैं लेकिन सीता के आगे विवश हो जाते हैं क्योंकि सीता का कोई दूसरा आश्रय नहीं है। वे लक्ष्मण के आगे विवश हो जाते हैं, केवट के आगे विवश हो जाते हैं, यह राम की विशेषता है और उनकी मर्यादा तो विलक्षण है। उनके प्रत्येक आचरण में, कार्य में, मानवोचित मर्यादा दिखाई देती है। राम निश्छलता के साथ हैं। वे उन कोलों और भीलों के साथ, निषादराज और केवट के साथ अधिक अपनापन अनुभव करते हैं। उनकी आत्मीयता इन्हीं निश्छल लोगों के साथ है। राम अपने कृतित्व के माध्यम से धर्म का मर्म समझा देते हैं।

तुलसी के राम समग्रता के राम हैं। वे लोक के लिए समर्पित और प्रतिबद्ध हैं और इतने प्रतिबद्ध कि सीता के लिए अग्निपरीक्षा को वे अवश्यंभावी बना देते हैं, उस सीता के लिए जो उन्हीं पर आश्रित है।

तुलसी के राम हमारे युगों-युगों से आदर्श रहे हैं, अनुकरणीय रहे हैं और आज भी वे हमारे जीवन में इतने घुले-मिले हैं कि बिना राम के हम अपने अस्तित्व की कल्पना तक नहीं कर सकते। राम हमारे जीवन का रस भी हैं और राग भी और इसीलिए वे हमारे अस्तित्व की आत्मा हैं, हमारे जीवन का गीत हैं और संगीत भी।

यह एक संक्षिप्त विहंगावलोकन है, झांकी है राम की। ऐसे राम की जो हमारे लोक जीवन, जनजातीय जीवन में समाये हैं, संस्कृति, कला और साहित्य में ऐसे समाविष्ट हैं कि इन अनुशासनों की पहचान उनके बिना नहीं हो सकती। राम के इस वैराट्य पर अनेक ग्रंथ लिखे जा सकते हैं और लिखे गए हैं। इसलिए इस विहंगावलोकन में सब कुछ समेट लिया गया यह कहना उचित नहीं है। यह अधूरापन है। और राम के चरित्र की प्रेरणा यही है कि अधूरे बने रहो क्योंकि बिना अधूरेपन का अनुभव किए पूर्णता के गंतव्य की ओर चलने वाली यात्रा आरम्भ नहीं हो पाएगी।

राम इसी यात्रा के आरम्भ किए जाने का संकल्प हैं।

बुन्देलखण्ड : ऐतिहासिक परिप्रेक्ष्य

बुन्देलखण्ड इस महादेश के हृदय के रूप में स्पंदित है। इतिहास की वेगवान धाराओं की तूलिकाओं ने इस गरिमामय प्रदेश के महान इतिहास के युगों की रचना की है। सांस्कृतिक, साहित्यिक, सामाजिक तथा कलात्मक दृष्टि से सम्पन्न बुन्देलखण्ड की इस अस्मिता की समग्रता में पहचान होना अभी भी शेष है। यहाँ का वैभव अपूर्व है तथा यह अभी भी अपने वास्तविक आख्यान की बाट जोह रहा है।

बुन्देलखण्ड शब्द मध्यकाल से पूर्व प्रयोग में नहीं आया। इसके विविध नामों और उनके उपयोग के सम्बन्ध में बीसवीं सदी में प्रयत्न आरम्भ हुए। बीसवीं सदी के प्रारंभिक दशक में राय बहादुर महाराज सिंह ने बुन्देलखण्ड का इतिहास लिखा। इसके पश्चात दीवान प्रतिपाल सिंह, पन्ना दरबार के प्रसिद्ध कवि कृष्ण से लेकर पं. हरिहर निवास द्विवेदी तथा पं. गोरेलाल तिवारी सहित अनेक विद्वानों ने बुन्देलखण्ड के इतिहास को समय-समय पर लिखा तथा यह कार्य आज भी जारी है किन्तु यह स्पष्ट है कि अभी भी समग्रता में विभिन्न कोणों से बुन्देलखण्ड के इतिहास तथा विभिन्न क्षेत्रों में बुन्देलखण्ड की उपलब्धियों के सम्बन्ध में अनुसंधान किया जाना अपेक्षित है। इस सम्बन्ध में संक्षिप्त जानकारी के पूर्व बुन्देलखण्ड की सीमाओं के विषय में जान लेना आवश्यक है।

बुन्देलखण्ड की सीमाएं

बुन्देलखण्ड भारत के मध्य में बसा हुआ है। इसलिए इसे भारत के हृदय प्रदेश के नाम से भी जाना जाता है। इसका सीमांकन समय-समय पर प्रशासनिक आधारों पर किया गया। ओरछा नरेश वीरसिंह जूदेव (ईस्वी सन् 1605-1627 ईस्वी) के समय के बुन्देलखण्ड में वर्तमान बुन्देलखण्ड सहित बघेलखण्ड का भी कुछ भाग सम्मिलित था। राजा छत्रसाल (ईस्वी सन् 1649-1731) के समय डगई क्षेत्र जो वर्तमान में पन्ना का क्षेत्र है बुन्देलखण्ड के अंतर्गत आता था तथा उसकी सीमा के लिए यह पंक्ति प्रसिद्ध थी —

इत यमुना, उत नर्मदा, इत चम्बल, उत टौंस।
छत्रसाल सो लरन की रही न काहू हौंस।।

इस प्रकार यमुना, टौंस, नर्मदा और चम्बल ने इस अंचल के भूगोल को रचा है। पूर्व में टौंस और सोन नदियां तथा बघेलखण्ड, पश्चिम में बेतवा, सिंध और चम्बल नदियों सहित विन्ध्याचल पर्वत की श्रेणी तथा मालवा, ग्वालियर और भोपाल, उत्तर में यमुना और गंगा व इटावा, कानपुर, इलाहाबाद, मिर्ज़ापुर तथा बनारस का क्षेत्र

व दक्षिण में नर्मदा नदी व मालवा का क्षेत्र आता है। प्रख्यात पुरातत्वविद एलेक्ज़ेंडर कनिंघम ने बुन्देलखण्ड की सीमा, अर्थात जो प्राचीन जुझौती प्रदेश की सीमा थी जो यमुना से नर्मदा और बेतवा से विन्ध्यवासिनी (मिर्ज़ापुर) तक रही, उसे ही बुन्देलखण्ड की सीमा माना है।

पुराणों में वर्णित भौगोलिक सीमाओं को रेखांकित करने वाले सुप्रसिद्ध भूगोलवेत्ता तथा Geography of Puranas के लेखक डॉ. एस.एम. अली ने विंध्य क्षेत्र के तीन जनपदों क्रमश: विदिशा, दशार्ण तथा करुष को सोन व केन नदियों से संयोजित किया है। उन्होंने त्रिपुरी के अंतर्गत ऊपरी नर्मदा घाटी तथा जबलपुर, मंडला तथा नरसिंहपुर जिलों के कुछ भागों को मान्य किया है। यद्यपि यह विवरण बुन्देलखण्ड सीमांकन नहीं करता किन्तु इससे यह स्पष्ट होता है कि उस समय बुन्देलखण्ड किन-किन जनपदों में पौराणिक काल में बंटा होगा।

सुप्रसिद्ध इतिहासकार जयचंद्र विद्यालंकार ने ऐतिहासिक तथा भौगोलिक दृष्टि से बुन्देलखण्ड की सीमाओं को इस तरह बांधा है —

विंध्यमेखला का तीसरा प्रखंड बुन्देलखण्ड है जिसमें बेतवा (वेत्रवती), धसान (दशार्ण) और केन (शुक्तिगती) के काँठे, नर्मदा की ऊपरली घाटी और पंचमढ़ी से अमरकंटक तक ऋक्ष पर्वत का हिस्सा सम्मिलित है। उसकी पूरबी सीमा टोंस (तमसा) नदी है।

बुन्देलखण्ड की सीमाओं को लेकर समय-समय पर विस्तार से विचार किया गया है। जो अभिलेख उपलब्ध हैं उनसे यह ज्ञात होता है कि जॉर्ज ग्रियरसन (1894-1927) ने बुन्देली भाषा-भाषी क्षेत्र के आधार पर बुन्देली की सीमाओं को निर्धारित किया था। लेकिन बाद में विंसेंट स्मिथ ने बुन्देलखण्ड की सीमाओं को बुन्देल राजाओं के द्वारा शासित क्षेत्र तक सीमित रख दिया। बुन्देलखण्ड के प्रख्यात इतिहासकार श्री हरिविष्णु अवस्थी ने बुन्देलखण्ड की सीमाओं के बारे में विभिन्न स्त्रोतों के आधार पर विचार किया है तथा उन्होंने डॉ. काशीप्रसाद त्रिपाठी के मत के आधार पर यह माना है कि भाषायी आधार पर सीधी सीमा रेखा बनाना संभव नहीं है लेकिन सांस्कृतिक विविधता तथा भाषा की विविधता के रहते हुए भी मण्डला, छिंदवाड़ा, बालाघाट और बैतूल जिलों को भौगोलिक आधार पर बुन्देलखण्ड में सम्मिलित माना जाना चाहिए।

वर्तमान में बुन्देलखण्ड अंचल उत्तरप्रदेश तथा मध्यप्रदेश के बीच बंटा हुआ है। उत्तर प्रदेश के झांसी, जालौन, ललितपुर, चित्रकूट, बांदा, हमीरपुर व महोबा जिले तथा मध्यप्रदेश के दतिया, छतरपुर, दमोह, पन्ना, सागर तथा टीकमगढ़ जिले बुन्देलखण्ड की परिधि में आते हैं। इनके अलावा भिण्ड जिले की लहार तहसील, ग्वालियर जिले की भांडेर तहसील तथा रायसेन व विदिशा जिलों का कुछ क्षेत्र भी बुन्देलखण्ड के अंतर्गत आता है किन्तु उत्तर प्रदेश व मध्यप्रदेश के जिन जिलों का उल्लेख किया गया है मुख्यत: वही क्षेत्र बुन्देलखण्ड के अंतर्गत वर्तमान में मान्य किया जाता है।

बुन्देलखण्ड का यह परिक्षेत्र भाषिक व सांस्कृतिक दृष्टि से एक महत्वपूर्ण प्रदेश है।

विद्वान इस प्रकार सामाजिक, सांस्कृतिक तथा भाषिक आधार पर यह मानते हैं कि 23‘‘-00 से 26’’-00 उत्तरी अक्षांश तथा 77’’.5 से 79’’.5 पूर्वी देशान्तर के मध्य, कुछ लम्बाकार वाला भूभाग ही वास्तविक बुन्देलखण्ड है।

बुन्देलखण्ड का नामकरण

बुन्देलखण्ड के नामकरण के सम्बन्ध में भी अनेक अवधारणाएं हैं। एक मत के अनुसार ईसा से 400 वर्ष पूर्व इसे वत्सा कहा जाता था। इस प्रदेश को चेदि देश के नाम से भी जाना गया जिसकी राजधानी वर्तमान चन्देरी थी तथा इसका शासक शिशुपाल था। इसे दशार्ण देश के नाम से भी जाना गया क्योंकि धसान नदी जो बुन्देलखण्ड की प्रमुख नदी है को पूर्व में दशार्ण के नाम से जानते थे। सुप्रसिद्ध इतिहासकार टॉलमी ने संद्रावतीज नामक एक प्रदेश का उल्लेख करते हुए उसकी सीमाएं बताई हैं, ये वही सीमाएं हैं जो वर्तमान बुन्देलखण्ड की सीमाएं हैं। जनरल कनिंघम ने अपनी शोध के आधार पर यह माना है कि संद्रावतीज वास्तव में चंद्रावती है तथा यह नामकरण चर्मण्यवती अथवा चम्बल नदी के नाम पर हुआ।

चूंकि चम्बल और टौंस नदी के बीच का भूभाग बुन्देलखण्ड का वर्तमान क्षेत्र था इसलिए तत्समय इस क्षेत्र को चंद्रावती के नाम से भी जाना गया। स्कंधपुराण में किए गए उल्लेख के अनुसार जुझौती बुन्देलखण्ड का पहला नाम है। इसमें 42000 गाँव थे तथ कान्तिपुर (कुटवर) चेदि देश तथा मालवा इसकी सीमाएं थीं। ह्वेनसांग (ईस्वी सन् 641) तथा अलबरूनी (ईस्वी सन् 1031) इसे जाहुति राज्य (जुझौती) कहते हैं। कहा जाता है कि यह नाम चन्देल वंश के तीसरे राजा जेजा अथवा जयशक्ति के नाम पर पड़ा था। मध्य युग में यह क्षेत्र जैजाकभुक्ति या जैजाभुक्ति के नाम से ही जाना जाता था। पृथ्वीराज चौहान के मदनपुर के शिलालेख से यह स्पष्ट होता है कि बारहवीं सदी तक यह देश जैजाकभुक्ति ही कहलाता था।

बुन्देलखण्ड के नामकरण के सम्बन्ध में यह कहा जाता है कि यह क्षेत्र बुन्देल शासकों के द्वारा शासित होने के बाद मध्यकाल में बुन्देलखण्ड कहलाने लगा। बुन्देलों के सम्बन्ध में अनेक किवदंतियां प्रचलित हैं। यह जानकारी मिलती है कि बनारस के गहरवार सरदार हेमकरण, जिसे पंचम बुंदेला भी कहा जाता है, उसे ओरछा राज्य को स्थापित करने का श्रेय है। यह किवदंती है कि ईस्वी सन् 1048 में वह विन्ध्यवासनी देवी के दर्शन करने गया तथा वहाँ उसने पांच मानव नरमुण्डों को बलिदान कर चढ़ाया जिससे प्रसन्न होकर उसे पंचम विंधेला की उपाधि देवी ने प्रदान की तथा इस प्रकार पांच मानव नरमुडों को देवी पर अर्पित करने के कारण उसे यह उपाधि मिली। उसे देवी ने रविवार के दिन महान होने का वरदान दिया और तभी से उसकी राजधानी ओरछा में रविवार के दिन हर्ष व्यक्त करने के लिए नगाड़े बजाए जाते हैं।

ओरछा राज्य के अभिलेख में इस वरदान के दिए जाने की तीन तिथियां दी हुई हैं। एक है विक्रम संवत् 1105, दूसरी विक्रम संवत् 1112 तथा तीसरी विक्रम संवत 1313।

एक मान्यता यह भी है कि एक गहरवार राजा की दासी का नाम बुंदिया था तथा उसकी संतान बुन्देला कहलाई। इसी प्रकार बुन्देला का सम्बन्ध बूंदी वाली रानी की संतति के रूप में भी माना जाता है।

यह भी कहा जाता है कि बुंदेला शब्द की उत्पत्ति बूंद शब्द से हुई है। जब हेमकरण ने अपना मस्तक काटकर देवी को अर्पित करने के लिए तलवार अपने गले पर रखी तब रक्त की बूंद देवी की प्रतिमा पर पड़ी तथा इसी रक्त बूंद के अर्पित करने के कारण बुंदेला शब्द प्रचलन में आया।

एक फारसी ग्रंथ 'हक़ीक़त-उल-आलिमा' में बुन्देलों के जन्म की एक अलग कथा वर्णित की गई है जिसका समर्थन इलियट तथा स्मिथ ने भी किया है। इस कथा के अनुसार गहरवार वंश के राजा हरदेव एक सेविका (बांदी) के साथ खैरागढ़ से आकर ओरछा के पास बस गए तथा उन्होंने वहाँ के खंगार नरेश का वध कर

बेतवा तथा धसान के बीच के देश का स्वामित्व प्राप्त कर लिया चूंकि राजा हरदेव के उत्तराधिकारी इसी बांदी की संतान थे इसीलिए वह बुन्देला कहलाए तथा इस प्रदेश का नाम बुन्देलखण्ड कहलाया। यह शब्द विन्धयेल से व्युत्पन्न है तथा विन्धयेल शब्द विन्ध्य तथा प्राकृत प्रत्यय इलच के योग से बना है। इन तथ्यों से यह स्पष्ट होता है कि बुन्देलों की उत्पत्ति का सीधा सम्बन्ध विन्ध्याचल तथा विन्ध्यवासिनी देवी के साथ है।

बुन्देलखण्ड का इतिहास

सुदूर अतीत में यह क्षेत्र शबर, किरात, कोल, पुलिन्द और निषादों का प्रदेश था। कुछ विद्वानों का मानना है कि आर्यों के इस मध्य देश में आने पर यहाँ की जनजातियों ने इसका विरोध किया था। यह ज्ञात होता है कि वैदिक युग से बुन्देलों के शासनकाल तक लगभग दो हज़ार वर्षों में इस प्रदेश पर अनेक जातियों और राजवंशों ने शासन किया। इनमें मौर्य, शुंग, शक, हूण, कुषाण, नाग, वाकाटक, गुप्त, कल्चुरि, चन्देल, अफगान, मुग़ल, बुन्देला, बघेल, गौड़, मराठे और अंग्रेज़ प्रमुख हैं।

महाकाव्य काल के पूर्व विंध्य भूमि आदिम प्रकृति की जनजातियों की स्थली थी। विद्वानों का अनुमान है कि यहाँ विभिन्न मुनि तप करते थे तथा यहाँ हिन्दू धर्मावलम्बियों के अतिरिक्त जैन तथा बौद्ध संतों ने भी इसे अपनी साधना के लिए उपयुक्त माना था। कालांतर में वर्तमान बुन्देलखण्ड की यह भूमि भगवान रामचन्द्रजी के भाई शत्रुघ्न के पुत्र शत्रुघाती के आधिपत्य में आ गई जिसकी राजधानी केन नदी के किनारे कुशावती थी। इस आशय का उल्लेख वाल्मीकि रामायण में मिलता है। बाद के समय में यह भूमि विभिन्न राज्यों में विभक्त हुई। दशार्ण, चेदि व कारुष प्रदेश बुन्देलखण्ड के अंतर्गत आते थे इनमें दशार्ण की राजधानी विदिशा, चेदि की राजधानी चन्देरी तथा कारुष की राजधानी कारुषपुरी (कर्वी) थी। उच्छकल्पों ने जो क्षत्रिय थे तथा महाकान्तार प्रदेश जिसके अंतर्गत पन्ना और नागौद के समीप के वन प्रदेश आते थे, ने इस क्षेत्र पर शासन किया उनकी राजसत्ता लगभग 400 ईस्वी से आरम्भ हुई जिनके राजा ओधदेव, कुमारदेव, जयस्वामी, व्याघ्रदेव, जयनाथ एवं सर्वनाथ हुए। इस क्षेत्र में परिव्राजक गिरि या सन्यासी भी आए जिन्होंने इस क्षेत्र में ठिकाणेदारों के रूप में कार्य किया। इनके समय में मैहर की माँ शारदा देवी की उपासना में वृद्धि हुई।

मध्य बुन्देलखण्ड के क्षेत्र में परिहारों की सत्ता भी रही तथा जबलपुर से लगे बुन्देलखण्ड के क्षेत्र में खड़परिका जाति के लोगों का शासन रहा। इसी प्रकार सागर के पश्चिमोत्तर में गढ़पहरा को राजधानी बनाकर स्वतंत्र दांगी राज्य स्थापित किया गया जो यादवों की ही प्रजाति के शासक थे।

इसी प्रकार बुन्देलखण्ड के दक्षिण-पश्चिम में अर्थात् झांसी-ग्वालियर के मध्य आभीरों अथवा अहीरों ने अपनी सत्ता स्थापित की। मान्देले राजा बेतवा और धसान नदियों के मध्य के क्षेत्र में प्रभावी शासकों के रूप में स्थापित हुए। बुन्देलखण्ड के पश्चिमोत्तर भाग में कछवाहों ने तथा इसके पूर्वी हिस्से में सेंगरों ने भी राज्य किया। जिझौतिया शासकों का प्रभाव चन्देरी के पूर्वी भाग से लेकर उत्तर में यमुना नदी तक रहा। इसी प्रकार कलचुरी शासक भी बुन्देलखण्ड में प्रभावी रहे। गोंड शासकों का प्रभाव भी बुन्देलखण्ड के अनेक सूबों में रहा। इस प्रकार विभिन्न कालखण्डों में विभिन्न शासक बुन्देलखण्ड के विभिन्न भागों में शासन करते रहे।

बुन्देलखण्ड क्षेत्र में जो शैलचित्र मिले हैं उनके सम्बन्ध में सुप्रसिद्ध पुरातत्ववेत्ता डॉ. कृष्णदत्त वाजपेयी के अनुसार उनका काल 6000 ई.पू. से मान्य किया जा सकता है। उनका यह निष्कर्ष है कि इन गुफा चित्रों से

वहाँ निवास करने वाले मानव की प्रकृति तथा रुचि के बारे में जानकारी मिलती है। इन चित्रों में विभिन्न आयुधों से पशु-पक्षियों के शिक़ार, जानवरों की आपसी लड़ाई, मनुष्यों के बीच होने वाले पारम्परिक युद्ध, पशुओं पर सवारी, गीत, नृत्य, पूजन, मधुसंचय तथा घरेलू जीवन के अनेक दृश्य अंकित किए गए हैं। इन चित्रों में बाघ, हरिण, शूकर, हाथी, गेंडा व भैंसे को अंकित किया गया है।

पूर्व पाषाण युग के अवशेषों का काल विद्वान पांच लाख वर्ष पूर्व का मानते हैं तथा नर्मदा घाटी में होशंगाबाद, नरसिंहपुर के बीच भुतरा, सागर, दमोह, रीवा तथा बुन्देलखण्ड क्षेत्र में मानव के द्वारा प्रयुक्त औज़ार मिले हैं जिससे यह अनुमान लगाया जा सकता है कि मनुष्यों की प्रथम बस्तियां यहाँ रही होंगी। प्रख्यात पुरातत्वविद् डॉ. हंसराज डी. सांकलिया भी इस मत का समर्थन करते हैं तथा मानव के द्वारा निर्मित औजारों के बारे में यह कहते हैं कि मनुष्य की इन बस्तियों में बिल्लौर-पत्थर, बलुआ पत्थर तथा सोपानाश्म से निर्मित तीनों प्रकार के हथियार प्रयुक्त होते थे।

मध्य पाषाण युग (7000 ई.पू.) की पुरातात्विक सामग्री से यह ज्ञात होता है कि इस काल में मनुष्य का क्षेत्र विंध्याचल क्षेत्र के अलावा हैदराबाद, गुजरात तथा पंजाब तक फैल गया था तथा पं. हरिहरनिवास द्विवेदी के अनुसार इस काल के औजार भी अधिक पैने हो गए थे जिनमें फल लगाए जाते थे तथा जिनका उपयोग बिना मुठिया के नहीं होता था।

उत्तर पाषाण काल (4000 ई.पू.) में हमीरपुर, बांदा, छतरपुर, व पन्ना में कुल्हाड़ी सहित पत्थर के हथौड़े व मिट्टी के आदिकालीन बर्तन मिले हैं।

यह ज्ञात होता है कि आर्यों तथा द्रविड़ों के प्रवेश से बहुत पहले से इस भूभाग पर अनार्यों का आगमन होता रहा है।

वैदिक युग में इस क्षेत्र की स्थिति के सम्बन्ध में विशद् जानकारी नहीं मिलती तथा विद्वानों का मानना है कि इस क्षेत्र में वन्य लोक संस्कृति महाभारत काल तक बनी रही। यहाँ बस्तियां बसाई गईं लेकिन ऋषियों के द्वारा आश्रमों के बनाए जाने के उल्लेख भी मिलते हैं। वाल्मीकि रामायण में अत्रि आश्रम को चित्रकूट के निकट दर्शाया गया है। विद्वान यह मानते हैं कि मनु के उपरांत इक्ष्वाकु आए तथा उनके तीसरे पुत्र दण्डक ने विंध्य पर्वत पर अपनी राजधानी बनाई। मनु के ही समकालीन बुध के पुत्र पुरुरवा माने गए हैं जिनके प्रपौत्र ययाति थे तथा जिनके ज्येष्ठ पुत्र यदु तथा युद के पुत्र कोष्टु को भी बुन्देलखण्ड से सम्बद्ध माना जाता है।

एक अन्य परम्परा जो कालिदास के ग्रंथ 'आभिज्ञान शाकुंतल' से मिलती है उसके अनुसार राजा दुष्यंत के वंशज कुरु थे जिनके दूसरे पुत्र की शाखा में राजा उपरिचर-वसु हुए तथा इनके उत्तराधिकारी चेदि हुए किन्तु इन तथ्यों के सम्बन्ध में प्रामाणिक जानकारी उपलब्ध नहीं है।

बुन्देलखण्ड का प्राचीन नाम दशार्ण देश है। दशार्ण देश की सीमाओं के सम्बन्ध में स्थिति पूर्णत: स्पष्ट नहीं है लेकिन प्रख्यात संस्कृत मनीषी डॉ. राधावल्लभ त्रिपाठी का मानना है कि दस नदियों वाला देश दशार्ण है तथा दूसरी ओर धसान नदी का भी सही नाम दशार्ण है। धसान इसका अपभ्रंश है। वे कहते हैं कि अभी भी इस दशार्ण देश की भौगोलिक सीमाओं के सम्बन्ध में स्पष्ट जानकारी नहीं है लेकिन कालिदास दशार्ण देश के बगीचों की बाड़ों में लटकने वाली केवड़े की कलियों की चर्चा करते हैं जिनकी पीली-पीली बालें दिखाई देती हैं तथा हर गांव में चैत्य वृक्ष पर कौवों के घोसले बनाने की चहल-पहल है।

त्रिपाठीजी का मानना है कि अपने एक श्लोक में कालिदास ने क्रमशः दशार्ण देश के शहर, गांव, जंगल और इनके भी ऊपर उड़ चले राजहंसों के दृश्यों को बांधा है। यद्यपि अब केवड़े उतने संख्या में बाग-बगीचों में नहीं होते लेकिन वे उस समय दशार्ण देश की विशिष्टता रहे होंगे। चैत्य वृक्ष तो अभी भी हैं। कालिदास के मन में जो दशार्ण देश की भौगोलिक पहचान थी वह उसी विंध्याचल के कारण रही होगी जिसके पैरों को छूकर नुकीले पत्थरों की बची कई धाराओं में बंटी नर्मदा निकल गई है। वे मानते हैं कि निश्चय ही कालिदास जिस दशार्ण देश से परिचित हैं उसकी सीमा आधुनिक बुन्देलखण्ड से बड़ी है। ऋतुसंहार में भी विंध्य के वनों का वर्णन बहुत है। कालिदास ने विंध्य के किसी शिखर से चारों ओर फैले जंगल के विकट विस्तार को देखा होगा।

वैदिक काल में बुन्देलखण्ड की सीमाएं यमुना और नर्मदा के बीच के क्षेत्र की मानी जाती है। इस क्षेत्र पर नागों का अधिकार था। पौराणिक काल के बुन्देलखण्ड की भी प्रायः यही सीमाएं थीं तथा विद्वानों का यह मत है कि मूल पुराणों की रचना इसी काल में हुई थी।

विंध्य के इस अंचल में वाल्मीकि के युग में अर्थात् रामायण काल जिसे त्रेतायुग (ईसा की सातवीं सदी के पूर्व) का माना जाता है, ऋषियों का वास था तथा महर्षि वाल्मीकि मध्य प्रदेश के ही थे जो दशरथ पुत्र राम के समकालीन माने जाते हैं। इसी युग में परशुराम ने क्षत्रियों से पृथ्वी को विहीन किया था। बाद में कातवीर्य अर्जुन के पौत्र तालजंघ के समय में हैहयों का पुनः उत्कर्ष हुआ। तालजंघ के कई पुत्रों में से वितिहोत्र तथा कुंडिकेर ने वर्तमान बुन्देलखण्ड में फैली विंध्य पर्वत की श्रृंखलाओं में निवास किया। एक मत के अनुसार इस समय चेदि राज्य में सागर के समकालीन राजा विदर्भ के पुत्र कौशिक ने शासन किया।

एक अन्य मत के अनुसार बुन्देलखण्ड का आरम्भिक इतिहास सरस्वती नदी के किनारे शासन करने वाले कोसल शासकों के समय से ज्ञात होता है। उनका समय बुद्ध के पूर्व का समय है। उसके पश्चात मौर्य, हैहय, कलचुरी, गहरवार और परिहारों ने इस क्षेत्र पर बुद्ध के बाद सातवीं सदी तक शासन किया तथा सातवीं सदी में ही कन्नौज शासकों ने इस पर आधिपत्य कर लिया। तब इसकी राजधानी जैजाकभुक्ति थी जिसे ह्वेनसांग ने 'चि-चि-तो' कहा है।

इस क्षेत्र से सम्बन्धित अनेक कथाएं व किवदंतियां भी प्रचलित हैं किन्तु यह तथ्य स्पष्ट होता है कि यह भूमि अति प्राचीनकाल में वनाच्छादित थी तथा यहाँ कोई ऐसी बसाहट नहीं थी जिसके सम्बन्ध में पुष्ट प्रमाण हो। यह कहा जाता है कि महाकाव्य काल में अगस्त्य मुनि इस वनाच्छादित प्रदेश में आए और उन्होंने कालिंजर को अपनी तप:स्थली बनाया। यह भी कहा जाता है कि ब्रह्माजी ने बरमान घाट पर तपस्या की व बृहस्पति की साधना स्थली बृहस्पति कुण्ड अथवा पन्ना थी व भीम कुण्ड (बिजावर) भीम की स्थली थी तथा बाणासुर की पुत्री ऊषा कुण्डेश्वर के पास ऊषा घाट पर तपश्चर्या किया करती थी। हिन्दू धर्मावलम्बियों के अलावा जैन और बौद्ध संत भी यहाँ आए। यह कहा जाता है कि मदन कुमारजी ने अहार में, अनंग कुमार ने सोनागिरि में व बरदत्त ने नयानागिरि में साधना कर मोक्ष प्राप्त किया था तथा सारिपुत्र मोगल्यान ने विदिशा के पास सांची को अपना साधना केन्द्र बनाया था। अशोक के प्रभाव के कारण बुन्देलखण्ड में बौद्ध धर्म का काफी प्रचार हुआ जिसके उदाहरण गुजर्रा (दतिया) व रूपनाथ (जबलपुर) के शिलालेखों के रूप में मिलते हैं।

भगवान राम चित्रकूट में आकर रहे थे तथा यहाँ की वनवासी जातियों ने उनका सत्कार किया था। बाद में भगवान राम के अनुज शत्रुघ्न के पुत्र शत्रुघाती के आधिपत्य में यह भूखण्ड आया जिसकी राजधानी केन नदी के किनारे कुशावती में बनाई गई। इस आशय का उल्लेख वाल्मीकि रामायण के उत्तर कांड में उपलब्ध है।

रामायण काल में चित्रकूट की प्रसिद्धि शिखर पर थी। इसे चित्रकूट देश कहा जाता था। भविष्य पुराण में इस क्षेत्र को पद्मावती कहा गया है। पद्मावती नगर के अवशेष आज भी वर्तमान पन्ना में पाए जाते हैं। अन्य पुराणों में इसे मध्यदेश भी कहा गया है। विष्णुधर्मोत्तर पुराण में इसे युद्धदेश कहा गया है जो कालिंजर के निकट बसा हुआ था। इसलिए इसे कालंजर प्रदेश भी कहा गया है। पाल शिलालेखों में इसका नाम कर्णदेश या कर्णावती भी मिलता है। कहा जाता है कि यह महर्षि दधीचि की तपोभूमि थी जिनकी हड्डियों से वज्र बनाया गया था। इसलिए इसे वज्रदेश भी कहा जाता है। यह किवदंती भी प्रचलित है कि पन्ना की खदानों में जो हीरे मिलते हैं वे महर्षि दधीचि की हड्डियों के अंष हैं। कुछ गुप्त षिलालेखों में इसका नाम वन्य देश भी उल्लिखित है। कलचुरी शासकों के समय इसे चेदिदेश कहा जाता था। बाद में इसका लोकप्रिय नाम जैजाकभुक्ति, जिझौतिया या जैजाहुति मध्यकाल में हो गया।

ब्राह्मण काल (184 ईसा पूर्व से 78 ईसा) में शुंग, कण्व तथा सातवाहन शासकों ने शासन किया। शुंगकालीन हेलियोडोरस जो एक यूनानी शासक अंतलिकिरम का दूत था उसने राजा भागभद्र शुंग के समय में विदिशा में वैष्णव धर्म स्वीकार कर एक स्तम्भ तथा विष्णु मन्दिर का निर्माण कराया। यह स्तम्भ आज भी खामबाबा के नाम से प्रसिद्ध है। इस काल में अनेक पुराण भी लिखे गए। विष्णु पुराण, वायु पुराण तथा भागवत पुराण में इस काल के राजाओं का वर्णन उपलब्ध है। इसी काल में वाराह, देवी तथा पद्म पुराण भी रचे गए। इसके परवर्ती काल में शक और कुषाण जैसी विदेशी जातियां भारत में आईं तथा उन्होंने पश्चिमी-दक्षिणी बुन्देलखण्ड पर अधिकार कर लिया। कुषाण राजा कनिष्क ने उन्नाव (दतिया) में भागवत धर्म वाले सूर्य मन्दिर का भी निर्माण कराया। इसी काल में सौर अथवा सूर्य, शैव, वैष्णव, शाक्त (देवी) तथा गाणपत्य (गणेश) की अवधारणा के आधार पर मूर्तियों की रचना हुई। इस संदर्भ में कुम्हेड़ी (मोहनगढ़ जिला टीकमगढ़) में एक विशाल चट्टान पर उत्कीर्ण चौदह भुजी भैरवी का विशाल चित्र उपलब्ध है। ब्राह्मणवंशीय राजाओं के पतन के बाद तथा कुषाणों के आगमन के समय बुन्देलखण्ड में नाग क्षत्रिय राजाओं का आविर्भाव हुआ। यह नाग राज्य एक संघ राज्य था जिसमें विदिशा, नागावध (नागौद) पद्मावती (पवाँ) कान्तिपुरी (कुतवार) व नरवर के क्षेत्र आते थे। ये नाग राजा शैव मतावलम्बी थे तथा इनके राजचिन्ह में दो सर्पों के बीच शिवलिंग अवस्थित था। ऐसा नागराज चिन्ह भरवारा (पन्ना) में विद्यमान है। इनका राज्य किलकिला नदी जो पन्ना से लगभग 10 कि.मी. की दूरी पर है तक था। नागों का प्रसिद्ध मठ नचना-काँचन (अजयगढ़) रहा। नाग कला तथा संस्कृति उच्च कोटि की थी। इन नाग राजाओं ने अपने पड़ोसी गुप्त-वाकाटक राजाओं से भी वैवाहिक सम्बंध स्थापित कर लिए थे। नाग राजाओं ने अपने नए नाम भारशिव तथ नवनाग रख लिए थे। शिवलिंग को सिर पर रखे भारशिव की प्रतिमाएं पवाँ में मिली हैं तथा ओरछा के पास स्थित देवरदा ग्राम में वैद्यनाथ शिव भी मिले हैं जो नागयुगीन हैं।

मौर्य काल (322 ईसा पूर्व से 184 ईसा पूर्व) — बुन्देलखण्ड के मौर्यकालीन इतिहास के सम्बन्ध में कोई पृथक से ग्रंथ उपलब्ध नहीं है किन्तु कलात्मक साक्ष्यों के आधार पर विद्वान यह मानते हैं कि जनपदकाल के बाद प्राचीन चेदि जनपद बाद में पुलिन्द देश के साथ मिल गया था।

मौर्य काल में विशेष रूप से शिव उपासना हुई। शैव, पाशुपत तथा शाक्त उपासनाओं के उल्लेख इस काल के मिलते हैं। इनके अतिरिक्त जैन, बौद्ध तथा वैष्णव धर्म भी इस काल में पर्याप्त लोकप्रिय रहे।

बुन्देलखण्ड में दुर्गा पूजा इस काल में विशेष रूप से प्रसिद्ध हुई तथा हरिवंश पुराण के अनुसार यही विंध्यवासिनी देवी हैं। कौटिल्य के 'अर्थशास्त्र' तथा विभिन्न जातकों में गंधर्व नदी, शाल वृक्ष तथा नक्षत्र पूजा के भी उल्लेख इस काल के मिलते हैं।

पं. द्विवेदी ने चाणक्य को बुन्देलखण्ड का निवासी घोषित किया है। उनके अनुसार विष्णुगुप्त चाणक्य का जन्म स्थान वर्तमान बुन्देलखण्ड के पन्ना से लगभग 60 कि.मी. दक्षिण-पूर्व तथा नागौद से लगभग 40 कि.मी. पश्चिम में स्थित नाचना नामक एक स्थान था जिसे जनरल कनिंघम ने पहचाना था। इस स्थान को चणक ग्राम भी कहते हैं। झांसी के पास गुजर्रा तथा एरछ को भगवान बुद्ध से जोड़ा गया है। उल्लेखनीय है कि गुजर्रा में एक अशोककालीन शिलालेख मिला है जिसमें बुद्ध सम्बन्धी उल्लेख है। नाचना या नचना को वर्तमान में चौमुखानाथ के नाम से भी जाना जाता है जहाँ गुप्तकालीन सुंदर भगवान शिव की चौमुखी मूर्ति है।

मौर्य काल में बुन्देलखण्ड चंद्रगुप्त मौर्य के अधीन ही रहा इसका कोई निश्चित प्रमाण नहीं है। यह मान्यता है कि सागर के पास रानगिर के मन्दिर में चन्द्रगुप्त आए थे।

कुछ विद्वान यह मानते हैं कि मौर्य काल में चन्द्रगुप्त मौर्य ने सागर, दमोह आदि ज़िलों को सम्मिलित कर एक अलग प्रांत उज्जयनी बना दिया था जिसका अधिपति अशोक था। यह जनपद अवन्ती जनपद के नाम से जाना गया।

पुरातात्विक दृष्टि से 'ऐरन' (ऐरण) स्थान महत्वपूर्ण है। यहाँ अनेक पुरातात्विक खोज हुई हैं तथा इनमें मिले साक्ष्य 300 ईसा पूर्व के माने गए हैं। इस समय ऐरन का शासक धर्मपाल था जिसके सिक्कों पर 'ऐरिकिण' मुद्रित है। तत्कालीन उज्जयिनी के समान ऐरन भी एक गणतंत्र था लेकिन मौर्यकाल में वह बुन्देलखण्ड का अंग हो गया। मौर्य वंश के तीसरे शासक अशोक ने बुन्देलखण्ड के अनेक स्थानों पर विहार तथा मठ निर्मित किए जिनमें वर्तमान गुर्गी (गोलकी मठ) सबसे बड़ा विहार था। बुन्देलखण्ड के दक्षिणी हिस्से पर अशोक का शासन था जो उसके विदिशा तथा उज्जयिनी में रहने से प्रमाणित है। पश्चात्वर्ती काल में मौर्य शासक निर्बल हुए जिसके कारण वे अपने राज्य की रक्षा न कर सके तथा इसके फलस्वरूप इस प्रदेश पर शुंग वंश का शासन हुआ जिसका उल्लेख 'विष्णु पुराण' तथा 'मत्स्य पुराण' में है। शुंग वंश के शासकों ने इस प्रदेश पर छत्तीस वर्षों तक शासन किया। इसके उपरांत गर्दभिल्ल तथा नाग यहाँ के शासक हुए। नागों के द्वारा स्थापित शिवालय के अवशेष बुन्देलखण्ड के कोहरा (अजयगढ़) में अब भी मिलते हैं। अंतिम नाग शासक भवनाग के उत्तराधिकारी वाकाटक माने गए हैं।

वाकाटक शासकों ने पश्चिमी बुन्देलखण्ड में 300 ईस्वी से 520 ईस्वी के बीच शासन किया। ये बेतवा के तट पर स्थित बाघाट (जिला टीकमगढ़) नामक स्थान के रहने वाले ब्राह्मण शासक थे जो आरम्भ में तो नागों से सम्बन्धित होने के कारण शैव भक्त थे लेकिन इनका जब सम्बन्ध गुप्त शासकों से हुआ तो उनका झुकाव वैष्णव धर्म की ओर हो गया। राजा भीमसेन इस वंश का प्रतापी शासक था जिसने विंध्यशक्ति की उपाधि धारण की थी। विंध्यशक्ति का पुत्र प्रवरसेन था जिसने अपने साम्राज्य का विस्तार उत्तर में नर्मदा से आगे तक किया था। प्रवरसेन वाकाटक नाम के इस शासक ने कई अश्मेघ यज्ञ किए थे। वाकाटक शासकों ने अपने राज्य की सीमाओं का विस्तार भी किया। प्रवरसेन के पश्चात रूद्रसेन, पृथ्वीसेन, रूद्रसेन द्वितीय तथा हरिसेन शासक हुए। वाकाटक कालीन सूर्य मन्दिर मडखेरा तथा उमरगढ़ में हैं जो मथुरा शैली व अमरावती शैली के हैं। नारायणपुर,

गोरा, बनारसी तथा जराय में भी इस काल के सूर्य मन्दिर मिले हैं। इनके अलावा उदयपुरा (ललितपुर) में विष्णु की सुंदर प्रतिमा मिली है।

वाकाटकों के समय से तथा विशेषकर 290 ईस्वी से 490 ईस्वी तक बुन्देलखण्ड का समूचा क्षेत्र प्राय: गुप्त शासकों से प्रभावित क्षेत्र था। विद्वानों का विचार है कि ईस्वी सन् 345 से वाकाटक शासक गुप्तों के प्रभाव में आए तथा पांचवीं सदी के मध्य तक उनके आश्रित रहे।

गुप्त, वाकाटक और नाग राजवंशों के पतन के बाद छटवीं सदी में बुन्देलखण्ड में अनेक छोटे राज्य उदित हुए। इनमें प्रमुख थे उच्छकल्प, परिव्राजक, परिहार, खड़परिका, दांगी, अहीरवाड़ा, जुझौतिया, कछवाहा, सेंगर, कलचुरी, चन्देल व गोंडवाना। इनमें चन्देल शासकों के समय बुन्देलखण्ड क्षेत्र में सांस्कृतिक विकास के नए सोपान विकसित हुए। कुछ इतिहासकारों का यह मानना है कि उच्छकल्प और परिव्राजकों ने गुप्तों की अधीनता स्वीकार की थी।

कतिपय विद्वान यह मानते हैं कि वाकाटकों के पूर्व और मौर्यों के बाद का बुन्देली समाज शुंग, नाग, सातवाहन, विक्रमादित्य, शक, कुषाण तथा नवनाग आदि शासकों के अधीन रहा।

वाकाटकों के समय में बुन्देलखण्ड में शिवोपासना के साथ-साथ विष्णु पूजा भी अधिक होने लगी। कृष्ण तथा राम विष्णु के अवतार में पूजे जाने लगे तथा परशुराम को भी विष्णु का अवतार माना जाकर उनकी भी पूजा अर्चना की जाने लगी। विष्णु और शिव के बीच अभिन्नता को स्थापित करने का प्रयास किया गया। तुमैन में इस काल का एक विष्णु मन्दिर मिला है।

गुप्त वंश का उद्भव चौथी शताब्दी में उत्तरी भारत में हुआ था। उस समय समुद्रगुप्त का शासनकाल था जिसने वाकाटकों को अपने अधीन कर लिया था। यही वह समय था जब कलचुरियों का उद्भव हुआ। समुद्रगुप्त ने ऐरन पर अधिकार किया जिसके उल्लेख शिलालेखों व ताम्रपटों पर हैं। ऐरन को ऐेरिकण तथा स्वभो नगर के नाम से भी जाना गया। स्वभो नगर से यह स्पष्ट है कि कभी यह वैभव की नगरी रही होगी। हटा तहसील (वर्तमान दमोह जिला) के सकौर ग्राम में सोने के चौबीस सिक्के मिले जिनमें गुप्त वंश के राजाओं के नाम अंकित हैं। इस तथ्य से यह स्पष्ट है कि गुप्तों के समय में बुन्देलखण्ड एक वैभवशाली प्रदेश रहा होगा। स्कंधगुप्त के बाद बुन्देलखण्ड बुधगुप्त के अधीन आया। बुधगुप्त के समय इस क्षेत्र का उत्तरदायित्व मांडलीक सुश्मिचंद्र करता था जिसने मैत्रायणीय शाखा के मातृविष्णु और धान्य विष्णु ब्राह्मणों को ऐरन का शासक बनाया था। इसकी पुष्टि ऐरन के स्तंभ से होती है। सुश्मिचंद्र गुप्त का शासन यमुना और नर्मदा के बीच के भाग पर माना गया है।

गुप्तों और हर्षवर्धन के बीच का इतिहास प्राय: अंधकारमय है। कुछ इतिहासकार यह मानते हैं कि पांचवीं सदी के अंत तक हूण शासकों ने बुन्देलखण्ड पर शासन किया। हूणों का प्रमुख तोरमाण था जिसने गुप्तों को पराजित कर पूर्वी मालवा तक अपना साम्राज्य बढ़ाया था। ऐरन के वराहमूर्ति शिलालेख में तोरमाण के ऐश्वर्य की चर्चा है।

मुसलमानों के आगमन के पहले तथा हर्षवर्धन के बाद का उत्तर भारत (640 ई. से 1200 ई.) अनेक छोटे-छोटे भागों में बंट गया जिनमें कन्नौज के राजकुल, प्रतिहार तथा गहड़वाल वंश प्रमुख हैं। मिहिरभोज तथा उसके बाद के शासक अल्पकालीन ही रहे। मिहिरभोज के पहले नवी शताब्दी में बुन्देलखण्ड नागभट्ट नामक प्रतिहार शासक के अधीन रहा। इसके आगे के काल में दसवीं सदी में महिपाल व उसके बाद विनायकपाल

भी कम समय तक बुन्देलखण्ड में रह पाए। इनके बाद विजयपाल के समय में सात शक्तियों का अलग-अलग क्षेत्रों में उदय हुआ, ये थीं अन्हिलवाड़ के चालुक्य, जैजाकभुक्ति में चन्देल, ग्वालियर के कच्छपघात, डाहल के चेदि, मालवा के परमार, दक्षिणी राजपूताना के गुहिल तथा शाकम्भरी के चौहान। बुन्देलखण्ड में जैजाकभुक्ति, चेदि तथा डाहल का प्रभाव रहा।

गुप्तों के बाद हर्षवर्धन (ईस्वी सन् 606-47) के समय में यह क्षेत्र उसी के अधीन रहा तथा उसी के काल में प्रसिद्ध चीनी यात्री ह्वेनसांग ने बुन्देलखण्ड की यात्रा की। हर्ष की मृत्यु के बाद कन्नौज के प्रतिहारों, त्रिपुरी के कलचुरियों, मालवा के परमारों और मान्य के राष्ट्रकूटों ने यहाँ शासन किया। चन्देलों के पहले प्रतिहार ही यहाँ के प्रमुख शासक थे। चन्देलों के बाद यहाँ के प्रमुख शासक बुन्देले रहे। जिनका शक्ति केन्द्र ओरछा था।

चन्देलों का काल बुन्देलखण्ड के सांस्कृतिक उत्कर्ष का काल है तथा इस उत्कर्ष का सर्वश्रेष्ठ उदाहरण खजुराहो है। कहा जाता है कि खजूरों के वृक्षों की बहुतायत के कारण इस नगर का नाम खजुराहो पड़ा जबकि इसका मूल नाम खर्जूरवाहक था। विद्वानों का यह मानना है कि सही शब्द खजराहो है। चूंकि बुन्देली में ज़्यादातर ओकारांत शब्दों का प्रयोग किया जाता है इसलिए इसे खजुराहो कहा जाने लगा। कनिंघम ने एक शिलालेख के आधार पर इसका नाम खर्जुरवाटिका कहा है। अलबरूनी, ह्वेनसांग ने इसे खजुराहा कहा तथा ईस्वी सन् 1335 में आए इब्नेबतूता ने इसे खजूरा के नाम से सम्बोधित किया।

खजुराहो पर चन्देल शासकों ने नौवीं से चौदहवीं शताब्दी तक यहाँ राज्य किया। खजुराहो का शिल्प वैभव इन्हीं चन्देल शासकों की देन है जो अपने आपको चन्द्रमा का वंशज मानते थे। कहा जाता है कि कर्णवती (केन) और चन्द्रमा के सम्मिलन से चन्द्रात्रेय (चन्देल वंश) की उत्पत्ति हुई। चंदबरदाई के पृथ्वीराज रासो (ईस्वी सन् 1177-1192) में यह उल्लेख है कि एक ब्राह्मण पुरोहित की कन्या हेमावती जो काशी के रति तालाब में स्नान कर रही थी उस पर चन्द्रमा मोहित हो उठा तथा उन दोनों के संसर्ग के परिणामस्वरूप हेमावती ने खजुराहो में एक प्रतापी पुत्र को जन्म दिया। उसे खजुराहो में जाकर रहने का निर्देश चन्द्रमा ने दिया था। इस प्रतापी पुत्र का नाम हेमावती ने चन्द्रबर्मन रखा। वह इस वंश का पहला शासक था तथा इतना शक्तिशाली था कि निहत्थे ही सिंह को मार सकता था। यह दृश्य चन्देलों का प्रतीक चिन्ह बना जो खजुराहो में शिल्पित है। यह भी कहा जाता है कि कालंजर के पुजारी मणिराम से काल गणना में त्रुटि हो गई तथा उन्होंने अमावस्या के स्थान पर निश्चित तिथि को पूर्ण चन्द्रोदय बतला दिया। यह त्रुटि जब उसकी पुत्री को ज्ञात हुई तो उसने अमावस्या की रात को चन्द्रमा से उदित होने की प्रार्थना की। चन्द्रमा उदित हुए तथा उन्होंने पुजारी मणिराम की पुत्री से संसर्ग किया जिसके परिणामस्वरूप चन्देल वंश के प्रथम शासक का जन्म हुआ।

कुछ इतिहासकारों का मत है कि चन्देल, गोंड लोगों के वंशज थे। गोंड महोबा के शासक थे। आरम्भिक चन्देल शासक प्रतिहारों के सामन्त थे जिन्होंने हर्षवर्धन के साम्राज्य के पतन के बाद मध्य भारत पर शासन किया। चन्देलों पर कलचुरियों, वाकपतियों और प्रतिहारों का प्रभाव था जो उनके कला कौशल पर परिलक्षित होता है।

चन्देल राजाओं ने अपने अभिलेखों में चन्देल शब्द को अनेक प्रकार से अंकित किया है। विक्रम संवत् 1011 (ईस्वी सन् 954) में जो शिलालेख खजुराहो में मिला है उससे यह विदित होता है कि यह वंश चन्द्रात्रेय अथवा अत्रि के पुत्र चन्द्र से उद्भूत हुआ। यशोबर्मन के पौत्र देवलब्धि के धुघई शिलालेख में इस वंश को चन्द्रेल्लान्वय कहा गया है। कुछ विद्वान यह मानते हैं कि चन्देल शब्द चन्द्र तथा प्राकृत प्रत्यय 'इल्ल' के योग

से बना है तथा चन्द्रात्रेय उसका संस्कृत रूप है। देवगढ़ शिलालेख जो राजा कीर्तिवर्मा के समय का है में चन्देल शब्द पाया गया है। कलचुरि नरेश लक्ष्मीकर्ण के बनारस दानपत्र तथा पृथ्वीराज के मदनपुर शिलालेख में चन्देल शब्द का उल्लेख है।

चन्देलों के प्रथम शासक के रूप में नन्नुक (ईस्वी सन् 831-850) को मान्य किया जाता है। नन्नुक पहले प्रतिहारों के सामंत थे लेकिन ईस्वी सन् 830 में नागभट्ट द्वितीय की मृत्यु के बाद जब प्रतिहार राज्य निर्बल होने लगा तब इस परिस्थिति से लाभ उठाकर नन्नुक ने चन्देल राज्य की स्थापना की तथा लगभग बीस वर्ष तक शासन किया। नन्नुक के उत्तराधिकारी के रूप में ईस्वी सन् 850 के लगभग उसका पुत्र वाकपति चन्देल सिंहासन पर आसीन हुआ। विद्वानों ने अनुमान लगाया है कि उसने भी लगभग बीस वर्ष शासन किया तथा इस प्रकार ईस्वी सन् 850 से 870 तक उसका राज्यकाल रहा। वाकपति की मृत्यु के बाद उसका पुत्र जयशक्ति सिंहासन पर बैठा जिसने ईस्वी सन् 870 से 890 तक शासन किया। वाकपति के दो पुत्र थे जिनमें बड़ा जयशक्ति था तथा उसका छोटा पुत्र विजयशक्ति था। खजुराहो में मिले शिलालेखों से यह ज्ञात होता है कि ये दोनों भाई अत्यंत शूरवीर थे तथा उन्हें 'वीर' की उपाधि से विभूषित भी किया गया था। उन्होंने चन्देलों के उत्कर्ष के लिए काफी कार्य किया। विजयशक्ति की मृत्यु के बाद उसका पुत्र राहिल (ईस्वी सन् 890-910 लगभग) गद्दी पर बैठा। वह प्रतिहार सामंत था किन्तु उसने अपनी पृथक पहचान क़ायम रखी। उसके बाद हर्षदेव (ईस्वी सन् 910-930 लगभग) गद्दी पर बैठे। वह भी राहिल के समान ही वीर तथा महत्वाकांक्षी था। उसने चौहान राजकुमारी कंचुका से विवाह किया था तथा राहिल के समय में ही नट्टदेवी (नन्दा देवी), जो हर्षदेव की बहिन थी का विवाह कलचुरि नरेश कोकल प्रथम से हुआ था।

हर्षदेव के बाद उसका पुत्र यशोबर्मन (ईस्वी सन् 930-950) सिंहासन पर बैठा। उसका उपनाम लक्ष्यबर्मन भी था। वह भी अपने पूर्वजों की तरह वीर तथा महत्वाकांक्षी था। उसने चन्देल शक्ति का संगठन कर, अपनी सत्ता का विस्तार किया। उसके समय में प्रतिहार तथा राष्ट्रकूट दोनों ही निर्बल हो चुके थे जिसका लाभ उसे मिला। उसने चेदि नरेश को भी पराजित किया। उसने ईस्वी सन् 940 में कालंजर का दुर्ग राष्ट्रकूटों से जीता। खजुराहो में मिले शिलालेख के अनुसार यशोबर्मन ने एक विष्णु मन्दिर का निर्माण कराया। यह मन्दिर अब लक्ष्मण मन्दिर के नाम से जाना जाता है।

यशोवर्मन के पश्चात उसका पुत्र धंगदेव (ईस्वी सन् 950-1002 लगभग) सिंहासन पर बैठा। उसके समय में विश्वनाथ तथा पार्श्वनाथ मन्दिर बनाए गए। खजुराहो में मिले एक शिलालेख के अनुसार उसकी आयु सौ वर्ष दर्शाई गई है। धंगदेव का पुत्र गण्ड (ईस्वी सन् 1002-1017) था। उसके काल में वैष्णव तथा सूर्य मन्दिर बने जिन्हें वर्तमान में जगदम्बी तथा चित्रगुप्त मन्दिर कहा जाता है। गण्ड का पुत्र विद्याधर (ईस्वी सन् 1017-1026) था। उसी के समय 102 फीट ऊंचा कन्दरिया महादेव का मन्दिर बना। यह मन्दिर खजुराहो की मन्दिर सरणी का केन्द्र है। विद्याधर की मृत्यु के बाद उसके उत्तराधिकारी दुर्ग निर्माण की ओर प्रवृत्त हुए।

विद्याधर के पश्चात विजयपाल से लेकर कीरतपाल तक अनेक शासक चन्देल वंश में हुए किन्तु विद्याधर के समय तक जो कलात्मक मन्दिर निर्मित हुए वैसा कलात्मक शिल्प इन परवर्ती शासकों के समय में निर्मित नहीं हुआ।

विद्याधर के समय में ही महमूद गज़नवी का आक्रमण हुआ लेकिन विद्याधर ने उसकी सम्प्रभुता स्वीकार कर ली जिसके कारण इन मन्दिरों को अधिक नुकसान नहीं पहुँच पाया। बाद में 1202 ईस्वी में कुतुबुद्दीन ऐबक ने कालंजर पर हमला किया। लेकिन खजुराहो उसके प्रहार से बचा रहा। सोलहवीं सदी के अंत तक खजुराहो विस्मृति के कुहासे में खो गया और उसका पुनरुद्धार ईस्वी सन् 1838 में कैप्टन बर्ट के हाथों हुआ।

जैसा कि पूर्व में उल्लेख किया गया है बुन्देलखण्ड के यशस्वी शासक चन्देल व बुन्देला थे।

बुन्देला शासक अपने आपको भगवान रामचन्द्र के कुल से जोड़ते हैं। उनकी मान्यता के अनुसार भगवान राम के पुत्र लव के यहाँ हरीब्रह्म नामक एक पुत्र पैदा हुआ जिसे उसके पिता ने अपने जीवनकाल में ही अयोध्या का राज्य सौंपा। यही हरीब्रह्म महिपाल के नाम से प्रसिद्ध हुआ। महिपाल की पीढ़ी के राजाओं ने काशी पर शासन किया। यह मान्यता है कि काशीराज के पुत्र गहरदेव के आगे सातवीं पीढ़ी में जैसंद देव अथवा विंध्यराज नामक राजा हुए जिनके इकलौते पुत्र सौनकदेव युवावस्था में ही परलोकगामी हुए। उनका एक नाबालिग पुत्र था। जैसंद देव को अपने पुत्र सौनकदेव की मृत्यु का बहुत दु:ख हुआ और वे विरक्त होकर अपने पौत्र के साथ विंध्यवासिनी देवी के स्थान पर रहने लगे। अपने पौत्र का नाम उन्होंने विंध्यलदेव रखा जिसका अपभ्रंश वीझलदेव है। पितामह विंध्यराज के देहान्त के बाद विंध्यलदेव अथवा वीझलदेव उनके उत्तराधिकारी हुए जिनके वंशज विंध्येला नाम से प्रख्यात हुए। बुन्देला शब्द को इसी का अपभ्रंश माना जाता है। विंध्यलदेव के पुत्र अर्जुनवर्मा थे तथा अर्जुनवर्मा के पुत्र वीरभद्र हुए जिनका काल बारहवीं सदी का है। वीरभद्र की दो रानियां थीं जिनसे पांच पुत्र उत्पन्न हुए। बड़ी रानी से राजसिंह, हंसराज, मोहन तथा मान नाम के चार पुत्र हुए तथा छोटी रानी से जगदास नामक पुत्र हुआ जिसे हेमकरण अथवा हमकरन पंचम के नाम से भी जाना जाता है तथा इसे बुन्देलखण्ड के प्रथम शासक के रूप में मान्यता दी जाती है।

इस सम्बन्ध में यह जानकारी मिलती है कि हेमकरण बनारस का गहरवार सरदार था जिसे पंचम बुंदेला भी कहा जाता है तथा उसे ओरछा राज्य को स्थापित करने का श्रेय है। यह किवदंती है कि ईस्वी सन् 1048 में वह विन्ध्यवासनी देवी के दर्शन करने गया तथा वहाँ उसने पांच मानव नरमुण्डों को बलिदान कर चढ़ाया जिससे प्रसन्न होकर उसे पंचम विन्ध्येला की उपाधि देवी ने प्रदान की तथा इस प्रकार पांच मानव नरमुड़ों को देवी पर अर्पित करने के कारण उसे यह उपाधि मिली। उसे देवी ने रविवार के दिन महान होने का वरदान दिया और तभी से उसकी राजधानी ओरछा में रविवार के दिन हर्ष व्यक्त करने के लिए नगाड़े बजाए जाते हैं।

अपनी वृद्धावस्था के आने पर वह सन्यासी हो गया। उसके पांच पुत्र थे जिनमें से करणपाल ने उसका उत्तराधिकार संभाला तथा चार विवाह किए। करणपाल के बाद ईस्वी सन् 1112 से 1231 के बीच सात शासक ओरछा में हुए इनमें से महुआभूति तथा अभयभूति भी सन्यासी हो गए। ओरछा के राजपरिवार में सोहनपाल नामक राजपुत्र ने गढ़कुंडार पर आधिपत्य किया तथा परमारों की सहायता से ईस्वी सन् 1257 में उसने वहाँ शासन कर रहे खंगारों को खदेड़ दिया तथा उसने परमार पुत्री से शादी की।

उक्त विवेचन ऐतिहासिक दृष्टि से पूर्णत: सिद्ध नहीं है लेकिन बाद के काल का इतिहास क्रमबद्ध रूप से मिलता है जिसके अनुसार गढकुंडार के शासक मलखान सिंह के पुत्र रूद्रप्रताप (ईस्वी सन् 1501-1539) ने गढकुंडार से लगभग 50 किलोमीटर आगे बढ़कर ओरछा राज्य की स्थापना की। राजा रूद्रप्रताप ने अपनी स्वतंत्रता अक़बर के समय में भी कायम रखी तथा अपने राज्य का विस्तार किया। ईस्वी सन् 1531 में उसने

ओरछा के महल का निर्माण कराया तथा इसे अपनी राजधानी के रूप में घोषित किया। इसी वर्ष जब वह शेर से गाय को बचाने के लिए प्रयत्न कर रहा था तब शेर से लड़ते हुए उसकी मृत्यु हुई। उसने शेर को भी मार डाला।

रूद्रप्रताप के बाद उसके सबसे बड़े पुत्र भारतीचंद (ईस्वी सन् 1539-1554) ने राज्य संभाला। ईस्वी सन् 1554 में उसने कालिंजर के दुर्ग को शेरशाह सूरी के चंगुल से बचाने का असफल प्रयत्न किया। यद्यपि कालिंजर उसके हाथ से निकल गया लेकिन बाद में उसने इस्लामाबाद पर पुन: अधिकार कर लिया तथा उसका नामकरण जतारा कर दिया। ईस्वी सन् 1539 में ओरछा के महल का निर्माण पूर्ण हुआ। ओरछा में राजा भारतीचंद के समय राजमहल तथा रानीमहल तो बने ही साथ ही लगभग 20 किलोमीटर लंबा रहवास सेना के रहने के लिए भी निर्मित हुआ।

भारतीचंद के उत्तराधिकारी मधुकरशाह (ईस्वी सन् 1554-1592) हुए। वे भारतीचंद के भाई थे क्योंकि भारतीचंद नि:संतान थे। मधुकरशाह की गणना उस काल के प्रख्यात शूरवीरों में होती है। वे अक़बर के समकालीन थे तथा अक़बर उनके साहस से प्रभावित था। वे अक़बर के राज दरबार में अपने मस्तक पर तिलक लगाकर व हाथ में माला लेकर प्रविष्ट हुए थे। जब उनसे यह कहा गया कि यह सम्राट का अपमान है तब उन्होंने क्रोधित होकर अपनी म्यान से तलवार निकाल ली थी। उनके इस साहसी कृत्य की अक़बर ने भूरि-भूरि प्रशंसा की तथा तभी से मधुकरशाही टीका प्रख्यात तथा लोकप्रिय हो गया। यह बुंदेला होने का प्रतीक चिन्ह माना जाने लगा। ईस्वी सन् 1585 में मधुकरशाह ने शाही फरमान को मानने से इंकार कर दिया जिसके फलस्वरूप ईस्वी सन् 1591 में मधुकरशाह को अक़बर के पुत्र मुराद ने ओरछा से बाहर कर दिया। वे नरवर की पहाड़ियों में चले गए जहाँ ईस्वी सन् 1592 में उनकी मृत्यु हो गई।

ओरछा के इतिहास में मधुकरशाह की बड़ी प्रसिद्धि है तथा उनके जीवन के साथ अनेक कथाऐं जुड़ी हुई हैं उनमें से एक यह है कि मधुकरशाह भगवान कृष्ण के भक्त थे जबकि उनकी पत्नी गणेशकुंवरी अयोध्या के रामलला की आराधिका थीं। राजा और रानी को राजपुरोहित पंडित हरिराम व्यास ने बहुत समझाया कि भगवान राम और कृष्ण दोनों एक ही हैं किन्तु वे अपने प्रयास में सफल नहीं हुए। परिणामस्वरूप मधुकरशाह वृन्दावन और उनकी पत्नी गणेशकुंवरी अयोध्या चली गईं। मधुकरशाह ने अपनी पत्नी को यह आदेश दिया कि बिना राम को लिए वे ओरछा न लौटें। तब रानी अयोध्या में भगवान राम की आराधना करने लगीं। अन्तत: उन्होंने सरयू में डूबकर अपने आप को समाप्त करने का निश्चय कर लिया तब भगवान राम उनकी तपस्या से प्रभावित हुए व उन्होंने रानी के साथ ओरछा जाने की सशर्त सहमति दे दी। भगवान राम ने तीन शर्तें रखीं। पहली तो यह कि वे संतों के साथ पैदल ही जायेंगे तथा पुष्य नक्षत्र में ही अपने स्थान को छोड़ेंगे तथा जैसे ही यह नक्षत्र अथवा तारा अदृश्य होगा वे रूक जायेंगे। तीसरी शर्त यह थी कि वे प्रथम गृह में रूकेंगे व ओरछा में एक ही राजा रहेगा जो वे स्वयं होंगे।

इस तरह राम के अयोध्या से ओरछा जाने की स्थिति जब अयोध्या में निर्मित हुई तब महान संत तुलसीदास की अध्यक्षता में संतों के समूह के द्वारा यह निर्णय लिया गया कि भगवान ओरछा जायेंगे। यह मान्यता है कि भगवान राम के अयोध्या से जाने के बाद ईस्वी सन् 1630 में तुलसीदास ने 'रामचरितमानस' लिखना आरम्भ किया।

मान्यता यही है कि जो मूर्तियां रामलला की ओरछा के रामलला मन्दिर में प्रतिष्ठित हैं, वे वही मूर्तियां हैं जो अयोध्या में प्रतिष्ठित थीं। यह भी कहा जाता है कि भगवान राम को प्रतिष्ठित करने के लिए राजा ने चतुर्भुज

मन्दिर का निर्माण कराया था। यह मन्दिर राजमहल के ठीक सामने था ताकि राजा सीधे उनके दर्शन कर सकें किंतु भगवान राम ने रानीमहल में ही विराजना उचित समझा तथा आज वही रनिवास रामलला मन्दिर के रूप में विख्यात है।

इसी सम्बन्ध में एक और रोचक कथा प्रचलित है जिसके अनुसार राजपुरोहित पंडित हरिराम व्यास ने रामलला का उत्सव बेतवा के किनारे मनाने की घोषणा की। यह उत्सव उजली वासंती रात्रि में मनाया गया। इस अवसर पर बेतवा के किनारे राजा मधुकरशाह भगवान की प्रार्थना करते हुए अपने पैरों में घुंघरू बांधकर नाचे तब आकाश से सोने के फूल बरसे और सोने के उन फूलों से बेतवा का एक भाग ढंक गया जिसे आज कंचनघाट (Golden Bank) कहा जाता है। तभी से सोने के फूल ओरछा नरेश के राज्यारोहण के अवसर पर प्रदर्शित किए जाते हैं।

यह भी कहा जाता है कि एक रात्रि में जब राजा मधुकरशाह अपने महल में आए तथा भाव-विभोर होकर मन्दिर के पश्चिमी भाग में नाचने और गाने लगे तब मन्दिर का वह पूर्वी दरवाज़ा अपने आप खुल गया जो पहले से बंद था। यह मधुकरशाह की भक्ति का परिणाम था। जुगलकिशोर की जो इस पूर्वी भाग में अवस्थित थी वह मूर्ति बाद में ईस्वी सन् 1638 में पन्ना में प्रतिष्ठित कर दी गई। राजा मधुकरशाह ने चंद्रसाखी तथा चित्रकूट मन्दिरों का भी निर्माण कराया। उन्होंने भाण्डेरी दरवाज़े के पास संतों के रूकने के लिए रामबाग का निर्माण करवाया ताकि संत रामराजा के सानिध्य में रह सकें। तुलसीघाट के पास अवस्थित चंद्रवन, मधुवन तथा पंचवन को भी उन्होंने नए सिरे से सुसज्जित किया। उन्हें मधुपुरी या मऊरानीपुर नामक शहर की स्थापना का भी श्रेय है।

राजा मधुकरशाह के उत्तराधिकारी रामशाह (ईस्वी सन् 1592-1605) हुए। उनका अपने भाईयों पर नियंत्रण नहीं था तथा उनके सरदार भी उनके प्रति वफादार नहीं थे जिसके परिणामस्वरूप राज्य की 22 जागीरों में से 14 जागीरें उनके परिवार के हाथ से निकल गईं। उनके दूसरे अनुज वीरसिंहदेव ने अपनी गतिविधियां अलग से आरम्भ कर दीं। उन्होंने अपने हिस्से में आए राज्य को बढ़ाने के लिए मुग़लों से युद्ध कर आरम्भ कर दिया तथा मुग़ल सेनापति को एरिच से बाहर कर दिया। इसी तरह बेरहा और करेरा से उसने मैना व जस्व सरदारों को भी बाहर कर दिया। तब अक़बर ने रामशाह की सहायता के लिए हसन खान तथा आसकरण सहित अन्य लोगों को भेजा जिसके कारण ईस्वी सन् 1601 में वीरसिंह जूदेव की मैत्री शहज़ादे सलीम से हो गई जो अक़बर का विद्रोही पुत्र था। वीरसिंह जूदेव ने शहज़ादे सलीम को प्रसन्न करने के लिए दक्षिण से लौट रहे अक़बर के प्रख्यात दरबारी अबुल फज़ल की ग्वालियर के पास आंतरी के निकट गांव में हत्या कर दी। वीरसिंह जूदेव ने अबुल फज़ल का सिर चम्पतराय के संरक्षण में युवराज सलीम के पास इलाहाबाद भेज दिया। सलीम वीरसिंह जूदेव इस कृत्य से बहुत प्रसन्न हुआ तथा उसे चंपतराय के हाथों राजचिन्ह भिजवाते हुए बड़ौनी की जागीर प्रदान की।

अक़बर ने वीरसिंह जूदेव को पकड़ने के बहुत प्रयत्न किए लेकिन अक़बर उसे बंदी नहीं बना पाया तथा ईस्वी सन् 1605 में जब जहांगीर गद्दी पर बैठा तो वीरसिंह जूदेव की नियति बदल गई। जहांगीर ने उसे ओरछा का राज्य सौंप दिया तथा ईस्वी सन् 1606 में जब ओरछा की गद्दी पर वीरसिंह जूदेव ने बैठने का उत्सव मनाया तब स्वयं जहांगीर इस अवसर पर सम्पन्न होने वाले कार्यक्रम में आया। जहांगीर के ठहरने के लिए उसने जहांगीरी महल का निर्माण कराया। सात हज़ार अश्वों का मनसब तथा राजसी पालकी सहित, राज्य का झंडा तथा अबुल फज़ल की तलवार उसे जहांगीर ने भेंट की। जहांगीर ने अपनी आत्मकथा में वीरसिंह जूदेव के शौर्य

तथा स्वामी-भक्ति की भूरि-भूरि प्रशंसा की है। जहांगीर के प्रभाव के कारण रामशाह तथा वीरसिंह जूदेव के बीच के सम्बन्ध सुधर गए। रामशाह की मृत्यु ईस्वी सन् 1612 में हुई।

वीरसिंह जूदेव और उनके पुत्र जुझारसिंह ने सदैव जहांगीर का साथ दिया तथा काबुल व कंधार की लड़ाईयों में वह मुग़ल फौज की ओर से सम्मलित हुआ।

वीरसिंह जूदेव एक सफल कूटनीतिज्ञ तथा प्रशासक था। ओरछा के सर्वाधिक लोकप्रिय शासकों में उसकी प्रतिष्ठा है। वह एक कलाचेषी शासक था तथा महलों, क़िलों व हवेलियों के निर्माण में उसकी बहुत रूचि थी। उसने कानपुर में तथा मथुरा के निकट भवन बनवाए। जहांगीरी महल व फूलबाग के अलावा उसने ओरछा में लक्ष्मी-नारायण मन्दिर, हमाम, नौबतखाना आदि का निर्माण कराया तथा अधूरे बने चतुर्भुज मन्दिर का निर्माण उसने पूरा किया व मन्दिर के शिखर पर एक मन सोने के कलश को स्थापित किया। उसने दतिया में भी एक महल का निर्माण करवाया जिसका स्वरूप स्वास्तिक के भांति था तथा जो 9 वर्षों में 35 लाख की लागत से तैयार हुआ।

वीरसिंह जूदेव ने 33 लाख रूपए की लागत से केशवदेव मन्दिर का निर्माण करवाया जिसे औरंगज़ेब ने बाद में नष्ट करवा दिया। उसने आगरा में बुंदेला महल तथा बुंदेलाबाग का निर्माण कराया। इसके अतिरिक्त अनेक घाट, मन्दिर, सड़कों व बगीचों का उसने वृन्दावन में निर्माण करवाया। उत्तर भारत में उसने अनेक शिव मन्दिर भी बनवाए।

वीरसिंह जूदेव महान दानी भी था। कहा जाता है कि ईस्वी सन् 1664 में जब वह मथुरा तीर्थाटन के लिए गया तब उसने तुलादान करवा कर 81 मन सोना दान में दिया। उसके न्याय के सम्बन्ध में भी अनेक कथाएं हैं। यह भी कहा जाता है कि उसने अपने पुत्र को भी मृत्युदंड की सजा सुना दी थी।

वीरसिंह जूदेव का उत्तराधिकारी उसका सबसे बड़ा पुत्र जुझारसिंह (ईस्वी सन् 1627-1635) हुआ। जुझारसिंह उसका सबसे बड़ा पुत्र था तथा अपने जीवनकाल में ही वीरसिंह जूदेव ने उसे अपना उत्तराधिकारी घोषित कर दिया था। जुझारसिंह के भाई भगवानदास ने असंतुष्ट होकर जब सम्राट के पास शिकायत करने के लिए दिल्ली की ओर प्रस्थान किया तब वीरसिंह जूदेव ने उसे दतिया दे दिया तथा ईस्वी सन् 1626 में दतिया राज्य की स्थापना हुई। ईस्वी सन् 1627 में वीरसिंह जूदेव का निधन हुआ तथा उसके कुछ समय बाद ही जुझारसिंह की भी मृत्यु हो गई।

जुझारसिंह को शाहजहाँ के शासन काल में 4000 का छोटा मनसब प्रदान किया गया था किन्तु शाहजहाँ ओरछा की गतिविधियों से प्रसन्न नहीं था। अत: उसने जुझारसिंह तथा उसके छोटे भाई हरदौल के बीच वैमनस्य उत्पन्न करने का प्रयास किया। उसने झूठी अफवाहें फैलवाने का प्रयास किया। यह प्रयास सफल हुआ। उसने ये अफवाह फैलवाई कि उसकी पत्नी के अनुचित सम्बन्ध हरदौल से हैं जबकि वास्तविकता यह थी कि हरदौल अपने बड़े भाई की पत्नी अर्थात् अपनी भाभी को मां की तरह मानते थे। एक बार हरदौल को ओरछा में अकेला छोड़कर जुझारसिंह दिल्ली के लिए रवाना हुआ किन्तु अचानक लौटकर उसने अपनी पत्नी को आदेश दिया कि वह अपने देवर हरदौल जू को विषयुक्त भोजन परोसे। जुझारसिंह की पत्नी अश्रुपूरित नेत्रों से हरदौलजू को भोजन कराने के लिए भोजन लेकर आई। तब तक 23 वर्षीय हरदौलजू वास्तविकता जान चुके थे किन्तु उन्होंने कहा कि उनके लिए अपनी भाभी का सम्मान उनके अपने जीवन से कहीं बड़ा है। उन्होंने विषयुक्त भोजन किया

और रामलला के मन्दिर के निकट पहुँच कर अपने प्राण त्याग दिए। यह कहा जाता है कि 900 बुंदेल वीरों ने इस दु:खद समाचार को सुनकर आत्महत्या कर ली। हरदौलजू को आज भगवान की तरह बुन्देलखण्ड में ही नहीं अपितु आसपास के सभी अंचलों में पूजा जाता है। उनकी स्मृति में स्थान-स्थान पर समाधियां बनी हुई हैं जहाँ उनकी पूजा होती है तथा विवाह के अवसर पर उनके सम्मान पर गायन होता है व विवाह के निमंत्रण पत्र उनकी ओर भेजे जाते हैं। इस दुर्घटना के बाद शाहजहाँ ने जुझारसिंह का सम्मान नहीं किया अपितु उसे दंडित किया। ईस्वी सन् 1632 में शाहजहाँ आगरा जाते समय रास्ते में ओरछा रूका जहाँ जुझारसिंह के पुत्र विक्रमजीत सिंह ने उसका स्वागत किया। जुझारसिंह को शाहजहाँ ने दक्षिण की ओर भेज दिया।

बाद की घटनाओं से यह विदित होता है कि दक्षिण से लौटने के बाद उसने गढ़मण्डला के गोंड राज्य में लूटपाट की जिसके कारण सम्राट का कोप जुझारसिंह व उनके पुत्र को झेलना पड़ा जिसकी परिणति यह हुई कि जुझारसिंह तथा विक्रमजीत सिंह दोनों गोंड शासकों के द्वारा मार डाले गए। ओरछा भी सम्राट शाहजहाँ के कोप से बचा नहीं रह सका। उसने ओरछा के खजानों को लूटा तथा चतुर्भुज मन्दिर को तोड़ दिया।

चंदेरी के शासक देवीसिंह को ओरछा का नाममात्र का शासक बनाया गया किन्तु वह दो वर्ष के बाद चंदेरी लौट गया।

ओरछा खालसा राज्य घोषित कर दिया गया। देवीसिंह के शासन के समय भी शाहजहाँ ने यात्रा की तथा उसने चतुर्भुज मन्दिर सहित अनेक भवनों को तोड़ दिया।

ईस्वी सन् 1635 से 1641 के बीच ओरछा राज्य शासन विहीन रहा। इसी अराजकता के वातावरण में प्रख्यात शूरवीर छत्रसाल के पिता चम्पतराय ने ओरछा पर आधिपत्य कर लिया तथा वह दाराशिकोह के विरूद्ध औरंगज़ेब व मुराद से मिल गया। ईस्वी सन् 1641 में शाहजहाँ ने जुझारसिंह के भाई पहाड़सिंह को दक्षिण से बुलाकर ओरछा का राज्य सौंप दिया तथा उसे 5000 अश्वों की मनसब प्रदान की।

पश्चातवर्ती इतिहास से ज्ञात होता है कि पहाड़सिंह व चंपतराय के बीच मित्रता हो गई किन्तु यह लंबी अवधि तक नहीं चली। ईर्ष्यावश चंपतराय को भोजन में विष दिया गया किन्तु उसे उनके छोटे भाई भीम ने खा लिया तथा अपने अग्रज के प्राणों की रक्षा कर ली। इस घटना को लालकवि ने अपने ग्रंथ 'छत्रप्रकाश' में सुन्दर शब्दों में बांधा है।

इस काल के इतिहास से अनेक कथाऐं तथा किवदंतियां भी जुड़ी हुई हैं। उनके विस्तार में जाना अपेक्षित नहीं है। पहाड़सिंह की मृत्यु के बाद ईस्वी सन् 1553 में सुजानसिंह ओरछा की गद्दी पर बैठे किन्तु वास्तव में पहाड़सिंह की पत्नी हीरादेवी ने शासन चलाया। उन्होंने अपने पुत्र इन्द्रमणी के साथ मिलकर विशाल सेना तैयार की। पहाड़सिंह के बाद सुजानसिंह (ईस्वी सन् 1653-1672), इन्द्रमणी (ईस्वी सन् 1672-1675), जसवंतसिंह (ईस्वी सन् 1675-1684) तथा भगवन्तसिंह (ईस्वी सन् 1684-1689) क्रमश: ओरछा की गद्दी पर बैठे। भगवंतसिंह की अल्पकाल में ही मृत्यु हुई तब उनकी मां अमरकुंवरी ने उदैतसिंह को गोद लिया जो प्रख्यात हरदौलजू के पौत्र तथा बड़गांव के जागीरदार थे। उदैतसिंह (ईस्वी सन् 1689-1736) एक शूरवीर शासक थे तथा यह कहा जाता है कि उन्होंने निहत्थे ही एक शेर को मार डाला था। उस समय के मध्यकालीन बुंदेलखण्ड में दतिया, चंदेरी तथा ओरछा यद्यपि छोटी रियासतें थीं लेकिन ओरछा मुग़ल सम्राट की दृष्टि में महत्वपूर्ण था तथा यहाँ के शासक बुंदेला जाति के प्रमुख माने जाते थे। उदैतसिंह का शासन काल ओरछा का वैभवकाल माना

जाता है। उदैतसिंह के बाद उनके पुत्र पृथ्वीसिंह (ईस्वी सन् 1736-1752) ओरछा की गद्दी पर बैठे। उनके समय में मराठों के निरन्तर आक्रमण हुए। पृथ्वीसिंह के पौत्र सामंतसिंह (ईस्वी सन् 1753-1765) ओरछा की गद्दी पर बैठे तथा उनके समय में बड़गांव की जागीरें 8 हिस्सों में विभाजित हुईं जिन्हें अष्टगढ़ी जागीर कहा जाता है। इन अष्टगढ़ियों में जिन ठाकुरो ने राज किया वे भी कलाचेषी शासक थे। साक्ष्यों से यह ज्ञात होता है कि इन अष्टगढ़ियों में सुंदर अंकन हुए हुए तथा भित्तिचित्र भी बनाए गए तथा इस प्रकार ओरछा की चित्रांकन परम्परा ने परवर्तीकाल में भी विराम नहीं पाया। इन अष्टगढ़ियों में बिजना एक महत्वपूर्ण अष्टगढ़ी थी। इन अष्टगढ़ियों में विशेष रूप से बिजना में बने लघुचित्रों के बारे में आगे वर्णन दिया जा रहा है।

ईस्वी सन् 1765 से 1767 तक हेतसिंह ने ओरछा पर शासन किया उनके पश्चात पजनसिंह (ईस्वी सन् 1767 से 1772), मानसिंह (ईस्वी सन् 1772 से 1775) भारतीचंद द्वितीय (ईस्वी सन् 1775 से 1776) तथा विक्रमजीतसिंह (ईस्वी सन् 1776 से 1817) ने ओरछा पर शासन किया।

ईस्वी सन् 1817 में अपने पुत्र धरमपाल (ईस्वी सन् 1817-1834) के पक्ष में विक्रमजीतसिंह ने सिंहासन त्याग दिया। इस समय लॉर्ड हेस्टिंग्स ने ओरछा की यात्रा की तथा नजराना प्राप्त किया। सन् 1834 में धरमपाल के भाई तेजसिंह (ईस्वी सन् 1834-1841) ने ओरछा की राजगद्दी संभाली। उसके समय कर्नल स्लीमेन ने ठगों के सम्बन्ध में अध्ययन करने के लिए ओरछा की यात्रा की। तेजसिंह के बाद उसके सौतेले भाई सुजानसिंह द्वितीय (ईस्वी सन् 1841-1854) को गद्दी मिली किन्तु उसे धरमपाल की विधवा लराईरानी ने चुनौती दी। लराईरानी ने सुजानसिंह को हराया। बाद में सुजानसिंह को उनके भाई देवसिंह ने विष दे दिया। ब्रिटिश सरकार ने देवसिंह को कारावास में डाल दिया। लराईरानी ने ईस्वी सन् 1847 में सती विरोधी कानून राज्य में लागू किया। लराईरानी ने हमीरसिंह को गोद लिया जिसने ईस्वी सन् 1854-1874 तक ओरछा पर शासन किया। लराईरानी का शासन अत्यंत महत्वपूर्ण था तथा उसे ओरछा की विक्टोरिया के नाम से संबोधित किया जाता है। मृत्यु के बाद हमीर के भाई प्रतापसिंह (ईस्वी सन् 1874-1930) को ओरछा की गद्दी मिली। इस राज्य का पुर्नगठन भी हुआ।

ओरछा राज्य का बाद का इतिहास महत्वपूर्ण नहीं है। राजा प्रतापसिंह के पुत्र युवराज भगवानसिंह की मृत्यु ईस्वी सन 1922 में हुई। ईस्वी सन् 1930 में बुंदेलखण्ड में कांग्रेस ने आंदोलन आरम्भ किया बाद की अवधि ने वीरसिंह देव द्वितीय (1930 से 1948) गद्दी पर बैठे तथा उन्हीं के समय राज्य का विलय स्वतंत्र भारत में हुआ उनकी मृत्यु सन् 1956 में हुई तथा उनके उत्तराधिकारी देवेन्द्रसिंह जूदेव हुए।

देवेन्द्रसिंह जूदेव के समय में ही दिनांक 01.09.1970 से राजाओं के प्रिवीपर्स और विशेषाधिकार बंद कर दिए गए। उनका निधन 8 मई 1979 को हुआ। उनके उत्तराधिकारी उनके पुत्र मधुकरशाह जूदेव हुए। मधुकरशाह जूदेव के पुत्र युवराज रुद्रप्रतापसिंह हैं जिनका जन्म 26 मई 1983 को हुआ।

बानपुर-चन्देरी राजघराना ओरछा राजवंश की ही एक शाखा थी। ईस्वी सन् 1605 में मुग़ल सम्राट जहांगीर ने ओरछा नरेश महाराजा रामशाह को गद्दी से हटाकर उनके छोटे भाई वीरसिंह जूदेव प्रथम को ओरछा का राज्य दे दिया था तथा रामशाह को ईस्वी सन् 1609 में ललितपुर की जागीर प्रदान कर दी थी। रामशाह की मृत्यु ईस्वी सन् 1612 में हो गई। उनके बाद उनके पुत्र भरतसिंह गद्दी पर बैठे। भरतसिंह के बाद देवीसिंह, दुर्गसिंह, दुर्जनसिंह, मानसिंह, अनुरुद्धसिंह, रामचन्द्र, मोरप्रहलाद व मर्दनसिंह गद्दी पर बैठे। मर्दनसिंह के समय में ही इस राज्य का विलय कम्पनी राज्य में कर दिया गया।

बुन्देलखण्ड पर मराठों का भी व्यापक प्रभाव रहा। छत्रसाल के समय से ही मराठों का शासन बुन्देलखण्ड पर आरम्भ हो गया था तथा ओरछा के शासक भी मराठों को चौथ देते थे। सन् 1759 में अहमद शाह अब्दाली के विरुद्ध जो युद्ध हुआ उसमें मराठा सरदार गोविन्द राव पंत की मृत्यु हुई। कर्नल वेलेज़ली ने सन् 1778 में काल्पी पर आक्रमण कर मराठों को हराया लेकिन बाद में नाना फड़नवीस की सलाह पर माधव नारायण को पेशवा बनाया गया तथा मराठों और अंग्रेज़ों में संधि हो गई। हिम्मत बहादुर की सहायता से अंग्रेज़ों ने बुन्देलखण्ड पर कब्जा किया तथा सन् 1818 ई. तक बुन्देलखण्ड के अधिकांश भाग अंग्रेज़ों के अधीन हो गए।

झांसी में गंगाधर राव की मृत्यु के बाद दामोदर राव को गोद लिया गया किन्तु अंग्रेज़ों ने गंगाधर राव की पत्नी महारानी लक्ष्मीबाई को हटाने के प्रयत्न आरम्भ किए। उसी समय 1857 के विद्रोह की घटना घटी। महारानी लक्ष्मीबाई ने झांसी पर अपने आधिपत्य को क़ायम रखने के लिए अपूर्व वीरता दर्शाते हुए अपने प्राणों का उत्सर्ग कर दिया। विद्रोह की लहर सागर, दमोह तक पहुँच गई। कालांतर में लगभग समूचे बुन्देलखण्ड के राज्य अंग्रेज़ी राज्य में समाहित हो गए। बुन्देलखण्ड की कमिश्नरी का निर्माण सन् 1820 में हुआ। सन् 1835 में जालौन, हमीरपुर व बांदा के जिलों को उत्तर प्रदेश और सागर जिले को मध्य प्रदेश में मिला दिया गया जिसका नियंत्रण आगरा से होता था। सन् 1839 में सागर और दमोह जिलों को मिलाकर एक कमिश्नरी का निर्माण किया गया जिसका नियंत्रण झांसी से होता था। आज भी बुन्देलखण्ड मध्य प्रदेश व उत्तर प्रदेश राज्यों के बीच विभाजित है तथा दोनों प्रदेशों के प्रशासनिक नियंत्रण में बुन्देलखण्ड के ये दोनों भू-भाग हैं। यद्यपि सांस्कृतिक व सामाजिक दृष्टि से कोई विभाजन नहीं है। दोनों ही प्रदेशों के भू-भागों में सांस्कृतिक समरसता विद्यमान है।

भारतीय चित्रांकन यात्रा: विहंगावलोकन

भारतीय लघुचित्रों की परम्परा के सम्बन्ध में, यह तथ्य उजागर होता है कि इन चित्रों को बनाने वाले चितेरों के बारे में हमारी जानकारी बहुत कम है। यदि इस परम्परा की खोज की जानी है तो यह प्रयास किया जाना होगा कि प्राचीन विद्वानों ने जिन कृतियों के माध्यम से प्रसंगों को शब्द दिए उनके बारे में अधिक-से-अधिक जानकारी प्राप्त की जाए, क्योंकि भारतीय चितेरे ने शब्द को रूपायन का आधार बनाया। इन ग्रंथों में हमें विस्तृत जानकारी मिलती है, चित्रांकन के संदर्भ ज्ञात होते हैं। भारतीय चितेरे के लिए शब्द ही उसकी प्रेरणा रहे और शब्द ही उसकी कृति।

इस शब्द यात्रा का संक्षिप्त विवरण निम्नानुसार दिया जा रहा है —

ऋग्वेद, भारतीय वांग्मय का प्राचीनतम काव्य है।

ऋग्वेद में हम एक ऐसे चित्र का उल्लेख पाते हैं, जो अग्नि का है तथा चमड़े पर उत्कीर्ण किया गया है। (1/1/45) इन्द्र के अश्व की तुलना शालभंजिका से की गई है। (4/32/26) हमें द्वार-देवियों के यज्ञशालाओं की चौखटों पर उत्कीर्ण किए जाने का भी उल्लेख मिलता है। (1/5/5) इन द्वार-देवियों को पाणिनी (500 ई.पू.) ने प्रतिकृति के नाम से संबोधित किया है। इन्हें मौर्यकाल में व्यावसायिक उद्देश्य से भी बनाया जाता था। जैसा कि उल्लेख किया गया है, ऋग्वेद की कुछ ऋचाएँ (9/5/5; 10/110/5) बड़ी महत्वपूर्ण हैं क्योंकि इनमें उषा और रात्रि की देवियों के रूप में अभ्यर्थना की गई है और विद्वानों की यह सहज मान्यता रही है कि यज्ञशालाओं के द्वारों पर इन्हें उरेहा जाता रहा होगा।

रामायण और महाभारत, भारतीय परम्परा में ऐसे दो महान ग्रंथ हैं, जिनमें भारतीय जीवन दृष्टि की व्याख्या की गई है। इनका समय लगभग 600 से 500 ई.पू. का माना जाता है। रामायण में गीत, नृत्य, वाद्य तथा चित्रकला जैसी ललित कलाओं का विवरण है। रामायण में शिल्प शब्द का प्रयोग कला के संदर्भ में किया गया। रामायण के पुष्पक विमान का अद्भुत विवरण रामायण में है। (5/7/11-12, 5/9/23, 6/12/14 तथा 6/121/25) रामायण में दीवारों, कक्षों, रथों और राजभवनों पर चित्रांकन के काफी उल्लेख हैं। पुष्पक विमान के संदर्भ में ही यह उल्लेख मिलता है कि इस विमान में आश्चर्यचकित कर देने वाले तरह-तरह के दृश्य अंकित थे और उसके विभिन्न भागों में बेल-बूटेदार चित्र अंकित थे। रावण की लंका में हनुमान को एक चित्रशाला और चित्रों से सज्जित कई स्थान देखने को मिले थे। रामायण में 'चित्रशाला गृहाणि' का उल्लेख है। स्वयं रावण की चित्रशाला बड़ी प्रख्यात् चित्रशाला थी। कैकयी का राजप्रासाद तथा बाली और रावण के शवों को ले जाने वाली

पालकियों पर की गई चित्रसज्जा विलक्षण थी। उस युग में हाथियों के मस्तकों पर और नव-यौवनाओं के कपोलों पर चित्र अंकित किए जाते थे। सीता को भ्रम में डालने के लिए रावण ने अपने विघज्जित्र नामक चित्रकार को राम के सिर और धनुष की छद्म आकृति बनाने का आदेश दिया था।

रामायण की अपेक्षा महाभारत में चित्रांकन के उल्लेख कम हैं। महाभारत में रूप के 19 प्रकार बताये गये हैं। महाभारत (3/293/13) में सत्यवान् के सम्बन्ध में कहा गया है कि वह भित्ति पर घोड़े के चित्र अंकित करता था, इसलिए बचपन में उसका नाम चित्राश्व पड़ा।

महाभारत, के सभापर्व में युधिष्ठिर की जिस सभा का वर्णन है, उसमें यह उल्लेख हैं कि सभागृह की दीवारों पर तरह-तरह के चित्र अंकित किए गए थे। (अध्याय 3 तथा 47) पाणिनि (500 ई.पू.) की अष्टाध्यायी में शिल्प को चारू और कारू इन दोनों अर्थों में प्रयुक्त किया गया है तथा पशु, पक्षी, पुष्प, वृक्ष, पर्वत और नदी आदि को किस विधि से अंकित किया जाता था, इसका भी उल्लेख किया गया है। कौटिल्य (300 ई.पू.) ने अपने अर्थशास्त्र में कारू शिल्पियों की नामावली दी है। आचार्य भरत (प्रथम सदी ई.पू.) के नाट्य शास्त्र में चित्रकला के विशद् उल्लेख हैं, उसमें यह भी बताया गया है कि नाट्यशाला की भित्ति पर नर-नारी की मूर्तियों, बेलबूटों और अनेक मनोरम दृश्यों को अंकित किया जाना चाहिए। (2/85)

कालिदास के ग्रंथों, विशेषकर मेघदूत तथा रघुवंश में चित्रांकन के सुन्दर संदर्भ हैं। कालिदास की कृतियों से यह विदित होता है कि उस समय पुरूष और स्त्री दोनों ही चित्रकर्म करते थे तथा विरह के दुख को कम करने के लिए नायक और नायिका एक-दूसरे का चित्र बनाया करते थे। चित्रों को देखकर विवाह निश्चित होते थे और देवी-देवताओं के चित्र बनाकर उनकी पूजा की जाती थी। रघुवंश के 16वें सर्ग में ध्वस्त हुई अयोध्या नगरी का वर्णन करते हुए कालिदास ने लिखा है कि वहाँ के प्रासादों की भित्तियों पर कमल वन चित्रित थे, जिनके बीच बड़े-बड़े हाथियों को दर्शाया गया था। इन हाथियों में उनकी हथनियां कमल के डंठल देती हुई उरेही गई थीं। ये चित्र ध्वस्त होने के बाद भी इतने सजीव थे कि उनमें चित्रित हाथियों को वास्तविक हाथी समझकर वहाँ के सिंहों ने अपने नाखूनों से उन्हें विदीर्ण कर दिया था। वात्स्यायन के कामसूत्र में (200-300 ई.) आलेख्य का विशद उल्लेख है।

कामसूत्र में यह भी उल्लेख है कि प्रत्येक नागरिक को चाहिए कि वह अपने विश्राम कक्ष में चित्र फलक के अलावा रंग तथा कूंची की पेटी रखे। बृहत्संहिता (500 ई.) के 56वें अध्याय में वराहमिहिर ने चित्रकला पर प्रकाश डाला है। प्राचीन कोशों में भी चित्रकला के सम्बन्ध में उल्लेख है। मेदिनीकोश में चित्रकार को वर्णाट् कहा गया है अर्थात् वह जो अनेकों रंगों के विश्लेषण में निष्णात् हो। कादम्बरी (700 ई.) में बाणभट्ट ने चित्रकला के संदर्भ में विशद् और सुन्दर उल्लेख किया है। वैशम्पायन नामक तोता तो अन्य कलाओं के साथ चित्रकला में भी प्रवीण था। बाण ने राजमहलों की चित्रशालाओं के सम्बन्ध में भी सूचनाऐं दी हैं। बाण के ही गद्य काव्य 'हर्षचरित्' में यह स्पष्ट उल्लेख है कि कुछ लोग परलोक के काल्पनिक चित्र दिखाकर अपना जीवनयापन करते थे। बाण के ही समकालीन आचार्य दण्डी के 'दशकुमारचरित' में यह उल्लेख मिलता है कि कुमार उपहार वर्मा ने अपना चित्र स्वयं बनाया था। कुट्टनीमत (779-810 ई.) में यह उल्लेख है कि विदुषी कहे जाने की इच्छा से वार-वनिताएँ चित्रकर्म में संलग्न हो सकती हैं। दसवीं शताब्दी के ग्रंथ 'तिलकमंजरी' में भी चित्रकर्म का उल्लेख है। उसमें गंधर्वक नामक एक युवा चित्रकार द्वारा बनाए गए चित्रपट का वर्णन मिलता है। 'कथासरितसागर'

(ग्यारहवीं शताब्दी ई.) में यह उल्लेख है कि उदयन का कुमार नरवाहनदत्त चित्रकला में निपुण था। 'कथासरितसागर' में चित्र बनाए जाने के और भी उल्लेख हैं। बारहवीं शताब्दी में रचे गए ग्रंथ 'नैषधचरित' में राजा नल के भवन की दीवारों पर बने सजीव चित्रों का विवरण दिया गया है और इन्हें 'कल्पवल्ली' कहा गया है। भरहुत की कला में ऐसी कल्पवल्लियां पाई जाती हैं। ये कल्पवल्लियां बाघ की गुफाओं में भी अंकित की गईं।

जहाँ तक पुराणों का प्रश्न है, हरिवंश, अग्नि, मत्स्य, स्कंध, गरूड़ और पद्म पुराण में चित्रांकन के सम्बन्ध में उल्लेख हैं। 'विष्णुधर्मोत्तरपुराण' में तो स्वतंत्र रूप से चित्र विधान पर चर्चा की गई है। पुराणों के काल को लेकर काफी विवाद की स्थिति है, फिर भी यह सामान्य रूप से मान्य किया जाता है कि 200 ई. से लेकर 1500 ई. तक पुराण रचे गए। 'हरिवंशपुराण' सहित विभिन्न पुराणों में चित्रकला के विपुल संदर्भ हैं। 'मत्स्यपुराण' तथा 'स्कंधपुराण' में चित्रशालाओं का उल्लेख है। 'पद्मपुराण' में यह उल्लेख है कि केरल राज्य के मंत्री की पुत्री के पास एक चित्र पुस्तिका थी।

'विष्णुधर्मोत्तरपुराण' चित्रकला के संदर्भ में भारतीय साहित्य का सबसे महत्वपूर्ण ग्रंथ है। 'विष्णुधर्मोत्तरपुराण' के तीसरे खण्ड में चित्रकला सम्बन्धी विवेचन है। इस खण्ड में कुल 118 अध्याय हैं। विष्णुधर्मोत्तर पुराण के अध्याय 41 में विभिन्न प्रकार के चित्रों का वर्गीकरण किया गया है। इसमें चित्र चार प्रकार के बताए गए हैं- सत्य, वैणिक, नागर और मिश्र।

इस पुराण के 40वें अध्याय में चित्र विधि के महत्वपूर्ण पक्षों का विवेचन किया गया है तथा भित्ति चित्र बनाने की विस्तृत विधि दी गई है। 27वें अध्याय में श्लोक संख्या 8 से 16 तक रंगों का वर्णन हैं।

इस पुराण के 42वें अध्याय में चित्र के विभिन्न विषयों का विस्तृत वर्णन किया गया है तथा कहा गया है कि संसार में जो कुछ भी दृष्टव्य है, उसे ज्यों का त्यों और वैसा ही चित्र में बनाना चाहिए।

जैन और बौद्ध कला ने भी इस ओर बड़ा महत्वपूर्ण अवदान दिया। श्वेताम्बर जैनों ने विशेष रूप से इस ओर अपना रूझान प्रदर्शित किया। उनके एक ग्रंथ 'प्रश्नव्याकरणसूत्र' (2/5/16) में चित्रों की अनेक श्रेणियां बताई गईं। जैन ग्रंथों में अल्पना चित्रों की परम्परा का भी उल्लेख मिलता है, जो लोककला का उन्नत स्वरूप थी। कामसूत्र की तरह जिनभद्र मुनि के द्वारा रचित कल्पसूत्र की टीका में जिन 64 स्त्री कलाओं की सूची दी गई है, उसमें एक स्थान चित्रकारी का भी है। एक कथा कृति 'नाया धम्म कहाओ' से ज्ञात होता है कि महाराजा श्रेणिक के महल की दीवारों पर सुन्दर चित्र उरेहे गए थे। ग्यारहवीं शताब्दी (1038 ई.) में मागधी प्राकृत में रची एक कथा कृति 'सुर सुन्दरी कहा' तथा प्राकृत की ही एक दूसरी कथा कृति 'तरंगवती' में चित्रांकन के उल्लेख हैं।

बौद्ध पिटकों, जातकों तथा गाथा से सम्बन्धित अनेक ग्रंथों में चित्रकला का उल्लेख मिलता है। 'विनयपिटक' के एक प्रसंग में कौशलराज प्रसेनजित के उद्यान के एक भाग में चित्र संग्रहालय की स्थापना का विवरण मिलता है। कुछ बौद्ध ग्रंथों से यह मालूम होता है कि चित्रकारी, आजीविका का साधन भी रही।

संस्कृत नाटकों में चित्रांकन के सम्बन्ध में पर्याप्त उल्लेख है। भास के नाटकों में विशेष रूप से 'स्वप्न-वासवदत्त और 'प्रतिज्ञायोगन्धरायण' में चित्र ही केन्द्र में हैं। कालिदास के नाटक 'मालविकाग्निमित्र' की नायिका मालविका के मनमोहक चित्र को देखकर राजा अग्निमित्र इतना प्रभावित होता है कि उसकी यह आसक्ति परिणय में बदल जाती है। अग्निमित्र की विख्यात चित्रशाला का वर्णन भी कालिदास ने किया है। इनके अतिरिक्त उनके अन्य ग्रंथों में भी चित्रांकन के विपुल उल्लेख हैं।

कालिदास के अलावा भवभूति (700ई.) के नाटक 'मालतीमाधव' में नायक और नायिका के द्वारा एक-दूसरे के चित्र बनाने का उल्लेख मिलता है। उनके दूसरे नाटक उत्तररामचरित का आरम्भ ही चित्रदर्शन नामक अंक से होता हैं हर्ष (700 ई.) के नाटक 'नागानन्द' में पांच तरह के वर्णों का उल्लेख है तथा 'रत्नावली' नामक नाटक की नायिका को चित्रकला मे बड़ा प्रवीण दर्शाया गया। विशाखदत्त के (800 ई.) मुद्रराक्षस में भी यमराज के चित्र का उल्लेख है। प्रतिहारकालीन राजशेखर (900 ई.) की एक नाट्य कृति 'विद्धशालभंजिका' में भी चित्रांकन के उल्लेख हैं, विशेष रूप से भित्ति पर चित्र बनाने के। बिल्हण (ग्यारहवीं सदी) के एक नाटिका 'कर्णसुन्दरी' में भी चित्र को देखकर प्रेम के उत्पन्न होने का उल्लेख है। इसी तरह जयदेव (तेरहवीं सदी) के द्वारा रचे गए 'प्रसन्नराघव' नामक नाटक में राम-सीता के चित्र का उल्लेख है।

संस्कृत साहित्य में चित्रकला के सम्बन्ध में काफी सामग्री उपलब्ध है। साहित्यिक ग्रंथों के अलावा ऐसे ग्रंथ भी हैं जिनमें स्वतंत्र रूप से चित्रकला के तकनीकी पक्ष की व्याख्या की गई है। कुछ ग्रंथ ऐसे हैं, जिनमें चित्रकला के सम्बन्ध में एक अध्याय सम्मिलित कर लिया गया है। न केवल चित्रकला बल्कि वास्तु और शिल्प के सम्बन्ध में भी अनेक ग्रंथ उपलब्ध हैं। चित्रकला के सम्बन्ध में कुछ उल्लेखनीय ग्रंथों में 'मयमत', 'विश्वकर्मप्रकाश', मानसार', 'चित्रसूक्त', 'चित्रलक्षण', 'चित्रकर्म शिल्पशास्त्र, 'कलाविलास', 'मानसोल्लास', 'समरांगणसूत्राधार', 'वृत्तान्त प्रकरण' तथा 'शिल्पकलादीपिका' हैं, इनके अलावा जैसा कि उल्लेख किया गया है 'विष्णुधर्मोत्तरपुराण' का 'चित्रसूत्र' अपने आप में विशिष्ट है, इसके अलावा नग्नजित् या भयजित् का चित्रलक्षण और सोमेश्वर का मानसोल्लास प्रमुख हैं।

उक्त उल्लेख से यह स्पष्ट हो जाता है कि भारतीय मानस में चित्रकला की अवधारणा बड़ी व्यापक और स्पष्ट थी। यह अवधारणा इतनी विकसित भी थी कि उसने चित्रांकन के प्रत्येक पक्ष पर बड़ी बारीकी के साथ विचार किया तथा चित्रकला को एक स्वतंत्र अनुशासन के रूप में स्थापित कर दिया।

पूर्व मध्ययुग की चित्रकला के उदाहरण भले हमारे पास बहुत कम मौजूद हों, लेकिन जो हैं, वे अपने आप में प्रतिनिधि उदाहरण हैं। इस काल के अजन्ता के चित्रांकन न केवल भारत, अपितु पूरे विश्व की उत्कृष्ट कलात्मक धरोहर हैं।

प्रागैतिहासिक युग की गुफाओं तथा चट्टानों पर जो खुदे हुए चित्र मिले हैं, इन आदिम कलाकृतियों ने यह सिद्ध किया है कि ईसा से 50 हजार से 10 हजार वर्ष पूर्व का आदिमानव चित्रांकन करता था। दक्षिण रोडेशिया, स्पेन, पेरू, फ्रांस और भारत जैसे देशों में ऐसी चित्रांकन गुफाएँ प्राप्त हुईं हैं।

जहाँ तक भारत का प्रश्न है, मध्यप्रदेश के आदमगढ़, रायगढ़, पचमढ़ी तथा भीमबैठका आदि की गुफाओं में ये चित्र मिलते हैं, इनके अलावा बिहार के चक्रधरपुर, सिहनपुर तथा उत्तरप्रदेश के लिखुनिया (मिर्जापुर), कोहर आदि स्थानों से भी ऐसे चित्र मिले हैं। इन गुफाओं के अलावा अनेक चित्रांकित चट्टानें भी उपलब्ध हुईं हैं। इन चित्रों में तत्कालीन जनजीवन और संस्कृति की विविधता के दर्शन होते हैं। मुख्य रूप से हाथी, बाघ, रीछ, वराह तथा हरिण आदि को उरेहा गया है। पशुओं को चराते चरवाहे, विचरण करते हुए बैल तथा बांसुरी बजाता हुआ बंदर और मानव भी दर्शाया गया है। इनके अलावा मृत्तिका पात्रों पर भी बड़े मनभावन रेखांकन मिले हैं। मोहनजोदड़ों, हड़प्पा और लोथल के अवशेषों से यह तथ्य पुष्ट होता है कि भारत का ईसा पूर्व का मानव चित्रांकन में प्रवीण था। प्राचीनकाल में मौखिक भाषा को लिपि भाषा में ढालने का कार्य भी बड़े वैज्ञानिक रूप से सम्पन्न हुआ।

सरगुजा रियासत की जोगीमारा गुफा, जो वर्तमान में छत्तीसगढ़ राज्य में है, उसके चित्र अद्‌भुत हैं। ये ईसा की दूसरीसदी पूर्व के हैं। ये ऐतिहासिक काल की भारतीय चित्रकला के प्राचीनतम उपलब्ध नमूनें हैं।

बुद्ध से अशोक (500-232 ई.पू.) के काल में चित्रांकन के यद्यपि उल्लेख मिलते हैं, इस काल का सर्वाधिक यशस्वी सम्राट अशोक था, जिसके समय में स्थापत्य और शिल्प का अद्‌भुत विकास हुआ। उज्जयिनी और विदिशा में हाथ से बनाई गई सुन्दर मूर्तियों के अलावा मिट्‌टी के खिलौने मनुष्य तथा पक्षियों की आकृति के मिट्‌टी के बर्तन मिलते हैं। उस युग के कलासम्बन्धी विवरणों में जनसामान्य के दैनिक जीवन के अंकित किए जाने के भी उल्लेख हैं।

मौर्यकालीन चित्रकला के सम्बन्ध में यह विदित होता है कि उस युग में भवनों तथा दीवारों के अलावा कपड़ों पर भी चित्र बनाए जाते थे। पटचित्रों के निर्माण में बौद्ध कला की विशेष प्रसिद्धि है। मौर्यकाल में ही तक्षशिला में चित्रकला को एक अनुशासन के रूप में पढ़ाया जाता था। बौद्ध धर्म के प्रचार-प्रसार के लिए अशोक ने कला का एक जीवंत माध्यम के रूप में प्रयोग किया। चित्रकला, मनोरंजन का साधन भी थी तथा कलाकारों की आजीविका का माध्यम भी था। उस युग में चित्रकारों को पर्याप्त सुविधाएं भी दी जाती थीं। थेरगाथा नामक एक बौद्ध ग्रंथ में यह उल्लेख है कि राजा बिम्बिसार (543-496 ई.पू.) ने रागुन के राजा तिस्स को बुद्ध भगवान की जीवनी का एक चित्रफलक भेंट स्वरूप दिया था। शुंग सातवाहन (187-75 ई.पू.) के समय में भी चित्रांकन किया गया। अजन्ता की शुंगकालीन गुफाओं में उस समय की चित्रकला के बारे में जानकारी मिलती है।

यूनानी शासकों ने भारत के सिन्ध और पंजाब जैसे प्रदेशों पर लगभग 150 वर्ष राज्य किया। यूनानी संस्कृति का प्रभाव उनके कलापूर्ण सिक्कों पर दिखाई देता है। तत्कालीन भारतीय और यूनानी शैली के मिलन से जो गांधार शैली जन्मी वह भारतीय कला के क्षेत्र में अनुपम है। गांधार शैली शनैः शनैः भारतीयता से ओतप्रोत होने लगी। गांधार पर कुषाणों का आधिपत्य ईसा पूर्व प्रथम सदी से ईसा की पांचवी सदी तक रहा। इस काल में गांधार शैली अपने उत्कृष्ट रूप में दिखाई देती है। बुद्ध के अंकन अपने आप में विलक्षण हैं। अवलोकितेश्वर, मंजुश्री और मैत्रेय के अंकन बड़े कलापूर्ण हैं।

कुषाणों के बाद के काल में (100-175 ई.) के बीच भारत चार भागों में विभक्त दिखाई देता है। दक्षिण में सातवाहन, पूर्व में शुंग, पश्चिम में यूनानी तथा उत्तर भारत व पश्चिम पूर्वी भारत के कुछ हिस्से कुषाण शासकों के आधिपत्य में थे। यह काल समन्वय का काल था। नई शैली और साज-सज्जा के साथ निपुण कलाकारों ने भारतीय चित्रकला की परम्परा को समृद्ध किया। ललित विस्तर, मानसार, कामसूत्र और अग्निपुराण में चित्रांकन के अनेक उल्लेख हैं।

इसके बाद आया गुप्त काल। (275-520 ई.) यह काल भारतीय इतिहास का एक ऐसा महान काल था, जिसमें विभिन्न कालजयी शासकों ने जिनमें चन्द्रगुप्त, समुद्रगुप्त और रामगुप्त प्रमुख थे जिन्होंने भारतीय कला तथा साहित्य के क्षेत्र में अपना अविस्मरणीय योगदान दिया।

इस युग में 'नीतिसार', 'हरिवंश', 'वृहतसंहिता' और 'विष्णुधर्मोत्तरपुराण' जैसे ग्रंथ रचे गए, जिनमें चित्रकला के सम्बन्ध में विस्तृत उल्लेख हैं। विशेष रूप से 'विष्णुधर्मोत्तरपुराण' का चित्रसूत्र उल्लेखनीय है, जिसमें चित्रांकन के सम्बन्ध में विस्तार से विवेचन किया गया है।

गुप्तकाल की सबसे बड़ी उपलब्धि है अजन्ता, जहाँ विश्व के सर्वश्रेष्ठ चित्रांकन हुए और जिन्होंने यह सिद्ध किया कि गुप्त शासक इतने सुसंस्कृत और कलारूचि सम्पन्न थे कि उनके काल में बने ये चित्र आज विश्व की धरोहर हैं। अजन्ता की गुफाओं में शिल्प भी हैं और चित्र भी। वहाँ छोटी और बड़ी कुल 29 गुफाएं हैं, ये गुफाऐं दो तरह की हैं, स्तूप गुफा तथा विहार गुफा। अजन्ता की 19वीं गुफा वहाँ की सबसे बड़ी स्तूप गुफा है, जिसका द्वार बड़ा भव्य है। इस तरह की गुफाओं में केवल प्रार्थना या उपासना की जाती थी इसलिए वे लम्बी होती थीं और उसके आखिरी छोर पर एक स्तूप होता था। विहार गुफा बौद्ध भिक्षुओं के रहने और अध्ययन के लिए होती थी। प्राय: सभी गुफाओं में चित्र बने हुए थे, जिनमें पहली, दूसरी, सोलहवी और सत्रहवीं गुफाओं के चित्रों के कुछ अंश बचे हैं।

अजन्ता के चित्रों के विषय धार्मिक हैं और इनके पोर-पोर में भगवान बुद्ध की करूणा समाई है। भिक्षु, ब्राह्मण, सैनिक, राजपरिवार, निरीह सेवक, क्रूर व्याध, वधिक, तपस्वी, परिचारिका सभी वहाँ परिलक्षित होते हैं। आश्चर्य, भय, क्रोध, उत्साह, हर्ष, लज्जा, प्रेम, विरक्ति, शांति और निस्संगता के भाव अंजता की कला में मानों जीवन पा गए प्रतीत होते हैं। अलंकरण, ऐसे और इतने हैं कि वे कल्पनातीत लगते हैं। पचास प्रकार से अधिक की तरहें अजन्ता में उरेही गईं हैं। कमल इतने सुन्दर ढंग से उरेहे गए हैं कि लगता है वे अभी खिले हों। जातक कथाएँ, अजन्ता के चित्रों में बड़े जीवन्त रूप में उरेही गई हैं, त्रिभंगी अवलोकितेश्वर विलक्षण हैं। सोलहवीं गुफा का वह चित्र अविस्मरणीय है, जिसमें गहरी रात में बुद्ध को गृह त्याग करते हुए दर्शाया गया है। यशोधरा, राहुल और पास की परिचारिकाओं को निद्रा ने अपने बंधन में बांध रखा है और बुद्ध इस दृश्य पर एक निगाह डालते हुए अंकित किए गए हैं। एक और भावप्रवण चित्र हैं, जिसमें यशोधरा, राहुल को एक महासन्यासी के समक्ष उपस्थित कर रही है। छद्दंत जातक की चित्रावली बड़े मनोरम रूप में उरेही गई है। गज जातक के हाथियों के चित्र बहुत सुंदर हैं। हाथी चित्रण की यह परम्परा निरन्तर चली आई और इस तरह अजन्ता क़लम का कभी तिरोहण नहीं हुआ।

अजन्ता शैली से साम्य रखने वाले चित्र बाघ और सिंहगिरी में भी हैं। अजन्ता के अंकन पहली से छठवीं शताब्दी तक हुए और ये अंकन इतनी तन्मयता के और विविधता के साथ किए गए कि आज विश्व में अजन्ता की तुलना के अंकन मिलते नहीं। बाघ की गुफाओं के चित्रों में एक सुन्दर चित्र है — मुंह ढ़ककर रोती हुई स्त्री का, जिसे उसकी सखी सांत्वना दे रही है। इसी तरह का एक सुन्दर नृत्य-चित्र भी है, जिसकी गति देखते ही बनती है। यहाँ के कमल भी दर्शनीय हैं। अजन्ता और बाघ के अलावा बादामी, सित्तन्नवासल और वेरूल (एलोरा) के चित्र भी पूर्व मध्यकाल के वे चित्र हैं, जो भारतीय कला परम्परा की धरोहर हैं।

यहाँ यह तथ्य विशेष रूप से उल्लेखनीय है कि दक्षिण भारत के शासकों ने भी चित्रकला के क्षेत्र में एक नए युग की शुरूआत की। रायकृष्णदासजी के अनुसार पूर्व मध्यकालीन गुफा चित्रण की परम्परा उदियादित्य, जो राजा भोज के भतीजे थे (1059-1080) के समय तक चली। और उसके बाद कोई ठोस साक्ष्य हमें नहीं मिलता। यद्यपि यह तथ्य अपने स्थान पर पूरी तरह संगत है कि शुंग, सातवाहन, वाकाटक और गुप्तों के समय में पल्लवित कला अपने भावरूप में जीवंत बनी रही और अजन्ता की रेखा का ह्रास कभी नहीं हुआ। वह रेखा इतनी प्रबल बनी रही कि उसने बाहरी प्रभाव को आत्मसात करते हुए भी अपनी अस्मिता को बरक़रार रखा।

प्राचीन भारत की चित्रांकन परम्परा में विशेष रूप से तीन प्रकार के चित्रों का उल्लेख मिलता है, ये हैं — पटचित्र, फलकचित्र और भित्तिचित्र। बौद्ध ग्रंथ विनयपिटक में लेप्यचित्रों की भी एक श्रेणी बताई गई है।

प्राचीनकाल में विद्धचित्र अर्थात् ऐसे चित्र जो वास्तविक आकृति के हों तथा अविद्धचित्र जो कल्पना से बनाए जाते हों, का भी उल्लेख है। रसचित्र और धूलिचित्र (अल्पना, चौक, सांझी) के भी उल्लेख मिलते हैं। चित्रकला को प्राचीन भारत में चित्रकर्म, आलेख्य, चारूशिल्प, शिल्प, ललित कला, रूपलेखा, कल्पवल्ली और चित्रगत चमत्कार आदि नामों से भी पुकारा गया है।

सुप्रसिद्ध बौद्ध इतिहासकार लामा तारानाथ का यह निष्कर्ष है कि नवीं शताब्दी में एक नई चित्रशैली का जन्म पूर्वी भारत में हुआ। यह शैली उस पश्चिम भारतीय शैली से भिन्न थी, जो पश्चिम भारत में सातवीं सदी में जन्मीं। इस पूर्वी शैली का केन्द्र बंगाल था तथा यह पाल राजाओं के समय पनपी। धर्मपाल तथा देवपाल नामक पालराजाओं के संरक्षण में एक ऐसी चित्रशैली जन्मी जिसका विकास तिब्बत तक हुआ। पाल शैली के प्रमुख चित्रकार धीमान तथा उसके पुत्र वितपाल थे। नेपाल की चित्रशैली भी यद्यपि पूर्व में पश्चिम भारत की शैली से प्रभावित थी, लेकिन बाद में वह इस शैली से प्रभावित रही। महायान बौद्ध ग्रंथ, जिनमें प्रमुख प्रज्ञापारमिता है, के अंकन प्रसिद्ध हैं। पाल राजाओं के समय की पोथियां ताल पत्रों पर बनी हैं। पाल शैली के प्रमुख केन्द्र बंगाल, बिहार तथा नेपाल थे। पाल राजाओं का काल (750-1250 ई.) अंतिम रूप से भारत में बौद्ध धर्म तथा बौद्ध कला का अंतिम साक्ष्य रहा। नालन्दा, ओदन्तपुरी, विक्रमशिला तथा सोमरूप के महाविहार बड़े प्रसिद्ध रहे तथा उनका प्रभाव अत्यधिक रहा। ये महाविहार राजा और प्रजा दोनों के द्वारा संरक्षित थे तथा ये दर्शन के ऐसे विश्वविद्यालय थे, जहाँ पोथियां चित्रित की जाती थीं तथा कांस्य मूर्तियों को ढाला जाता था। ये वे महान विश्वविद्यालय थे, जहाँ दक्षिण-पूर्व एशिया के समस्त विद्यार्थी तथा धार्मिक यात्री विमर्श के लिए इकट्ठे होते थे और जब वे अपने देश लौटते थे, तो उनके पास बौद्ध कला और हस्तलिखित पोथियों के अविस्मरणीय उदाहरण साथ होते थे। यही यात्री और विद्यार्थी पाल शैली की विशेषताओं को नेपाल, तिब्बत, बर्मा, लंका और जावा ले गए।

पाल शैली की सबसे बड़ी विशेषता यह है कि इन ग्रंथों में जातक कथाओं को उरेहा गया है। यह भी एक विशिष्ट तथ्य है कि यह शैली भौगोलिक दृष्टि से अजन्ता से बहुत दूर होने के बावजूद, उससे प्रभावित है। उसका बड़ा कारण यह है कि अजन्ता कला के विषय तथा पाल कला के विषय, इन दोनों का उत्स बौद्ध धर्म है। चौकोर अधरोष्ठ, लंबी व संकरी आंखें तथा नुकीली भौंहें दोनों शैलियों में प्राय: एक जैसी हैं, किन्तु सबसे अधिक चौंकाने वाला साम्य आकृतियों की भंगिमा है। एक ओर झुका हुआ सिर एवं बंकिम देहयष्टि दोनों शैलियों में दिखाई देती है तथा ऐसी प्रतीत होता है कि ये आकृतियां समान कलाकारों के द्वारा बनाई गई होंगी।

डॉ. आर.दास गुप्ता के अनुसार, 'हम पहली बार पाल शैली में बंगाल में एक भारतीय कला की अभिव्यक्ति पाते हैं, जिसने भारत में अपना स्थान सुनिश्चित किया। इस कला की विशेषता यह थी कि इसमें तालपत्रों पर व काग़ज़ पर भी सचित्र ग्रंथ बनाए गए तथा पुस्तकों के मुखपृष्ठों को भी तैयार किया गया। जो सचित्र ग्रंथ इस शैली में बनाए गए, उनमें प्रमुख हैं — अष्टसहार्सिका, प्रज्ञापारमिता, पंचराक्ष तथा महामयूरी जो दुर्लभ ग्रंथ माने जाते हैं।

डॉ. आर. दास गुप्ता ने ऐसे 19 हस्तलिखित ग्रंथों का उल्लेख किया है, जो पाल शैली में बनाए गए हैं तथा विभिन्न संग्रहों में सुरक्षित हैं।

इस प्रकार निष्कर्ष रूप में यह कहा जा सकता है कि पाल शैली की विशिष्टता इस तथ्य में है निहित है कि वह एक ऐसी शैली है, जिसमें बनाए गए सचित्र ग्रंथ हमें इस्लाम के आगमन के पूर्व की चित्रांकन परम्परा

के सम्बन्ध में अवगत कराते हैं तथा उस काल की विशिष्ट शैली के बारे में जानकारी देते हैं जो अपनी पूर्ववर्ती भित्ति चित्र परम्परा से प्रभावित रही।

यह परिदृश्य इस तथ्य की ओर भी इंगित करता है कि भारतीय इतिहास में सल्तनतकाल के पूर्व चित्रांकन की परम्परा बौद्ध व जैन धर्मों में दिखाई देती है। पाल शैली की सचित्र पोथियों में बौद्ध प्रभाव स्पष्ट है। इस काल में जहाँ एक ओर अजन्ता की रेखा पाल शैली में आपको जीवंत बनाए हुए थी, वहीं दूसरी ओर जैन कलाकारों ने भी तालपत्रों पर चित्रांकन किए, किन्तु इस शैली की अपनी विशेषता थी तथा यह अजन्ता शैली से भिन्न थी। इन जैन कलाकारों ने सचित्र पोथियां रचीं तथा काष्ठ पर भी चित्रांकन किए।

इस संदर्भ में उस शैली के बारे में जानना प्रासंगिक होगा, जिसे गुजरात शैली या पश्चिम भारतीय गुजरात शैली अथवा अपभ्रंश के नाम से जाना जाता है। रायकृष्णदासजी ने इस सम्बन्ध में बड़े विस्तार से विचार किया है। उनके मत में वेरूल (एलोरा) के अंकनों में जो ह्रास दिखाई देता है, वह ह्रास सातवीं सदी में मारवाड़ से, जो उस समय सांस्कृतिक तथा राजनीतिक दृष्टि से गुजरात के अंतर्गत था आरम्भ हुआ।

उनके अनुसार, "जब इन चित्रों का आलेखन कोई नया उत्थान नहीं, प्राचीन शैली की विकृति मात्र है तो अपभ्रंश ही एक ऐसा शब्द है, जिसके द्वारा उन विकृतियों की समुचित अमिधा ही नहीं व्यंजना भी हो सकती है। इसी प्रकार उक्त विकृतियों के समयारूपी जिस निजस्व से यह आलेखन बना है, उसके अर्थ में यहाँ शैली शब्द को लाना चाहिए।"

उनका यह भी मानना है कि जिस प्रकार चित्रकला का यह अपभ्रंश देश के अधिकांश हिस्से में व्याप जाता है, उसी प्रकार प्राकृत भाषाओं का अपभ्रंश भी देश के अधिकांश में, साहित्यवाहक के रूप में फैल जाता है। अपभ्रंश शैली का भी वही काल है, जो अपभ्रंश भाषा के साहित्य का आरम्भिक और समाप्ति काल है। अपभ्रंश भाषा से अपभ्रंश शैली के स्वभाव में एकता है। इसलिए अपभ्रंश शैली ही उपयुक्त नाम है। इस शैली के सम्बन्ध में विन्सेन्ट स्मिथ, एन.सी. मेहता, पर्सी ब्राउन, हर्मन गोएट्स, डॉ. मोतीचन्द्र तथा डॉ. कार्ल खण्डालावाला जैसे विद्वानों ने भी विस्तार से विचार कर अपने तर्क प्रस्तुत किए है। इस शैली में विशेष रूप से जैन ग्रंथ तैयार किए गए, जिनमें प्रमुख हैं, 'कल्पसूत्र', 'कलकाचार्य कथा', 'निशीथचूर्णी', 'उत्तराध्यायनसूत्र', 'अंगसूत्र', 'दशवैकालिक लघुवृत्ति', 'औधनियुक्ति', 'त्रिषष्ठिशलाकापुरूषचरित', 'नेमिनाथचरित', 'कथासरितसागर', 'संग्रहणीयसूत्र' तथा 'श्रावकप्रतिक्रमणचूर्णी'।

सचित्र उक्तांकित जैन ग्रंथों के अलावा बाल गोपाल स्तुति, सप्तशती तथा अवधि कथा काव्य के सचित्र पन्ने अपभ्रंश शैली के उपलब्ध हैं। इनके अलावा गीत गोविन्द और रति रहस्य नामक कुछ और सचित्र पोथियां हैं, जो सुरक्षित हैं। लाहौर, बंगाल और ओडिशा में भी इस शैली के चित्र मिलते हैं। बंगाल तथा ओडिशा में पटचित्र हैं तथा बंगला में बालगृह नामक एक सचित्र ग्रंथ भी मिला है।

जहाँ तक दक्षिण भारत के भित्ति चित्रों का प्रश्न है, अजन्ता, बदामी, सित्तनवासल तथा एलोरा इस सम्बन्ध में विशेष उल्लेखनीय हैं। इन चित्रों का निर्माण काल ईसा पूर्व दूसरी सदी से 1000 ईस्वी सदी तक का है। अजन्ता की नवीं तथा दसवीं गुफा के चित्रांकन, दक्षिण भारतीय चित्रांकन परम्परा के उत्कृष्ट उदाहरण हैं तथा इस शैली को अजन्ता तथा मुग़ल क़लम के सेतु के रूप में मान्य किया जा सकता है। द्रविड़, बेसर तथा नागर ये तीन अवधारणाएँ दक्षिण में चित्रांकन के सम्बन्ध में प्रचलित रहीं। यदि कालक्रम के अनुसार देखें तो

सातवाहन (दूसरी सदी ईसा पूर्व से दूसरी सदी ई.) अजन्ता के भित्ति चित्रों के आरम्भिक अंकनों के लिए उत्तदायी थे। चौथी से छठवीं शताब्दी के बीच वाकाटक शासकों के शासनकाल में यह परम्परा फली-फूली।

आरम्भिक पश्चिमी चालुक्यों ने जो छठवीं से आठवीं शताब्दी के बीच विद्यमान थे, उन्होंने बदामी के सुन्दर अंकन कराए। बदामी के अंकन नि:संदेह यह सिद्ध करते हैं कि यह उत्कृष्ट चित्रांकन परम्परा वाकाटक नरेशों की देन थीं। सातवीं से नौवीं शताब्दी के बीच पल्लव, पन्नमलायी तथा कांचीपुरम चित्रांकन के प्रतिनिधि उदाहरण कहे जा सकते हैं। इसी अवधि में पाण्ड्यों ने सित्तनवासल के चित्रांकन कराए। आठवीं से नवीं शताब्दी के बीच आरम्भिक चेर शासक तिरूंदिक्करी के संरक्षक थे। आठवीं से दसवीं शताब्दी के बीच राष्ट्रकूट शासकों ने एलोरा के कैलाश मन्दिर के चित्रांकन कराए तथा नवीं से तेरहवीं शताब्दी के बीच चोल शासकों ने उस तंजावुर शैली को जन्म दिया, जो शौर्य चित्रण में अनुपम है। होयसल शासक (ग्यारहवीं से तेरहवीं शताब्दी) पश्चिमी मैसूर के शासक थे। उनके काल में ताड़पत्रों पर सचित्र पोथियां बनाई गईं। विशेष रूप से दिगम्बर जैन परम्परा के ग्रंथ, धवला, जयधवला तथा महाधवला चित्रित किए गए। कर्नाटक में मूदि्बद्री में ऐसे अनेक ग्रंथ संग्रहित हैं। इस काल के चित्रों में हम महावीर-अम्बिका, बाहुबली तथा श्रुतिदेवी के चित्र पाते हैं। विभिन्न जैन कथाएँ सुन्दर रेखाओं में चित्रित की गईं, जिन पर होयसल प्रभाव स्पष्ट दिखाई देता है। ग्यारहवीं से तेरहवीं शताब्दी के बीच ही वारंगल के काकाटक शासकों ने, जो मूलत: पश्चिमी चालुक्यों के सामन्त थे, स्वतंत्र शासक बनें तथा उन्होंने चालुक्यों की परम्परा का ही निर्वाह किया। पिल्लालमारी मन्दिर में अंकित अमृत मंथन का दृश्य, जो इसी काल में बना, वह बड़ा मोहक है। इन्हीं शासकों के समय के बने हुए चित्र जो त्रिपुरन्तकम् में हैं, उनका समग्रता में अध्ययन किया जाना अभी शेष है।

दक्षिण भारत के समृद्ध साम्राज्यों में विजयनगर का महत्वपूर्ण स्थान है, जिसकी स्थापना 1335 ई. में हरिहर व बुक्का ने की थी। विजयनगर के शासकों ने मन्दिरों के निर्माण को बड़ा महत्व दिया। विजयनगर की कला परम्परा, समन्वय का एक प्रतिनिधि उदाहरण है। यह समन्वय चालुक्य तथा चोल शासकों की कला विरासत का है। इस पर द्रविड़ प्रभाव स्पष्ट है तथा बाद की अवधि में पाण्ड्य प्रभाव भी दिखाई देता है। विजयनगर के सर्वश्रेष्ठ शासक कृष्णदेवराय, ललित कलाओं के बड़े प्रेमी थे। हम्पी का मन्दिर वह अविस्मरणीय स्मारक है, जो कृष्णदेव राय का सदैव स्मरण कराता रहेगा। हम्पी के मन्दिर की दीवारों पर उदयगिरि पर उसके द्वारा की गई चढ़ाई के प्रसंग तथा बालकृष्ण का उत्कीर्णन विशिष्ट है, उसके उत्तराधिकारियों ने भी इस परम्परा को जारी रखा। विरूपाक्ष मन्दिर की दीवारों, हम्पी, लेपाक्षी, त्रिपुरन्तका तथा सौमपल्यम् के मन्दिरों की दीवारों पर बने हुए चित्र अप्रतिम हैं।

नायक शासक (सत्रहवीं-अठाहरवीं शताब्दी) अपने कलाप्रेम के लिए विख्यात रहे। विशेष रूप से तन्जावुर तथा मदुराई दो ऐसे केन्द्र थे, जहाँ इन शासकों का कलाप्रेम दृष्टिगत होता है। तन्जावुर, त्रिपरउत्तिकुनरम्, चिदम्बरम् तथा त्रिरूवरन्जुलि में हम एक ऐसी शैली के दर्शन करते हैं, जो आरम्भिक चालुक्य, होयसल तथा पश्चात्वर्ती विजयनगर शैली से प्रभावित थी। दक्षिण में सत्रहवीं शताब्दी के बाद अर्थात् अठारहवीं-उन्नीसवीं शताब्दी में मराठों का आधिपत्य हुआ तथा पुन: समन्वय की प्रक्रिया आरम्भ हुई। इसके सुंदर उदाहरण तंजावुर महल के सुन्दर चित्र हैं। इसका प्रतिनिधि उदाहरण नवनीत कृष्ण का वह चित्र है, जो वर्तमान में राष्ट्रीय संग्रहालय में संरक्षित है। इस चित्र को देखकर ऐसा प्रतीत होता है मानों बालकृष्ण हमारे समक्ष सजीव रूप में उपस्थित हैं।

संतुलित रेखाएँ, चमकदार रंग तथा सधे हुए हाथों से किए गए रेखांकन अद्भुत हैं। कृष्ण की मुस्कान इतनी मनमोहक है कि शायद ही कोई आँख इसकी अनदेखी कर सके।

जहाँ तक दकनी शैली का प्रश्न है, बीजापुर, गोलकुण्डा, अहमदनगर तथा अन्य क़लमें दकनी क़लमों के रूप में जानी जाती हैं, किन्तु यह तथ्य स्वीकार करने योग्य है कि ये क़लमें मूलत: अपनी पूर्व समृद्ध परम्परा से प्रभावित रहीं।

यों तो दसवीं शताब्दी के पूर्व ही इस्लाम का आगमन भारत में हो चुका था, किन्तु इस्लाम अपने जन्म के बाद बड़ी तीव्रता के साथ विश्व के एक बड़े हिस्से में फैला तथा उसने कला के विभिन्न अनुशासनों को बेहद प्रभावित किया।

ऐतिहासिक रूप से यह ज्ञात होता है कि आठवीं सदी के अन्त तक खलीफाओं ने अपने महलों की दीवारों पर चित्रांकन कराना आरम्भ कर दिया था। इस्लाम जब ईरान और भारत में प्रविष्ट हुआ, तब उसका स्वरूप भी बदला। इस स्वरूप ने इस्लाम के स्वभाव को विवश किया कि वह अपने आप में परिवर्तन लाए और इस परिवर्तन का परिणाम हुआ — हेरात और मुग़ल क़लम शैली जैसी महान चित्र शैलियों का जन्म, जो विश्व चित्रकला के इतिहास में श्रेष्ठ क़लमों के रूप में जानी जाती हैं। उल्लेखनीय है कि इस्लाम के अनुयायियों का चित्रकला के प्रति रूझान सातवीं-आठवीं शताब्दी से दिखाई देने लगता है।

आठवीं सदी में बनाए गए चित्र कुशेर अम्र के शिकारगाह में मिले हैं। मुहम्मद गजनवी (998-1030 ई.) ने भी अपनी विजयों के चित्र बनवाकर अपने शाही महलों को सज्जित किया था। इसी तरह इस काल में अबासीद तथा उमययद खलीफाओं के राजमहलों के भी चित्रों से सज्जित किए जाने के उल्लेख मिलते हैं। मोहम्मद तुग़लक के महल में सज्जित क्रीड़ा चित्र और तैमूर द्वारा बनवाए गए उसके उद्यान भवन के चित्र भी उल्लेखनीय हैं। फिरोज तुग़लक (1351-1388 ई.) जो मोहम्मद तुग़लक का उत्तराधिकारी था, ने अपनी आत्मकथा में यह उल्लेख किया है कि उसने अपने प्रासाद को बेलबूटों से सुसज्जित कराया था तथा पशुओं के चित्रों को मिटवा दिया था, क्योंकि उनका चित्रण इस्लाम में निषिद्ध था। यह उल्लेख भी मिलता है कि महमूद ग़ज़नवी अपने साथ अनेक भारतीय कलाकारों को भी साथ लेता गया था तथा उसने अपने समय के प्रख्यात् कलाकार हकीम अबीसेना को भी अपने यहाँ बुलवाने का बहुत प्रयत्न किया लेकिन वह असफल रहा।

डी.पी. घोष यह सूचित करते हैं कि, ''पूर्वी भारत में जो शैली पनप रही थी, उसके सम्बन्ध में यह माना जाना उचित नहीं होगा कि पाल-सेन काल की समाप्ति के पश्चात् अर्थात् बारहवीं शताब्दी में, इस शैली का अंत हो गया। बल्कि मुस्लिमों के बंगाल पर आधिपत्य करने के बावजूद भी वहाँ चित्रकला की परम्परा जारी रही तथा वहाँ हम एक 1269 में चित्रित सचित्र पोथी को पाते हैं, जो मधुसूदन देव के काल की थी।''

कार्ल खण्डालावाला ने सल्तनत काल के चित्रों के सम्बन्ध में विस्तार से विचार किया है। उनका मानना है कि, ''यह जानना रोचक है कि यद्यपि पृथ्वीराज चौहान की 1192 में, तराइन के युद्ध में हुई हार के बाद भारत में सल्तनतकाल का आरम्भ हुआ, जिसके आरम्भिक शासक मामुलक वंश के थे तथा जिनके बाद खिलजी, तुग़लक, सैयद तथा लोधी सल्तनतें आईं, किंतु देहली, जौनपुर वाले उत्तरी भारत के हिस्से में 1451-1526 ईस्वी के बीच जो लोधी साम्राज्य रहा, उसके सम्बन्ध में ऐसे विश्वसनीय साक्ष्य मौजूद हैं, जो यह सिद्ध करते हैं कि लोधी काल में सचित्र पोथियों के निर्माण की परम्परा थी।'' उनका यह भी मत है कि, ''यद्यपि पशु चित्रण की

जो परम्परा उत्तर भारत में विद्यमान थी, वह गुजरात की पशु-चित्रण परम्परा से प्रभावित थी, किन्तु उसमें अपने स्वयं के विशिष्ट लक्षण लोधी काल में विकसित किए थे।''

वास्तव में चौदहवीं शताब्दी के आरम्भ से ही लघुचित्रों के बनाए जाने के सम्बन्ध में व्यवस्थित साक्ष्य मिलते हैं। इनसाइक्लोपीडिया ब्रिटेनिका के अनुसार लघुचित्र ' 'मिनिमम' ' नामक लेटिन शब्द से उदभूत है तथा इसे लघुआयामी रूप में बनाया जाता है तथा यह प्रायः व्यक्तिचित्र या शबीह होता है।

इस परिभाषा के परिप्रेक्ष्य में जहाँ तक भारतीय लघुचित्रों का प्रश्न है, वे पूर्णतः इसकी परिधि में नहीं आते, क्योंकि भारतीय लघुचित्रों की अपनी विशिष्टताएं हैं तथा वे केवल व्यक्तिचित्र नहीं हैं। भारतीय चित्रकार अनुपात के सम्बन्ध में उदार थे। उनका दृष्टिकोण ही पश्चिमी कलाकारों के दृष्टिकोण से भिन्न था तथा वे किसी भी प्रसंग की पूरी बारीकियों को छोटे धरातल पर उरेह देने में सक्षम थे तथा चित्रांकन की इस कला के पीछे कहीं उनकी दैवीय चेतना कार्य करती थी।

यह पूर्णतः स्पष्ट है कि भारतीय लघुचित्र, पाश्चात्य लघुचित्र की प्रविधि से भिन्न हैं तथा वे केवल 'पोट्रेट' नहीं हैं।

सल्तनत काल की अपनी कोई निर्धारित शैली नहीं थी। इस सम्बन्ध में इस बिन्दु पर सोच की आवश्यकता इसलिए भी नहीं है, क्योंकि सल्तनत काल के शासकों में कभी भी चित्रकला के प्रति रूझान नहीं रहा। किसी भी सुल्तान ने चित्रकला के क्षेत्र में कुछ करने के लिए कभी पहल नहीं की। यदि इस काल में चित्रांकन की परम्परा पर विचार करना हो तो उस गुजरात शैली के सम्बन्ध में अवश्य विचार करना होगा, जो ईरानी प्रभाव से अथवा अन्य किसी विदेशी प्रभाव से बहुत अधिक प्रभावित नहीं थी। इस शैली के अपने भारतीय विषय थे तथा इसके चितेरे भी भारतीय लोक की ही देन थे। इन चितेरों ने चौरपंचाशिका, लौरचंदा, बालगोपालस्तुति तथा गीत गोविन्द जैसे सचित्र ग्रंथ तैयार किए।

मुग़लों के समय में भी अपनी मौलिक विशिष्टताओं के साथ यह शैली विद्यमान रही तथा इसके चित्रांकन के केन्द्र संस्कृत ग्रंथ रहे तथा यह भी कि यह चित्रांकन फारसी और ईरानी तत्वों से प्रायः मुक्त रहा। भागवतपुराण तथा गीत गोविन्द जैसे ग्रंथ इस शैली में रचे गए तथा गुजरात, जिसे लाट प्रदेश भी कहा जाता था, वह इस शैली के पल्लवन के लिए उत्तदायी रहा।

इस संदर्भ में डॉ. प्रतापादित्य पाल ने कुरान के कुछ ऐसे सचित्र पन्नों का विवरण दिया है, जो इस काल में चित्रित हुए, इनके अलावा फिरदौसी का शाहनामा (940-1020ई.) तथा अमीर खुसरों का खम्सा (1253-1325 ई.) महत्वपूर्ण हैं। डॉ. पाल के अनुसार वर्तमान में सर्वाधिक पुरानी व सचित्र पोथी के पन्नें उस कुरान के हैं, जो बिहारी लिपि में तैयार की गई तथा जिसकी प्रतिलिपि ग्वालियर में बनी जो देहली से ज्यादा दूर नहीं है। यह प्रतिलिपि 1339 में अर्थात् तैमूर के आक्रमण के एक वर्ष के बाद ही तैयार हुई।

प्राचीन मालवा को अकरा अवन्ति के नाम से जाना जाता था, जिसकी सीमाऐं पश्चिम में माही नदी को और पूर्व में धसान नदी को स्पर्श करती थीं। विश्वप्रसिद्ध बाघ की गुफाऐं भी मालवा क्षेत्र में ही हैं। जैसा कि उल्लेख किया गया, मालवा चित्रांकन परम्परा का एक प्रतिनिधि उदाहरण माण्डू कल्पसूत्र है, जो 14439 ई. में माण्डू में चित्रित हुआ। मालवा में माण्डू , सचित्र पोथियों के चित्रण का एक बड़ा केन्द्र था। यहाँ अनेक पोथियां विविधता के साथ चित्रित की गईं, जिन पर शिराज तथा हेरात क़लम का स्पष्ट प्रभाव था। सुनहले रंग

का बहुलता के साथ प्रयोग शिराज क़लम की अपनी विशेषता है, जो इन चित्रों में स्पष्ट दिखाई पड़ती है, किन्तु लौरचंदा जैसे ग्रंथों में भारतीय तत्व भी स्पष्ट दिखाई पड़ते हैं, जो वर्तमान में छत्रपति शिवाजी महाराज वस्तु संग्रहालय पूर्ववर्ती प्रिन्स ऑफ वेल्स म्यूज़ियम मुम्बई में हैं।

जहाँ तक माण्डू की शैली का प्रश्न है, सारे सचित्र ग्रंथ, जो इस काल में निर्मित हुए, उन पर भारतीय तथा फारसी प्रभाव स्पष्ट दिखाई देता है, किंतु इस काल की माण्डू क़लम अन अर्थों में विशिष्ट है कि फारसी प्रभाव के होते हुए भी भारतीय प्रभाव अपने आप में बहुत साफ दिखाई देता है। जे.पी. लॉस्टी ने अपनी पुस्तक में पन्द्रहवीं शताब्दी में चित्रित एक सुन्दर माण्डू क़लम का चित्र प्रकाशित किया है, जिसमें गयासुद्दीन खिलजी (1469-1500 ई.) को चित्रित किया गया है। इस चित्र मे एक भारतीय महिला उसे खाने के लिए एक प्लेट दे रही है और गयासुद्दीन खिलजी के निगाहें उसी पर टिकी हुई हैं। इस चित्र में विभिन्न परम्पराओं का संविलयन दीख पड़ता है। त्रिकोणीय चेहरे जहाँ एक ओर फारसी प्रभाव प्रदर्शित करते हैं तथा कुछ गैर भारतीय मुसलमान फारसी पगड़ियों में दर्शाए गए हैं, वहीं जो भारतीय आकृतियां हैं उनके पूर्ण चेहरे दर्शाए गए हैं तथा उन्होंने भारतीय पगड़ी पहन रखी है। भारतीय युवती ने पूर्णत: रंगीन भारतीय परिधान तथा सोने के अलंकरण पहन रखे हैं तथा केश विन्यास भी पूरी तरह भारतीय ही है। यह आरम्भिक राजस्थानी शैली से प्रभावित है, जिस शैली में लौरचन्दा तथा चौरपंचाशिका निर्मित हुए। माण्डू में नियामतनामा का भी अंकन हुआ। व्यंजनों की इस पुस्तक के सम्बन्ध में डॉ. रॉबर्ट स्कैल्टन ने गहरा अध्ययन कर 1959 में अपना आलेख प्रकाशित किया। नियामतनामा के चित्रों पर फारसी प्रभाव बड़ा स्पष्ट है। सुनहरे रंग का बहुलता से उपयोग इन चित्रों में किया गया है। बाद के काल में बाजबहादुर तथा रूपमती की कहानी मालवा के चित्रकारों के द्वारा चित्रित की गई। इसके अतिरिक्त राग-रागिनी तथा कृष्ण लीला के चित्र भी बहुतायत से बने। उन विषयों पर भी चित्र बने, जिन विषयों पर विभिन्न राजस्थानी शैलियों में पारम्परिक रूप से चित्र बनते रहे थे।

चितेरे ने मालवा की नारी को बड़ी सुदृढ़ देहयष्टि वाली नारी के रूप में चित्रित किया है। मालवा के नारी चित्रण का साम्य मेवाड़ शैली की नारी से स्पष्ट दिखाई देता है। वे लम्बी नहीं हैं, अपितु ठिंगनी हैं। उनकी आंखें लम्बी और खुली हैं तथा नाक भी सुघड़ है। पुरूष भी सुदृढ़ देहयष्टि के हैं। मालवा के चितेरे ने लाल, हरे, नीले, गुलाबी तथा पीले रंगों का सुंदर प्रयोग किया है। स्थानीय स्थापत्य चित्रों में चित्रित है तथा यहाँ की वनस्पति व पशु भी चित्रों में चित्रित किए गए हैं।

मालवा शैली का अध्ययन पारम्परिक रूप से किया गया तथा तथ्यों की पुनरावृत्ति होती रही। उदाहरण के रूप में यदि राघोगढ़ शैली को लें तो हम यह पायेंगे कि इस शैली में अपनी मौलिक विशिष्टताओं वाले सुंदर लघुचित्र बने, किन्तु उनका गंभीरता के साथ अध्ययन नहीं हुआ। विशेष रूप से राजा धीरजसिंह के समय उत्कृष्ट गुणवत्ता के चित्र बने, किंतु अब ये लघुचित्र राघोगढ़ में नहीं हैं। इनमें से अधिकतर ब्रिटिश म्यूज़ियम लंदन व अन्य संग्रहालयों में तथा व्यक्तिगत संग्रहों में हैं। भारत में ये चित्र एन.सी. मेहता गैलरी अहमदाबाद, बड़ौदा म्यूज़ियम, राष्ट्रीय संग्रहालय नईदिल्ली तथा जगदीश मित्तल व कमला मित्तल संग्रह हैदराबाद में हैं।

मालवा क़लम को केवल मालवा के ही नाम से जाना जाता है। इस सम्बन्ध में बहुत कम ध्यान दिया गया है कि यह जाना जाए कि ये चित्र किन स्थानों पर बनें। यद्यपि इन चित्रों की विषयवस्तु पारम्परिक है, किंतु इनकी विशेषताएँ अलग-अलग हैं। मालवा क़लम पर डॉक्टर राय आनन्द कृष्ण ने सर्वप्रथम वर्ष 1963 में शोध

ग्रन्थ लिखा तथा बाद में जोसफ एम. डाई थर्ड ने व कोनार्ड साइत्ज़ ने ग्रन्थ लिखे। डॉक्टर साइत्ज़ का मानना है मालवा नामक कोई शैली ही कभी नहीं रही तथा जिसे मालवा क़लम कहा जाता है उसका उद्भव बुंदेलखंड में हुआ जिसका केंद्र पन्ना था किन्तु उनकी इस स्थापना से सहमत नहीं हुआ जा सकता। पश्चिमी मालवा के विभिन्न अंचलों में बने चित्रों पर मेवाड़ का स्पष्ट प्रभाव है तथा पूर्वी मालवा में अनेकानेक क्षेत्रों में लघुचित्रों के बनाए जाने के प्रमाण भी उपलब्ध हैं।

वैसे दक्षिण भारत में भी मुग़लों के आगमन के पूर्व अनेक सचित्र ग्रंथों के निर्माण किए जाने सम्बन्धी साक्ष्य उपलब्ध हैं। जहाँ तक माण्डू की शैली का प्रश्न है, सारे सचित्र ग्रंथ, जो इस काल में निर्मित हुए, उन पर भारतीय तथा फारसी प्रभाव स्पष्ट दिखाई देता है, किंतु इस काल की माण्डू क़लम इन अर्थों में विशिष्ट है कि फारसी प्रभाव के होते हुए भी भारतीय प्रभाव अपने आप में बहुत साफ दिखाई देता है।

निष्कर्ष रूप में यह सुनिश्चित रूप से कहा जा सकता है कि पूर्व मुग़लकाल में विभिन्न शैलियों के पारस्परिक संविलयन की प्रक्रिया आरम्भ हो चुकी थी तथा फारसी तत्व स्थानीय तत्वों के साथ घुल-मिल गए और इस तरह घुले-मिले कि कलाकारों ने विभिन्न प्रकार के दृश्यों तथा कहानियों को चित्रित करने में पूर्ण स्वतंत्रता ली। यह भी विशेष रूप से उल्लेखनीय है कि माण्डू में 'नियामतनामा' तथा 'बोस्तां' जैसी पोथियां चित्रित की गई, किन्तु उनकी शैलियां भिन्न हैं। यही स्थिति दक्षिण की भी रही। यह निष्कर्ष बिना किसी संदेह के स्थापित होता है कि पूर्व मुग़लकाल में हिन्दू तथा इस्लामिक विषय पूर्ण स्वतंत्रता के साथ चित्रित किए गए। यह समन्वय एक नए युग की आहट थी एक ऐसी आहट, जिसने विश्व को एक भारतीय कला परम्परा की देन दी तथा जिसने यह सिद्ध किया कि, कला और कुछ नहीं बल्कि मानवीय अनुभूति की बंधनजयी अभिव्यक्ति है।

मुग़ल क़लम भारतीय कला परम्परा की अनमोल धरोहर है, जिसे मुग़ल सम्राटों ने पल्लवित किया। इसका उद्भव फारस से हुआ, अत: यह प्रासंगिक होगा कि फारस की चित्रांकन परम्परा के सम्बन्ध में जानकारी ली जाए।

फारस में लगभग सभी कालों में कला का क्षेत्र बड़ा उर्वर रहा है। फारसी लघुचित्र आकार में छोटे हैं किन्तु उनमें उनके संरक्षकों की सुरूचि की अनुगुंज सुनाई देती है।

सफ़वी शासकों के समय से एक गरिमामय संश्लेषण जन्मा। सन् 1470 ईस्वी में जब सुल्तान हुसैन शासक बना तब हेरात में एक महान युग की शुरूआत हुई। उसने 36 वर्षों तक राज्य किया। वह कला तथा साहित्य का संरक्षक था। उसके समय में सुप्रसिद्ध कवि जामी तथा महान चित्रकार कमालउद्दीन बेहज़ाद ने अपने महान कलात्मक अवदान से इतिहास के पृष्ठों पर अपने कृतित्व की अमिट इबारत लिखी। बेहज़ाद एक अनाथ बालक था, जिसे मीर नक्क़ाश नामक चितेरे ने प्रशिक्षण दिया। बेहज़ाद असाधारण प्रतिभा का धनी था, उसे चित्रकारों के गौरव पुरूष तथा अपने युग की दुर्लभ धरोहर के नाम से जाना जाता है। उसने अपने कई शिष्य भी तैयार किए। यद्यपि उसने चित्रांकन की शुरूआत 1470 ईस्वी से की, किन्तु उसके अधिकांश चित्रांकनों का समय 1480 ईस्वी से 1490 ईस्वी के बीच है।

उसने हेरात क़लम को एक ऐसा नया आयाम दिया, जिसके कारण उस क़लम के मूलभूत लक्षण ही बदल गए। उसके कार्य में जटिलता है, किन्तु वह बड़ा स्पष्ट है। बाबरनामा में बाबर ने बेहज़ाद के चित्रण के सम्बन्ध में बड़ी सटीक टिप्पणियां की हैं। उसका कार्य रंगों से भरपूर है, किंतु वास्तविकता से दूर नहीं है और इसीलिए उसके चित्र फारसी चित्रांकन परम्परा के शीर्ष पर प्रतिष्ठित हैं।

बाबर ने जब सन् 1526 में भारत में मुग़ल साम्राज्य की स्थापना की, तब वह हेरात क़लम से बड़ा प्रभावित था। था। यद्यपि ऐसे कोई साक्ष्य उपलब्ध नहीं है जिससे यह ज्ञात हो सके कि उसके समय में कोई सचित्र ग्रंथ निर्मित हुए, किंतु तथ्य स्पष्ट है कि उसकी अभिरूचियां कलात्मक थीं।

बाबर का पुत्र हुमायूँ था। अपने पिता की भांति उसकी रूचियां भी बड़ी कलात्मक थीं, लेकिन उसका ज़्यादातर समय भागदौड़ में बीता शेरशाह के साथ उसकी प्रतिद्वंद्विता ने उसे बहुत भटकाया। हुमायूँ (1508-56 ई.) को विरासत में बाबर का ग्रंथालय मिला था। यह भी ज्ञात होता है कि जब कभी वह अपने सैन्य अभियानों पर जाता, तो उसके साथ ग्रंथ रहते थे। अपने भटकाव के दौरान उसका ज़्यादातर समय ईरान में बीता। ईरान में उसने वहाँ की चित्रांकन परम्परा का अवलोकन किया। ईरान के शाह तहमास्प का जब झुकाव इस्लामी धार्मिकता की ओर हुआ तब हुमायूँ ने इस अवसर का लाभ लिया और शाह के दरबार के चितेरों को उसने अपने साथ आने के लिए आमंत्रित किया। इनमें मीर सैयद अली, उसके पिता मीर मुसव्विर, अब्दस समद तथा दस्तमुहम्मद शामिल थे। मौलाना युसूफ तथा मौलाना मोहम्मद दरवेश भी काबुल में हुमायूँ से जा मिले। अब्दुस समद एक महान कलाकार था, जिसे हुमायूँ ने ' 'शीरीं क़लम' ' की उपाधि से अलकृत किया। हुमायूँ की रूचि को दृष्टिगत रखते हुए यह अनुमान अवश्य लगाया जा सकता है कि उसने इन दो महान फारसी उस्तादों के संरक्षण में, अपने काल में चित्रशाला स्थापित की होगी, किंतु इस बारे में कोई साक्ष्य उपलब्ध नहीं है और न ही यह स्पष्ट होता है कि हुमायूँ के समय में किसी कोई स्वतंत्र चित्र शैली जन्मी होगी।

जो सबसे पुराना मुग़ल शैली का चित्र मिलता है, वह सूती कपड़े पर बना हुआ है। यह एक काल्पनिक चित्र है, जिसमें एक पर्वत पर मुग़ल बादशाह वंश अनुक्रम में बैठे दिखाई देते हैं। यह चित्र ब्रिटिश म्यूज़ियम में 1913 में जीर्ण शीर्ण स्थिति में पहुँचा था तथा बेसिल ग्रे का यह अनुमान है कि यह चित्र मीर सैयद अली का बनाया हुआ है। इसी समय का आरम्भिक मुग़ल शैली का एक शिकार चित्र हैरिंघम संग्रह, बेडफोर्ड कॉलेज फॉर वुमेन, रीजेन्ट्स पार्क लंदन में हैं। कुछ कलाविद् यह भी मानते हैं कि हुमायूँ ने अपने समय में मीर सैयद अली, अब्दस समद तथा दस्त मोहम्मद से फारसी प्रभाव वाले चित्र निर्मित कराए होंगे।

उक्त विवरण आरम्भिक काल की मुग़ल शैली में बनाए गए लघुचित्रों की झांकी प्रस्तुत करता है।

यह श्रेय निःसंदेह अक़बर को दिया जाना चाहिए कि वह मुग़ल क़लम अथवा मुग़ल शैली का पहला आश्रयदाता बना। रायकृष्णदास ने अक़बर को एक 'विभूतिमत्सत्व' के विशेषण से संबोधित किया है।

अक़बर के समय जन्मी और विकसित हुई मुग़ल क़लम को इम्पीरियल मुग़ल क़लम के नाम से भी संबोधित किया जाता है।

अबुल फज़ल ने अक़बर को उदृत करते हुए लिखा है कि 'ऐसे कितने ही व्यक्ति हैं, जो चित्रकला से नफरत करते हैं, किंतु ऐसे लोगों को मैं पसंद नहीं करता। मुझे तो ऐसा लगता है कि ईश्वर को पहचानने के लिए चित्रकार का एक अनोखा मार्ग है; जब वह किसी सजीव वस्तु की आकृति बनाता है और एक के बाद एक अंग-प्रत्यंग लिखता जाता है, फिर भी उसमें जान नहीं डाला सकता तो हठात् उसका ध्यान ईश्वर की ओर जाता है जो जीवन का एकमात्र दाता है और इस प्रकार उसके ज्ञान की वृद्धि होती है।'

अक़बर के संरक्षण में कलाकारों का परिवार निरन्तर समृद्ध होता चला गया। भारत के कोने-कोने से कलाकार उसके दरबार में आए। उसने एक अलग विभाग ही इस कार्य के लिए खोला, जिसे तस्वीरखाना के नाम

से जाना जाता था और उसमें चित्रकार, स्थापत्यविद् , लिपिकार, पृष्ठ सजावट करने वाले, स्वर्णकार, ज़िल्दकार तथा काग़ज़ बनाने वाले शामिल थे। आइन-ए-अक़बरी में अबुल फज़ल ने तस्वीरखाने की गतिविधियों के बारे में विस्तार से उल्लेख किया है। अक़बर के शाही पोथीखाने में 24000 हस्तलिखित पोथियों का भण्डार था।

अक़बर के काल का सबसे महत्वपूर्ण कार्य है — हम्ज़ा चित्रावली का चित्रण। गुलाम मोहम्मद शेख के अनुसार इस बड़ी योजना को मूर्त रूप देने के लिए 100 चितेरे, लिपिकार, सजावटी तथा ज़िल्दसाज आदि संलग्न किए गए। इस कार्य को सम्पन्न होने में पन्द्रह वर्ष को समय लगा तथा यह चित्रावली लगभग 1 कि.मी. लम्बाई में तैयार हुई। हम्जा पटों के चित्रांकन में सफ़वी क़लम तथा भारतीय क़लम का सुन्दर मिलन हुआ, जिसके मूल में चौरपंचाशिका, भागवतपुराण तथा कल्पसूत्र के चित्रांकन तत्व मौजूद थे। इस चित्रावली को तैयार करने के लिए राजस्थान, गुजरात, ग्वालियर, लाहौर तथा कश्मीर तक से चितेरे आए और यह चित्रावली अक़बर के तस्वीरखाने की अद्वितीय देन सिद्ध हुई। योजना के अनुसार इसे 14 खण्डों में बनाया जाना था तथा प्रत्येक खण्ड में 100 फोलियो होने थे। वर्तमान में केवल 115 की जानकारी उपलब्ध है।

हम्ज़ा चित्रावली के बाद की यात्रा बड़ी मनभावन और समृद्ध है। अक़बर के शासन काल के मध्य में बने चित्रों में हम यह देखते हैं कि सुनहली रेखाओं से सज्जित आकाश के रंग ढलान पर हैं तथा उनका स्थान सांझ की लालिमा ने ले लिया है तथा मानव आकृतियां धीरे-धीरे भारतीय परिधानों में तथा भारतीय परिवेश के बीच दिखाई देती हैं। उनकी भंगिमाऐं बड़ी जीवंत हैं। इस काल के लघुचित्रों में अक़बर की गतिविधियां भी स्पष्ट दिखाई देती हैं। अपनी स्वप्न नगरी फतहपुर सीकरी के निर्माण का अवलोकन करते हुए, अबुल फज़ल से आइन-ए-अक़बरी की प्रति को लेते हुए, शेरों का शिक़ार करते हुए तथा विभिन्न प्रकार की गतिविधियों का अवलोकन करते हुए अक़बर के चित्र मिलते हैं अक़बर के समय में चित्र शैली भिन्न हो जाती है। इस शैली पर भारतीय प्रभाव स्पष्ट होने लगता है।

चित्रकला के क्षेत्र में आ रहा यह समन्वयकारी बदलाव उस समय के सांस्कृतिक समन्वय का प्रतिनिधित्व करता है।

इस शैली के स्वतंत्र स्वभाव के लिए अक़बर का उदारमना व्यक्तित्व तथा सोच उत्तदायी था। उसने अपने काल में अनेकों हिन्दू ग्रंथ अनुदित कराए तथा उनकी सचित्र पोथियां निर्मित कराईं। ऐसी सचित्र पोथियां अक़बर के शाही पोथीखाने में हज़ारों की संख्या में थी, उसमें कुछ हैं- रज़्मनामा (महाभारत) जो तीन सचित्र खण्डों में सन् 1588 ई. में तैयार किया गया, 'रामायण', 'अनवार-ए-सुहैली' (पंचतंत्र), 'अयार-ए-दानिश' (पंचतंत्र), 'हरिवंश', 'योगवाशिष्ठ', 'नलदमयन्ती कथा', 'शकुन्तला', 'कथासरित सागर', 'कालियादमन', 'दशावतार', 'कृष्णचरित', 'तूतीनामा' (सप्तशती), 'नैषदचरित' आदि। इनके अलावा 'क़िस्सा अमीर हम्ज़ा', 'शाहनामा', 'तवारीख़-ख़ानदान ए-तैमूरिया', 'बाबरनामा', 'अक़बरनामा', 'तारीख रशीदी दराबनामा', 'खमसा-ए-निजामी', 'बहारिस्ताने जामी' तथा 'आइन-ए-अक़बरी' आदि।

इन ऐतिहासिक ग्रंथों को तथा शबीहों को तैयार करने वाले चित्रकारों की एक लम्बी सूची उनके कौशल के सम्बन्ध में जानकारी देते हुए अबुल फज़ल ने दी है। उसके काल के प्रमुख चित्रकार थे — केसो, लाल, मुकुन्द, मिस्किन, फारूख़, माधो, जगन्नाथ, महेश, खेमकरन, तारा, सांवला, हरिवंश, राम आदि। अबुल फज़ल ने दसवन्त तथा बसावन की तूलिका की बेहद प्रशंसा की है।

यद्यपि आरम्भिक काल में फारसी प्रभाव के कारण चमकदार रंग तथा प्रबल रेखाओं का कार्य दिखाई देता है, किन्तु पश्चातवर्ती समय में संतुलित रेखा, उचित अनुपात व वृक्ष, भारतीय परिधान व देशज उपादान इस शैली में दिखाई देने लगते हैं, जो समन्वय के इस युग की वास्तविकता थी। अक़बर के पूर्ववर्ती जितनी शैलियां थीं, वे सब उसके काल में घुली-मिलीं और इन भारतीय शैलियों ने फारसी शैली के तत्वों को आत्मसात कर एक ऐसी नूतन शैली को जन्म दिया, जो पूर्णत: उदार भारतीयता का प्रतिनिधित्व करती थी।

अक़बर का शासन 1556 से 1605 ईस्वी तक रहा। उसकी मृत्यु के बाद उसके इकलौते बचे सबसे बड़े पुत्र सलीम ने शासन की बागडोर थामी तथा नुरूद्दीन मोहम्मद जहाँगीर की उपाधि धारित की।

उसके समय में (1605-1627 ईस्वी) मुग़ल क़लम ने अपने चरमोत्कर्ष को प्राप्त किया। जहांगीर जब राजकुमार सलीम था तब उसने अक़बर के विरुद्ध विद्रोह किया और इलाहाबाद व आज के प्रयागराज में अपनी चित्रशाला स्थापित की। अक़बर की रूचि के विपरीत उसकी रूचि सचित्र पोथियों के तैयार करवाने में नहीं थी। उसने अपने चित्रकारेां को पूर्ण स्वतंत्रता दे रखी थी ताकि वे जो कुछ भी चित्रित करना चाहें, उसे अपने पूर्ण कौशल के साथ अपनी प्रतिभा का उपयोग करते हुए चित्रित करें। उसने शबीहें बनवाईं तथा मुरक्क़े (एलबम) तैयार करवाए।

जहांगीर के समय में जिन रंगों का निर्माण हुआ और जिस ढंग से उनका उपयोग किया गया, सधी हुई रेखाओं का जिस तरह से अंकन किया गया तथा वस्त्राभूषणों की जिस तरह से यथार्थवादी योजना बनाई गई, वह अपने आप में अप्रतिम है। आनुपातिक अंग-प्रत्यंग, मीनाकृति आंखें, संपूर्ण मुखाकृति और हाथों का चित्रण करने में उसके कलाकारों का कोई सानी नहीं था। अकारज़ा तथा उसका पुत्र अबुल हसन, जहांगीर के सबसे प्रिय चितेरे थे। इनके अलावा बिशनदास के बारे में उसने तुज़ुक-ए-जहांगीरी में बड़ा प्रशंसापूर्ण वर्णन किया है। मोहम्मद नादिर, मोहम्मद मुराद, गोवर्धन, मनोहर, दौलत तथा उस्ताद मंसूर उसके प्रसिद्ध चित्रकार है।

जहांगीर की मृत्यु 28 अक्टूबर 1627 को हुई और उसके उत्तराधिकारी के रूप में शाहजहाँ गद्दी पर 24 जनवरी 1628 को बैठा। उसके लंबे शासनकाल में (1628-1658 ईस्वी) उसने मुग़ल क़लम के स्वरूप और विषयों में परिवर्तन किया। उसकी चित्रकला की अपेक्षा स्थापत्य में अधिक रूचि थी, इसलिये जहांगीरकाल की नैसर्गिकता का स्थान आलंकारिकता तथा अस्वाभाविकता ने ले लिया। शाहजहाँ काल की चित्रशैली जहांगीरकाल की चित्रशैली का अनुगमन नहीं कर पाई।

पादशाहनामा, उसके काल की सर्वश्रेष्ठ उपलब्धि है। उसके दरबारी इतिहासकार अब्दुल हमीद लाहोरी ने उसके शासनकाल का इतिहास लिखा। यह मूल्यवान सचित्र ग्रंथ विंडसर केसल लंदन में हैं। इसके चित्रों पर उसके काल के प्रसिद्ध चित्रकार बालचंद, लालचंद, रामदास, मुराद, बिचित्तर, भोला, आबिद, प्रयाग तथा मीर दस्त के हस्ताक्षर हैं।

दारा शिकोह जो औरंगज़ेब का सबसे बड़ा पुत्र था, वह एक अभागा राजकुमार था। उसके पास एक समग्र दृष्टि थी तथा वह गहरे आध्यात्मिक भाव से अक़बर की तरह अनुप्राणित भी था। उसने हिन्दू, मुस्लिम तथा ईसाई विचारकों के साथ सम्पर्क स्थापित किया। उसने उपनिषदों तथा भागवत का फारसी में अनुवाद कराया। वह सुरूचि सम्पन्न था तथा चित्रकला में उसकी गहरी रूचि थी। जहांगीर और शाहजहाँ की तरह उसे भी मुरक्क़ों को बनवाने का शौक़ था। 1633-1682 ईस्वी के बीच उसने एक एलबम तैयार करवाया, जिसमें 72 फोलियो

हैं तथा जो सुनहरी बार्डर से अलंकृत हैं। इस एलबम को उसके दरबारी चितेरे मोहम्मद खान ने तैयार किया था तथा यह वर्तमान में इंडिया ऑफिस लायब्रेरी लंदन में है। इस एलबम में पक्षियों, फूलों, पुष्पित होते हुए वृक्षों, यूरोपीय उत्कीर्णनों, फारसी लघुचित्रों, दरवेशों, योगियों, राजकुमारों तथा सुन्दर राजकुमारियों के चित्र हैं। उसने यह एलबम अपनी पत्नी नादिरा बानो बेग़म को भेंट किया था।

दारा शिकोह की वृत्तियों को दृष्टिगत रखते हुए यह सहज निष्कर्ष निकाला जा सकता है कि यदि उसके हाथों में शासन की बागडोर आई होती तो उदार भारतीय चित्रांकन की एक नई परम्परा भारत में पल्लवित होती। प्रख्यात् कवि रामधारीसिंह दिनकर ने लिखा है कि दारा शिकोह की मौत अमृत की हार और हलाहल की जीत थी।

औरंगज़ेब के समय में (1658-1707 ईस्वी) यद्यपि चितेरे कार्य कर रहे थे, किन्तु वे यां तो कुरान की प्रतिलिपियां तैयार कर रहे थे या उसके आदेश पर चित्र बना रहे थे। औरंगज़ेब के समय मुग़ल क़लम का सबसे दयनीय स्वरूप दिखाई देता है।

औरंगज़ेब के समय में कोई उत्कृष्ट चित्रांकन नहीं हुए। यद्यपि अपने आरम्भिक शासनकाल के दिनों में उसकी वृत्ति चित्रकला के प्रति अनुदार नहीं थी, किन्तु जब वह दक्षिण गया, तब वह कट्टर होता चला गया तथा चित्रकला के प्रति उसका कोई रूझान नहीं रहा।

इस प्रकार औरंगज़ेब के काल के बाद सचित्र पोथियों के चित्रण, शबीह तथा मुरक्कों के निर्माण का स्वर्णिम अध्याय समाप्त हो गया। उसके दरबार के चितेरे राजस्थान की ओर कूच कर गए। केवल कुछ चितेरे आगरा व दिल्ली में रहे। मुग़ल दरबार के इन चितेरों का यह कूच ऐतिहासिक सिद्ध हुआ तथा इसने भारतीय चित्रकला के इतिहास में एक नया अध्याय जोड़ा।

औरंगज़ेब के बाद उसका पुत्र बहादुरशाह (शाह आलम) जब गद्दी पर बैठा, तो उसने चित्रकला की मृत प्राय: मुग़ल शैली में प्राण फूंकने की कोशिश की। उसका शासनकाल केवल 5 वर्षों का रहा (1707-1712 ईस्वी)। उसके काल की एक सचित्र पोथी शाहजहांनामा मौजूद है, जो उसे भेंट की गई थी तथा यह वर्तमान में रानी एलिजाबेथ द्वितीय के संग्रह में है। शाह आलम के समय के चित्र मुग़ल कला के पुराने वैभव का स्मरण कराने की एक नाकाम कोशिश है। इन चित्रों में मुग़ल शैली की यात्रा के अन्तिम पड़ाव दिखाई देते हैं।

बहादुरशाह के बाद जहांदरशाह सन् 1712 ई. में गद्दी पर बैठा, उसका शासनकाल केवल 11 माहों का रहा। उसका चरित्र बड़ा अनुत्तरदायी था। उसके काल में भी चित्र बने, जिनके विषय संगीत, नृत्य आयोजन, हाथियों की लड़ाई आदि हैं। इन चित्रों में कोई उल्लेखनीय विशेषता दिखाई नहीं देती। उसे उसके भतीजे फर्रूख़सियर ने हराया। फर्रूख़सियर का काल सात वर्षों का रहा (1712-1719 ईस्वी)। उसके समय में भी मुग़ल क़लम को कोई नहीं राह नहीं मिली। यह ज़रूर है कि उसके समय के चित्रांकन के विषय मनोरंजन और विलासिता के थे, किंतु रेखाऐं अपेक्षाकृत कम आलंकारिक होती गईं।

फर्रूख़सियर का उत्तराधिकारी मोहम्मद शाह हुआ, जिसने 1719 से 1748 तक राज्य किया। उसे मोहम्मद शाह रंगीले के नाम से जाना जाता है। वह एक विलासी सम्राट था तथा उसकी रूचि संगीत के प्रति अधिक थी, फिर भी उसके शासनकाल में चित्रों की शैली में परिष्कार हुआ।

रायकृष्णदास के अनुसार, "सन् 1860 तक मुग़ल क़लम की परम्परा जीवित रही।"

यह तथ्य सही है कि मुग़ल दरबार के चितेरे अन्य रियासतों की ओर चले गए जहाँ उन्हें उचित संरक्षण

मिला तथा यह भी सही है कि केवल मुग़ल सम्राट ही उन्हें संरक्षण देने वाले अकेले सम्राट नहीं थे। छोटी-छोटी रियासतों और ठिकाणों में भी उन्हें पनाह मिली तथा आदर भी। कुछ चितेरे ऐसे थे, जिन्होंने बिना किसी संरक्षण के अपने समर्पण भाव से चित्रांकन का कार्य किया। राजस्थान में मुग़लों के समय से ही वहाँ की चित्रांकन शैली अपने नए आयाम खोज रही थी। पश्चातवर्ती मुग़ल शासकों के काल ने इस प्रक्रिया को गति दी, जिसकी परिणति एक भव्य दृश्य क्रान्ति में हुई। डॉ. प्रतापादित्य पाल ने इस प्रसंग में सटीक टिप्पणी करते हुए लिखा है कि, 'मुग़ल शैली के चित्रों में चित्रित सुंदर दालान तथा फव्वारे, चमत्कारपूर्ण ढंग से अंकित किए गए आकाश दृश्य, जो मोहम्मद शाह के काल में दिखाई देते हैं तथा जो सुन्दर युवतियां फर्रूख़सियर के काल में चित्रित दिखाई देती हैं, उन्हें एक नया जीवन और अभिव्यक्ति बूंदी, किशनगढ़, गुलेर या नुरपूर की उन शैलियों में मिली, जिसके पास अपना सात्विक सौन्दर्यबोध था।'

इसी परिदृश्य में जब दकनी शैली के बारे में विचार करते हैं, तब एक अलग दृश्य सामने आता है। दकनी क़लम, मुग़ल क़लम से प्रभावित तो रही, किंतु उसकी अपनी विशेषताएं थीं।

एण्ड्रयू टॉप्सफील्ड की सटीक टिप्पणी है कि, ' 'दकनी क़लम जो दकनी राजदरबारों में पल्लवित हुई, उसकी संकर सांस्कृतिक पृष्ठभूमि थी। उसकी तुलना मुग़ल क़लम से की जा सकती है, किंतु अनेक दृष्टियों में वह मुग़ल क़लम से भिन्न है तथा उसका जीवनकाल भी अल्प है। सोलहवीं शताब्दी के अन्त तक पांच मुस्लिम सल्तनतें दक्षिण में उभरीं तथा 1565 में विजयनगर के हिन्दू साम्राज्य के पतन के बाद इनका अभ्युदय हुआ।

वास्तव में इन पांच सल्तनतों में बीजापुर, गोलकुण्डा तथा अहमदनगर मुख्य रूप से चित्रकला के केन्द्र थे। बीदर और बरार में कोई विशिष्ट चित्रांकन की परंपरा नहीं थी। यद्यपि गुलबर्गा जैसे कुछ छोटे स्थानों में अंकन हुए।

बेहमनी सुल्तानों के समय (1347-1527) में किसी जीवित आकृति के अंकन नहीं मिलते, किंतु उनके शासन की समाप्ति के पश्चात् दक्षिण में चित्रकला का एक नया अध्याय 1565 के पश्चात् लिखा जाता है। ये दकनी शैली के चित्र फारसी प्रभाव से पूरी तरह युक्त हैं। यद्यपि उन पर मुग़ल शैली का तथा हिन्दू परम्पराओं का प्रभाव भी दिखाई देता है, किंतु आरम्भिक चित्रणों में फारसी प्रभाव की बहुलता है।

सन् 1687 में जब गोलकुण्डा को जब मुग़लों ने फतेह किया, तब वहाँ की शैली हैदराबाद शैली के नाम से जानी जाने लगी थी। दकनी शैली के चित्र समन्वय के सुन्दर उदाहरण हैं। मार्क जेब्रोवस्की ने बड़ी सटीक टिप्पणी करते हुए लिखा है कि, ' 'फारस की कोमल लयात्मकता, दक्षिण भारत की सौन्दर्य अनुभूति, यूरोप वासियों की लाक्षणिकता तथा आटोमन तुर्कों के व्यक्ति चित्रण तत्व ये सब दकनी क़लम में घुले-मिले, जिन्होंने उसके सौन्दर्य बोध को अनोखा स्वरूप दिया।'

बीजापुर के आदिलशाही वंश (1490-1686) के संस्थापक अबुल मुज़फ्फर युसूफ आदिल शाह ने अनेक कलाकारों को फारस तथा मध्य एशिया से अपने दरबार में आमंत्रित किया। उसका पुत्र इस्माईल आदिल शाह स्वयं एक अच्छा चित्रकार था तथा उसका उत्तराधिकारी इब्राहिम आदिल शाह (1580-1627) भी एक अच्छा चित्रकार व लिपिकार था।

1570 के आसपास नजूम-उल-उलूम की सचित्र पोथी चित्रित की गई। इसका मुख्य विषय ज्योतिष है। इसके चित्र जहाँ एक ओर फारसी प्रभाव को दर्शाते हैं, वहीं दूसरी ओर इन पर विजयनगर की भित्तिचित्र परम्परा का प्रभाव भी स्पष्ट दिखाई देता है।

लगभग इसी समय अहमदनगर में 'तारीफ़-ए-हुसैनशाही' का चित्रण हुआ। इसके सुन्दर रंग आज भी बड़े मनभावन हैं। स्वर्गीय सेठ कस्तूरभाई-लालभाई अहमदाबाद के संग्रह में एक सुंदर हस्तलिखित पोथी सुरक्षित है, जिसमें 34 चित्र हैं। यह 'ख़म्सा-ए-निजामी' है, जो 1627 से 1656 के बीच बीजापुर के सुल्तान आदिल शाह के पास थी। इन चित्रों पर स्पष्ट तुर्क़ी प्रभाव है।

यद्यपि इन तीनों राज्यों में चित्रकला की परम्परा फली-फूली, किंतु किसी एक विशिष्ट शैली और उसके विशिष्ट लक्षणों की पहचान करना बहुत मुश्किल है।

औरंगाबाद, दौलताबाद, नागपुर, रायपुर तथा शोरापुर जैसे महाराष्ट्र के केन्द्रों में भी लघुचित्र बने, किन्तु उनकी अपनी कोई उल्लेखनीय विशेषताएं नहीं है तथा वे मुग़ल व दक़नी क़लम से प्रभावित हैं।

जैसा कि पूर्व में उल्लेख किया गया है कि मुग़ल क़लम के अनेक भेद कालक्रम के अनुसार कलाविदों ने किए हैं, उनमें से एक प्रॉविन्शियल मुग़ल है। यह क़लम मुग़ल साम्राज्य के अन्तिम चरण में अस्तित्व में आई, जब विभिन्न प्रांतों के शासकों ने अपने आपको स्वतंत्र घोषित कर दिया तथा अपने स्वयं की चित्रशालाएँ बनवाईं। इन चित्रों पर यद्यपि मुग़ल शैली का प्रभाव है किन्तु इन पर आंचलिक प्रभाव स्पष्ट दिखाई देता है।

सन् 1717 में जब मुर्शिद कुली खान बंगाल का शासक बना, तब बंगाल की तत्कालीन राजधानी मुर्शिदाबाद में अनेक चितेरे आए तथा मुर्शिदाबाद चित्रांकन का एक विख्यात केन्द्र बन गया। इन चित्रों पर मुग़ल तथा यूरोपीय प्रभाव दिखाई देता है। इसी तरह अवध में अठारहवीं शताब्दी के मध्य अनेक चितेरों ने नवाब शुजाउद्दौला से सम्पर्क किया (1753-75)। उसके समय में अवध, संगीत,नृत्य और चित्रकला का एक प्रमुख केन्द्र बना। अवध के अन्तिम शासक नबाब वाज़िद अली शाह के सम्बन्ध में अनेक रोचक कहानियाँ प्रचलित हैं। उसके समय में तड़क-भड़क वाली एक ऐसी शैली जन्मी, जिस पर मुग़ल प्रभाव स्पष्ट था तथा जिसके प्रमुख विषय प्रेम के थे। इस शैली की विशेषता इसकी आलंकारिकता थी तथा चेहरे विशेष प्रकार से बनाए जाते थे।

उक्त के अतिरिक्त अनेक छोटे छोटे स्थानों पर अन्य प्रदेशों में मुग़ल प्रभाव से युक्त चित्रशैलियों का विकास हुआ।

चित्रांकन सामग्री

जहाँ तक सामग्री का प्रश्न है, ग्यारहवीं शताब्दी तक ताड़पत्र तथा भोजपत्र चित्रांकन के लिए प्रयुक्त किए गए तथा बाद में काग़ज़ का प्रयोग किया गया।

प्रमाणों के अनुसार भारत में क़ाग़ज़ का आगमन 14वीं सदी में हुआ। मुग़लकाल में प्रयुक्त किए जाने वाले क़ाग़ज़ को दौलताबादी तथा निज़ामशाही क़ाग़ज़ के नाम से वर्गीकृत किया जाता था। उसे, उसके निर्माण में लगने वाली सामग्री के आधार पर भी वर्गीकृत किया जाता था। लघुचित्रों को सुखाने के लिए फिटकरी का प्रयोग किया जाता था। नुकीली क़लम, कम्पास तथा स्केल का उपयोग भी रेखाचित्रों को बनाने के लिए होता था। पेन्सिल तथा कई प्रकार की तूलिकाएं भी प्रयुक्त की जाती थीं। बैलों, बछड़ों तथा गधों के कानों के कोमल बाल तूलिकाओं को तैयार करने के लिए उपयोग में लाए जाते थे तथा वृक्षों की खाल के रेशे भी इस हेतु प्रयोग में लाए जाते थे। बिल्ली, बंदर, गिलहरी तथा बकरियों की पूंछ के बाल भी तूलिकाओं को तैयार करने के लिए उपयोग में लाए जाते थे। इस सम्बन्ध में विशद् विवरण स्वर्गीय रायकृष्णदास ने अपने ग्रंथ में दिया है।

मुग़लकाल में कारखाने स्थापित किए गए थे, जहाँ विभिन्न प्रकार के रंग तैयार किए जाते थे व चित्रकला के उपयोग में आने वाली सामग्री बनाई जाती थी।

मध्यकालीन चित्रों में प्रयुक्त होने वाले रंगों के सम्बन्ध में विद्वानों ने बहुलता से जानकारियां उपलब्ध कराईं हैं। खदानों से खनिज रंग प्राप्त किए जाते थे, जिन्हें परस्पर मिलाकर विभिन्न प्रकार की पृष्ठभूमियां तैयार की जाती थीं। वानस्पतिक रंगों में विशेषत: नील का प्रयोग नीले रंग के लिए किया जाता था तथा कार्बन का प्रयोग काले रंग के लिए होता था। सोने व चांदी के बुरादे व काली तथा लाल स्याही का उपयोग लिखने व चित्रकारी करने दोनों के लिए होता था। पुरानी सचित्र पोथियां, सोने और चांदी के रंगों से बनाई जाती थीं। यद्यपि इनकी लिखाई पढ़ने में प्राय: नहीं आती थी, किन्तु ये चित्रों के कलात्मक वैभव के प्रतीक थे।

सोलहवीं से अठारहवीं शताब्दी में लाल, पीले व नीले से सफेद रंग को अलग माना गया। खड़िया, पीला, रामरज, गेरू और हराभाटा जैसे रंग घोंटकर तैयार किए जाते थे। मध्यकालीन चित्रों में खनिज रंग, वनस्पति रंग, ऑक्साइड रंग व धातु रंग का प्रयोग किया गया। खनिज रंग को भूमि रंग या मूल रंग भी कहा गया। काज़ल का प्रयोग भी उसमें बबूल की गोंद व पानी मिलाकर धीरे-धीरे घोंटते हुए ताव देकर काला रंग तैयार करने में किया गया। शिंगरफ, जिसे हंसराज हिंगलू भी कहते हैं, वह वास्तव में एक भारी पत्थर है, इसे भेड़ के दूध में घोंटकर, नीबूं के रस के साथ कई बार पानी डालकर निथारा जाता था। इस तरह रामरज, गेरू और हराभाटा को भी निथार कर रंग के रूप में प्रयुक्त किया जाता था। मुल्तानी मिट्टी व लाजवर्द का भी प्रयोग किया गया। हरताल को दूध में घोंटकर, नींबू के रस से साफ कर उसका प्रयोग किया गया। इसी तरह पेवड़ी से पीला रंग तथा सीली नाम के पत्थर से हरे रंग को प्राप्त किया गया।

वानस्पतिक रंगों में नील के वृक्ष से नील, पलाश के फूलों से गहरा लाल व पीला रंग प्राप्त किया जाता था। पीपल की छाल से तथा केसुला के फूलों से भी पीले रंग को प्राप्त करते थे। इसी तरह त्रिफला (हर्र, बहेड़ा, आंवला) का प्रयोग भी किया जाता था। त्रिफला चूर्ण को लोहे के पात्र में भिंगोने पर तथा आंवले को जलाकर भी काला रंग प्राप्त करते थे। जानवरों के खाने के चारे से हरा रंग बनाया जाता था। यद्यपि जामुन, गाजर, थोहर के ढोढे के फलों से भी रंग मिलते हैं, लेकिन मध्यकालीन लघुचित्रों में इनका प्रयोग नहीं किया गया। कत्थई रंग, कत्थे से बनाकर उसका उपयोग किया गया।

रासायनिक रंग मध्यकालीन चित्रों में प्रयुक्त हुए। जस्ते से सफेद, सीसे, सांभर, सुहागे व शोरे की रासायनिक प्रक्रिया के द्वारा बनाया गया सिन्दूर तथा तांबे, नौसादर व नींबू के रस से हरे रंग को तैयार किया गया। जंगाल भी बहुतायत से पुराने चित्रों में प्रयुक्त हुआ। अठारहवीं से उन्नींसवी शताब्दी के मध्य प्रयुक्त हुए गहरे नीले रंग का प्रयोग भी चित्रांकन में हुआ, जिसे फ्रांस से आयात किया जाता था। गोकल गाय नामक एक कृमि से गहरे लाल रंग व गुलाबी रंग को बनाया जाता था।

सोना, चांदी, रांगे व तांबे से धातु रंग बनाए जाते थे। मध्यकालीन चित्रों में जो रंग प्रयोग किए जाते थे, उन्हें नाम भी दिया जाता था जैसे कबूतरी, फाकतई, बादामी, तोतई, ओगिया, तरबूजी, तोरूफूरा, जामुनी, गुलाबी, शिंगरफ, अम्बरी, किरन, सिंदूरी, खाकी व मोरपंखी आदि। गोंद व सरेस का उपयोग माध्यम के रूप में किया गया।

क़ाग़ज़ पर चित्र बनाने की प्रक्रिया के बारे में स्वर्गीय रायकृष्णदास ने विस्तार से वर्णन किया है। जमीन बांधना, टिपाई, गदकारी, टिपाई, सच्ची टिपाई, साया व उजाले का प्रयोग तथा रंग भरने से लेकर चित्रों पर सुलिपि लेखन किस प्रकार किया जाता था, उनके बारे में भी जानकारी उनकी अविस्मरणीय कृति में उपलब्ध है।

दैनिक लोक व्यवहार, भवन निर्माण, प्रेम-दृश्य, तुलादान, संतो से मिलन, संगीत श्रवण, नृत्यों के निहारने से लेकर युद्ध तथा शिकार के दृश्य मध्यकालीन चित्रों में उपलब्ध हैं। उल्लास और दु:ख के भावों को उरेहने वाले चित्र भी चितेरों ने अंकित किए हैं। सामान्य जनजीवन और उसके व्यवहार के चित्रांकन बहुत कम उपलब्ध हैं।

राजस्थान यद्यपि एक रेगिस्तान के रूप में जाना जाता है, किंतु इसकी मरुभूमि, लघुचित्रों में हरीतिमा से भरपूर है। इस तथ्य के प्रमाण हैं कि राजस्थान में प्रागैतिहासिक काल में चट्टानों पर चित्र बनाए गए थे, इस तरह के गुफाचित्र कोटा, विराटनगर तथा भरतपुर में हैं। राजपूताना के नाम से ब्रिटिशकाल में जिस क्षेत्र को मान्य किया जाता था, अब राजस्थान के रूप में उसका केवल एक हिस्सा ही जाना जाता है। राजपूताने में अनेक छोटी-बड़ी रियासतें तथा ठिकाणें रहे हैं तथा वहाँ के राजपूत या क्षत्रियों की अपनी शौर्यपूर्ण परम्पराएँ रही हैं। महाराणा प्रताप का नाम विश्व इतिहास में एक महान योद्धा के रूप में विख्यात है। डॉ. आनन्द कुमार स्वामी ऐसे पहले शोधकर्ता थे, जिन्होंने राजपूत कला के सम्बन्ध में सर्वप्रथम अपने विचार व्यक्त किए तथा उसे मुग़ल क़लम से भिन्न माना। राजस्थान के संदर्भ में, राजस्थानी शैली नाम ही उपयुक्त है। राजस्थान की विभिन्न शैलियां तथा उपशैलियां अपनी रियासतों या ठिकाणों के नाम से जानी जाती हैं। यही स्थिति पहाड़ों की है। राजस्थान तथा पहाड़ (हिमाचल प्रदेश) की विभिन्न रियासतों तथा ठिकाणों के राजा राजपूत थे तथा उन्होंने कला संरक्षण के लिए महत्वपूर्ण योगदान दिया।

जहाँ तक राजस्थान का प्रश्न है, डॉ. जयसिंह नीरज ने राजस्थानी चित्रांकन परम्परा की शैलियों और उप-शैलियों को निम्नानुसार विभाजित किया है —

1. **मेवाड़ शैली :** उदयपुर तथा नाथद्वारा शैलियां, देवगढ़, सावर तथा शाहपुरा उपशैलियां, एवं बनेड़ा, बागोर व बेगुं आदि ठिकाणा शैलियां
2. **मारवाड़ शैली :** जोधपुर, बीकानेर, किशनगढ़, अजमेर, नागौर, जैसलमेर शैलियां तथा घाणेराव, रिंया, भिनाय व जूनियां आदि ठिकाणा शैलियां
3. **हाड़ौती शैली :** बूंदी, कोटा शैलियां तथा झालावाड़ उपशैली
4. **ढूंढार शैली :** आंबेर (आमेर), जयपुर, शेखावटी, अलवर शैलियां, उनियारा उपशैली तथा झिलाय, इसरदा, समोद तथा शाहपुरा आदि ठिकाणा शैलियां।

राजस्थान के हवेली चित्र भी अपने आप में विशिष्ट हैं। छत्रियों, प्रवेश द्वारों, राजप्रासाद तथा मन्दिरों की दीवारों पर उरेहे गए भित्तिचित्र अद्‌भुत हैं। आम्बेर, जयपुर, अलवर, शेखावाटी, कोटा, बूंदी, इन्दरगढ़, जोधपुर, बीकानेर, जैसमलमेर, उदयपुर, सालम्बर, डूंगरपुर तथा प्रतापगढ़ आदि स्थान राजस्थान के भित्तिचित्रों के अंकन की दृष्टि से अत्यन्त महत्वपूर्ण हैं, विशेषरूप से शेखावाटी क्षेत्र की हवेलियों की दीवारों पर बने अंकन अत्यन्त प्रभावी हैं तथा राजस्थानी कलाकार के कौशल का प्रतिनिधित्व करते हैं। राजस्थान के इन भित्ति चित्रों पर लोकप्रभाव भी स्पष्ट दिखाई देता है।

मध्यप्रदेश के मालवा तथा बुंदेलखण्ड अंचलों में भी इस प्रकार के भित्तिचित्रों की परम्परा दिखाई देती है, विशेष रूप से मालवा में जहाँ मंदसौर तथा रतलाम में भित्तिचित्र बने हैं। ये प्राय: राजस्थान के मध्यकालीन भित्तिचित्र मेवाड़ तथा उदयपुर शैलियों से प्रभावित हैं।

राजस्थान की विभिन्न शैलियों तथा उनके संरक्षकों के सम्बन्ध में यह नि:संदेह कहा जा सकता है कि वे भारतीय कला की मौलिकता और उसके असाधारण सौन्दर्य का प्रतिनिधित्व करते हैं।

राजस्थानी चितेरों को और उनके संरक्षकों को सर्वाधिक प्रभावित किया, राधा-कृष्ण लीला ने। राधा और माधव की यह लीला राजस्थानी चित्रकला के प्राण हैं।

राजस्थान चित्रकला में व्यक्तिचित्र पशु, पक्षी, वनस्पति, शिकार, युद्ध व दरबार के दृश्य भी उरेहे गए हैं, किंतु भागवतपुराण, गीतगोविन्द तथा सूर, बिहारी तथा केशव के काव्य चितेरों की मुख्य प्रेरणा रहे हैं।

राजस्थानी चित्रकला की परम्परा में मेवाड़ का स्थान अप्रतिम है।

यह असंदिग्ध तथ्य है कि मेवाड़ के लघुचित्र आंचलिक तत्वों से प्रभावित रहे हैं। मेवाड़ का जैन धर्म के साथ गहरा सम्बन्ध रहा तथा डॉ. अंधारे ने एक ऐसी ताड़ पत्र पर अंकित पोथी का विवरण दिया है, जो 1260ई. में तैयार की गई थी, इसका नाम है 'श्रावकप्रतिकर्मासूत्रचूर्णी'।

बाद के काल में हम कृष्ण लीला तथा वल्लभाचार्य मत का प्रभाव पाते हैं। डॉ. अंधारे के अनुसार सोलहवीं शताब्दी तक केशवदास की कविप्रिया तथा रसिकप्रिया एवं अन्य कवियों तथा लेखकों के द्वारा ब्रज भाषा में लिखे गए ग्रंथ राजस्थानी चितेरों की प्रेरणा के स्रोत बने। ब्रज भाषा में रचित इन ग्रंथों के चित्रांकन के लिए एक विशिष्ट शैली प्रयुक्त हुई।

इसके तुरंत बाद जयदेव के गीत गोविन्द ने लोकप्रियता प्राप्त की तथा वह चित्रकारों की प्रेरणा का स्रोत बना।

राणा कुम्भा (1443-1468 ईस्वी) स्थापत्य, साहित्य, संगीत तथा ललित कलाओं के विभिन्न अनुशासनों के प्रेमी थे। उनके उत्तराधिकारियों ने इस परम्परा को जीवंत बनाए रखा और महाराणा जगतसिंह (1628-1652 ईस्वी) के काल में मेवाड़ क़लम ने अपने उत्कर्ष को छुआ। साहिबदिन ने 1648 ई. में भागवतपुराण के चित्र बनाए। साहिबदीन और मनोहर ने रामायण और गीत गोविन्द के शानदार अंकन किये। कालिदास के रघुवंश को भी चित्रित किया गया। इनके अलावा सूरसागर, रसिकप्रिया, बिहारी सतसई, रागमाला तथा अन्य विषयों पर भी सुन्दर चित्रांकन हुए।

मेवाड़ क़लम राजस्थान की पहली उल्लेखनीय क़लम दो कारणों से है। प्रथम, तो यह कि उसमें लंबी देहयष्टियां चित्रित की गई हैं तथा उनके चित्रण काल के सम्बन्ध में अंकन मिलते हैं। ये अंकन चावण्ड, उदयपुर तथा चित्तौड़ में बनाए चित्रों में उपलब्ध हैं। इसके अलावा दूसरा यह कि चौरपंचाशिका शैली की परम्परा इनमें विद्यमान दिखाई देती है। इन चित्रों पर स्पष्ट मुग़ल प्रभाव भी दिखाई देता है तथा ये लाक्षणिक विशेषताएं केवल मेवाड़ क़लम में मौजूद हैं।

इस प्रकार यह निष्कर्ष रूप में कहा जा सकता है कि यह राजस्थान की प्राचीनतम ऐसी शैली है जिसके अन्तर्गत हम विषयों का वैविध्य पाते हैं। इस शैली में अंकित नारियां शौर्य की प्रतीक हैं। उनकी देहयष्टि कोमलता से परिपूर्ण होते हुए भी सुदृढ़ है। ज़्यादातर चेहरे एकचश्म हैं, किंतु सवाचश्म चेहरे भी दिखाई देते हैं। सुघढ़

नासिका, चौड़ी आंखें, जो परबली फांक की तरह हैं, नारी चित्रण की विशेषता हैं। लाल और पीले रंगों का बहुलता से प्रयोग किया गया है। परिधान तथा अलंकरण भी राजस्थानी हैं तथा पुरूष अपनी पारम्परिक वेशभूषा में चित्रित किए गए हैं। बाद की अवधि में मुग़ल प्रभाव इस शैली पर दिखाई देता है, जिसका उदाहरण मेवाड़ी गीत गोविन्द के वे चित्र हैं जो उदयपुर संग्रहालय में संरक्षित हैं।

इस शैली ने अनेक अन्य शैलियों तथा उपशैलियों को प्रभावित किया जैसे नाथद्वारा और बूंदी, किंतु इस शैली की सबसे बड़ी देन यह है कि इसने उत्तरकालीन मालवा शैली को गहराई के साथ प्रभावित किया।

डॉ. जयसिंह नीरज ने नाथद्वारा की शैली को एक उपशैली के रूप में संबोधित किया है, जो मेवाड़ क़लम से प्रभावित है। औरंगज़ेब के हाथों से बचाने के लिए श्रीनाथ जी की प्रतिमा, जो गोवर्धन में स्थापित थी, उसे सन् 1660 में नाथद्वारा लाया गया। आचार्य गोपनीनाथ जी ने अपने शिष्यों के साथ कृष्ण-लीला के सुंदर चित्रांकन नाथद्वारा में किए। इन चितेरों ने यह कार्य मेवाड़ी चित्रकारों के साथ किया। इस शैली की प्रमुख विशेषता पिछवाईयों का निर्माण है। कपड़े पर बने श्रीनाथजी की भंगिमाएं पूरे विश्व में प्रसिद्ध हैं। नाथद्वारा शैली पर डॉ. अमित अम्बालाल ने ' 'कृष्णा एज़ श्रीनाथजी' ' नामक अत्यन्त महत्वपूर्ण ग्रंथ लिखा। उन्होंने अपने इस शोधपरक कार्य में श्रीनाथजी की नाथद्वारा में स्थापना तथा नाथद्वारा में चित्रांकन परम्परा से जुड़े विभिन्न आयामों का विस्तार से उल्लेख किया। डॉक्टर लियांस ट्रीना की कृती 'दि पेंटर्स ऑफ़ नाथद्वारा' भी महत्वपूर्ण जानकारियाँ प्रदान करती है।

यह तथ्य भी उल्लेखनीय है कि तिलकायत गोवर्धनलालजी के समय में नाथद्वारा शैली ने नवीन आयामों को स्पर्श किया।

लगभग 200 वर्ष पूर्व श्री रामचन्द्र बाबा नामक एक चित्रकार जयपुर से नाथद्वारा आए तथा उन्होंने इस शैली में कुछ नए तत्वों को समाविष्ट किया। यह शैली निरन्तर प्रवहमान रही तथा आधुनिक युग में स्वर्गीय घांसीराम जैसे महान चित्रकार हुए, जिन्होंने नाथद्वारा क़लम को एक नई दिशा दी।

नाथद्वारा शैली में प्राकृतिक दृश्यों का अंकन बड़ा सुंदर हुआ है, किंतु मुख्यत: भक्ति तथा कृष्ण-लीला के प्रसंगों के चित्रांकन के लिए यह शैली जानी जाती है।

मेवाड़ शैली की अनेकों उपशैलियां रही, जो विभिन्न ठिकाणों में विभिन्न संरक्षकों के संरक्षण में फली फूली। देवगढ़, सांवर तथा शाहपुर ठिकाणें इस संदर्भ में विशेष उल्लेखनीय हैं। देवगढ़ की उपशैली का अपना पृथक अस्तित्व है। रावत द्वारकादास चूंड़ावत ने सन् 1680 ईस्वी में इस छोटे से ठिकाणे की स्थापना की थी। उनके समय में तथा उनके बाद देवगढ़ में चित्रांकन की परम्परा चलती रही। इस शैली पर मारवाड़ तथा जयपुर क़लमों का प्रभाव है। चोखा और बैजनाथ इस क़लम के अप्रतिम चितेरे हैं।

बूंदी राज्य एक छोटा सा राज्य रहा, जिसे राव देवा ने सन् 1342 ई. में स्थापित किया। सन् 1554 में यह मुग़लों के सम्पर्क में आया। राव छत्रसाल के समय (1631-1659 ईस्वी) इस काल की शैली के चित्रों का निर्माण आरम्भ होता है। कोटा संग्रहालय में इस काल का सचित्र भागवतपुराण सुरक्षित है।

बूंदी राज्य अपने नारी सौन्दर्य के कारण प्रख्यात रहा। बूंदी की नायिका मेवाड़ की नायिका से भिन्न है। उनकी देहयष्टि कोमल है। चौड़ा भाल तथा नुकीली ठुड्डी है। प्रभावशाली नाक व कपोल हैं तथा भौंहें नुकीली हैं। झीलों से भरपूर प्राकृतिक दृश्य तथा खजूर के वृक्ष हैं। विशेषत: नीला, लाल, पीला व हरा रंग प्रयुक्त किया गया है। विषयों की विविधता भी दिखाई देती है।

राव छत्रसाल के उत्तराधिकारी भी चित्रांकन कराने में रूचि रखते थे तथा राव उम्मेदसिंह (1749-1771 ईस्वी) के समय में बूंदी क़लम ने अपने उत्कर्ष को छुआ। उनके समय के बनाए गए चित्रों के प्रमुख विषय कृष्ण-लीला तथा रागमाला हैं। बाद की अवधि में शिकार दृश्यों की बहुतायत है। राव उम्मेदसिंह के उत्तराधिकारियों ने भी इस परम्परा को जारी रखा तथा राव रामसिंह (1821-1889 ईस्वी) के समय काफी चित्र बने, विशेष रूप से राजप्रासाद की भित्तियों को चित्रों से सजाया गया।

यह उल्लेखनीय है कि प्रसिद्ध श्रृंगारिक कवि मतिराम को राव भावसिंह का प्रश्रय मिला तथा मतिराम के द्वारा रचे गए ग्रंथ ललित ललाम तथा रसराज ने चितेरों को आकृष्ट किया।

बूंदी क़लम यद्यपि मुग़ल शैली से प्रभावित है, किन्तु उसके अपने आंचलिक लक्षण बड़े सजीव तथा आकर्षक हैं और यह अभिव्यक्त करते हैं कि बूंदी के शासकों की अभिरूचियां कितनी वैविध्यपूर्ण थीं। यहाँ यह भी उल्लेखनीय है कि बूंदी के जिन चितेरों ने कृष्ण लीला का अंकन किया, वे वास्तव में राधा-माधव के प्रति आस्था में आकंठ डूबे हुए थे। इसीलिए कृष्ण लीला के रूपायन बड़े जीवंत हैं। बूंदी के प्रमुख चितरे सुरजन, अहमद, अली व रामलाल हैं।

राजा रामसिंह (1696-1705 ईस्वी) के समय एक स्वतंत्र कोटा शैली अस्तित्व में आई। इस शैली के चित्र म्युनिसपिल म्यूज़ियम इलाहाबाद में हैं। इस शैली पर बूंदी शैली का विशेष प्रभाव है। कोटा शैली के चित्र कर्नल टी.जी. गेयर एण्डरसन ने पिछली सदी के तीसरे दशक में काफी एकत्रित किए, जो विक्टोरिया एण्ड अलबर्ट म्यूज़ियम तथा नैशनल गैलरी ऑफ ऑस्ट्रेलिया के संग्रहों में हैं। कर्नल टी.जी. गेयर एण्डरसन को पश्चिम में इस बात का श्रेय दिया जाता है कि उनके प्रयासों से कोटा शैली प्रकाश में आई। यद्यपि यह कथन अतिरंजनापूर्ण प्रतीत होता है। राजा रामसिंह के पश्चात् महारावल भीमसिंह (1703-1720 ईस्वी) के समय में जो चित्र बने, वे मुख्यत: कृष्ण-लीला पर आधारित थे। वे स्वयं को कृष्णदास तथा कोटा को नंदग्राम कहते थे। उनके उत्तराधिकारी अर्जुनसिंह (1720-1764 ईस्वी) ने इस परम्परा को जारी रखा।

महाराजा उम्मेदसिंह के काल में कोटा शैली ने नए आयामों को स्थापित किया। उनकी विशेष रूचि आखेट में थी, इसलिए उस काल के चितरों ने आखेट दृश्यों के चित्रांकन में विशेष रूचि ली।

दरबार हॉल की भित्तियों पर कृष्ण-लीला के चित्र उरेहे गए हैं। कोटा संग्रहालय में पुष्टिमार्ग से सम्बन्धित दो सचित्र ग्रंथ उपलब्ध हैं। चित्रांकन की यह महान परम्परा राजा मानसिंह द्वितीय (1822-1860 ईस्वी) तक जारी रही। इस शैली में शेरों का विशिष्ट चित्रण किया गया है। इस तरह यह शैली अपने आप में विशिष्ट है। यद्यपि इस पर बूंदी क़लम का प्रभाव है, किन्तु इसके अपने स्वतंत्र लक्षण भी हैं।

हाड़ौती अंचल की एक विशिष्ट शैली झालावाड़ की है जिसकी स्थापना सन् 1838 ईस्वी में की गई। यहाँ की शैली पर कोटा शैली का प्रभाव है क्योंकि यह राज्य कोटा राज्य के विभाजन के फलस्वरूप निर्मित हुआ था। यहाँ अनेक ग्रन्थ चित्रित हुए जिनमें गीत गोविन्द और औतार चरित प्रमुख हैं। यहाँ के गढ़महल की भित्तियों पर नाथद्वारा के सुप्रसिद्ध चित्रकार घंसीरम ने सुन्दर अंकन किये।

लामा तारानाथ ने मरूप्रदेश के श्रीधर नामक एक चित्रकार का उल्लेख सातवीं शताब्दी में किया है।

मारवाड़ शैली की सुन्दर अभिव्यक्ति जयपुर, बीकानेर तथा विश्वप्रसिद्ध किशनगढ़ शैलियों में हुई। इसकी उपशैलियों के रूप में जैसलमेर, नागोर, घाणेराव, सिरोही तथा अजमेर हैं।

सबसे पहले उस किशनगढ़ क़लम की बात करें, जिसकी 'बणी-ठणी' भारतीय मोनालिसा के नाम से संपूर्ण विश्व में विख्यात है तथा इस शैली के संरक्षक नागरीदास और उनके महान चितेरे निहालचंद ने भारतीय चित्रकला के इतिहास में अपना महत्वपूर्ण स्थान सदैव के लिए बना लिया है। राजस्थान के मध्य में जयपुर तथा अजमेर के बीच किशनगढ़ नाम की एक छोटी सी रियासत है। 1943 में गवर्नमेंट कॉलेज लाहौर के अंग्रेजी के प्राध्यापक व कवि एरिक डिकिन्सन किशनगढ़ आए। उन्होंने महाराजा के संग्रह के चित्र देखे, वे बहुत निराश हुए, जब उन्हें प्राविन्शियल मुग़ल शैली के चित्र महाराजा ने दिखाए। इसी बीच बड़े बेमन से महाराजा ने उन्हें एक बड़े आकार का एलबम देखने के लिए दिया। वास्तव में यही वह क्षण था, जिस क्षण किशनगढ़ क़लम ने अपनी विश्वव्यापी ख्याति के पथ पर पहला चरण रखा। डॉ.मोहिन्दरसिंह रंधावा ने एरिक डिकिन्सन को उदृत करते हुए लिखा है कि वह मेरे लिए विस्मय के उत्कर्ष का क्षण था। मुझे लगा जैसे मेरी आंखों के सामने अबीसीनियन संगीत साकार हो गया। इतनी सुन्दर और संगीतात्मक कृष्ण-लीला की रंगीन सृष्टि मैंने पहली बार देखी। भारतीय चित्रकला के प्रत्येक कलाप्रेमी और कलाशोधक ने किशनगढ़ क़लम के चित्रों की मुक्त कंठ से प्रशंसा की है।

इस शैली के चित्रों पर मुग़ल प्रभाव बड़ा स्पष्ट है। राजा किशनसिंह ने (1609-1615 ईस्वी) किशनगढ़ नाम की इस छोटी सी रियासत की स्थापना की थी। वे जोधपुर के महाराजा के छोटे भाई थे तथा सम्राट अक़बर ने उन्हें यह रियासत प्रदान की थी। सन् 1611 में उन्होंने एक नगर, एक झील के किनारे बसाया, जिसका नाम अपने स्वयं के नाम के आधार पर किशनगढ़ रखा। किशनसिंह के उत्तराधिकारी रूपसिंह हुए तथा रूपसिंह के उत्तराधिकारी मानसिंह। उसके पश्चात् राजसिंह (1706-1748 ईस्वी) के समय में चित्रांकन की परम्परा किशनगढ़ में फली-फूली। राजसिंह स्वयं भी एक अच्छे चितेरे थे। वे पुष्टिमार्गी वैष्णव थे तथा कृष्ण-लीला का अंकन उनका प्रिय विषय था। भवानीदास, अमरचंद, सूरतराम तथा निहालचंद उनके दरबार के प्रसिद्ध चित्रकार थे। इस शैली ने अपनी पराकाष्ठा महाराज कुमार सावंतसिंह के समय में पाई। वे किशनगढ़ राज्य के सातवें शासक थे। सन् 1748 में वे गद्दी पर बैठे। सावंतसिंह स्वयं एक कवि, एक चित्रकार तथा चित्रकला के संरक्षक थे। उन्होंने नागरीदास के नाम से बृजभाषा में कविताएं लिखीं। मनोरथमंजरी, रसिकरत्नावली तथा बिहारीचन्द्रिका उनके द्वारा रचे गए काव्यग्रंथ हैं। यह कहा जाता है कि राजा सावंतसिंह की सौतेली मां ने एक नवयुवती को अपनी सेवा में रखा, जो गायन में प्रवीण थी। सावंतसिंह उसके प्रेमपाश में बंध गए और उसे ही उन्होंने बणी-ठणी अर्थात् सुन्दर और सुसज्जित इस नायिका को रूप में संबोधित किया। इसनायिका की 'बणी-ठणी' के रूप में महाराजकुमार सावंतसिंह के महान चितेरे निहालचन्द ने क़ाग़ज़ की भित्तियों पर सजीव कर दिया।

किशनगढ़ शैली, मारवाड़ शैली के अन्तर्गत ही आती है। मेवाड़ शैली की भव्यता जोधपुर व बीकानेर शैलियों में भी अभिव्यक्त हुई तथा जैसलमेर, नागोर, घाणेराव, सिरोही तथा अजमेर जैसी उपशैलियों में भी।

बड़ौदा संग्रहालय में इस शैली के अनेक चित्र संग्रहीत हैं। कुंवर संग्रामसिंह के संग्रह में संरक्षित चित्र ऐतिहासिक महत्व के हैं। रसिकप्रिया और रागमाला पर आधारित चित्र भी इस शैली में बनाए गए। यद्यपि यह शैली मुग़ल शैली से प्रभावित है किन्तु इसमें आंचलिक तत्व स्पष्ट हैं। सत्रहवीं शताब्दी में जो सचित्र पोथियां चित्रित की गई, वे मुग़ल प्रभाव से मुक्त हैं। मारवाड़ की पाली रागमाला सोलहवीं शताब्दी की एक अद्भुत देन है। बाद की अवधि में इस शैली का स्वतंत्र विकास दिखाई देता है।

जैसा कि उल्लेख किया गया है, राव जोधा (1444-1488 ईस्वी) ने 1459 में जोधपुर राज्य की स्थापना की। उसके एक पुत्र बीका ने बीकानेर नामक राज्य बसाया। जोधपुर के राठौड़ राजा राजपूत थे तथा अपने आपको भगवान राम का वंशज मानते थे। राव जोधा के पूर्वज मध्य तथा पूर्वी भारत में बारहवीं शताब्दी में राज्य करते थे, जिसकी राजधानी कन्नौज थी। इनके अन्तिम शासक जयचन्द थे, जिन्हें मोहम्मद गौरी ने 1194 ईस्वी में हराया था। जयचंद के भतीजे सिहाजी, राजस्थान में 1212 ईस्वी में आए तथा उन्होंने मारवाड़ राज्य की स्थापना की। ये राजा चित्रांकन के प्रेमी थे। जोधपुर के शासक अन्य राज्यों के शासकों की भांति व्यक्तिचित्रों के भी प्रेमी थे। सधी हुई संतुलित रेखा तथा चमकीले रंग जोधपुर क़लम की विशेषताएं हैं। इस शैली के चित्रों में बनाई गई पगड़ी विशेष रूप से उल्लेखनीय है, जिनका रंग नारंगी है तथा बाईं ओर से ये आसाधारण रूप से उठी हुई हैं। यद्यपि राजा बीजाईसिंह (1753-1793 ईस्वी) तथा भीमसिंह (1793-1803 ईस्वी) के शासनकाल में भी यह परम्परा फली-फूली, कितु राजा मानसिंह (1803-1843 ईस्वी) के समय में इस शैली के महत्वपूर्ण अंकन मिलते हैं।

राजा मानसिंह नाथ सम्प्रदाय के अनुगामी थे। देवनाथ उसके धार्मिक गुरु थे। अत: नाथ प्रभाव से सम्बन्धित चित्र उसके काल में विशेष रूप से बने। जोधपुर शैली में इस काल मे जो नारी चित्रण हुआ वह भी अपने आप में विशिष्ट है। इस काल की नारियां लंबी हैं तथा उनके चेहरे बड़े सुन्दर और दीप्त हैं। राजा मानसिंह के समयमें ढोलामारू की कहानी चित्रित की गई।

मानसिंह का उत्तराधिकारी तखतसिंह (1843-1873 ईस्वी) हुआ। उसका काल विशेष उल्लेखनीय नहीं था तथा जोधपुर शैली का यह अन्तिम काल कहा जा सकता है।

बीकानेर, जोधपुर के उत्तर में बसा हुआ है, जिसकी स्थापना राव बीका ने 1488 ईस्वी में की थी। राजा कल्याणमल (1542-1571 ईस्वी) के समय में यहाँ चित्रांकन की परम्परा आरम्भ हुई। उसका पुत्र रायसिंह (1571-1612 ईस्वी), अक़बर की सेना में था। उसका उत्तराधिकारी करणसिंह (1631-1669 ईस्वी), शाहजहाँ तथा औरंगज़ेब का समकालीन था। सन् 1650 अलीरज़ा नामक एक चित्रकार उसके दरबार में आया, जिसने सुन्दर चित्र बनाए। उसके बारे में डॉ. हरमन गोएट्स ने विशद् जानकारी दी है। गोएट्स ने बीकानेर क़लम के अनेक चितेरों में से विशेष रूप से उस्ताद ईसा मोहम्मद तथा उस्ताद हमीद रूकनुद्दीन का उल्लेख किया है। रूकनुद्दीन अपने समय का महान चित्रकार था। उसने सुन्दर और मनभावन लघुचित्र बनाए। मुग़ल दरबार से आने के कारण उसके द्वारा बनाए गए चित्रों में मुग़ल प्रभाव तो है, किंतु बीकानेर अंचल का प्रभाव विशिष्ट रूप से उसके चित्रों में परिलक्षित होता है। राजा अनूपसिंह (1669-1698 ईस्वी) के समय में अनेक चित्रकार दक्षिण से आए। इसलिए बीकानेरी चित्रों पर दकनी क़लम का प्रभाव दिखाई देता है। राजा सुजानसिंह (1700-1736 ईस्वी) भी चित्रकला का प्रेमी था। उसके पूर्वजों ने रसिकप्रिया के प्रसंगों के आधार पर चित्र बनवाना आरम्भ किए थे, जिन्हें उसने अपने शासनकाल में पूर्ण कराया। राजा गजसिंह (1745-1787 ईस्वी) के काल में बीकानेरी शैली ने एक नई दिशा पकड़ी। रंग और गहरे हुए तथा मानव आकृतियां प्राय: निर्जीव सी चित्रित की गईं। डॉ. गोएट्स ने इस सम्बन्ध में विस्तार से प्रकाश डाला है। बीकानेर शैली के चित्रों में चित्रकार का नाम, उसके पिता का नाम तथा संवत् भी प्राय: अंकित किए गए हैं।

इस शैली में रूकनुद्दीन ने जो गीत गोविन्द के प्रसंगों पर चित्र बनाए, वे अद्भुत हैं। उसके पुत्र

साहिबदीन ने भागवतपुराण के प्रसंगों के आधार पर चित्र बनाए तथा उसके पौत्र कायम ने इस परम्परा को आगे बढ़ाया। मुन्नालाल, मुकुन्द, चन्दूलाल तथा अनेकों हिन्दू चितेरे, बीकानेर के शासक अनूपसिंह के राजदरबार में कार्य करते थे। बाद के काल में जिसे कि बीकानेर शैली का तृतीय चरण कहा जाता है, मुग़ल शैली के प्रभाव से मुक्त चित्र बने, किंतु ये चित्र जयपुर, बूंदी, मेवाड़ तथा पहाड़ की विभिन्न शैलियों से प्रभावित थे। इस काल के चित्रों में बारामासा, कृष्णलीला आखेट तथा दरबार दृश्यों के चित्रांकन मिलते हैं।

बीकानेर शैली के चित्रों में ऊंट, हरिण, ऊँची पगड़ियों वाले बीकानेर के राजदरबारी तथा प्राकृतिक उपादान दीख पड़ते हैं। नीले, हरे तथा लाल रंगों का बहुत प्रयोग हुआ है। नारियल के वृक्ष तथा फव्वारे व सोते इस रेगिस्तानी रियासत में बड़े प्रभावी ढंग से चित्रित किए गए। दकनी चितेरों के प्रभाव के कारण विजयनगर, गोलकुण्डा तथा अहमदनगर की शैलियों का प्रभाव भी इन चित्रों पर दिखाई देता है। इसके अलावा मालवा से आए चितेरों ने भी इस शैली को समृद्ध करने में अपना योगदान दिया। इस शैली की महिलाएं आभूषणों से भरपूर हैं। वे लंबी, बड़ी आँखों वाली तथा कोमल देहयष्टि वाली हैं तथा उनके चित्रण पर किशनगढ़ क़लम का प्रभाव स्पष्ट दिखाई देता है। बीकानेर क़लम का तीसरा चरण अठारहवीं शताब्दी के मध्य का है, जिसमें इस शैली का विशेष स्वरूप स्थिर हो जाता है तथा राधा-कृष्ण की लीलाओं के अंकन बहुतायत से मिलने लगते हैं। रूकनुद्दीन ने अपनी कला का कमाल सुन्दर प्रकृति चित्रण, जीवंत रेखा व चमकीले रंगों में दर्शाया है।

मारवाड़ क्षेत्र की उपशैलियों में जैसलमेर तथा घाणेराव की प्रमुख हैं। ये दोनों उपशैलियां जोधपुर क़लम से प्रभावित हैं। इन दोनों ठिकाणों के शासक चित्रांकन में रूचि लेते थे। इन दोनों उपशैलियों में बने विभिन्न चित्र अनेक व्यक्तिगत संग्रहों तथा संग्रहालयों में हैं।

राजस्थान की छोटी से छोटी रियासत व ठिकाणे में चित्र बने। यदि किशनगढ़, जोधपुर व जयपुर जैसी रियासतों में चित्र बने तो रियां, सिरोही, अलवर, सांवर, नागौर, झालावाड़, घाणेराव, पाली, देवगढ़ तथा इन्हीं की तरह के अन्य छोटे-छोटे ठिकाणों में भी अपनी-अपनी विशिष्टताओं को लिए सुंदन चित्रांकन हुए।

कछवाहा राजाओं के समय आम्बेर शैली जन्मी। ग्वालियर और उसके आसपास का क्षेत्र उनके आधिपत्य में था। यह शैली राजस्थान की शैलियों और उपशैलियों से प्रभावित थी तथा इसमें मूल रंगों का उपयोग किया गया था। इस शैली पर मुग़ल प्रभाव भी था। साथ ही आंचलिक प्रभाव भी मौजूद था। लहरियादार जामा तथा जहांगीरी पगड़ी के अंकन इस शैली की विशेषताएं हैं। इस शैली की नारियां घाघरा व ओढ़नी पहनती हैं। इस शैली में भित्तिचित्र भी बने। आम्बेर शैली में राजस्थानी शैलियों के समान ही विषय हैं। जैसे कृष्ण लीला, नायिका भेद, लैला-मजनू, आखेट, हाथी, घोड़े तथा ऊंट। आम्बेर शैली का एक केन्द्र मौजमाबाद था, जहाँ काफी चित्र बने।

आम्बेर शैली मुख्य रूप से जयपुर शैली के विकास के लिए उत्तरदायी कही जा सकती है। महाराजा जयसिंह ने सन् 1727 में जयपुर शहर बसाया था तथा उसे आम्बेर की राजधानी बनाया था। वे कला के बड़े प्रेमी शासक थे। उन्होंने सुन्दर भवन बनाए। वे ज्योतिष तथा गणित के भी विद्वान थे तथा कुशल प्रशासक भी थे।

चूंकि जयपुर के शासकों के गहरे सम्बन्ध, मुग़ल शासकों से थे, इसलिए मुग़ल क़लम का प्रभाव पड़ना स्वाभाविक था। जयपुर क़लम का प्रसिद्ध चित्रकार मोहम्मद शाह था। राजा जयसिंह के पुत्र राजा ईश्वरीसिंह थे, किंतु उन्होंने कोई उल्लेखनीय अवदान नहीं दिया। उनके प्रमुख चित्रकार साहिबराम थे। महाराजा पृथ्वीसिंह

(1767-1779 ईस्वी) का शासनकाल अल्प रहा। उनकी असामयिक मृत्यु के बाद उनके छोटे भाई सवाई प्रतापसिंह (1779-1803 ईस्वी) शासक बने। वे कला और साहित्य तथा धर्म व काव्य के बड़े प्रेमी थे। उन्होंने ब्रज निधि उपनाम से कविताएँ लिखीं। वे पुष्टिमार्ग के अनुयायी थे। साहिबराम ने उनके समय में विभिन्न विषयों पर चित्र बनाए। कृष्ण लीला, बारामासा, नायिकाभेद तथा राग-रागनियों के चित्र बने। व्यक्तिचित्रों के अलावा भागवतपुराण तथा दुर्गासप्तशती का भी अंकन हुआ। जीवन, घासी, सालिगराम, रघुनाथ, रामसेवक, गोपाल, उदय, हुक्मा, चिमना, दयाराम, राजू, निरंजन तथा और भी अनेक चित्रकार उनकी चित्रशाला में कार्य करते थे। इस शैली का विकास होता रहा और राजा सवाई जगतसिंह (1803-1818 ईस्वी) के समय में इसने अपूर्व उत्कर्ष पाया।

उनियारा भी एक उपशैली का केन्द्र बना। उनियारा के चित्रों में बूंदी और जयपुर क़लमों का समन्वय दिखाई देता है। उनियारा शैली में भित्तिचित्रों की परम्परा तथा हवेली चित्रण की परम्परा भी दिखाई देती है। उनियारा शैली के चित्र मुख्यत: उस पारम्परिक आम्बेर शैली से प्रभावित हैं, जिस पर मुग़ल प्रभाव है। जिस प्रकार जयपुर शैली में समूह चित्र व व्यक्तिचित्र बने, उसी तरह उनियारा में भी बने। आखेट, कृष्णलीला तथा विभिन्न प्रकार के त्यौहारों का चित्रण इन दोनों शैलियों में दिखलाई देता है। जयपुर शैली में गीत गोविन्द, रामायण, दुर्गा सप्तशती, महाभारत तथा अन्य धार्मिक ग्रंथों को सचित्र रूप में चित्रित किया गया। सफेद, लाल तथा पीले रंगों का विशेष प्रयोग किया गया। सहरा, तुर्रा कलंगी एवं जयपुरी जूते पहने हुए पुरूष अलग ही दिखाई देते हैं। जयपुर क़लम का नारीचित्रण बहुत सुन्दर है। उनकी बड़ी-बड़ी आंखें, बंधा हुआ जूड़ा, और सधी हुई कोमल देह सहज ही आकृष्ट करती है। उनके आभूषण राजस्थानी हैं, जैसे हसली, सतलारी, तेवटा, कंठा, बाजूबंद तथा पायजेब। इस शैली में सुन्दर उद्यान तथा अनेक प्रकार के पशु दिखाई देते हैं।

आम्बेर और जयपुर की तरह शेखावाटी क्षेत्र में भी हवेलियों की दीवारों पर चित्रांकन की परम्परा बड़ी समृद्ध रही है। पन्द्रहवीं शताब्दी में मोकुलजी के पौत्र शेखाजी ने एक स्वतंत्र राज्य की स्थापना की, जिसे शेखावाटी के नाम से जाना गया।

शेखावाटी की हवेलियों पर बने चित्र जयपुर व सीकर शैली के निकट हैं। कुछ चित्र समीपस्थ राज्य हरियाणा की आंचलिक लोककला के आधार पर भी बनाए गए हैं। ढोला मारू, नायक नायिका तथा बारामासा के प्रसंगों के पारम्परिक चित्रण इन हवेलियों की भित्तियों पर हुए हैं। बाद की अवधि में कम्पनी शैली का प्रभाव भी दिखाई देता है। इस संदर्भ में नवलगढ़ का हवेली चित्रण विश्वविख्यात है।

शेखावाटी क्षेत्र का एक प्रमुख सांस्कृतिक केन्द्र अलवर रहा है। राव राजा प्रतापसिंह (1756-90 ईस्वी) ने एक स्वतंत्र राज्य की स्थापना की थी। सन् 1770 में उन्होंने एक मजबूत क़िला निर्मित कराया तथा राजगढ़ को अपनी राजधानी बनाया। ढालूराम तथा शिवकुमार नामक चितेरे जयपुर से अलवर आए तथा उन्होंने वहाँ रहकर कार्य किया। राजगढ़ किले का शीशमहल संभवत: उन्हीं की निगरानी में चित्रित किया गया। इस शैली के विषय भी पारम्परिक हैं तथा वे रामलीला तथा कृष्णलीला पर केन्द्रित हैं। अलवर में अनेक कलाकार विभिन्न स्थानों से आए और उन्होंने चित्रकारी की। राव राजा बख्तावर सिंह को यह श्रेय दिया जाना चाहिए कि उन्होंने चित्रकला के क्षेत्र में विशेष रूचि ली। उनके बाद के काल में उनके उत्तराधिकारियों महाराजा विनयसिंह (1814-57 ईस्वी) तथा राजा बलवंत सिंह (1826-45) के समय में भी अलवर क़लम ने विकास पाया। ये दोनों राजा चित्रकला

के प्रेमी थे तथा राग-रागनियों व बारामासा के चित्रों को उन्होंने विशेष रूप से चित्रित कराया। उनके राजकवि आनन्दराम के काव्य के आधार पर चित्रण हुए। इस उपशैली में भी अन्य राजस्थानी शैलियों का समन्वय तथा मुग़ल प्रभाव दिखाई देता है। इस शैली के चित्रों में किया गया प्रकृति चित्रण विशिष्ट है। चमकीले लाल, हरे व सुनहरे रंग मुख्यत: प्रयुक्त किए गए हैं।

विस्तृत शोध के आधार पर विद्वान् इस निष्कर्ष पर पहुँचे हैं कि राजस्थान की चित्र शैलियों पर भले मुग़ल प्रभाव रहा हो जो स्वाभाविक भी था किन्तु उनका अपना निजस्व विद्यमान रहा है तथा कालान्तर में वे इस मुग़ल प्रभाव से मुक्त होती गई हैं।

कला के विद्वानों के बीच यह एक विवादित बिन्दु रहा है कि मालवा शैली को राजस्थान की ही एक शैली के रूप में मान्य किया जाए अथवा एक स्वतंत्र शैली के रूप में मान्यता दी जाए। इस विवाद के सम्बन्ध में विचार करना पुन: पुनरावृत्ति ही होगी। किंतु यह तथ्य साक्ष्यों के साथ अपने स्थान पर स्थापित होता है कि मालवा शैली अपने आप में एक स्वतंत्र अस्तित्व वाली ऐसी शैली रही है जो अपने आरम्भिक काल में ईरानी क़लम से प्रभावित रही तथा बाद में मुग़ल शैली से, किंतु इसकी बाद की यात्रा में यह मेवाड़ व बूंदी क़लमों से विशेष रूप से प्रभावित रही। मालवा शैली के आरम्भिक काल के संदर्भ में तथा मेवाड़ क़लम से उसके सम्बन्ध को लेकर आर्चर जैसे विद्वानों का यह अभिमत रहा है कि मेवाड़ शैली पर मालवा क़लम का प्रभाव रहा।

जहाँ तक माण्डू क़लम का प्रश्न है, वहाँ नियामतनामा के चित्रित किए जाने के प्रमाण हैं। इसी तरह सातवीं शताब्दी में रचित अमरूकशतक नामक ग्रंथ भी माण्डू में चित्रित किया गया था। नियामतनामा वर्तमान में ब्रिटिश म्यूज़ियम तथा अमरूकशतक छत्रपति शिवाजी महाराज वास्तु संग्रहालय पूर्ववर्ती प्रिन्स ऑफ वेल्स म्यूज़ियम में सुरक्षित है। मुख्य रूप से मालवा में माण्डू, चन्देरी, नरसिंहगढ़ व राघोगढ़, चित्रकला के केन्द्र हैं। चन्देरी, दिगम्बर जैनों का तथा माण्डू श्वेताम्बर जैनों का केन्द्र था। वर्तमान में चंदेरी में चित्रांकन के साक्ष्य उपलब्ध नहीं हैं। माण्डू कल्पसूत्र भी मालवा शैली के संदर्भ में बहुत प्रसिद्ध है। माण्डू कल्पसूत्र का चित्रण काल भी आरम्भिक सत्रहवीं शताब्दी का विद्वानों ने मान्य किया है। मालवा क्षेत्र के विभिन्न स्थानों पर जो चित्रांकन कार्य हुआ, उसकी अपनी विशेषताएं रहीं तथा वे राजस्थान के टोंक, सिरोही, सीकर, सांवर, पाली तथा रियां जैसे छोटे ठिकाणों में पल्लवित हुई चित्रकला के लक्षणों से भिन्न थीं। मालवा को मध्य भारत में भी जाना जाता है तथा मध्य भारत का यह क्षेत्र समय-समय पर अलग-अलग रूप में सामने आता रहा है।

बुन्देलखण्ड यद्यपि मालवा का हिस्सा नहीं है, किन्तु मालवा से जुड़े हुए होने के कारण परम्पराओं का पारस्परिक प्रभाव विद्यमान रहा। यह भी एक आश्चर्यजनक तथ्य है कि बुन्देलखण्ड शैली के चित्र यद्यपि दतिया तथा ओरछा शैलियों के नाम से जाने जाते हैं, किंतु मुझे उन्नींसवी शताब्दी में चित्रित की गई एक बुन्देलखण्डी रामायण अजयगढ़, जो विश्वप्रसिद्ध खजुराहो के निकट है, वहाँ से मिली। इसी प्रकार रघुवरविलास नामक एक सचित्र पोथी भी बुन्देलखण्ड के चरखारी राज्य से मिली। रघुवरविलास तथा बुन्देलखण्डी रामायण के चित्रों पर आंचलिक प्रभाव स्पष्ट है तथा वे दतिया एवं ओरछा के चित्रांकन प्रभाव से पूरी तरह मुक्त हैं।

इसी तरह यह माना जाता है कि बघेलखण्ड में चित्रांकन की कोई परंपरा नहीं थी, किंतु मुझे रीवा से दो चित्र देवीयों के प्राप्त हुए तथा यह जानकारी भी मिली कि शक्तिनिधि नाम से एक पूरी श्रृंखला वहाँ चित्रित हुई। ये चित्र भी उन्नीसवीं शताब्दी के हैं।

ग्वालियर क़लम के सम्बन्ध में भी यह स्पष्ट है कि वहाँ चित्रांकन की अपनी परम्परा रही है तथा हिन्दी

में श्री लक्ष्मण भाण्ड ने ग्वालियर क़लम शीर्षक से एक जानकारीपरक ग्रंथ लिखा है। मैं अनुभव करता हूँ कि मध्य भारत की इन लघुचित्र की शैलियों के सम्बन्ध में ध्यान दिये जाने का अब उचित समय आ गया है।

वर्तमान मध्यप्रदेश में मालवा बुन्देलखण्ड तथा बघेलखण्ड के अनेक क्षेत्र एक-दूसरे से मिले हुए हैं तथा मालवा के क्षेत्र के सम्बन्ध में ही भाषा की दृष्टि से काफी अन्तर है, फिर भी चित्रकला की परम्परा के परिप्रेक्ष्य में यदि मालवा के संदर्भ में विचार किया जाए, तो मुख्यत: वही स्थान चिन्हित होते हैं, जो वर्तमान मालवा की परिधि में मान्य किए जाते हैं तथा बुन्देलखण्ड व बघेलखण्ड, मालवा से इतनी निकटता के साथ जुड़े हुए हैं कि इन दोनों क्षेत्रों में चित्रकला की परम्परा पर समन्वित प्रभाव होगा। नवीनतम शोध यही स्पष्ट करते हैं कि बुंदेलखण्ड क़लम ने मालवा शैली को बहुत प्रभावित किया विशेष रूप से पूर्वी मालवा के क्षेत्र में।

मन्दसौर तथा रतलाम के मन्दिरों व हवेलियों के चित्र यह प्रदर्शित करते हैं कि उन पर मेवाड़ क़लम का स्पष्ट प्रभाव है तथा मराठों के मालवा में आगमन के बाद ही यह प्रभाव क्षीण नहीं हुआ है। मराठा प्रभाव अपनी जगह विद्यमान है, किन्तु जो मालवा क़लम के तत्व हैं, वे तिरोहित नहीं हुए। ये क्षेत्र पश्चिमी मालवा के अंतर्गत आते हैं।

भारतीय लघुचित्रों की पम्परा के इतिहास में हिमाचलप्रदेश का महत्वपूर्ण योगदान रहा है तथा डॉ. एम.एस. रंधावा को यह श्रेय दिया जाना चाहिए कि उन्होंने क्रमबद्ध रूप से पहाड़ी की विभिन्न शैलियों तथा उप-शैलियों के अध्ययन का कार्य किया। उनकी परम्परा को डॉ. बी.एन. गोस्वामी ने आगे बढ़ाया। हिमालय के मुग्ध कर देने वाले अंचल की शोभा को जिन चित्रकारों ने रंगों और रेखाओं के माध्यम से अभिव्यक्त किया, वे चित्रकार सदैव अविस्मरणीय बने रहेंगे।

बसोहली तथा कांगड़ा शैलियां विश्वप्रसिद्ध पहाड़ी शैलियां हैं। इनके अलावा गुलेर, नूरपुर, मंडी, चंबा गढ़वाल, जम्मू, कुल्लू तथा बिलासपुर की भी उल्लेखनीय शैलियां तथा उपशैलियां हैं। राजस्थान की तरह यहाँ भी छोटी-छोटी रियासतों तथा ठिकाणों में चित्रकला की परम्परा विकसित हुई।

ईसवी सन् 765 में भोगपाल नामक शासक ने बसोहली की स्थापना की थी। वह कुल्लू के राजा का पुत्र था। भोगपाल ने बालौर की स्थापना की जो बसोहली राज्य की पुरानी राजधानी थी। उसी के वंशज भूपतपाल (1598-1635) ने, जो शाहजहाँ का समकालीन था, अपनी राजधानी बसोहली को बनाया, जो रावी नदी के तट पर स्थित थी। कई युद्ध हुए और अन्त में ई.सन् 1635 में जगतसिंह ने भूपतपाल की हत्या कर दी। भूपतपाल का उत्तराधिकारी संग्रामपाल (1635-1673) हुआ, उसे दिल्ली के दरबार में आमंत्रित किया गया। उसने 22 युद्ध किए तथा 22 विवाह भी, किंतु वह अपने किसी उत्तराधिकारी को जन्म नहीं दे पाया। उसका छोटा भाई हिन्दालपाल, उसका उत्तराधिकारी बना।

बसोहली की चित्रांकन परम्परा संग्रामपाल के समय फली-फूली। उस पर मुग़ल दरबार की कृपा थी। सन् 1678 से 1693 तक बसोहली का शासक किरपालपाल रहा, जो बड़ा कलाप्रेमी था। उसी के समय में बसोहली शैली के विशिष्ठ लक्षण सामने आए। बसोहली के लघुचित्रों में भानुदत्त की रसमंजरी सचित्र रूप से बनी। रसमंजरी में नायक-नायिका भेद तथा प्रेमी-प्रमिकाओं के वय, अनुभव, देह, मानस व भाव के आधार पर वर्गीकरण है।

1694-1695 के काल में बसोहली के चित्रकार देवीदास ने रसमंजरी की एक सुंदर चित्रावली तैयार की। इसी तरह मालती माधव नामक प्रेमकथा के आधार पर भी बसोहली क़लम में चित्रावली बनी। यह प्रसिद्ध

संस्कृत कवि भवभूति का नाटक है। रसमंजरी के सचित्र चित्रण की परम्परा में कृष्ण-लीला के सुंदर अंकन हुए। इनमें सबसे विशिष्ठ गीत-गोविन्द है। इस शैली में रागमाला के चित्र भी बने।

राजा किरपालपाल ने अपनी स्वयं की चित्रशाला बनवाई तथा उसके चितेरों ने अनेकों पोथियां चित्रित कीं।

राजा किरपालपाल का उत्तराधिकारी राजा धीरजपाल हुआ। वह भी एक कलाप्रेमी शासक था। उसके काल में (1695-1725) में उत्कृष्ट बसोहली चित्र बने। उसके काल में अभिसारिका नायिका तथा दान लीला के चित्रण हुए। रागमाला चित्रावली भी चित्रित हुई। उसका उत्तराधिकारी राजा मेदिनीपाल हुआ। (1725-1736) मेदिनीपाल का विवाह गुलेर का राजा दिलीपसिंह की पुत्री से हुआ। गुलेर के गोवर्धनचंद (1745-1773) का विवाह बसोहली की राजकुमारी के साथ हुआ, जो मेदिनीपाल की बहिन थी तथा जिसे गुलेर में बालोरी रानी के नाम से जाना जाता था। इस प्रकार गुलेर तथा बसोहली के राजपरिवार इन विवाह सम्बन्धों के कारण निकट आए और इसका सीधा प्रभाव गुलेर क़लम के चित्रों पर दिखाई दिया।

यह एक असंदिग्ध तथ्य है कि बसोहली के चित्रकार मुग़ल शैली से भिज्ञ थे। आरम्भिक बसोहली के लघुचित्र बड़े प्रसिद्ध हैं तथा उन्हें आसानी से पहचाना जा सकता है। मानव आकृतियां लम्बी और दुबली हैं तथा सिर अण्डाकार हैं। आंखें काफी लम्बी है तथा सुघढ़ हैं। आंखों का यह अनोखा अंकन बसोहली शैली की अपनी विशेषता है। ओजपूर्ण चेहरा तथा उन्नत ललाट बसोहली की आकृतियों में दिखाई देते हैं। बसोहली की नारी तंग पायजामा तथा लम्बा दुपट्टा ओढ़ती है। बसोहली के चित्रकार ने वहाँ के स्थापत्य को भी बड़े मनोहारी रूप में चित्रित किया है। बसोहली के चित्रों में सघन वन तथा हरे-भरे निकुंज भी दिखाई देते हैं। पशु, जीवंत रूप में उरेहे गए हैं। चमकीला लाल, पीला तथा नीला रंग चित्रकारों के द्वारा उपयोग में लाया गया है।

बाद के काल में एक नए प्रकार की नारी आकृति का चित्रण बसोहली शैली में दिखाई देता है। यह आकृति बड़ी सुकोमल है। पूर्व की अपेक्षा इस नारी आकृति की आंखें अपेक्षाकृत संकरी हैं तथा बंकिम ओंठ हल्के स्मित का आभास देते हैं। ये आकृतियां बड़ी आनुपातिक हैं पहाड़ी शैलियों के संदर्भ में यह कभी-कभी यह जान पाना बहुत कठिन होता है कि गुलेर तथा मण्डी या बसोहली तथा मण्डी या बसोहली तथा नूरपुर के चित्रों की विशेषताओं की अलग-अलग पहचान कैसे हो सके? इसका मुख्य कारण यह है कि जो चित्रकार जिस रियासत में गए, उन्होंने वहाँ कार्य किया। डॉ. एम.एस. रंधावा ने इस सम्बन्ध बहुत शोध किए। उन्होंने बड़ी बारीकी के साथ बसोहली की टाकरी लिपि का अध्ययन किया तथा उसकी तुलना विभिन्न पहाड़ी शैलियों के लक्षणों से की।

बसोहली शैली की विशिष्टता उसका नुकीलापन तथा रंग संयोजन, पहनावा व विशेष प्रकार से चित्रित चौड़ी, लंबी आंखें हैं जिनके आधार पर इसके चित्रों को पृथक से पहचाना जा सकता है। बसोहली शैली के विषय भी परम्परागत विषय जैसे कृष्ण-लीला, नायक-नायिका भेद व राम लीला इत्यादि हैं। सन् 1730 में गीत गोविन्द भी चित्रित किया गया। इस शैली में भागवतपुराण भी चित्रित किया गया। बसोहली के राजाओं के व्यक्तिचित्र भी चित्रित किए गए।

बसोहली चितेरे ने नवयौवनाएँ, उपपत्नियां, दरबारी, नौकर, ज्योतिषि, संत, सैनिक, पंडित, किसान व शिकारी भी चित्रित किए। बसोहली शैली के चित्रों में वहाँ लोकजीवन की झलक दिखाई देती है। ये चित्र भारतीय

मध्यकालीन चित्रकला की परम्परा की अनमोल धरोहर हैं तथा उन चितेरों के निष्णात कौशल का प्रतिनिधित्व करते हैं, जिन्हें उनके कलाप्रेमी शासकों का संरक्षण मिला।

बसोहली के बाद पहाड़ी शैलियों की सर्वश्रेष्ठ शैली कांगड़ा है। डॉ. रंधावा के अनुसार दूसरी शताब्दी पूर्व अजन्ता की गुफाओं में जो चित्र शैली जन्मी तथा फारसी तत्वों से प्रभावित मुग़ल चित्रशैली में जिसने विकास पाया, वह अन्ततः कांगड़ा की वादियों में अपने उत्कृष्टतम रूप में प्रस्फुटित हो सकी। वहाँ इस शैली ने सौन्दर्य के उत्कर्ष को छुआ और उन्नीसवीं शताब्दी में इसका अन्त हो गया।

कांगड़ा शैली का जन्म गुलेर क़लम से हुआ। गुलेर, कांगड़ा और नूरपुर जैसे छोटे राज्यों के बीच बसा हुआ राज्य है। गुलेर वास्तव में ग्वाला का अपभ्रंश है। एक ग्वाले ने इस स्थान की खोज की थी इस राज्य की स्थापना राजा हरिचन्द ने ई. सन् 1405 में की थी। जब नादिर शाह ने उत्तरभारत पर आक्रमण कर सन् 1739 में देहली पर विजय प्राप्त की, तब यहाँ राजा दलीपसिंह (1694-1744) का शासन था।

दलीप सिंह के बाद उसके छोटे भाई गोवर्धनचंद ने शासन संभाला, जिसने सन् 1773 तक राज्य किया। वह एक महान कला संरक्षक था। उसके समय में अनेक शबीहें बनीं। उसका उत्तराधिकारी, उसका पुत्र प्रकाशचन्द हुआ। उसने भी इस परम्परा को निभाया तथा राजा हरिचंद ने एक क़िला इस स्थान पर बनाया तथा इसे हरिपुर नाम दिया। हरे-भरे वृक्षों से भरपूर इस क्षेत्र में यह क़िला वर्तमान में ध्वस्त हो चुका है, किन्तु यहाँ से बेनगंगा नदी और व्यास नदी के संगम को निहारा जा सकता है।

राजा गोवर्धनचन्द (1745-73) भी एक कलाप्रेमी शासक था। उसका विवाह बसोहली की राजकुमारी से हुआ था तथा उसकी स्वयं की बहिन का विवाह उसके साले से हुआ था। परिणाम यह हुआ कि गुलेर और बसोहली की शैलियां आपस में घुली-मिली। उसके पुत्र प्रकाशचन्द (1773-90) ने अपने पिता की परम्परा को जीवित रखा। गुलेर शैली का विशेष लक्षण वहाँ की पगड़ी है। कपड़े के एक टुकड़े को हेमलेट की तरह बांधा जाता है, जिसका अंकन बड़ी कुशलता के साथ चित्रकार ने किया है। सपाट पार्श्व भूमि, फूलों से लदी झाड़ियां, गोलाकार पहाड़ियां, ऊँची चट्टानें, जिनकी पृष्ठभूमि भूरी व लाल है, इस शैली की प्रमुख विशेषताएं हैं। गुलेर की नारी को बड़े स्वाभाविक रूप में चित्रित किया है। वह कांगड़ा की तरह आदर्श नारी भांति प्रतीत नहीं होती। उसकी भौंहें मोटी है तथा नाक अधिक लंबी नहीं है। उसके गाल गोल हैं। गुलेर के चित्रकारों ने वास्तविकता के निकट जाने की कोशिश की।

कांगड़ा शैली के चित्र मुख्यतः राजा संसारचंद (1775-1823) के नाम से जाने जाते हैं। राजा संसारचन्द कांगड़ा का प्रसिद्ध शासक था तथा गुलेर के राजा गोवर्धनचंद के समान ही अद्भुत प्रतिभाशाली था। उसका शासनकाल भारतीय लघुचित्रों की परम्परा में स्वर्णिम युग के रूप में प्रतिष्ठित है। उसने चित्रकारों, नृत्यांगनाओं, गायकों तथा कहानी कहने वालों को एकत्रित किया, जो कलाकार गुलेर के राजा प्रकाशचन्द के दरबार में रहने के इच्छुक नहीं थे, वे संसारचंद के पास तिरासुजानपुर आए। बसोहली तथा चंबा के चित्रकार भी उसके दरबार में आए। वे चितेरे, जिन्होंने मुग़ल शैली का अभ्यास किया था, पंजाब की पहाड़ियों में आए और उन्होंने कांगड़ा क़लम के चित्र बनाने आरम्भ किए। पंडित सेऊ के पुत्र मानक तथा नैनसुख प्रतिभाशाली चित्रकार थे जिन्होंने यहाँ कार्य किया मानक की तीन पीढ़ियों ने इन शैलियों में अंकन किये। हाल ही में डॉक्टर बी.एन. गोस्वामी ने नैनसुख पर एक शोधपूर्ण ग्रन्थ लिखा है जिसमें उसकी पीढ़ियों के कलाकारों की भी जानकारी दी है।

कांगड़ा में जो चित्र बने, उनमें पहले प्रकार के चित्र वे थे, जिनमें राजा संसारचंद के दरबार की गतिविधियां अंकित की गई थीं। उसे नदी के किनारे बैठे हुए, संगीत सुनते हुए, नृत्य निहारते हुए, त्यौहारों में भाग लेते हुए तथा तीरंदाजी करते हुए दर्शाया गया है। इस क़लम में भागवतपुराण, गीतगोविन्द, बिहारी सतसई, नलदमयन्ती कथा, बारामासा तथा रागमाला व महाभारत के प्रसंग चित्रित किए गए। इन चित्रणों के केन्द्र थे — तिरासुजानपुर, आलमपुर तथा नादोन।

इस शैली की सबसे बड़ी विशेषता सौन्दर्यपूर्ण प्राकृतिक अंकन है। इस शैली के लघुचित्रों को देखते ही प्राकृतिक सुषमा, आंखों के सामने सजीव हो उठती है। कांगड़ा की नारी के सौन्दर्य को भी चितेरे ने पूरी लयात्मक कोमलता के साथ चित्रित किया है, विशेष रूप से जब उसने राधा का अंकन किया है तो वर्णिकाभंग की स्थित को उसने अपने कौशल तथा प्रतिभा के माध्यम से छू लिया है। कांगड़ा शैली के पुरूषों का अंकन भी आनुपातिक है। पशु तथा पक्षी, हरी भरी पहाड़ियां, सुन्दर चट्टानें, नीला आकाश और हरे-भरे वृक्ष देखकर ऐसा लगता है जैसे हम किसी दूसरी सृष्टि में पहुँच गए हों। चितेरे ने पीले, नारंगी, हरे, गुलाबी, भूरे तथा सफेद रंगों का प्रयोग किया है। चित्रों के आसपास की किनारी अलंकृत भी हैं तथा सीधी भी। चित्रकार ने गहरे नीले व सुनहरे रंगों का सुन्दर सम्मिश्रण किया है। छोटे से छोटे उपादान की बारीकी देखते ही बनती है। वृक्ष की डालियों पर लगे पत्ते और फूलों की उन पांखुरियों को गिना जा सकता है, जिनसे कृष्ण, राधा की वेणी गूँथते हैं।

पहाड़ी शैलियों में एक अन्य प्रमुख केन्द्र चंबा रहा। यह चंपक का अपभ्रंश है। चम्बा मध्य हिमालय के बीच बसा हुआ है। चंबा कुछ समय तक कश्मीर के राजाओं के आधिपत्य में रहा तथा बाद में मुग़लों के आधिपत्य में आया। यह भी कहा जाता है कि चंबा नाम शालीवर्मन (920 ई.) की पुत्री चंपावती के नाम पर पड़ा। चंबा का राजमहल, जिसे रंगमहल के नाम से जाना जाता है, एक सुंदर महल है। इस महल की दीवारें, रामायण और भागवत के अंकनों से भरपूर हैं। राजसिंह (1714-1794) चंबा का एक महत्वपूर्ण शासक था तथा उसके संरक्षण में गुलेर व चंबा क़लमें काफी फली-फूली। 9 वर्ष की आयु में वह चंबा के राजसिंहासन पर बैठा। सन् 1782 में उसने बसोहली पर आधिपत्य कर लिया। उसका उत्तराधिकारी उसका पुत्र जीतसिंह हुआ। राजा राजसिंह के समय में निक्का नामक एक प्रख्यात चित्रकार चंबा से गुलेर आया। वह नैनसुख नामक चितेरे का पुत्र था। निक्का ने चंबा शैली में अनेक सुंदर चित्र बनाए।

चंबा के चित्रों के विषय भी पारंपरिक हैं। कृष्णलीला तथा आखेट दृश्य अंकित किए गए हैं। हरकू तथा छज्जू जो निक्का के पुत्र थे, उन्होंने राजा जीतसिंह (1794-1808) के समय में चित्रकला की परम्परा को चंबा में आगे बढ़ाया। नायिका-भेद तथा बारामासा की चित्रावलियां जीतसिंह के समय में चित्रित हुईं। जीतसिंह के बाद यह परम्परा प्राय: विलुप्त हो गई। चंबा शैली के अंकनों पर पहाड़ी की अन्य शैलियों तथा उपशैलियों का प्रभाव भी स्पष्ट दिखाई देता है।

चंबा की तरह मंडी भी लघुचित्रों के अंकनों का एक प्रमुख केन्द्र रहा। यह एक बड़ा राज्य था जो बिलासपुर, कांगड़ा तथा कुल्लू की रियासतों से घिरा हुआ था। ईस्वरी सेन (1788-1806) ने जब इस राज्य का शासन संभाला तब उसकी आयु केवल 4 वर्ष की थी। इस राज्य पर कांगड़ा के शासकों के द्वारा हमला किया गया तथा ईस्वरी सेन को कांगड़ा ले जाया गया जहाँ से उसे 20 वर्ष बाद छोड़ा गया। उसका विवाह राजा संसारचंद की भतीजी के साथ हुआ। कांगड़ा शैली का विकास उन्नीसवीं शताब्दी के आरम्भिक दशकों में मण्डी में हुआ। रामदयाल यहाँ का प्रसिद्ध चित्रकार था। मोहम्मदी, संजू तथा नरतम भी मण्डी के प्रसिद्ध चितेरे थे।

मण्डी शैली के चित्रों की विशेषता उनमें अंकित सुन्दर स्थापत्य है। इस शैली के विषय भी पारम्परिक हैं तथा कांगड़ा, चंबा और गुलेर शैलियों से यह शैली प्रभावित है।

उक्त शैलियों के अलावा जम्मू, कुल्लू, नुरपूर तथा बिलासपुर की शैलियां भी प्रसिद्ध हैं। नैनसुख ने जम्मू में कार्य किया था तथा उसके बनाए गए चित्र अनेक व्यक्तिगत संग्रहों तथा संग्रहालयो में हैं। धनुषाकार भौंहें जम्मू की नारी की अपनी विशेषता हैं। सोने का बहुलता से प्रयोग तथा अलंकरणों से भरपूर आकृतियां बाद की अवधि में दिखाई देती हैं। पशु और पक्षियों का चित्रण भी बहुत सुंदर हुआ है।

इसी तरह कुल्लू शैली भी अपने नैसर्गिक चित्रण के लिए प्रख्यात है। इस शैली ने बसोहली शैली की अनेक परम्पराओं का अनुगमन किया। इस शैली के विषय भी परम्परागत हैं। नुरपूर में एक प्रसिद्ध चित्रकार गोलू हुआ, जिसने उत्कृष्ट गुणवत्ता वाले अनेकों लघुचित्र बनाए। उसने भूरे रंग का विशेष प्रयोग किया तथा नारियों के मुख दूसरी पहाड़ी शैलियों के मुक़ाबले सुन्दर तथा दृढ़ बनाए। नुरपूर शैली की नारी की घुमावदार भौहें अप्रतिम हैं।

बिलासपुर की शैली भी अपने आप में बड़ी प्रसिद्ध रही। इस शैली ने भी परम्परागत विषयों के चित्रण की परम्परा का ही अनुगमन किया। लाल, नांरगी, सफेद, भूरे तथा हरे रंग बिलासपुर के चितेरे के प्रिय रंग हैं। इस शैली पर कांगड़ा शैली का प्रभाव बड़ा स्पष्ट दिखाई देता है।

पहाड़ी चित्रशैलियों में यद्यपि बसोहली तथा कांगड़ा की शैलियां प्रतिनिधि शैलियों के रूप में जानी जाती हैं किंतु पहाड़ में भी राजस्थान के छोटे ठिकाणों की तरह नहान जैसे छोटे स्थान पर भी चित्रांकन की परम्परा फली फूली।

विद्वानों के द्वारा गढ़वाल शैली को पहाड़ी शैली के अन्तर्गत ही मान्य किया गया है, किंतु गढ़वाल शैली की अपनी विशेषताएँ हैं। बैरिस्टर मुकुंदीलाल जिन्होंने इस शैली के चित्रों के संकलन और अध्ययन के लिए अपना जीवन समर्पित किया, उन्हें यह श्रेय जाता है कि उन्होंने इस शैली की पृथक पहचान स्थापित की। उन्होंने गढ़वाल शैली के प्रख्यात चित्रकार मोलाराम की प्रतिभा और कौशल से कलाजगत को परिचित कराया। बैरिस्टर मुकुंदीलाल के अनुसार श्यामदास तथा हरदास नाम के पिता और पुत्र राजा प्रथिपतशाह (1625-1660) के पास श्रीनगर आए जो गढ़वाल राज्य की राजधानी थी। वे शाहजहाँ की मुग़ल शैली के चित्रकार थे। उनकी चौथी पीढ़ी में मोलाराम (1743-1833) का जन्म हुआ, जो इस शैली का महानतम चित्रकार था। बैरिस्टर मुकुंदीलाल इस शैली को राजपूत शैली के रूप में मान्य करते हैं। मोलाराम एक कवि भी थे और इसलिए उन्होंने बिहारी सतसई के दोहों को बड़े कलात्मक ढंग से चित्रित किया। मोलाराम के चित्रों में मंदार वृक्ष का चित्रण सहज ही पाया जाता है।

गढ़वाल शैली के चित्रों में पत्रविहीन वृक्ष तथा झाड़ियां, पंखों की तरह के वृक्ष तथा झाड़ियां, जिनमें छोटे-छोटे कांटे उगे हुए हैं, वे दिखाई देते हैं। हल्के रंग गढ़वाल के चितेरे के प्रिय रंग हैं।

पहाड़ी लघुचित्रों की विभिन्न शैलियों का मुख्य विषय राधा तथा कृष्ण की लीला है तथा पहाड़ी चित्रकारों ने अपने कौशल को व्यक्त करने में व राधा व कृष्ण के शाश्वत प्रेम को चित्रों के माध्यम से अमर करने में कोई कसर नहीं छोड़ी है।

हिन्दूर एक छोटा सा पहाड़ी राज्य है जहाँ कालिदास के नाटक अभिज्ञान शाकुंतल के आधार पर निर्मित 53 चित्र मिले जो वतमान में राष्ट्रीय संग्रहालय नई दिल्ली में हैं। ये चित्र 1825-1830 की अवधि के हैं।

यह वह समय था जब कांगड़ा क़लम राजा संसारचंद के समय अपने उत्कर्ष को छू रही थी। राजा रामसरनसिंह, जो इस राज्य के शासक थे, वे बड़े कलाप्रेमी थे तथा उनके सम्बन्ध राजा संसारचंद के परिवार से थे। राजा रामसिंह की पुत्री का विवाह राजा संसारचंद के पौत्र राजा प्रमोदचंद के साथ हुआ था। इन सम्बन्धों का परिणाम यह हुआ कि हिन्दूर और कांगड़ा की शैलियों के चितेरों को यह अवसर मिला कि वे दोनों राज्यों में आते-जाते तथा दोनों राज्यों की चित्रकलाओं के लक्षणों का समन्वय करने का प्रयास करते। राजा प्रमोदचंद बाद में अरकी में स्थाई रूप से रहने लगे। अरकी भी चित्रांकन का केन्द्र रहा तथा वहाँ सुंदर अंकन हुए। राजा प्रमोदचंद की रूचि भी अपने दादा की तरह चित्रकला की ओर बहुत थी। यह बहुत संभव है कि कांगड़ा शैली के चित्रों की प्रसिद्धि, जो पूरे विश्व में थी, को देखते हुए राजा प्रमोदचंद अपने साथ कांगड़ा के एक या दो चित्रकारों को साथ लायें हों और कांगड़ा तथा हिन्दूर क़लमों के समन्वय से एक संश्लिष्ट शैली का जन्म हुआ हो। यह असंदिग्ध रूप से नहीं कहा जा सकता कि क्या राजा प्रमोदचंद के समय में शकुन्तला के इन चित्रों की श्रृंखला तैयार हुई अथवा नहीं, किंतु यह तथ्य सिद्ध होता है कि इन दोनों क़लमों का विलय हुआ और जिसकी परिणति इस अप्रतिम श्रृंखला के निर्माण में हुई।

इन चित्रों का बारीकी से परिक्षण करने पर यह ज्ञात होता है कि इनमें नैसर्गिक शोभा को सूक्ष्मतापूर्वक चित्रित किया गया है। चारों ओर हरियाली ही हरियाली दीख पड़ती है। पारम्परिक पहाड़ी लक्षण इन चित्रों में विद्यमान हैं तथा रंग संयोजन अद्भुत है। पत्तियों और पत्थरों के चित्रांकन विलक्षण हैं।

सिक्ख क़लम की अपनी अलग पहचान भारतीय लघुचित्र परम्परा में रही।

सिक्ख क़लम विभिन्न पहाड़ी क़लमों से प्रभावित है तथा यह प्रभाव बड़ा स्पष्ट दिखाई पड़ता है। लाहौर के इमाम बख्श नामक चित्रकार का नाम इस शैली के संदर्भ में प्रमुखता से लिया जाता है। इस शैली का विकास महाराजा रणजीतसिंह के समय में विशेष रूप से हुआ। लघुचित्रों, हाथी दांत पर बनाए गए चित्रों तथा भित्तिचित्रों के रूप में यह शैली विकसित हुई। सिक्ख पंथ के संस्थापक गुरु नानक के व्यक्तिचित्र पूरे आस्थाभाव के साथ बनाए गए। इसी तरह गुरु अमरदास, गुरु रामदास, गुरु अरविन्ददेव गुरु हरगोविन्द, गुरु हरराय, गुरु तेगबहादुर, गुरु गोविन्दसिंह तथा गुरु हरिकिशन को भी चितेरों ने बड़े कौशल के साथ चित्रित किया। घोड़े पर सवार और अपने हाथ पर बाज बिठाए गुरु गोविन्दसिंह का व्यक्तिचित्र बड़ा लोकप्रिय है। इसी प्रकार पंज प्यारों के साथ गुरु गोविन्दसिंह का चित्रण भी इस क़लम में बहुलता से हुआ है। अन्य हिन्दू देवी-देवताओं के साथ गुरु नानक के चित्र बनाए गए। महाराजा रणजीतसिंह तथा पटियाला के शासकों के व्यक्तिचित्र भी बहुतायत से बने। प्रेम प्रसंगों के चित्र भी इस क़लम में मौजूद हैं। शासकों के द्वारा देखे जाने वाले नृत्य दृश्य तथा भांगड़ा नृत्य का चित्रण भी इस क़लम में बहुत हुआ। कृष्ण लीला तथा राग-रागनियों के चित्र भी सिक्ख क़लम में बनाए गए। ये चित्र कांगड़ा क़लम से प्रभावित हैं। सिक्ख क़लम के विषय विविध हैं तथा यह उस भारतीय धरोहर का प्रतिनिधित्व करती है, जिसकी उदार सामासिक दृष्टि रही।

बंगाल भारतीय प्रतिभा का अन्तर्राष्ट्रीय स्तर पर प्रतिनिधित्व करने वाला राज्य है। यह प्रतिनिधित्व संगीत तथा काव्य में विशेष रूप से हुआ। जहाँ तक भारतीय लघुचित्रों का सम्बन्ध है, बंगाल के पटचित्र विश्व प्रसिद्ध हैं।

बंगाल में कालीघाट चित्रांकनों का प्रमुख केन्द्र रहा है। बंगाल में अन्य हिन्दू देवी-देवताओं की तुलना में देवी पूजा अत्यधिक महत्वपूर्ण रही है, किंतु कालीघाट शैली के चित्रकारों ने कृष्ण-लीला के प्रसंगों को अपने चित्रांकन का विषय बनाया। कालीघाट शैली की कहानी वहाँ की लोककला के रूपांतरण का प्रतीक है, जिसने जनसामान्य में लोकप्रियता प्राप्त की तथा यह शैली उस आभिजात्य बंगाल क़लम से भिन्न है, जिसके कलाकारों ने कोलकाता में चित्र बनाए। कोलकाता के जो चित्रकार कालीघाट आए, उन्होंने अपने स्तर पर प्रयोग किए। उन्नीसवीं शताब्दी में ब्रिटिश प्रभाव के कारण इस शैली में परिवर्तन हुए तथा पुनरूत्थान की लहर का प्रभाव भी व्यापक रूप से पड़ा, जिसके कारण मुग़ल प्रभाव तिरोहित हो गया। एक नई तकनीक जिसमें यांत्रिकता प्रमुख थी, वह अपनाई जाने लगी।

कालीघाट शैली के चित्रकार ने देवी, राम, रामलीला, कृष्णलीला तथा विभिन्न अवतारों को चित्रित किया है। उन्होंने शिव को उनके परम्परागत रूप में तथा कृष्ण के वेणु वादन पर मोहित होती हुई राधा के सुन्दर चित्रांकन उरेहे हैं।

कच्छ शब्द 'कच्छप' अथवा कछुए से बना है। कच्छ शब्द संस्कृत का है, जिसका अर्थ एक ऐसी समतल भूमि, जो जल पर अवस्थित है। कच्छप का अर्थ कछुआ होता है। महाभारत में इसका उल्लेख है। यहाँ के बसने वाले लोग आभीर हुआ करते थे। कच्छ का रण एकाकी रूप से बसा हुआ है। यह समुद्र तट पर कछुए के आकार में उभरा हुआ है। इसीलिए इसका नाम कच्छ हुआ। चित्रांकन की परम्परा यहाँ अठाहरवीं शताब्दी से मिलती है।

अठारहवीं शताब्दी के प्रमुख राजपूत शासक लखपतजी थे, जिनका शासनकाल बड़ा महत्वपूर्ण माना जाता है। यह सूचना भी मिलती है कि राव भारमल (1585-1631 ईस्वी) के सम्बन्ध मुग़ल चित्रकारों से थे, जिन्होंने चित्र बनाए। राव देसाजी प्रथम (1718-41 ईस्वी) के समय कच्छ में किए गए चित्रांकनों का विवरण मिलता है। कच्छ का सम्बन्ध राजस्थान से रहा तथा राजस्थान की शैलियों ने कच्छ की शैली को प्रभावित किया। कच्छ का विशेष अन्तरंग सम्बन्ध मेवाड़ तथा जोधपुर से भी रहा। कच्छ में जोधपुर के राजकुमारों तथा सरदारों के व्यक्तिचित्र मिलते हैं। कच्छ की चित्रांकन परम्परा में विभिन्न राजाओं की शबीहें, दरबारी दृश्य, जुलूस, नवयौवनाएं, अंग्रेज़ व नौकायन के दृश्य चित्रित किए गए। भव्य प्रासादों के दृश्य भी कच्छ में बने। समुद्र के तट पर बसा होने के कारण समुद्र के दृश्य भी कच्छ के चित्रकारों ने चित्रित किए। कच्छ की चित्रकला में रेखाओं के अनुपात, चमकीलें रंगों का प्रयोग तथा संतुलित मानवाकृतियां दिखाई देती हैं। कच्छ क़लम के चित्र असाधारण रूप से बड़े हैं विशेष रूप से दरबार तथा जुलूस के चित्र। कच्छ की चित्रकला में पक्षियों की उपस्थिति विशेष रूप से आकृष्ट करती है। ये पक्षी बाद के काल में चित्रित किए गए। अनेक अंचलों में भी लघुचित्रों की परम्परा फली फूली

जैसा कि पूर्व विवरण में उल्लेख है, औरंगज़ेब के समय में मुग़ल शैली प्रायः समाप्त हो गई, किंतु चित्रांकन की परम्परा प्रवहमान रही। मुग़ल राजदरबार के चितेरे देहली से विभिन्न स्थानों की ओर चले गए तथा इन स्थानों को उन्होंने चित्रकला का केन्द्र बनाया। मुर्शिदाबाद, लखनऊ तथा हैदराबाद ऐसे ही केंद्र थे। स्वर्गीय रायकृष्णदास के अनुसार मुग़ल शैली के जीवन का अंत 1860 में हो गया। उन्नीसवीं शताब्दी के बाद के दशकों

में एक पुनरूत्थान की लहर दिखाई पड़ती है और समन्वय का एक नया स्वरूप उभरता है, जिसकी परिणति कंपनी शैली या पटना क़लम में मानी जाती है। स्वर्गीय रायकृष्णदास इस नामकरण को उचित नहीं मानते, क्योंकि इस शैली का क्षेत्र सीमित नहीं था। बंगाल से पंजाब तथा महाराष्ट्र तक इसका प्रभाव था। यहाँ तक कि सिंध तथा नेपाल में भी इस शैली के चित्र पाए जाते हैं। यह शैली ब्रिटिश प्रभाव से प्रभावित थी तथा इसमें व्यक्तिचित्र बहुत बने। इस शैली के चित्र लाहौर, देहली, लखनऊ, बनारस, मुर्शिदाबाद, नेपाल, पूना, सतारा तथा तन्जौर तक में बने।

बनारस के महाराजा ईश्वरीनारायण सिंह (1835-1889 ई.) बड़े कलाप्रेमी शासक थे। उनके दरबार में लालचंद तथा गोपालचंद नामक दो महान कलाकार थे। बनारस में ही दल्लूलाल नामक एक उस्ताद चित्रकार थे। स्व. रायकृष्णदास ने इन चितेरों के द्वारा बनाए गए बनारस के महाराजा के व्यक्तिचित्रों की प्रशंसा की है। इन चित्रकारों ने वहाँ के तत्कालीन जनजीवन का भी चित्रण किया है। स्वर्गीय रायकृष्णदास ने उस्ताद रामप्रसाद को मुग़ल शैली का अन्तिम प्रतिनिधि माना है। कई कलाविदों के द्वारा यह अनुमान भी लगाया गया है कि बनारस अठाहरवीं शताब्दी में चित्रकला का केन्द्र रहा होगा। बनारस के कलाकारों के पास चित्रकला की विरासत थी तथा कुछ पुराने चित्रों के सम्बन्ध में अनुमान है कि वे बनारस में बनाए गए होंगे, क्योंकि उनकी विशेषताएँ बनारस में बनाए गए चित्रों से साम्य रखती हैं। ये चित्र कम्पनी शैली के चित्रों से भिन्न हैं। कम्पनी क़लम की तकनीक बनारस में विकसित हुई, किन्तु वह परम्परागत तकनीक से भिन्न है। इस शैली में तूलिका की बजाए पैंसिल से आकृतियां बनाई गईं। बनारस के पुराने चित्रकार विशेष प्रकार का कोयला रेखाओं को खींचने में प्रयुक्त करते थे। उन्होंने गाढ़े जलरंगों का प्रयोग किया। लाल, हरा, पीला, सफेद, भूरा, काला तथा नीला रंग उन्होंने उपयोग में लिया। चित्रांकन का एक बड़ा माध्यम काली स्याही भी रही। बनारस कला भवन की वीथिका में उस कम्पनी शैली के कई चित्र देखने को मिलते हैं, जो बनारस में बने। उस्ताद शारदा प्रसाद जो उस्ताद रामप्रसाद के पुत्र थे, उन्होने भी इस शैली में चित्र बनाए। उनके पुत्र अभी भी जीवित हे हैं तथा वे अपना परम्परागत कार्य कर रहे हैं।

रायकृष्णदास के अनुसार ई.बी.हैवल ने अवनीन्द्रनाथ ठाकुर को प्रेरित किया तथा इस प्रेरणा के फलस्वरूप ठाकुर शैली जन्मी। ठाकुर शैली ने अजन्ता की रेखा को अपने आप में जहाँ एक ओर आत्मसात किया, वहीं दूसरी ओर मुग़ल, पहाड़ी तथा राजपूत शैलियों के तत्व भी इस शैली में समाविष्ट हुए। अपने आरम्भिक काल में इस शैली ने परम्परागत विषयों का उपयोग चित्रांकन के लिए किया, किंतु बाद की अवधि में इसका फलक विस्तीर्ण हुआ। गगनेन्द्र ठाकुर तथा रवीन्द्रनाथ ठाकुर ने इस शैली में सुंदर अंकन किए। रवीन्द्रनाथ ठाकुर के द्वारा बनाए गए चित्रों पर काव्यात्मक प्रभाव दिखाई देता है। अवनीन्द्रनाथ के प्रमुख शिष्य नंदलाल बोस थे, जिनके चित्र शांति निकेतन में प्रदर्शित हैं तथा जिनकी अपनी विशिष्टताएँ हैं। यह परम्परा आगे बढ़ी तथा शैलेन्द्र डे, असिल हालदार, यामिनी रॉय, सुधीर खास्तगीर, देवी प्रसाद राय चौधुरी, पुलिन बिहारी दत्त, के. वैकटप्पा, हकीम मोहम्मद तथा शारदाचरण उकील जैसे चित्रकारों ने इस शैली को विस्तृत फलक दिया। इन कलाकारों ने अपने केन्द्र खोले। समनेन्द्रनाथ गुप्त ने पंजाब में, के. वैंकटप्पा ने मैसूर में, देवीप्रसाद राय चौधुरी, शारदाचरण उकील, शैलेन्द्र डे, असिल हालदार तथा पुलिन बिहारी दत्त ने मद्रास, देहली, राजस्थान, लखनऊ तथा मुम्बई में केन्द्र खोले। बंगाल की इस नई शैली को यामिनी रॉय ने नए आयाम दिए। यामिनी रॉय तथा अमृता

शेरगिल ने अपने समय में भारतीय परम्परा के विषयों पर सुन्दर तथा विश्वप्रसिद्ध चित्र बनाए।

राजा रविवर्मा के व्यक्तिचित्र विश्व प्रसिद्ध हैं। उन्होंने अलाग्री नायडू से चित्रकला की शिक्षा ली। उनका मुख्य कार्य तैलचित्रों का है तथा अत्यंत उच्च कोटि का है। यद्यपि डॉ. आनन्दकुमार स्वामी ने उनके द्वारा बनाए गए चित्रों में दर्शित नाटकीय तत्व की आलोचना की है, किंतु इस आलोचना के बावजूद यह असंदिग्ध रूप से कहा जा सकता है कि राजा रविवर्मा की प्रतिभा ने भारतीय चित्रकला को अपना अमर योगदान दिया। राजा रविवर्मा की शकुन्तला विश्वप्रसिद्ध है। यह तथ्य सही है कि राजा रविवर्मा की परम्परा आगे विकसित नहीं हो सकी, किंतु उनका स्वयं का व्यक्तिगत योगदान अप्रतिम है।

भारतीय कला ने अपनी सांस्कृतिक जीवंतता को सभी माध्यमों के द्वारा व्यक्त किया और उसका यह शाश्वत संदेश पूरे विश्व में गूंज गया। इस संदर्भ में फ्रान्सिस बूरनल ने बहुत सही कहा है कि, अपनी असंख्य कलात्मक अभिव्यक्तियों के माध्यम से भारतीय कला ने एक ऐसा शाश्वत संदेश विश्व को दिया है, जो कभी हल्के से गूंजता है तो कभी उसकी जगमगाहट युगों के बीच कौंध जाती है।

जहाँ तक समकालीन चित्रांकन परिदृश्य का प्रश्न है, इसकी अपनी विशिष्टताएँ हैं तथा इसका विश्लेषण इसलिए प्रासंगिक नहीं है, क्योंकि भारतीय लघुचित्र परम्परा की दृष्टि से समकालीन कलाकारों के द्वारा बनाए गए चित्रों का स्वभाव भिन्न है।

रूपायन की यह यात्रा भारतीय चित्रकला के इतिहास का एक ऐसा अध्याय है, जिसके हर अक्षर-अक्षर में हमारे सनातन मूल्यों की महक बसी है। भारतीय इतिहास का आंगन कभी सूना नहीं रहेगा, क्योंकि उसके हर कोने में मध्यकालीन चित्रकला के वे उन्नत और सदाबहार वृक्ष स्थापित हैं, जिनकी जड़ों को कभी कहीं भी विस्थापित नहीं होना है।

शैलचित्र, भित्तिचित्र, लोकचित्र व लघुचित्र परम्परा: बुन्देलखण्ड के परिप्रेक्ष्य में

मध्यप्रदेश में चित्रांकन की कहानी शैलचित्रों से आरम्भ होती है। मध्यप्रदेश में प्रागैतिहासिक शैलचित्र सर्वाधिक संख्या में पाए गए हैं। शिक़ार, शहद एकत्र करना, शस्त्रों के साथ परस्पर संघर्ष तथा सांभर, बाघ, वराह, मगर आदि के चित्रण के साथ-साथ आमोद-प्रमोद के क्षणों को भी चित्रित किया गया है। एक भावपूर्ण चित्र में गाय के गर्भिणी होने का भाव चित्रित किया गया है जिसमें उसके पेट को खुला छोड़कर अजन्मे बछड़े का चित्र बनाया गया है। डॉ. वाकणकर ने इन चित्रों का कालक्रम निश्चित करने में परतों, रंगों तथा शैली को आधार बनाया है जिसके कारण शैलचित्रों का काल कार्बन 14 पद्धति के अनुसार 25000 वर्ष पूर्व बढ़ गया।

इनमें सर्वाधिक शैलचित्र रायसेन तथा आसपास के जिलों में मिले। भीमबैठका, भोजपुर, भोपाल, बुधनी, पान गुराड़िया, तालपुरा, होशंगाबाद, रायसेन, सांची, नागौरी, विदिशा, हाथीटोल, खरवई, पनगांव तथा हाल ही में मिले शंकरगढ़ के शैलचित्र विशेष उल्लेखनीय हैं।

भीमबैठका क्षेत्र में आदिमानव का निवास लगभग 6 से 8 लाख वर्ष पूर्व माना गया है लेकिन शैलचित्रों का निर्माण उत्तर अथवा मध्य पाषाण काल अर्थात लगभग 10 हज़ार वर्ष पूर्व का माना जाता है। यहाँ 500 से अधिक ऐसे शैलाश्रय हैं जिनमें ये चित्र बने हैं। इनके बनाने में लाल, सफेद तथा हरे रंग का प्रयोग किया गया है। लाल रंग, गेरु तथा हेमेटाइट पत्थर से भी ये चित्र बनाए गए हैं। भीमबैठका के खोजकर्ता प्रख्यात इतिहासविद् डॉ. विष्णु श्रीधर वाकणकर के अनुसार इन शैलचित्रों का निर्माण स्त्रियों द्वारा किया गया होगा क्योंकि इनमें स्त्रियों के चित्र बहुत कम हैं। आज भी स्त्रियां ही ग्रामों में चित्रों व आकल्पनों से अपने घरों की दीवारों को सजाती हैं।

भीमबैठका के प्रागैतिहासिक काल के चित्र अत्यंत महत्वपूर्ण हैं। इन चित्रों की विशेषता यह है कि ये कालक्रमानुसार हैं तथा प्रागैतिहासिक काल से लगभग 300 ईस्वी तक के मानव के विकास की अविरल कहानी कहते हैं।

भीमबैठका के इन शैलचित्रों में शिक़ार के चित्र सर्वाधिक हैं। लाखा ज्वार समूह, जो भीमबैठका के समान महत्वपूर्ण है में इस विषय के चित्र सर्वाधिक हैं। गाय, भैंस, बैल, मोर तथा गेंडे जैसे जानवरों को शिक़ार करते प्रदर्शित किया गया है। मध्याश्म युग का चित्र मोर का शिक़ार सबसे प्रसिद्ध चित्र है जिसमें एक शिक़ारी वृक्ष पर बैठे मोर का धनुष-बाण से शिक़ार करते हुए दर्शाया गया है। एक और दृश्य में सींगों का मुकुट पहने शिक़ारी शिक़ार कर रहा है। सामूहिक शिक़ार तथा शिक़ार में कुत्तों के उपयोग किए जाने के दृश्य भी यहाँ चित्रित

हैं। शैलाश्रय के एक चित्र में भैंसे को मारने के लिए उसे शिकारियों द्वारा घेरा जाना चित्रित किया गया है। एक दूसरे चित्र में एक धनुर्धारी जंगली जानवर को मार रहा है जिसे शिक़ारी कुत्ते पीछे से खदेड़ रहे हैं।

बाद के ऐतिहासिक चित्रों में युद्ध दृश्य है जिनमें हाथियों और घोड़ों पर सवार योद्धागण युद्ध कर रहे हैं। दो समूहों में पैदल सेना एक-दूसरे के सामने खड़े होकर युद्ध कर रही है। एक समूह ऐसा है जिसमें हाथी की पीठ पर महावत बैठा है तथा योद्धा के हाथ में वज्र तथा भाला है। इनके पीछे घुड़सवार भी हैं जिनके हाथों में ढाल, तलवार, धनुष तथा भाले जैसे चित्र बनाए गए हैं। ये चित्र हल्के रंग के बने हैं। एक शैलाश्रय ऐसा है जिसमें जंगली जानवर ही हैं, इसे डॉ. वाकणकर ज़ू शैलाश्रय कहते हैं। इसमें कुषाण कालीन शैली में चित्रित लाल रंग के घुड़सवार घुटने तक जूते पहने तथा हाथ में ढाल-तलवार लिए दिखाए गए हैं। गुप्तकालीन एक चित्र में अश्वमेघ यज्ञ के अश्व को ले जाते हुए दिखाया गया है साथ ही पास में ऐरावत हाथी को भी चित्रित किया गया है। एक चित्र में युद्ध के लिए तत्पर दोनों ओर के राजा सेना के साथ चित्रित किए गए हैं। एक अंकन ऐसा जिसमें घुड़सवार चित्रित किए गए हैं। एक अंकन नृत्य का है जिसका अभिज्ञान हल्लीसक नृत्य के रूप में किया जाता है।

भीमबैठका में हाथी, घोड़े और भैंसे जैसे पशुओं तथा मोर व मछली को भी चित्रित किया गया है। यहाँ व्यक्तिचित्र भी बनाए गए हैं। एक व्यक्ति को मधुमक्खी का छत्ता तोड़ते हुए चित्रित किया गया है। यहाँ धार्मिक चित्र भी हैं। इनमें गणेश सहित चार भुजाओं वाले शिव को भी चित्रित किया गया है। पशु व मानव के समन्वित शरीर वाले अंकन भी यहाँ हैं। इनके अतिरिक्त फूलदान, चक्र व कमल पुष्प आदि भी चित्रित किए गए हैं।

भीमबैठका के अतिरिक्त रायसेन, नरवर, मोहम्मदपुर, खखाई, भोपाल, पांवगवां, चिकलोद, अमरगढ़, जावरा, कथोडिया, फिरंगी, महादेव तथा अन्य स्थलों की खोज में पाया गया कि इन स्थलों के सबसे प्राचीन चित्रों के लिए हरे रंग तथा कहीं-कहीं लाल मिट्टी का उपयोग किया गया है। हरे रंग की उपलब्धता उत्तर-पाषाण युग की बस्तियों में पाई गई है।

रीवा के सीतापुर पहाड़ी क्षेत्र के गुवानाला स्थान पर उत्तर-पाषाणकाल (मैसोलिथिक) की चित्रित गुफाएं मिली हैं।

ग्वालियर क्षेत्र के शैलाश्रयों में ग्वालियर-शिवपुरी राष्ट्रीय मार्ग पर मोहना के पास 'टिकलामाता' पहाड़ी पर शैलचित्र मिले हैं। होशंगाबाद जिले में सतपुड़ा की पहाड़ियों के बीच अनेक शैलाश्रय मिले हैं। अभी तक ऐसे तेईस चित्रालय खोजे गए हैं।

शिक़ार के सम्बन्ध में सुन्दर और उल्लेखनीय चित्र-सामग्री पचमढ़ी से प्राप्त हुई है। ये चित्र, वहाँ के प्रसिद्ध महादेव पर्वत के चारों ओर के स्थानों से प्राप्त हुई है।

मंदसौर के पास भानपुरा के निकट शैलाश्रयों में बड़ी संख्या में शैलचित्र पाए गए हैं। इन शैलचित्रों के बनाने में हेमेटाईट पत्थर, गेरु व खड़िया का प्रयोग किया गया है। भानपुरा क्षेत्र के प्रागैतिहासिक युग के शैलचित्र 25 हज़ार वर्ष पूर्व से 1 हज़ार वर्ष ईसा पूर्व तक अलग-अलग समय में बनाए गए हैं।

हाल ही में मध्यप्रदेश के माधव राष्ट्रीय उद्यान शिवपुरी क्षेत्र में 'चुड़ैल छाज' नामक स्थान पर प्रागैतिहासिक युग के महत्वपूर्ण शैलचित्रों के उदाहरण प्राप्त हुए हैं साथ ही लगभग सात पंक्तियों में लिखी गई चित्रमय लिपि प्रकाश में आई है। इस प्रकार मध्यप्रदेश के विभिन्न अंचलों में बड़ी संख्या में शैलाश्रय मिले हैं

जिनमें अंकित चित्र इस तथ्य की पुष्टि करते हैं कि मध्यप्रदेश के इन क्षेत्रों में प्रागैतिहासिक युग से ईसा की आरम्भिक सदियों तक मानव ने यहाँ निवास कर विभिन्न विषयों को केन्द्र में रखते हुए सुंदर अंकन किए।

बुन्देलखण्ड के शैलचित्र

जहाँ तक बुन्देलखण्ड का प्रशन है इस क्षेत्र में अनेक शैलाश्रय मिले हैं जिनमें शैलचित्र अंकित हैं। इनमें बांदा जिले के मडफा तथा मझावन नामक स्थानों से शैलाश्रय चित्र प्राप्त हुए हैं। इनके अलावा सरहट, मलवा तथा कुरियागढ़ में ऐसे चित्र मिले हैं। इन चित्रों में अश्वारोही हैं, बैलगाड़ी हैं तथा विभिन्न पशु हैं। मानिकपुर के पास उल्दन गांव में तथा छतरपुर जिले में देवरा की गुफाओं में भी चित्र मिले हैं। पन्ना में इटवा ग्राम व उससे लगे हुए विभिन्न स्थानों में तथा पन्ना टाइगर रिज़र्व में भी शैलचित्र मिले हैं। पन्ना के पास सरस्वती कुंड में आखेट के चित्र मिलते हैं। छतरपुर व टीकमगढ़ जिलों के निकट जटाशंकर में शैलचित्रों की श्रृंखला मिली है तथा इनके अलावा चन्देरी के निकट उर्वशी नदी के किनारे नानुआन नामक स्थान पर भी शैलचित्र मिले हैं।

सागर के पास आबचंद तथा नरयावली में भी अनेक शिलाचित्र मिले हैं। सागर जिले के शैलगृहीन चित्रकला स्थलों में नरियावली क्षेत्र के चैत्र शैलाश्रय प्रमुख हैं जिनमें गढ़ौली-मौलाली क्षेत्र के शैलाश्रय, खानपुर क्षेत्र के शैलाश्रय, जैरई क्षेत्र के शैलाश्रय, नरियावली मुख्य क्षेत्र के शैलाश्रय तथा भापेल क्षेत्र के शैलाश्रय प्रमुख हैं। इनमें सागर से खुरई जाने वाली सड़क पर गढ़ौली-मौलाली क्षेत्र के शैलाश्रय हैं। इनमें से एक शैलाश्रय में पीले रंग से मयूर चित्रित है। यहाँ के एक शैलाश्रय में मानव आकृतियों ने मुखौटे पहन रखे हैं तथा उनके हाथ में भाला है। एक अन्य शैलाश्रय में लाल रंग से हरिण चित्रित किए गए हैं तथा एक वृत्त में वृक्ष तथा मानव भी प्रदर्शित हैं। कुछ मानव आकृतियां लेटी हुई हैं जिनके सम्बन्ध में यह कहा जाता है कि शैली की दृष्टि से ये मध्य पाषाण काल के अंकन हैं तथा इस दृश्य में शव दफनाने को चित्रित किया गया है। एक शैलाश्रय ऐसा है जहाँ जंगली सुअर, हरिण तथा बैल चित्रित किए गए हैं। एक शैलाश्रय में अश्वारोही भी अंकित है।

इसी मार्ग पर बेरखेड़ी ग्राम के निकट खानपुर के क्षेत्र के शैलाश्रय हैं जिनमें सफेद, लाल, पीले व गेरुए रंगों का प्रयोग कर ऐतिहासिककालीन ढाल व तलवार लिए योद्धा चित्रित किए गए हैं। इस गुफा को नाहर खोह के नाम से जाना जाता है। यहाँ हाथी, बैल तथा हरिण भी चित्रित किए गए हैं। बाघ को लाल तथा पीले रंग से संयुक्त रूप में बनाया गया है। इसी मार्ग पर जैरई क्षेत्र के शैलाश्रयों में लाल रंग से अलंकृत रेखाओं के माध्यम से एक मानव चित्रित है। शिक़ार दृश्य व भेड़िए भी चित्रित हैं। इस क्षेत्र के सम्बन्ध में विस्तार से हाल ही में शोध की गई है।

भोपाल क्षेत्र के शैलाश्रय सागर-भोपाल सड़क मार्ग पर हैं। यहाँ के शैलाश्रयों में मुख्यत: लाल रंग से चित्रांकन किए गए हैं। इनमें हाथ की छाप व बौद्धों द्वारा प्रयुक्त होने वाला नन्दी पद भी अंकित है। उल्लेखनीय है कि दमोह के सिलारी, रायसेन के सतकुंडा तथा उरदेन तथा बस्तर के मटनार आदि स्थानों पर भी ऐसी हस्तछाप मिली हैं। इस क्षेत्र के एक शैलाश्रय में अश्वारोही तथा हाथी पर सवार पांच व्यक्ति भी दिखाए गए हैं इनके अलावा बारहसिंघा व हरिण भी चित्रित हैं। आबचंद क्षेत्र के शैलाश्रय सागर-जबलपुर मार्ग पर हैं। ये अत्यंत महत्वपूर्ण हैं तथा इनमें चित्रांकन की विस्तृत परम्परा मिलती है। सफेद, लाल, गेरुए व गुलाबी रंगों से वन भैंसे, हरिण, बारहसिंघा, शिक़ार, नृत्य, वनोपज संग्रह व पशु चित्रित किए गए हैं। यहाँ हाथी भी अंकित हैं।

गहरे कत्थई लाल रंग के चित्रांकनों पर सफेद या गुलाबी रंग से सारस, हरिण और जंगली सुअर चित्रित किए गए हैं। मनुष्यों के समूह व योद्धा भी चित्रित हैं। गौड़-मढ़ैया के शैलाश्रयों के अंकन सागर-झांसी मार्ग पर हैं। यहाँ मोटी क़लम से तथा सफेद और लाल रंगों से ऐतिहासिक काल के घुड़सवार तथा हाथी सवार चित्रित किए गए हैं। बीला बांध क्षेत्र के शैलाश्रय सागर-छतरपुर मार्ग पर हैं। यहाँ समूह नृत्य, बारहसिंघा, बैल तथा शिक़ार आदि के दृश्य चित्रित किए गए हैं। रानगिर क्षेत्र के शैलाश्रय सागर-नरसिंहपुर मार्ग पर हैं। यहाँ भी हरिण, बैल, बारहसिंघा आदि चित्रित किए गए हैं व लाल तथा गेरुए रंग का प्रयोग किया गया है। पाथरी कोटा के शैलाश्रय सागर-छतरपुर मार्ग पर हैं। इनमें भी गेरुए रंगों का प्रयोग प्राय: किया गया है तथा हरिण व बारहसिंघे चित्रित किए गए हैं। एक सुंदर ऐतिहासिक रेखांकन मृदंग वादक का है। सागर से रहली जाने वाले मार्ग पर कड़ता ग्राम के निकट चित्रित शैलाश्रय हैं जहाँ विशेष रूप से हरिण आदि चित्रित किए गए हैं। इसी मार्ग पर पिपरई ग्राम के निकट शैलाश्रय हैं जिनमें लाल रंग से ऊंचे हाथी चित्रित किए गए हैं।

देवगढ़ (ललितपुर) के निकट बेतवा के किनारे भी चित्रित शिलाचित्र मिले हैं। इन चित्रों में प्राकृतिक रंगों का प्रयोग किया गया है। इन चित्रों के सम्बन्ध में विस्तार से सर्वेक्षण किया जाना शेष है।

इनमें से कुछ में युद्ध दृश्यों के अंकन हैं। इनमें घोड़ों पर सवार सरदारों के सिर के ऊपर छत्र चित्रित किए गए हैं। कई स्थानों पर विचित्र वेशभूषा वाली आकृतियां पाई गई हैं। सागर जिले के बरौदा गांव के समीप एक गुफा चित्र में ऐसे योद्धा को दर्शाया गया है जिसने ऊँची टोपी और लम्बा कोट पहना है। अनेक चित्रों में हाथी पर सवार लोग दर्शाए गए हैं।

सागर जिले के ही बरथावली नामक स्थान में एक रोचक गुफा-चित्र है, जिसमें नदी का खेल चित्रित किया गया है। इस चित्र में एक व्यक्ति का सिर नीचे और उसके पैर ऊपर किये हुए अंकित किए गए हैं। ये चित्र परवर्ती काल के हैं।

बुन्देलखण्ड में सागर के निकट सागर-गढ़ाकोटा मार्ग पर सुनार तथा गंधेरी नदी के संगम के पास आबचंद की गुफाओं में शैलचित्र हैं जो लाल तथा कत्थई रंगों में बनाए गए हैं। लकीरों के माध्यम से मानव, हरिण, मोर तथा शेरों की आकृतियों को उरेहा गया है। सागर-बीना मार्ग पर खानपुर की पहाड़ी गुफा में भी लाल और गेरू रंग के चित्र हैं।

बुन्देलखण्ड के विभिन्न स्थानों में सुर्ख रंग की चित्रकारी भी मिलती है। उसका रंग इतना पक्का है कि अब तक वह किसी प्रकार भूमि धूमिल नही हो पाया। इनमें मनुष्यों और घोड़ों के चित्र हैं। करबी तहसील के कल्याणपुर ग्राम में मानिकपुर के निकट सारहट के जंगल और कठौता में शाहगढ़ और देवरा के निकट (बिजावर) पिपरिया में सेहो घाटी की पहाड़ी में जो एक नाले से जुड़ी हुई है तथा फतहपुर (हटा-दमोह) में ऐसे लाल रंग से किए गए रेखांकन बहुलता में हैं। इन चित्रों में पशुओं को चित्रित किया गया है तथा आखेट करते हुए मानव भी चित्रित किए गए हैं। इन अंकनों को स्थानीय लोग पोरकादाता तथा पुतली का दाता नाम से पुकारते हैं।

उक्त के अतिरिक्त बांदा के मडफा, फतेहगंज, बरौधा, पाथर स्थानों के समूहों में शैलचित्र हैं। इनके अलावा मरकड़ी, सरहट, झंझावन, मलवाँ, बरगढ़, अमुवा, उल्दन व करियाकुंज में भी शैलाश्रय हैं। पन्ना (मध्यप्रदेश) में बराच के निकट पण्डवन लाल पुतरिया, इटवा ग्राम के समीप, मझपहरा टप कनिया, हाथीदौल, पुतरिहाऊ घाटी, कल्यानपुर, बिलाड़ी वृजपुर सहित पन्ना टाईगर रिज़र्व में भी शैलाश्रय मिले हैं। छतरपुर में

जटाशंकर व देवरा में चित्रित शैलाश्रय मिले हैं। दतिया के घराव, टीकमगढ़ के वीजोर-बाघाट, ललितपुर (उत्तरप्रदेश) के देवगढ़ के निकट बेतवा नदी घाटी में तथा नाबई ग्राम व मदनुर में भी शैलाश्रय मिले हैं।

इस अंकनों से यह स्पष्ट होता है कि बुन्देलखण्ड अंचल में शैलाश्रयों में निवास करने वाले मानव की अभिरुचि चित्रांकन की रही तथा उसने विभिन्न विषयों पर उस समय उपलब्ध उपकरणों व रंगों के माध्यम से इन शैलचित्रों का निर्माण किया।

बुन्देलखण्ड के लोक चित्रांकन

न केवल बुन्देलखण्ड अपितु समूचे भारत में वाक् परम्परा के माध्यम से हमारी कलात्मक निधि एक पीढ़ी से दूसरी पीढ़ी के बीच हस्तांतरित होती रही है। इसी वाक् परम्परा के माध्यम से भारत में व बुन्देलखण्ड क्षेत्र में भी अनेक मंत्र व इनके रेखांकन सदियों से प्रचलित रहे हैं। बुन्देलखण्ड में गुनियां, जादूगर व ओझा आदि एक स्थान विशेष को बांध देते हैं तथा यह कार्य वे लकड़ी से लकीर खींचकर तथा कहीं गोबर का उपयोग करके करते हैं। नाग पंचमी के समय सपेरों की कला का जब प्रदर्शन होता है तो वे भी अपनी सुरक्षा के लिए रेखा को अभिमंत्रित कर खींच लेते हैं। इसी तरह सांप के काटे हुए व्यक्ति को झाड़ने वाला गुनियां रेखा खींचकर उसे झाड़ा लगाता है।

बुन्देलखण्ड में चित्रों का आरम्भिक स्वरूप ज्यामितीय प्रकार का होता है तथा आड़ी, तिरछी, टूटी व पूरी रेखा के साथ-साथ बिन्दु, वृत्त, वर्ग, त्रिभुज, आयत व स्वस्तिक भी बनाए जाते हैं। विद्वानों का मानना है कि इन प्रतीकों की उत्पत्ति का स्रोत तंत्र है। बुन्देली लोक कलाओं में विभिन्न मांगलिक पर्वों पर चौक पूरे जाते हैं। ये गेहूँ के सूखे आटे से पूरे जाते हैं जिन्हें बुन्देली में 'कनक' कहा जाता है। ये सौंदर्य से भरपूर होते हैं। ये चौक, द्वार, आंगन, पौर व उसारे आदि में तथा पूजा गृह में पूरे जाते हैं। यह कला पारम्परिक रूप से एक पीढ़ी से दूसरी पीढ़ी में विरासत के रूप में हस्तांतरित होती जाती है। बुन्देलखण्ड में मांडनों की परम्परा बड़ी पुरानी है। ये छुई (खड़िया), गेवरी (गेरू), रामरज (पीली मिट्टी) आदि से बनाए जाते हैं। जहाँ मांडने बनाने होते हैं वहाँ पहले छुई से ढिग लगाई जाती है फिर गोबर से लीपकर जब वह स्थान सूख जाता है तब उसके ऊपर मांडने मांडे जाते हैं। विभिन्न प्रकार की आकृतियां इनमें मांडी जाती हैं तथा विभिन्न पर्वों तथा उत्सवों के समय विभिन्न प्रकार के मांडने बनाए जाते हैं जिनमें बेल-बूटे, पेड़-पक्षी से लेकर बैलगाड़ी, सांतिया, चन्द्रमा व सूरज भी मांडे जाते हैं। बुन्देलखण्ड में ये मांडने प्राय: छुई, गेरू और रामरज के घोल से बनाए जाते हैं। इन प्रतीकात्मक चित्रों के पीछे दर्शन भी छुपा हुआ होता है। जहाँ बिन्दु को शक्ति के केन्द्र के रूप में माना जाता है वहीं त्रिभुज को देवी शक्ति के प्रतीक के रूप में, कमल को संसार के प्रतीक के रूप में तथा चतुष्कोण और वर्ग को संपूर्णता के प्रतीक के रूप में माना जाता है।

बुन्देलखण्ड में चौक और मांडने लोक मंगल और लोक कल्याण की अपनी विरासत का जहाँ एक ओर आख्यान करते हैं वहीं दूसरी ओर भविष्य के लोकमंगल की भी अपने अंकनों में कामना करते हैं।

बुन्देलखण्ड के भित्तिचित्र

भित्ति अथवा दीवार पर किसी भी माध्यम से बनाए गए चित्र भित्तिचित्र या म्यूरल (Mural Painting) कहे जाते हैं। इन चित्रों के बनाए जाने के माध्यम तेल, टेम्परा मुख्यत: होते हैं। भित्ति का शाब्दिक अर्थ भीत या दीवार

होता है। भवनों, महलों, हवेलियों, छतों, मन्दिरों व बावड़ियों आदि की दीवारें भित्तियां कहलाती हैं।

जहाँ तक मध्यप्रदेश का सम्बन्ध है, मध्यप्रदेश में बाघ के अतिरिक्त भित्ति चित्रांकन छठवीं शताब्दी से अठारहवीं सदी तक ओरछा व दतिया जैसे अपवादों को छोड़कर प्राय: नहीं मिलते। राजा भोज के भतीजे उदयादित्य के समय तक रायकृष्णदासजी ने भित्तिचित्रों के निर्माण की परम्परा की निरंतरता का उल्लेख किया है किन्तु इसके प्रमाण नहीं मिलते।

बुन्देलखण्ड के सर्वाधिक प्राचीन चित्र मदनपुर (ज़िला ललितपुर, उत्तर प्रदेश) के माने जाते हैं जिनका काल बारहवीं सदी का कहा गया है। इन भित्तिचित्रों पर वर्ष 1934 में सर्वप्रथम प्रख्यात कलाविदुषी डॉ. स्टेला क्रेमरिश ने कार्य किया था। यह स्थान मध्यप्रदेश के टीकमगढ़ के निकट अवस्थित है। मदनपुर की छोटी कचहरी (विष्णु मन्दिर) की भीतरी छत पर बने हुए भित्ति चित्रों को राजा मदन वर्मा (1130-1165) के समय में बनाया गया। पत्थर के ऊपर पलस्तर लगाकर तथा उसे चिकना बनाकर तेल में रंग मिलाकर ये अंकन किए गए हैं। एक पूर्ण खिले हुए कमल का सुंदर अंकन है जिसमें दो गंर्धवों को आमने-सामने चित्रित किया गया है। सर्पदंश से पीड़ित पुरूष, जलपक्षी, चिड़िया, बंदर व घोड़े के अंकन भी हैं। इनके अलावा सिंह परिवार तथा स्त्री व पुरूषों के अंकन भी किए गए हैं। विद्वानों का मानना है कि इनमें से कुछ विषय पंचतंत्र की कहानियों से संबद्ध हैं। इन भित्तिचित्रों में एक व्यक्तिचित्र राजा मदन वर्मा (1130-1165) का माना जाता है। ये भित्तिचित्र अपभ्रंश शैली के हैं। ये इसलिए विशेष रूप से उल्लेखनीय हैं क्योंकि ये परवर्ती मालवा तथा बुन्देलखण्ड क़लम के पूर्वज कहे जा सकते हैं। मदनपुर में कचहरी का वह विष्णु मन्दिर अब नष्टप्राय: है जहाँ ये भित्तिचित्र बनाए गए।

मध्यप्रदेश के बुन्देलखण्ड अंचल में ऐसे ऐतिहासिक भित्तिचित्र निम्न स्थानों पर हैं। इनके अतिरिक्त भी अनेक स्थान ऐसे हो सकते हैं जहाँ ये भित्तिचित्र हों किन्तु अनेक कारणों से वे प्रकाश में नहीं आ पा रहे हैं।

सागर, टीकमगढ़, पन्ना, छतरपुर, दमोह, सतना, निवाड़ी व दतिया वे जिले हैं जहाँ विभिन्न मन्दिरों, आवासों व क़िलों तथा महलों में भित्तिचित्र बने हैं। सागर जिले में सागर के अतिरिक्त राहतगढ़ व खुरई में भित्तिचित्र विभिन्न स्थानों पर हैं। टीकमगढ़ जिले में, टीकमगढ़, बलदेवगढ़, धुवारा, जतारा, लिधौरा, अलीपुरा, पपौराजी व मोहनगढ़ में विभिन्न स्थानों पर भित्तिचित्र मिले हैं। इनके अतिरिक्त उत्तर प्रदेश के झांसी, समथर तथा बिजना, तोड़ीफतेपुर व चिरगांव जैसी ओरछा की अष्टगढ़ियों में भी भित्तिचित्र बने हुए हैं।

पन्ना के प्रणामी मन्दिर में भी चित्र भित्तियों पर बनाए गए हैं। प्रणामी मन्दिर के अतिरिक्त अन्य मन्दिरों में भी भित्तिचित्र हैं। लेकिन अधिकांश भित्तियों पर बने हुए अंकन अब प्राय: समाप्त हो गए हैं। छतरपुर जिले में छतरपुर, धुवेला तथा बिजावर में विभिन्न स्थानों पर भित्तिचित्र हैं। इनमें छतरपुर के महल में बने भित्तिचित्र जो मुख्यत: दरबार केन्द्रित हैं अब प्राय: धूमिल हो गए हैं।

दमोह शहर में किसी मन्दिर में भित्तिचित्र नहीं हैं किन्तु दमोह से लगे हटा में क़िले में भित्तिचित्र हैं। हटा के भग्न प्राय: क़िले तथा बड़ी कनौरा नामक गांव में भी भित्तिचित्र हैं। ये राजा छत्रसाल के समय निर्मित किए गए। बड़ी कनौरा की भित्ति पर सात अश्वों के रथ पर सवार सूर्य का सुंदर अंकन विद्यमान है। उल्लेखनीय है कि राजा छत्रसाल के समय सूर्य के रथारूढ़ अंकन बहुत हुए। हटा के इस क़िले में भी ऐसा ही एक अत्यंत धूमिल अंकन है। सतना के चित्रकूट के मन्दिरों में भित्तिचित्र अभी भी अच्छी अवस्था में हैं। ये प्राय: रामकथा के प्रसंगों पर आधारित है।

उक्त विवरण से यह स्पष्ट होता है कि बुन्देलखण्ड के विभिन्न स्थानों में सुंदर भित्तिचित्रण हुए। यहाँ

यह तथ्य भी विशेष रूप से उल्लेखनीय है कि बुन्देलखण्ड का यह अंचल जैन मतावलम्बियों का उपासना की दृष्टि से अत्यंत महत्वपूर्ण अंचल है तथा यहाँ प्राचीनकाल से ही जैन धर्म के उपासक न केवल अपने धार्मिक अपितु कलात्मक उन्नयन के प्रति भी सजग रहे हैं तथा इसके साक्ष्य वे जैन मन्दिर हैं जिनकी भित्तियों पर अभी भी मनोहारी भित्तिचित्र हैं।

इसका सबसे महत्वपूर्ण उदाहरण सागर के निकट रहली पटनागंज के जैन मन्दिर हैं जो लगभग आठ सौ वर्ष पुराने कहे जाते हैं तथा जिनकी भित्तियों पर अठारहवीं सदी के भित्तिचित्र हैं। ये भित्तिचित्र विभिन्न जैन व सनातन विषयों पर केन्द्रित हैं। इनके अलावा दूसरा महत्वपूर्ण उदाहरण जैन तीर्थ पपौराजी का है किन्तु यह दुर्भाग्य का विषय है कि रहली के जैन मन्दिरों की भित्तियों पर अंकित भित्तिचित्र अब नष्टप्राय: हैं तथा पपौराजी के 108 मन्दिरों में से अधिकांश मन्दिरों के भित्तिचित्र पोत दिए गए हैं। जो बचे हैं उनके संरक्षण की तुरंत व्यवस्था की जानी अपेक्षित है। बुन्देलखण्ड अंचल के मन्दिरों के ये भित्तिचित्र न केवल जैन समुदाय अपितु हम सभी के लिए अत्यंत गौरव का विषय हैं किन्तु रखरखाव के अभाव में व मन्दिरों को नया बनाने के कारण अब इनका अस्तित्व लगभग समाप्ति की ओर है।

चंदेरी को भी बुन्देलखण्ड के अंतर्गत माना जाता रहा है तथा एक समय ओरछा के शासक यहाँ के शासक हुआ करते थे। चंदेरी के पास के नृसिंह मन्दिर में बने हुए चित्र प्राय: नष्ट हो गए हैं। इन चित्रों का काल विद्वान 17वीं शताब्दी के आरम्भ का मानते हैं। विद्वान बताते हैं कि इन चित्रों में प्राकृतिक रंगों का प्रयोग किया गया था तथा लोक जीवन के अलावा उमा-महेश्वर, रामलीला व कृष्णलीला, शेषशायी विष्णु, दशावतार आदि के चित्र भी वहाँ परवर्तीकाल में बनाए गए थे किन्तु अब इन सबका कोई प्रमाण उपलब्ध नहीं है।

बुन्देलखण्ड के सर्वाधिक महत्वपूर्ण भित्तिचित्र ओरछा में हैं जहाँ पूरे विश्व से कलाप्रेमी इन भित्तिचित्रों को निहारने के लिए आते हैं। यह वर्तमान में निवाड़ी जिले में है। सत्रहवीं सदी के राजा वीरसिंह जूदेव (1605-27) के समय में बनाए गए ये भित्तिचित्र हमारी अनमोल विरासत हैं।

ओरछा के भित्तिचित्र बुन्देलखण्ड के भित्तिचित्रों में सर्वाधिक महत्वपूर्ण हैं। ये भित्तिचित्र अधिकांशत: राजा महल में बने हुए हैं जिसकी नींव महाराजा रुद्रप्रताप ने ईस्वी सन् 1531 में रखी तथा जिसमें महाराजा मधुकर शाह (1554-92) तथा महाराजा वीरसिंह जूदेव के समय में सुंदर अंकन हुए। राजा महल में रामलीला व कृष्णलीला के अंकन हैं। राजा महल में दो गायों को दुहते हुए कृष्ण, नृत्य करते, रास रचाते, बांसुरी बजाते तथा गोवर्धन पर्वत को उठाते हुए कृष्ण की अनेक लीलाएं चित्रित की गई हैं। उनके प्रेमलीला के दृश्यों को भी सुंदरता के साथ चितेरे ने चित्रित किया है। कृष्ण विभिन्न भंगिमाओं में अंकित हैं। राजा महल के नीचे के सात कक्षों में तथा ऊपर के दो कक्षों में भित्तिचित्र हैं। इनके प्रमुख विषय हैं दशावतार, गजेन्द्र मोक्ष, शेषशायी विष्णु, सूर्य, गोदान, चीरहरण, समुद्रमंथन, गोवर्धनधारण, राम-परशुराम संवाद, नारद-गरुड़ संवाद व राम दरबार आदि। राजा महल में एक विशिष्ट अंकन भीम के द्वारा उस वृक्ष को हिलाने का है जिस पर कौरव सेना के सैनिक चढ़े हुए हैं। इनके अलावा एक विचित्र प्राणी भी अंकित है जिसकी देह सिंह की है तथा सिर हाथी का। राजा महल के अंकनों में कुश्ती व जुलूस सहित संगीत सभा, राग-रागिनियां व नायक-नायिकाओं के अंकन हैं। वहाँ लोक जीवन को भी चित्रित किया गया है। शिक़ार दृश्य भी अंकित हैं। वीरसिंह जूदेव के समय बने लक्ष्मी मन्दिर में कृष्णलीला के सुंदर अंकन हैं। शकटासुर, बकासुर व पूतना वध के अंकनों के साथ-साथ कालिया नाग के फण

पर बांसुरी बजाते कृष्ण का भी सुंदर अंकन है। यहाँ राम रावण युद्ध, धनुष भंग, सीता स्वयंवर, राम के वनगमन आदि के दृश्य भी अंकित हैं। लक्ष्मी मन्दिर में अनेक गलियारे हैं जिनमें सत्रहवीं तथा उन्नीसवीं सदी के अंकन हैं। राय प्रवीण के महल में उसे अपनी सेविका के साथ चित्रित किया गया है। जहांगीर महल में कृष्णलीला के कुछ अंकन हैं। इनके अलावा दीवाने-आम तथा दीवाने-खास में भी सुंदर अंकन हैं। ओरछा की छतरियों में कहीं-कहीं धूमिल अंकन दिखाई देते हैं।

उक्त के अतिरिक्त रामराजा मन्दिर, राय प्रवीण महल व बेतवा के किनारे बनी छत्रियों में भी अठारहवीं सदी के उत्तरार्द्ध में किए गए भित्ति अंकन विद्यमान हैं।

ओरछा के विभाजन के फलस्वरूप दतिया का राज्य ईस्वी सन् 1628 में अस्तित्व में आया। वर्तमान में दतिया एक जिला है। दतिया में सतखण्डा महल की भित्तियों पर सुंदर आकल्पनों के साथ राग-रागिनियों के अंकन हैं जो काफी पुराने हैं तथा रागमाला के आरम्भिक अंकन माने जाते हैं। ये अंकन खेमकरण की रागमाला पर आधारित हैं। दतिया के गोविंद महल तथा राजा पारीछत की समाधि के भित्तिचित्र अद्‌भुत हैं। राजा पारीछत की समाधि में उन्नीसवीं सदी में विभिन्न धार्मिक तथा सैनिक विषयों पर चित्र बनाए गए। इनमें कृष्णलीला के अंकन मुख्य रूप से चित्रित हैं। राजा पारीछत की समाधि से लगी अन्य समाधियों में भी भित्तिचित्र बनाए गए।

दतिया में चित्रांकन की एक और समांतर परम्परा गुसाईयों की समाधियों में बने भित्तिचित्रों में मौजूद है जो परवर्तीकाल की है। दतिया के अवधबिहारी मन्दिर में भी उन्नीसवीं सदी में बुन्देली शैली में अंकन बनाए गए। ओरछा व दतिया के भित्तिचित्र मुग़ल प्रभाव से भी प्रभावित थे। बुन्देलखण्ड की मध्यकालीन चित्रकला पर समीप के हाड़ौती अंचल की चित्रकला का व्यापक प्रभाव रहा है। बूंदी, कोटा तथा जयपुर की शैलियों से यहाँ की चित्रांकन कला प्रभावित रही है। बुंदेल राजाओं के सम्बन्ध राजस्थान के राजपरिवारों से होने के कारण वहाँ के चितेरों ने भी बुन्देलखण्ड में आकर चित्रांकन का कार्य किया होगा। राजस्थान की तरह मालवा की चित्रांकन कला का प्रभाव भी बुन्देलखण्ड की चित्रकला पर पड़ा तथा दतिया व ओरछा में बने चित्रों की विशेषताओं ने मालवा की चित्रांकन कला को प्रभावित किया। जैसा कि पूर्व में उल्लेख किया गया है ओरछा राज्य की अष्टगढ़ियों में भी भित्तिचित्र तथा लघुचित्र बने। ओरछा की उन अष्टगढ़ियों के सम्बन्ध में निम्नानुसार संक्षिप्त विवरण दिया जा रहा है जहाँ भित्तिचित्र अंकित हैं तथा जहाँ बिजना जैसी छोटी गढ़ी में भी लघुचित्र उन्नीसवीं सदी के आरम्भिक दशक में निर्मित हुए।

ओरछा की अष्टगढ़ियाँ

ओरछा राज्य का इतिहास अत्यन्त प्राचीन है तथा चेदि वंश से लेकर नंद, मौर्य, शुंग , नाग, गुप्त, हूण, प्रतिहार, चंदेल, तोमर, खंगार और बुन्देलों तक इसका ऐतिहासिक परिप्रेक्ष्य स्पष्ट होता है। विभिन्न कालखंडों में इसकी भौगोलिक सीमाएं परिवर्तित होती रही हैं। लेकिन यहाँ की सांस्कृतिक धारा अप्रतिहत रूप से प्रवहमान रही है। अष्टगढ़ियों का अर्विभाव ओरछा नरेश महाराजा वीरसिंहदेव प्रथम (ईसवी सन् 1604-27) के पुत्र दिमान हरदौल की बड़ागांव (झांसी) से हुआ था। हरदौल के पश्चात विजयसिंह, प्रतापसिंह और रायसिंह बड़ागांव के अधिकारी हुये थे। रायसिंह के आठ पुत्र थे जिनके बीच बड़ागांव जागीर विभाजित कर दी गयी। ये आठ जागीरें निम्नानुसार थीं।

1.	कारी (दाउदपुरा) फतैसिंह को	2.	पसारी भुजबलसिंह को
3.	टहरौली लक्ष्मण सिंह को	4.	चिरगाँव मोहकम सिंह को
5.	धुरवई मानसिंह को	6.	बिजना सामंत सिंह को
7.	तोड़ीफतैपुर हिंदूसिंह को	8.	बंकापहारी उम्मेदसिंह को दिया गया था।

कालान्तर में यही आठ हिस्से अष्टगढ़ी राज्य के नाम से प्रसिद्ध हो गए। कुछ समय के पश्चात कारी, पसारी और टहरोली के जागीरदार जब नि:संतान होकर मृत हो गए तब इन तीनों गढ़ियों का विलय उनसे लगे हुए ठिकाणों में कर दिया गया। शेष पांच जागीरों का अस्तित्व बना रहा। इनमें धुरवई, बिजना, तोड़ीफतैपुर तथा पहारी की जागीरों को झांसी के मराठा सूबेदार ने अपना करदाता बना लिया। चिरगांव की गढ़ी करदाता नहीं बनी।

चिरगांव : यहाँ की गद्दी राव मोहकमसिंह को प्राप्त हुई थी उनके पश्चात उनके उत्तराधिकारी वहाँ के शासक होते रहे। चिरगांव की एक बावड़ी में रामायण के प्रसंग पर आधारित एक अंकन विद्यमान है जिसमें हनुमानजी को चित्रित किया गया है, शेष अंकन धूमिल होकर प्राय: समाप्त हो गए हैं।

बिजना : बिजना की गढ़ी जागीरदार सामंतसिंह को दी गयी थी। उनके बाद उनके उत्तराधिकारी गद्दी पर बैठे। बाद में हुए संघर्ष में हिम्मतसिंह वहाँ के शासक हुए।

यहाँ यह भी उल्लेखनीय है कि बिजना के जागीरदारों के पुत्र टोड़ी, चिरगाँव तथा ओरछा की जागीरों में भी गोद गए तथा वहाँ उन्होंने गद्दी संभाली। बिजना के क़िले की भित्तियों पर गजेन्द्र मोक्ष व कृष्णलीला के कुछ अंकन शेष हैं। ये अब धूमिल प्राय: हैं।

तोड़ीफतैपुर : जैसा कि पूर्व में उल्लेख किया गया है यह ठिकाणा रायसिंह ने अपने ज्येष्ठ पुत्र हिंदूसिंह को दिया था। इस प्रकार यह ठिकाणा अष्टगढ़ियों का प्रमुख ठिकाणा रहा। हिंदूसिंह की मृत्यु के बाद उनके उत्तराधिकारी यहाँ के शासक हुए। यह जानकारी मिलती है कि यहाँ भी चित्रांकन की परम्परा विद्यमान रही है। इस अष्टगढ़ी की भित्तियों पर बने कुछ मनोहारी अंकन अभी भी सुरक्षित हैं जो ओरछा के भित्तिचित्रों के अनुकरण में बनाए गए प्रतीत होते हैं, इनमें मुख्यत: रामलीला के अंकन महत्वपूर्ण हैं।

इन तीन अष्टगढ़ियों के अतिरिक्त अन्य अष्टगढ़ियों में कोई भित्तिचित्र अब उपलब्ध नहीं हैं।

राजस्थान की तरह बुन्देलखण्ड के राजमहलों में भी एक विशेष कक्ष होता था जहाँ राजा संगीत का आनंद लेते थे। यह कक्ष प्राय: चित्रित रहता था तथा महाकवि केशव ने इसे चित्रसारी कहा है। बुन्देलखण्ड में ऐसे कक्ष विद्यमान हैं किन्तु उनमें अब अंकन नहीं हैं।

सागर से लगभग 70 किलोमीटर दूर सागर-छतरपुर मार्ग पर अवस्थित शाहगढ़ के समाधि स्मारकों की भीतरी छत तथा बाहरी दीवारों पर विविध प्रकार के चित्र अंकित किए जाने के बारे में जानकारी थी किन्तु अब वहाँ अंकन उपलब्ध नहीं हैं।

सागर से निकट अवस्थित खुरई के प्राचीन जैन मन्दिर में तथा पास ही बने पिठौरिया के जैन मन्दिर में भित्तिचित्र हैं। ये भित्तिचित्र भी अब प्राय: समाप्त हो गए हैं।

खुरई से मालथौन मार्ग के बीच लगभग 30 किलोमीटर की दूरी पर खिमलासा नामक एक स्थान है। यहाँ पर भी कभी सुंदर भित्तिचित्र विद्यमान थे किन्तु अब उन पर पुताई कर दी गई है।

सागर के निकट राहतगढ़ के क़िले की छत पर आकल्पन हैं। टीकमगढ़ के मन्दिर, बलदेवगढ़ तथा धुवारा के क़िलों में कुछ चित्रों के अवशेष दिखाई देते हैं। महत्वपूर्ण भित्तिचित्र मोहनगढ़ के क़िले में भी विद्यमान हैं जो रामलीला के प्रसंगों पर केन्द्रित हैं। लिधौरा में विशेष रूप से रामलीला के प्रसंगों पर आधारित अंकन मिले हैं। यह जानकारी मिली कि मुग़लों के कारण ओरछा के स्थान पर कुछ समय के लिए ओरछा महाराज लिधौरा में रहे तथा तब उन्होंने इस मन्दिर की भित्तियों पर सुंदर अंकन कराए। छतरपुर के महल की भित्तियों पर, तथा धुवेला व बिजावर के राजआवासों में भी भित्तिचित्र उपलब्ध हैं।

दतिया की तरह झांसी में भी चित्रकला मुख्य रूप से अठारहवीं सदी से आरम्भ होती है तथा इस काल में वहाँ गुसाईयों की कलाप्रियता से भित्तियां अलंकृत होती हैं। इन शैव भक्त गुसाईयों ने अनेक शैव मन्दिरों का निर्माण कराया तथा मन्दिरों की भित्तियों व छतों पर व समाधियों के रूप में निर्मित मन्दिर के आकार के भवनों में आकल्पन व लघुचित्र बनवाए जो प्राय: एक ही शैली के थे। नीले रंग के साथ-साथ कत्थई रंग में सफेद रंग द्वारा उकेरी गई रेखाकृतियों में विभिन्न प्रकार के पशु-पक्षी चित्रित किए गए। धार्मिक आख्यान भी चित्रित हुए। झांसी में पानी की धर्मशाला के शिव मन्दिर, तलईया मोहल्ला के शिव मन्दिर, सैर दरवाज़े के बाहर स्थित गुसाईयों के शिव मन्दिर तथा उनकी समाधियों में ये चित्र बनाए गए हैं। मराठों के बुन्देलखण्ड में आगमन के बाद मराठा कला का प्रभाव भी बुन्देलखण्ड के भित्तिचित्रों के अंकनों पर पड़ा। रामचन्द्र राव की माँ सखुबाई ने अपने अल्पव्यस्क के नाम पर अपने शासन के समय मुरलीमनोहर मन्दिर, गणेश मन्दिर, लक्ष्मी मन्दिर तथा रानी महल का निर्माण कराया। इनमें गणेश मन्दिर की छतों पर अभी भी कुछ अवशेष दिखाई देते हैं। महारानी लक्ष्मीबाई के पति महाराजा गंगाधर राव (1838-1853) के समय में झांसी में चित्रकला ने अपने उत्कर्ष को छुआ। रानी महल, लक्ष्मी मन्दिर, मुरलीमनोहर मन्दिर तथा रघुनाथजी के मन्दिरों की भित्तियों पर सुंदर अंकन हुए। उस काल के प्रसिद्ध चित्रकार थे सुखलाल, मगन, गिरधारी, जवाहर भीरवभरवा तथा रामजानी आदि। इनमें सुखलाल सुप्रसिद्ध चित्रकार थे। इन चितेरों ने भित्तियों के साथ-साथ क़ाग़ज़ पर जलरंगों से भी रामलीला, कृष्णलीला व धनिक व्यक्तियों के चित्र बनाए। अपने समय में सुप्रसिद्ध कवि मैथिलीशरण गुप्त ने भी अनेक अंकन करवाए। उनके संग्रह में भी सुंदर चित्र थे। झांसी नगर के जैन मन्दिरों की भित्तियों पर भी सुंदर अंकन हुए तथा झांसी के आसपास समथर जैसे राजकीय प्रासादों में भित्तिचित्र अंकित हुए। बुन्देलखण्ड में उस समय पुस्तकों को सचित्र रूप से निर्मित करने की परम्परा भी विद्यमान रही तथा वहाँ बनाई गई जन्मकुंडलियों में विभिन्न ग्रहों के चित्रण में भी चित्रकारों ने सजीव चित्र अंकित किए।

उत्तर प्रदेश के बुन्देलखण्ड क्षेत्र के अंतर्गत सात जिले आते हैं। इनमें से झांसी के भित्तिचित्रों के सम्बन्ध में ऊपर संक्षिप्त विवरण दिया गया है। झांसी जिले के अंतर्गत ही ओरछा की अष्टगढ़ियां आती हैं जिनके सम्बन्ध में भी स्थिति ऊपर वर्णित की गई है। झांसी के अतिरिक्त जालौन, ललितपुर, महोबा, हमीरपुर, बांदा व चित्रकूट जिले उत्तर प्रदेश के अंतर्गत आते हैं। इनमें से चित्रकूट का आधा भाग सतना जिले के अंतर्गत आता है। चित्रकूट के मन्दिरों में बने अंकन मुख्यत: आकल्पन हैं व रामलीला, कृष्णलीला व हनुमान के हैं। ललितपुर के सम्बन्ध में जैसा कि पूर्व में उल्लेख किया गया है, मदनपुर के विष्णु मन्दिर में सर्वाधिक पुराने भित्तिचित्र हैं। समथर के क़िले में भी भित्तियों पर सुंदर अंकन हैं।

बुन्देलखण्ड का व्यापक सर्वेक्षण न होने के कारण यहाँ चित्रकला के विकास का कालक्रमवार विवरण ज्ञात नहीं होता। बुन्देलखण्ड के प्रागैतिहासिक चित्रों का पूर्व में विवरण दिया गया है। समय समय पर किए गए पुरातात्विक उत्खनन के फलस्वरूप मिट्टी के चित्रित बर्तन भी मिले हैं। मध्य प्रदेश शासन के संस्कृति विभाग द्वारा संचालित आदिवासी लोक कला एवं बोली विकास अकादेमी, भोपाल के द्वारा प्रकाशित लेखक की कृति 'बुन्देलखण्ड के भित्तिचित्र' में तथा उनके व डॉ. हर्ष दहेजिया के द्वारा लिखी़ गई अंग्रेज़ी कृति 'Paintings of Bundelkhand-Some Remembered, Some Forgotten, Some not yet Discovered' जिसे डी.के. प्रिन्टवर्ल्ड, नई दिल्ली के द्वारा प्रकाशित किया गया है में बुन्देलखण्ड के इन भित्तिचित्रों के सम्बन्ध में विस्तृत जानकारी दी गई है।

बुन्देलखण्ड के लघुचित्रांकन

बुन्देलखण्ड की लघुचित्रांकन परम्परा के सम्बन्ध में कालक्रमानुसार स्पष्ट जानकारी उस तरह की नहीं मिलती जिस तरह की जानकारी राजस्थान व पहाड़ की शैलियों के सम्बन्ध में मिलती है। चाहे भित्तिचित्र हों या लघुचित्र इनके अंकन की परम्परा के सम्बन्ध में जानकारी तथा लघुचित्रों के प्रमाण ओरछा व दतिया के मिलते हैं।

जहाँ तक ओरछा में बने लघुचित्रों का प्रश्न है, वे बहुतायत में उपलब्ध नहीं हैं। यद्यपि दतिया शैली के चित्र बहुलता से उपलब्ध होते हैं।

ओरछा बुंदेलखण्ड का एक प्रमुख राज्य था तथा विभिन्न कालखंडों में विभिन्न वंशों के शासकों ने यहाँ शासन किया जिनकी अपनी अभिरूचियों का प्रभाव यहाँ के साहित्यिक तथा सांस्कृतिक जीवन पर पड़ा। बुंदेलखण्ड पर लंबे समय तक बुंदेलों का आधिपत्य रहा तथा वहाँ की सांस्कृतिक परम्पराओं को गढ़ने में उनका महत्वपूर्ण योगदान रहा। इस क्षेत्र पर चंदेलों, कलचुरियों, परमारों, चौहानों, मुस्लिमों व गोंड सहित खंगारों का भी प्रभाव रहा। खंगार गढ़कुंडार के शासक थे किन्तु बाद में बुंदेला शासक यहाँ के प्रमुख शासक हुए।

ओरछा बुन्देलखण्ड का केन्द्र रहा तथा यहाँ लोकचित्रांकन की प्राचीन परम्परा रही। चंदेलों के काल में लोक चित्रकला ने काफी उन्नति की। बुंदेलखण्ड की लोक चित्रकला की जानकारी वत्सराज के 'रूपकष्टकम', राजशेखर की 'काव्य मीमांसा' और चंदेल विवरणों में मिलती है। 'रूपकष्टकम' से यह ज्ञात होता है कि उस काल में चित्रकला में स्त्रियों की विशेष रूचि थी 'रूक्मणि परिणय' और 'समुद्रमंथन' में चित्रकर्म द्वारा ही रागों की उत्पत्ति बताई गई है। इसी ग्रन्थ में यह भी उल्लेख है कि इन्द्राणी पूजा में चित्र की पूजा होती थी।

चंदेलों के पतन के बाद ग्वालियर के तोमर राजाओं ने बुंदेली संस्कृति पर प्रभाव डाला। इस संस्कृति में संगीत की प्रधानता थी। किन्तु बुंदेलों के काल में चित्रांकन की परंपरा विकसित हुई और अपनी उत्कृष्टता के कारण उसने अपनी महत्वपूर्ण पहिचान बनाई, ओरछा और दतिया इस शैली के केंद्र थे। इनमें दतिया में बुन्देली क़लम ने अपना उत्कर्ष पाया।

विद्वानों ने चित्रांकन की इस शैली को बुन्देली क़लम का नाम दिया है। उनका यह कहना है कि बुन्देली क़लम अपने जीवंत, उत्साही, गतिशील भाव को लाल, गेरुए, नीले, हरे, पीले, सिलेटी रंगों एवं वैविध्यपूर्ण विचारों तथा विश्वासों के साथ न केवल आकर्षक रूप से स्वयं को प्रस्तुत करती है अपितु वह बुन्देली संस्कृति के विभिन्न आयामों की व्याख्या भी करती है। इसमें व्यक्तिचित्रों के साथ-साथ विशेष रूप से रामकथा के आधार पर चित्रांकन किए गए हैं।

जहाँ तक ओरछा में निर्मित लघुचित्रों का प्रश्न है, ओरछा शैली के लघुचित्र आरम्भिक काल के प्राय: नहीं मिलते किन्तु पश्चातवर्ती काल के मिलते हैं। इनमें से एक लघुचित्र महाराजा सामंतसिंह (ईस्वी सन् 1752-1765 ईस्वी) का है। इसमें उन्हें फर्श पर हुक्का पीते हुए चित्रित किया गया है। यह ईस्वी सन् 1760 का बना हुआ चित्र है जो जगदीश मित्तल एवं कमला मित्तल संग्रहालय, हैदराबाद में संरक्षित है। इसमें राजा सामंतसिंह ने जो टोपी पहन रखी है, उसका साम्य भगवान विष्णु के द्वारा पहनी गई उस टोपी से होता है जो चेस्टर बेट्टी संग्रह में रखे लघुचित्र में है। चेस्टर बेट्टी संग्रह डबलिन में देवी दुर्गा की अभ्यर्थना करते हुए भगवान गणेश सहित भगवान ब्रम्हा, विष्णु व महेश को अन्य देवताओं के साथ चित्रित किया गया है। इस अंकन में भी उसी प्रकार के मुकुट आकृतियों ने पहन रखे हैं जो ओरछा की भित्तियों पर मिलते हैं। रामायण के प्रसंगों पर आधारित लघुचित्रों के एक सेट के सम्बन्ध में भी यह कहा जाता है कि इसकी आकृतियों का साम्य ओरछा के राजमहल की भित्तियों पर बनी आकृतियों से होता है।

विद्वानों का मानना है कि शैलीगत रूप से बुन्देली क़लम पर जहाँ एक ओर राजस्थान के उदयपुर, बीकानेर, जोधपुर व बूंदी क़लमों से प्रभावित है वहीं दूसरी ओर मुग़ल क़लम का भी इस पर प्रभाव है।

बुन्देलखण्ड की इस शैली पर लोक प्रभाव भी स्पष्ट देखा जा सकता है। इस काल में बुन्देलखण्ड में लोक चित्रकला का उत्थान हुआ। बुन्देलखण्ड में लोक चित्रकला के लिए 'चतेउर' और चित्रकार के लिए 'चतेउरी' शब्द का प्रयोग होता है। 'कामरूप कथा' के एक छंद में इन शब्दों का उल्लेख है। यह भी उल्लेख मिलता है कि व्यावसायिक स्तर पर 'चतेउर' बनाए जाते थे जिनमें अधिकतर गेरूए रंग का प्रयोग होता था। ओरछा और दतिया के भित्तिचित्रों में विशेष रूप से ओरछा के लक्ष्मी मन्दिर व दतिया के गोविन्द महल की भित्तियों पर बने चित्रों में इस रंग का प्रचुर प्रयोग दिखाई देता है जिससे कामरूप कथा के छंद में दिए गए विवरण की पुष्टि होती है।

इस युग में बुन्देलखण्ड में चित्रकला अत्यंत महत्वपूर्ण सामाजिक रीति के रूप में प्रचलित थी। एक लोकगीत में माता सीता की ननद उनसे रावण के चित्र को उरेहने का आग्रह करती हैं। इस लोकगीत में उरेहना तथा लिखना आदि परिभाषित शब्द मिलते हैं। उल्लेखनीय है कि बिहारी ने भी अपने दोहों में चित्रांकन के लिए लिखने शब्द का प्रयोग किया है।

बिहारी सतसई के दोहों में इतनी बिंबात्मकता है कि समकालीन व बाद के समय में चित्रकारों ने बिहारी के भाव में डूबकर इतने मनोरम अंकन किए कि उन्हें देखकर आज भी विस्मय होता है तथा दोहों में निहित भाव इन लघुचित्रों में उतरकर मन में समा जाते हैं। बिहारी सतसई के दोहों को पढ़कर यह स्पष्ट प्रतीत होता है कि उस समय चित्रांकन का अनुशासन अत्यन्त लोकप्रिय था। यह 'सतसई' के निम्न दो दोहों से स्पष्ट होता है,

1. *दुचितें चित न हलति चलति हंसति न झुकति बिचारि।*
   लखत चित्र सिय लखि चितै चित्र रही सी नारि।।

अर्थात् दो चित्त वाली नायिका से न हिलते, न चलते, न हँसते और न ही झुकते बनता है। वह चित्र को देखकर चित्रवत हो जाती है।

दूसरा दोहा है,

2. *लिखन बैठी जाकों सबी गहि, गहि गरब गरूर।*
   भए ने केते जगत के चतुर चितेरे कूर।।

अर्थात् नायिका की शबीह बनाने के लिए अनेक गर्वीले चित्रकार तत्पर हुए लेकिन उस सुंदर नायिका की शबीह बनाने में जगत के ये निष्णात चित्रकार सफल नहीं हो सके। बिहारी की इस अभिव्यक्ति में उस समय के बुंदेलखण्ड में चित्रकला के अनुशासन का कितना महत्व रहा होगा इसे आसानी से जाना जा सकता है।

केशव के द्वारा भी अपने काव्य में चित्रांकन का उल्लेख किया गया है।

जैसा कि उल्लेख किया गया ओरछा तथा दतिया बुन्देलखण्ड के दो ऐसे प्रमुख स्थान थे जहाँ मुग़ल प्रभाव वाले महत्वपूर्ण अंकन हुए। ये लघुचित्र देश और विदेश के विभिन्न संग्रहालयों में मौजूद हैं। उत्तर मध्यकाल में यह मुग़ल प्रभाव बुन्देलखण्ड के चित्रांकनों पर कम होता चला गया तथा वहाँ लोकप्रभाव पर आधारित लघुचित्र बनाए जाने लगे। इसका एक बड़ा कारण यह भी था कि बुन्देलखण्ड के विभिन्न अंचलों में जो चित्र बने वे चित्र राजाओं के संरक्षण में प्राय: नहीं बने। इसलिए चितेरों ने लोकप्रभाव को आत्मसात करते हुए इन चित्रों को बनाने में स्वतंत्रता ली तथा यह परम्परा निरंतर आगे के समय में भी चलती रही।

यह भी एक रोचक तथ्य है कि मध्यकालीन ग्रन्थों में स्त्री और पुरूषों के जिस पहनावे का विवरण मिलता है वह ओरछा और दतिया के भित्तिचित्रों व लघुचित्रों में स्पष्ट रूप से दिखाई देता है। धोती, अंगरखा, कुर्ता, बंडा (कोट), पगड़ी और साफा पुरूषों के प्रमुख पहनावे थे। आइने अक़बरी में सुजनी और छोला का भी उल्लेख है। धनी लोग इस अंचल में दुपट्टा और मिरजई भी पहनते थे।

स्त्रियां, लहंगा, चोली और ओढ़नी पहनती थीं। घाघरा भी पहना जाता था। स्त्री और पुरूष पिछोरा डालते थे। 'कामरूप कथा' में पटका का उल्लेख मिलता है। उल्लेखनीय है कि बुंदेलखण्डी लघुचित्रों व भित्तिचित्रों में पुरूष आकृतियों की पहचान 'पटका' से होती है। यह कमर में बांधा जाने वाला एक विशेष परिधान था। एडवर्ड बिन्नी तृतीय के संग्रह में राजा शत्रुजित का एक शानदार व्यक्तिचित्र है जिसमें 'पटका' की सभी विशेषताऐं देखीं जा सकती हैं।

इसी तरह बुन्देलखण्ड के आभूषण भी विशिष्ट हैं जिनके विवरण विभिन्न ग्रंथों में मिलते हैं। तोड़ा, चूरा, इकलरी, करधनी, बाला अर्थात् बालियां पुरूषों के आभूषण थे जबकि स्त्रियों के आभूषण थे, बिछिया, करधनी, हमेल, कर्णफूल, लोंग तथा बेंदा आदि। ओरछा के राजकवि केशव ने इस छंद में इस काल के आभूषणों की जगमगाहट को इन शब्दों में प्रस्तुत कर दिया है,

बिछिया अनौट बांके घूंघट जराय जरी,
जेहरि छबीली छुद्रघंटिका की जालिका।
मूंदरी उदार पौंची कंकन वलय चूरी,
कंठ कंठमाल हार पहरे गुपालिका।
वेनीफूल सीसफूल कर्णफूल मांगफूल,
खुटिला तिलक नकमोती सोहैं बालिका।
'केशवदास' नीलवास ज्योति जगमग रही,
देह धरे स्याय संग मानो दीपमालिका।।

एक और उदाहरण में बारह आभरण और सोलह श्रृंगार कहे गए हैं और इन बारह आभरण को शरीर के अंगों से संबद्ध कर दिया गया है, छंद इस प्रकार है—

बेनी भाल माँग श्रुत नासिका के 'बलभद्र'
कंठ के कनक के सुवरन अपार हैं।
भुज पुहिचाँनि कर पल्लव के कौन गनै,
उरन के मंडन जिते हमेल हार हैं।
कटि मुरवान के सुहायन कों आँगुरी के,
बिछिया आदि दैकें जितकी झनकार हैं।
चीर मन-धातुर सुगंध बार अलंकार,
बारह आभरन ये सोरह सिंगार हैं।

इसी प्रकार बुंदेलखण्ड के मध्यकालीन कवि बोधा ने निम्न छंद में नारी के आभूषणों का उल्लेख किया है—

बेनी सीसफूल बीजवबेनिया में सिरमौर,
वेस तरौना केसपास अंधियारी-सी।
कंठी कंठमाला भुजबंद बरा बाजूबंद,
ककना पटेला चूरी रत्नचौक जारी-सी।
चोटीबंद डोरी क्षुद्रघंटिका नयी निहार,
बिछिया अनौटा बांक सुखमा की बारी-सी।
राजा कामसैन के अखाड़े कंदला कों पाय,
माधो चंकचौंध रहो चाहिकै दिवारी-सी।

पश्चातवर्ती काल में ओरछा की किसी अष्टगढ़ी में सम्भवत: बिजना में अथवा ओरछा में ही अट्ठारहवीं सदी के उत्तरार्ध में अथवा उन्नीसवीं सदी के आरम्भ में जाति भेद पर आधारित चित्र बने। यह 'जातमाला' नामक ग्रंथ के आधार पर बनाए गए। इन चित्रों के पीछे सम्बन्धित जाति की नायिका के गुणों का दोहे के रूप में उल्लेख है तथा चित्र के ऊपरी भाग में राधा, कृष्ण व गोपियों को नृत्यरत चित्रित किया गया है। चित्र के बीच के भाग को तीन हिस्सों में बांटा गया है जिसमें से पहले भाग में या तो रसिकों को चित्रित किया गया है अथवा सम्बन्धित व्यवसाय की गतिविधि चित्रित की गई है। बीच के भाग में नायिका को चित्रित किया गया है तथा अंतिम भाग में सम्भवत: उसके पति को चित्रित किया गया है। चित्र को सम्भवत: एक ही चितेरे ने बनाया, कुछ चित्र परवर्ती भी प्रतीत होते हैं जो इन चित्रों की प्रेरणा पाकर बाद में बनाए गए होंगे। ऐसे 25 चित्रों की सूचना मिली है। ये सभी चित्र प्राय: एक दो अपवादों को छोड़कर व्यक्तिगत संग्रहों में हैं जिनमें पीटर बॉल्म (U.K.) का संग्रह विशिष्ट है।

इनमें भी दतिया क़लम के अंकन विशेष रूप से देश व विदेश के विभिन्न संग्रहालयों तथा व्यक्तिगत संग्रहों में मिलते हैं।

इस क़लम पर जयपुर शैली का विशेष प्रभाव है जिसे दतिया शैली के अंकनों में देखा जा सकता है। दतिया शैली के अंकनों की यह एक विशिष्टता है कि उनके ऊपरी भाग पर सफेद स्याही से इबारत अंकित होती है तथा उनमें स्थापत्य जयपुर शैली से लगभग पूर्णत: साम्य रखता है। ये चित्र यद्यपि बहुत अधिक अलंकृत नहीं हैं लेकिन इनकी स्वाभाविकता प्रभावित करती है। फूल-फल, पेड़, आकाश व बादल सहित संतुलित देहयष्टियां जो मेवाड़ और मालवा क़लम से भिन्न ऊँची होती हैं उनका अपना आकर्षण है। यह क़लम अपनी सरलता के

कारण विशेष रूप से जानी जाती है। इस क़लम के चित्रों की पृष्ठभूमि में निसर्ग का सुंदर चित्रण भी दिखाई देता है।

बुन्देलखण्ड के विद्वानों ने यह माना है कि दतिया की चित्रशैली अपने आपमें अन्य चित्रशैलियों से अलग है। इसमें आलेखन सीधा-सादा है तथा रंग विधान भी इसी तरह का है। दतिया क़लम में भाव व्यंजनाओं का भले कहीं अभाव दिखाई देता हो लेकिन चित्रों में बनाई गई आकृतियों के मुखों पर प्रदर्शित भाव सजीव दिखाई देते हैं। इन चित्रों में सजीवता के साथ-साथ भावों की प्रधानता तथा मौलिकता भी है।

दतिया नरेश शत्रुजित सिंह (1762-1801) ईस्वी के समय में दतिया शैली में कई ग्रंथ चित्रित हुए। देव के अष्टयाम, बिहारी की सतसई तथा मतिराम के रसराज को चित्रित किया गया है। उनके समय में बारामासा के अंकन भी हुए। देव के अष्टयाम के बारह चित्रित पृष्ठ लखनऊ संग्रहालय में हैं तथा छः पृष्ठ भारत कला भवन, बनारस में है। इनके अंकन का काल ईस्वी सन् 1781 का है। बुन्देलखण्ड के कवि अक्षर अनन्य की कृति उत्तमचरित (दुर्गासप्तशती का बुंदेली रूपांकन) राजकीय संग्रहालय झांसी में है। इसमें कुल 33 चित्र हैं। आकृतियों के परिधान बुन्देलखण्डी हैं। चित्रों के रंग चटख हैं किंतु टिपाई उच्चकोटि की नहीं है। सप्तमातृकांए भी चित्रित की गई हैं।

वर्तमान में दतिया में केवल कुछ व्यक्तिचित्र, जो 20वीं सदी के उत्तरकाल में बनाए गए प्रतीत होते हैं, वहाँ के छोटे से संग्रहालय में रखे हुए हैं, उनमें दतिया क़लम के बनाए गए पुराने चित्रों की निजस्व का अभाव है। वहाँ के एक व्यक्तिगत संग्रह में एक चित्र सुरक्षित हैं, जिसमें मुग़ल सम्राट औरंगजेब जिंजी के क़िले को जीतने के लिए (ई. सन् 1694) दतिया नरेश दलपतराव (1683-1707 ई.) को सेना की कमान सौंप रहा है।

दलपतराव के प्रपौत्र शत्रुजीत (1762-1801) के व्यक्तिचित्र भी दतिया के कुछ व्यक्तियों के पास हैं, एक चित्र में शत्रुजीत का घोड़े पर आरूढ़ चित्र है, एकचश्मी चेहरा है, ललाट पर चन्दन का तिलक, छोटा मस्तक तथा तेजस्वी नेत्र बड़ी सुन्दरता के साथ उरेहे गए हैं। यह मुग़ल शैली से प्रभावित चित्र है। वस्त्र और अलंकार भी मुग़ल शैली के हैं। दतिया क़लम के चित्र विभिन्न व्यक्तिगत संग्रहों तथा संग्रहालयों में चले गए। दतिया शैली में रागमाला, बारामासा तथा भागवत के अलावा कविप्रिया, रसिकप्रिया, बिहारी सतसई तथा रसराज के आधार पर चित्र बनाए गए। कृष्णलीला, दतिया के चितेरों का प्रमुख विषय रहा।

जहाँ तक दतिया के चित्रकारों का प्रश्न है, इनमें सर्वप्रथम नाम केसरीसिंह का आता है, ये राजा शत्रुजीत के राज्यकाल में रहे तथा इनका कार्य सन् 1781 के आसपास का था। इन्होंने महाकवि देव के अष्टयाम नामक काव्य के छंदों के आधार पर चित्र बनाए। ये चित्र वर्तमान में राजकीय संग्रहालय, लखनऊ में सुरक्षित हैं तथा दतिया शैली के प्रतिनिधि चित्र माने जाते हैं। पंडित मौजी और नन्ने चतेउरी नामक दोनों चित्रकारों ने महाराजा पारीच्छत की छतरी की भीतरी दीवारों पर चित्र बनाए। वर्तमान में केवल इसी छतरी में बने हुए चित्र कुछ ठीक दशा में सुरक्षित हैं,ये चित्र 19वीं शताब्दी के पूर्वार्द्ध के दतिया क़लम के श्रेष्ठ भित्तिचित्र हैं। इन्हीं चितेरों ने श्री अवध बिहारीजी के मन्दिर और क़िले के अन्दर अखाड़े के चित्र भी बनाए थे। इनके बाद के चित्रकारों के रूप में दतिया के प्रमुख चित्रकार पंडित छोटेलाल गोस्वामी, जगन्नाथ बुलकिया, पंडित खलक तिवारी, पंडित गोविन्द दास तिवारी, पंडित मोहनलाल तिवारी, पंडित नारायणदास शर्मा, श्री छगनलाल पेंटर, श्री ब्रजभूषण गोस्वामी, श्री सुन्नूलाल पटैरिया, श्री मकसूद बेग, श्री केशव भोंड़ेले, श्री रामस्वरूप पेंटर, पेंटर नूरबक्स, श्री चतुर्भुज विश्वकर्मा, श्री लल्ला बुलकिया तथा श्री महेश कुमार मिश्र के नाम जाने जाते हैं।

दतिया क़लम के सम्बन्ध में कला मनीषियों ने विस्तार से विचार किया। डॉ. वाचस्पति गेरोला के अनुसार, दतिया के राजा शत्रुजित के समय (1762-1801 ई.) में मध्यप्रदेश में चित्रकला की उन्नति हुई। इस समय के बने चित्रों में अनेक शैलियों का सम्मिश्रण है। ये चित्र रागमाला, रसराज और सतसई के आधार पर सैकड़ों की संख्या में बने। इनमें से कुछ तो जयपुर की शैली की मेल के थे, जिनमें मुग़ल शैली का भी सम्मिश्रण है और अधिकतर बुन्देली शैली के थे। इन चित्रों के प्रेरणास्रोत भित्तिचित्र थे। शबीह और धार्मिक चित्र राजपूत शैली के थे। उनका रंग विधान एवं आलेखन आकर्षक नहीं है। उनके पात्र भावहीन हैं। स्त्रियों की मुखाकृति निश्चित ही सुन्दर है। शत्रुजीत के बाद राजा परीच्छत के समय में सारा मध्यप्रदेश अंग्रेजों के हाथों में जा चुका था, इसलिए दतिया की चित्रकला में भी ब्रिटिश कला एवं रूचियों का समावेश होकर उसका अपनापन विलुप्त हो गया।

डगलस बैरेट और बेसिल ग्रे के अनुसार मालवा और बुन्देलखण्ड का पारस्परिक समन्वय महत्वपूर्ण है तथा उत्तरी बुन्देलखण्ड के शासक कूटनीतिक दृष्टि से चतुर थे, जिन्होंने मुग़ल बादशाहों से अपने सम्बन्ध बनाए। उनका विचार है कि बुन्देलखण्ड के इस क्षेत्र में वास्तविक मालवा क़लम का परिष्कार हुआ तथा यह तथ्य भी अपने आप में रोचक है कि राष्ट्रीय संग्रहालय नईदिल्ली में जो रामायण की चित्रावली रखी हुई है, उसकी शैली उस बोस्टन रागमाला के लघुचित्रों से साम्य रखती है जिस पर बुन्देलखण्डी में लिपि अंकित है। इसी प्रकार गोपी कृष्ण कनोड़िया के संग्रह में 1688 की जो सचित्र भागवतपुराण की पोथी रखी हुई है, वह भी इसी शैली की है। बनारस रागमाला के चित्र भी कुछ भिन्नता के साथ इस शैली से साम्य रखते हैं।

इंडिया ऑफिस लायब्रेरी, लंदन में 18वीं शताब्दी के आरम्भिक काल के 6 रागमाला चित्र संरक्षित हैं, जिन्हें दतिया क़लम के चित्रों के रूप में माना जा सकता है तथा ये पापुलर मुग़ल शैली से साम्य रखने वाले चित्र हैं। 19वीं शताब्दी के आरम्भिक काल में देहली व ब्रिटिश क़लमों का प्रभाव दतिया क़लम पर दिखाई देता है, विशेष रूप से महाराजा भवानीसिंह की सन् 1870 में निर्मित उस शबीह पर, जिस पर मुग़ल प्रभाव होने के साथ-साथ उन शैलियों का भी स्पष्ट प्रभाव है, जो तत्कालीन मध्यभारत में अपनी-अपनी विशेषताओं के साथ पनप रही थीं।

दतिया क़लम के लघुचित्र अनेक व्यक्तिगत संग्रहों तथा विभिन्न संग्रहालयों में संरक्षित हैं, किन्तु उनका कोई क्रमबद्ध इतिहास नहीं मिलता।

यहाँ यह तथ्य भी उल्लेखनीय है कि बुन्देलखण्ड व मालवा की चित्रांकन शैलियों के सम्बन्ध में कुछ वर्षों पहले जर्मनी के भारत में राजदूत तथा भारतीय लघुचित्र कला के अध्येता डॉ. कोनार्ड साइट्ज़ ने विचार किया था तथा उनकी यह मान्यता रही कि मालवा शैली जैसी कोई पृथक से लघुचित्र शैली नहीं रही तथा जो भी चित्रांकन मध्यकाल में इस शैली के कहे जाते हैं वे वास्तव में बुन्देलखण्ड में बने तथा इस चित्रांकन का केन्द्र पन्ना रहा। उनकी इस अवधारणा की अभी पूर्णत: पुष्टि नहीं हो सकी है। किन्तु उनके द्वारा जो प्रमाण दिए गए हैं उससे यह ज्ञात होता है कि बुन्देलखण्ड में भित्तिचित्रों के समांतर लघुचित्रों के अंकन की भी सुदीर्घ परम्परा रही होगी। किन्तु इनके उदाहरण हमें प्राय: अठारहवीं सदी के उत्तरार्द्ध व उन्नीसवीं सदी में मिलते हैं।

जगदीश एवं कमला मित्तल म्यूज़ियम ऑफ इंडियन आर्ट, हैदराबाद के संस्थापक प्रख्यात कलाविद श्री जगदीश मित्तल ने अपने संग्रह के बुन्देलखण्ड शैली के लघुचित्रों पर केन्द्रित एक कृति का प्रकाशन वर्ष

2019 में किया है जिसका संपादन प्रख्यात कलाविद डॉ. जॉन सायलर व उन्होंने किया है। उन्होंने डॉ. साइट्ज़ के मत की पुष्टि की है। उनका यह मानना है कि बुन्देलखण्ड में इस कथित मालवा शैली के जो लघुचित्र बने वे वास्तव में बुन्देलखण्ड शैली के लघुचित्र हैं तथा वर्ष 1590 के आसपास इन चित्रों के आरम्भिक उदाहरण मिलते हैं यद्यपि इनकी संख्या कम है।

मित्तल संग्रह में ईस्वी सन् 1595 में निर्मित एक अंकन बुन्देलखण्ड शैली का वर्गीकृत किया गया है जिसे वे ओरछा में निर्मित मानते हैं। यह देशवराड़ी रागिनी का अंकन है। इसी श्रृंखला के नौ और लघुचित्रों की जानकारी है। श्री जगदीश मित्तल का यह भी मत है कि वर्ष 1634 में निर्मित रसिकप्रिया के जिन चित्रों को मालवा शैली में वर्गीकृत किया जाता है वे वास्तव में ईस्वी सन् 1592-95 के बीच बनाए गए अंकन हैं तथा इनमें जो एकल कक्ष का स्थापत्य दिखाई देता है व छत्रियां दिखाई देती हैं उनका साम्य ओरछा के जहांगीर महल के स्थापत्य होता है। मित्तल संग्रह में भागवत पुराण के दो फोलियो भी हैं। श्री मित्तल के अनुसार ये भी वर्ष 1635-40 के बीच दतिया में निर्मित हुए। इसी प्रकार गौरी, टोडी, दीपसाधिका, ककुभ, आसावरी (निर्माण काल 1670-80 ईस्वी), देवगंधार (निर्माण काल 1675-80 ईस्वी), वसंत राग, ककुभ रागिनी (निर्माण काल 1700 ईस्वी) को भी वे मालवा शैली में वर्गीकृत न करते हुए बुन्देलखण्ड शैली में जो ओरछा अथवा दतिया में पल्लवित हुई, वर्गीकृत करते हैं।

मित्तल संग्रह में दो पश्चातवर्ती अंकन जिन्हें मालवा शैली के अंकनों के रूप में वर्गीकृत किया जाता रहा है उन्हें वे ईस्वी सन् 1690 में निर्मित होना निर्धारित करते हुए बुन्देलखण्ड की ओरछा या दतिया शैली के अंतर्गत वर्गीकृत करते हैं। ये दोनों अंकन भागवत पुराण के हैं तथा 1680 के दशक में इन्हें निर्मित माना गया है। मित्तल संग्रह में गणेश व सरस्वती का अंकन भी है जिसे भी मालवा शैली में वर्गीकृत न करते हुए बुन्देलखण्ड शैली में वर्गीकृत किया गया है तथा इसका निर्माण ईस्वी सन् 1675 माना गया है। लोक प्रभाव वाले ढोलामारू की कथा के एक अंकन को जो इस संग्रह में है ईस्वी सन् 1700 में निर्मित मानते हुए इसे भी बुन्देलखण्ड शैली में वर्गीकृत किया गया है। कृष्ण की वस्त्र हरण लीला पर आधारित एक लोक प्रभाव वाला अंकन भी उन्होंने बुन्देलखण्ड शैली में वर्गीकृत किया है तथा इसे ईस्वी सन् 1725 में निर्मित माना है।

इस प्रकार सत्रहवीं व अठारहवीं सदी के वे अंकन जो पूर्व में मालवा शैली में वर्गीकृत किए गए थे उन्हें अब नवीनतम निष्कर्ष के आधार पर श्री मित्तल व जॉन सायलर वर्ष 2019 में यह मानते हैं कि ये अंकन मालवा शैली के न होकर बुन्देलखण्ड शैली के हैं तथा ओरछा अथवा दतिया में निर्मित हुए हैं।

सत्रहवीं तथा अठारहवीं सदी में जो महत्वपूर्ण लघुचित्र ओरछा व दतिया में निर्मित हुए वे रागमाला, बारामासा, भागवत पुराण, रामायण, अमरूशतक तथा देवी महात्म्य के विषयों पर केन्द्रित थे। रागमाला के अंकन अपेक्षाकृत अधिक हैं। यद्यपि यह कहा जाता है कि पन्ना, टीकमगढ़ और इनके समान ओरछा की अन्य उत्तराधिकारी रियासतों में चित्र बने किन्तु यहाँ की लघुचित्र परम्परा के बारे में जानकारी नहीं मिलती लेकिन इनमें बिजना एक अपवाद है जो ओरछा की एक छोटी सी, झांसी के निकट अवस्थित जागीर थी और जहाँ बने उन्नीसवीं सदी के आरम्भ के अंकन पिछले तीन दशकों से प्रकाश में आए हैं।

बिजना में अत्यन्त आकर्षक चित्रांकन हुए। इन चित्रों की विशेषता यह है कि ये 19वीं सदी के उत्तरार्द्ध के दतिया शैली से प्रभावित अंकन हैं तथा इन अंकनों में घटना, व्यक्तियों और इन्हें बनाने वाले चितेरों के नामों

को तो अंकित किया ही गया है साथ ही उस तिथि व संवत का भी उल्लेख है जिस तिथि व संवत में यह चित्र बने। इन चित्रों में तेजसिंह सुजानसिंह, धनसिंह, सुरजनसिंह, बिजैबहादुरसिंह, धुरमंगल सिंह, आदि जागीरदारों के सुंदर अंकन हैं। इन अंकनों के पीछे जो विवरण दिया गया है उससे यह भी ज्ञात होता है कि कौन-कौन से व्यक्ति किस क्रम में खड़े और बैठे हैं तथा यह भी कि वे क्या कर रहे हैं।

व्यक्तिगत संग्रह में एक सुंदर अंकन सुजानसिंह का है जिसमें उन्हें चित्र निहारते हुए दर्शाया गया है। जो लघुचित्र उपलब्ध हैं वे सब संवत 1865 अर्थात ईसवी सन 1808 में बनाए गए हैं। ऐसा प्रतीत होता है कि इस अवधि में बिजना में वहाँ के जागीरदार की एक चित्रशाला रही होगी जिसमें इन चित्रों को बनाया गया होगा। इन चित्रों की महत्वपूर्ण विशेषता यह है कि इनके पीछे बुन्देली में इबारत लिखी गई है। एक अंकन में जागीरदार श्री धनसिंह को पूजा करते हुए चित्रित किया गया है तथा बुन्देली में अंकित है, 'पं. श्री लल्ला पाण्डे अगारी पूजा करत' अर्थात जागीरदार श्री धनसिंह, श्री लल्ला पाण्डे नामक पं. के समक्ष बैठकर पूजा कर रहे हैं। इन सभी चित्रों में समस्त परिधान बुन्देली ही हैं तथा क़लम को स्पर्श करते गुलमुच्छ यह स्पष्ट रूप से प्रमाणित कर देते हैं कि यह अंकन बुन्देली शैली के 19वीं सदी के आरम्भ के अंकन हैं। यह भी उल्लेखनीय है कि बिजना का अर्थ पंखा भी बुन्देली में होता है। इन चित्रों में बनाए गए पंखे भी विशिष्ट हैं वे आम पंखों से भिन्न हैं, उनका आकार अन्य शैलियों में बनाए गए पंखों की तुलना में अपेक्षाकृत बहुत छोटा है तथा वे दोनों ओर करीने के साथ मुड़े हुए हैं। एक अंकन में सेवक को इसी प्रकार के पंखे को जागीरदार के मस्तक पर झलते हुए चित्रित किया गया है।

बिजना शैली के जागीरदार अजीतसिंहजूदेव के अंकन में जो छत तिकोने आकार में गुलाबी रंग से चित्रित की गई है वह अपने आप में अत्यन्त मनोहारी है तथा इस प्रकार की छत के अंकन किसी अन्य शैली में दिखाई नहीं देते। बंद दरबाजे पर गोल बांधी हुई चिक व छत का तिकोना स्थापत्य जयपुर शैली के स्पष्ट प्रभाव को दर्शाता है। पारदर्शी, झीने वस्त्र इस शैली के अंकनों की विशेषता है। एक अंकन में पारदर्शी गाव तकिया उसी प्रकार चित्रित किया गया है जैसा ओरछा क़लम में चित्रित है। सेवकों को खवास लिखा गया है। खवास का अर्थ सेवक होने के साथ-साथ नाई का भी होता है जिसके द्वारा बाल बनाए जाते हैं तथा शरीर पर तेल मर्दन किया जाता है। ऐसे सेवकों के हाथ में स्थानीय मोरछल को धारण किए चित्रित किया गया है। यह मोरछल राजस्थानी क़लमों में चित्रित मोरछल की तुलना में अपेक्षाकृत मोटी है तथा प्रायः सफेद रंग से चित्रित की गई है।

बिजना शैली में व्यक्तिचित्र भी बनाए गए हैं जिनमें पं. छोटेलाल का व्यक्तिचित्र विशिष्ट है जिन्हें बुन्देलखण्डी परिधानों में घोड़े पर बैठे हुए दर्शाया गया है। एक अंकन रूपमती बाजबहादुर का भी है।

बिजना की अष्टगढ़ी में किए गए अंकन इन अर्थों में विशिष्ट हैं क्योंकि इनमें बुन्देलखण्ड की चित्रशैली की सभी विशेषताएं विद्यमान हैं, विशेष रूप से वह पटका जो ओरछा और दतिया क़लम में बनाए गए लघुचित्रों तथा भित्तिचित्रों में विशेष रूप से दृष्टिगत होता है। यह विशेषता अन्य किसी भी शैली के चित्रों में नहीं मिलती। अन्य शैलियों के चित्रों में जो पटका बांधा गया है उसका बांधना भिन्न है। बुन्देली पटके में कमर के आसपास तीन या चार सतरें होती हैं जो अन्य शैलियों में बांधे गए पटकों या कमरबंधों में नहीं होती।

बिजना की शैली को दतिया की उपशैली के रूप में वर्गीकृत किया जा सकता है। ठीक उसी प्रकार जिस तरह मेवाड़ की उपशैली के रूप में नाथद्वारा या देवगढ़ को वर्गीकृत किया जाता है। जिस तरह नाथद्वारा और देवगढ़ की शैलियां अपने आप में मेवाड़ क़लम से प्रभावित होते हुए भी अपना निजस्व रखती है उसी

तरह बिजना की यह उपशैली दतिया क़लम से प्रभावित होते हुए भी अपने आप में इसलिए मौलिक कही जानी चाहिए क्योंकि इसमें वह स्थानीयता अपनी पूरी जीवन्ता के साथ उभर कर प्रकट हुई है जो स्थानीयता बिजना की पहचान है। वहाँ की वनस्पति, परिधान व बैठक विशिष्ट है। दतिया के प्राय: अधिकांश अंकनों में उनके ऊपरी भाग पर सफेद स्याही में इबारत लिखी होती है जबकि बिजना के अंकनों में चित्र के पीछे के भाग में यह इबारत स्पष्ट अक्षरों में स्याही से अंकित की गई है। बिजना के लघुचित्र यद्यपि बाद के काल के हैं, किन्तु उनके रंग चमकदार हैं तथा उनमें धुंधलापन नहीं है।

बिजना के लघुचित्रों को दो भागों में बांटा जा सकता है। पहले भाग में वे लघुचित्र हैं जिनमें राधाकृष्ण की लीलाओं का अंकन है। इनमें घोड़ों पर सवार बाजबहादुर व रूपमती सहित पं. छोटेलाल के व्यक्तिचित्र जैसे व्यक्तिचित्रों को तथा शिकार दृश्य के चित्रों को शामिल किया जा सकता है। बिजना के लघुचित्रों की किनारी बेलबूटेदार है तथा अत्यन्त मनोहारी है।

इन लघुचित्रों पर दतिया क़लम का अधिक प्रभाव है तथा ऐसा प्रतीत होता है जैसे दतिया के कलाकार ने इन चित्रों को बनाया हो। यद्यपि इन चित्रों पर जो लोक प्रभाव दृष्टिगत होता है उसके कारण इन्हें दतिया क़लम के चित्रों से पृथक किया जा सकता है। ये चित्र 19वीं सदी के आरम्भिक काल में बने हुए प्रतीत होते हैं।

दूसरे भाग में वे चित्र आते हैं जो बिजना के शासकों के चित्र हैं। ये चित्र 19वीं सदी के आरम्भिक काल के भी हैं तथा उत्तरार्द्ध के भी किन्तु यह स्पष्ट है कि यह लघुचित्र राधाकृष्ण लीला के अंकनों के बाद की अवधि के चित्र हैं क्योंकि शैलीगत भिन्नता से यह तथ्य भलीभांति स्पष्ट हो जाता है।

बिजना के इन अंकनों में जहाँ एक ओर जीवन्तता है वहीं दूसरी ओर ये अपने रंग संयोजन के कारण भी अपनी अलग पहिचान रखते हैं। इन अंकनों में आकाश का चित्रण बड़े नैसर्गिक रूप में किया गया है वह काले, नीले और सिंदूरी रंग में चित्रित है। पृष्ठभूमि प्राय: सफेद व नीली चित्रित की गई है तथा पक्षियों का आकार बहुत छोटा है, वे परवर्ती विदर्भ (नागपुर) शैली में अंकित दुबले व छोटे आकार के पक्षियों की भांति चित्रित किए गए हैं। जागीरदार व अन्य व्यक्तियों के परिधानों के अंकनों में चटख रंगों का प्रयोग किया गया है, ये रंग पीले, नारंगी तथा हरे रंग हैं। रेखाओं का संयोजन सधा हुआ है तथा रंगों का प्रयोग भी आनुपातिक है।

बिजना की चित्रशैली बुन्देलखण्ड की दतिया और ओरछा क़लमों की ऐसी उपशैली है जो पहली बार अपनी समग्र विशेषताओं के साथ इस आलेख के माध्यम से प्रकाश में आ रही है। ये चित्र बिजना में ही बने इसका असंदिग्ध प्रमाण वह पुष्पिका है जो इन लघुचित्रों के पीछे अंकित है।

बुन्देलखण्ड की यह चित्रशैली यहाँ के कलाचेषी शासकों के कलाप्रेम तथा विशेष रूप से लघुचित्रों के अंकन के प्रति उनके अनुराग की साक्षी है।

बुन्देलखण्ड की ओरछा और दतिया शैलियों से उपजी यह उपशैली जिसके अनेक लक्षण अपनी स्थानीयता के कारण सर्वथा मौलिक हैं, बुन्देलखण्ड की महान चित्रांकन विरासत की द्योतक है।

बुन्देलखण्ड में अपनी लोक विशेषताओं के साथ विभिन्न स्थानों पर चित्रांकन हुए हैं तथा इन पर बुंदेली में इबारत भी लिखी गई है।

बुन्देली क़लम में रसिकप्रिया व कविप्रिया के अंकन हुए हैं। कहा जाता है कि ओरछा नरेश पहाड़ सिंह (1640-1662 ईस्वी) की पत्नी हीरारानी के लिए रामायण के प्रसंगों पर अंकन किए गए थे। हीरादे के नाम से एक अंकन मिला है जिसका उल्लेख राय आनंदकृष्ण ने मालवा पेंटिंग नामक अपनी कृति में किया है।

उल्लेखनीय है कि बुन्देलखण्ड में कायस्थ परिवारों के सदस्यों के द्वारा बहुतायत से लघुचित्र विशेष रूप से उन्नीसवीं सदी में बनाए गए। खरे व श्रीवास्तव परिवार के सदस्यों ने यह कार्य किया। अजयगढ़ तथा चरखारी में अनेक सचित्र ग्रंथ बने। अजयगढ़ में ईस्वी सन् 1855-1860 के बीच खरे परिवार के सदस्यों ने बुन्देलखण्डी शैली में रामायण चित्रित की। इसी तरह चरखारी में रघुवरविलास नामक काव्य ईस्वी सन 1860-65 के बीच चित्रित किया गया। फुटकर लघुचित्र भी बने। बुन्देलखण्ड के कवि अक्षर अनन्य की कृति उत्तमचरित (दुर्गा सप्तशती का बुंदेली रूपांकन) राजकीय संग्रहालय झांसी में है। इसमें कुल 33 चित्र हैं। आकृतियों के परिधान बुन्देलखण्डी हैं। चित्रों के रंग चटख हैं किंतु टिपाई उच्चकोटि की नहीं है। सप्तमातृकांए भी चित्रित की गई हैं।

विशेष रूप से चरखारी, समथर तथा बिजना में व्यक्तिचित्र बने। बिजना के अधिकांश लघुचित्र अब विदेशों में चले गए हैं।

दतिया के राजसंग्रह सहित विदेश में ब्रिटिश म्यूज़ियम, विक्टोरिया एंड अलबर्ट म्युजियम, लंदन, लॉस एंजेलिस काउंटी म्यूज़ियम ऑफ आर्ट, फ्रीर गैलेरी वांशिगटन सहित देश और विदेश के अनेक प्रमुख संग्रहालयों तथा व्यक्तिगत संग्रहों में दतिया क़लम के चित्र विद्यमान हैं। इस क्षेत्र में कैनवास पर भी परवर्तीकाल में चित्र बनाए गए। ऐसे चित्र विशेष रूप से चरखारी में बने। लकड़ी की पट्टिकाओं पर भी काफी चित्र बनाए गए।

बुन्देलखण्ड की यह चित्रांकन परंपरा इस तथ्य की साक्षी है कि बुन्देलखण्ड में यह कला उत्तरोत्तर मध्यकाल में विकसित होती रही है।

रामचरित की चित्रांकन परम्परा

भगवान राम को भारतीय लोकमानस केवल भगवान या उनके अवतार के रूप में ही स्वीकार नहीं करता, वे वास्तव में भारतीय लोक मानस में सच्चे और समर्थ मानव के रूप में प्रतिष्ठित हैं। वे ऐसे मानव हैं, जिन्हें हमारी आस्था, अवतार से भी उच्च स्वरूप में प्रतिष्ठित करती है। रामायण ऐसा ही एक महान काव्य है जो राम के मानवीय व्यवहार का आख्यान करता है। युगों-युगों से यह आख्यान भारतीय आस्था की देह की रगों-रगों में बहता रहा है और भारतीय कला के हाथों में तूलिका बन रंगों और रेखाओं के माध्यम से रूपायित होता रहा है। राम और उनका समूचा कृतित्व अपने मानवीय रूप में इस काव्य के रूपायन के माध्यम से भारतीय कला के अद्वितीय मानक के रूप में स्थापित हो गए हैं।

रामाख्यान की परम्परा के सम्बन्ध में संक्षिप्त रूप से यदि जानकारी ली जाए तो ज्ञात होता है कि वाल्मीकि से पूर्व रामाख्यान वाक् परम्परा में था। ईसा पूर्व 500 से लेकर ईसा पूर्व 200 तक रामकथा के सम्बन्ध में यह कहा जाता है कि वह मौखिक रूप से ही यात्रा करती रही तथा इसे संस्कृत में सर्वप्रथम रचा महर्षि वाल्मीकि ने। यह लोकोक्ति है कि जब वाल्मीकि क्रौंच वध से करुणामय हो उठे तथा उनके मुख से जब यह प्रथम श्लोक निकला तो यह श्लोक अनुष्टुप छन्द में था। वे विश्व के पहले कवि थे।

मा निषाद प्रतिष्ठां त्वमगमः शाश्वतीः समाः।
यत्क्रौंचमिथुनादेकमवधी काममोहितम्।।

जब उन्हें छन्द मिल गया तब उनके सामने यह प्रश्न उपस्थित हुआ कि इस छन्द में किस नायक की गाथा कही जाए तब नारद ने उन्हें राम की गाथा इस छन्द में कहने का अनुग्रह किया और इस तरह वाल्मीकि रामायण सृजित हुई।

राम की ऐतिहासिकता के सम्बन्ध में यद्यपि विवाद की स्थिति रही है किन्तु इस बिन्दु पर कोई विवाद नहीं कि वे एक भाव नायक हैं। विद्वान मानते हैं कि भाव नायक भगवान श्रीराम की कथा में प्रत्येक युग में कुछ न कुछ जुड़ा तथा वैदिक काल के बाद संभवतः ईसा पूर्व छटवीं सदी में इक्ष्वाकु वंश के सूत्रों ने राम गाथा की सृष्टि की।

वर्तमान में वाल्मीकि रामायण के तीन पाठ उपलब्ध होते हैं। प्रथम दक्षिणात्य पाठ दक्षिण तथा गुजराती संस्करणों के पाठ, द्वितीय गौड़ीय पाठ जो गोरेसियों द्वारा सम्पादित है तथा पेरिस में ईस्वी सन् 1843 में प्रकाशित कलकत्ता सिरीज़ का संस्करण तथा तृतीय पश्चिमोत्तरीय पाठ लाहौर का संस्करण। इन तीनों पाठों में काफी अंतर

है जिसका कारण भाषाओं की भिन्नता तथा अलग-अलग परम्पराओं में उनका लिपिबद्ध होना है। वाल्मीकि के इस कार्य को यायावर जातियों के द्वारा चारों ओर फैलाया गया। यद्यपि तत्कालीन ब्राह्मणों ने इस कथा को संस्कृत में लिखने का विरोध किया किन्तु यह श्रुति परम्परा में भी एक पीढ़ी से दूसरी पीढ़ी तक निरंतर जारी रहा। पाली तथा प्राकृत में भी रामकथा के उल्लेख हैं। सोलहवीं सदी में दो महिलाओं ने रामायण लिखी। तेलुगु में मोआ तथा बंगाली में चन्द्रावती ने यह कार्य किया। सोलहवीं सदी में मुग़ल सम्राट अक़बर ने अब्दुल क़ादर बदायुनी से रामायण का फारसी में अनुवाद कराया। सत्रहवीं सदी में अलावार भक्तों ने तमिलनाडु में राम से सम्बन्धित भक्ति गीतों की रचना की।

यह विस्मय का विषय हो सकता है कि तिब्बत के विद्वानों ने आठवीं सदी में रामायण की कहानियों को जहाँ एक ओर संकलित किया वहीं मंगोलिया तथा पश्चिम के मध्य एशिया के खोतान में भी इसी तरह का कार्य हुआ और इस तरह भगवान राम की यह कहानी ने विश्वव्यापी स्वरूप ग्रहण किया। मसाले और कपड़ों के व्यापारियों ने इस कथा को दूर-दूर तक फैलाया। दक्षिण एशिया में रामायण का व्यापक प्रचार हुआ। थाई रामायण (रामकियन) पर हिन्दू प्रभाव है तथा बैंकॉक के एमराल्ड बौद्ध मन्दिर की भित्तियों पर इसके प्रसंगों का अंकन है। लाओस की रामायण पर बौद्ध प्रभाव दृष्टिगत होता है। यह उल्लेखनीय है कि चौदहवीं से अठारहवीं शताब्दी में थाई साम्राज्य की राजधानी ययुध्या (अयोध्या) के नाम से जानी जाती थी तथा उनके राजाओं के नाम भी राम के आधार पर पाए जाते थे। दक्षिण-पश्चिमी एशियाई देशों में इंडोनेशिया और मलेशिया की सांस्कृतिक विरासत में आज भी रामायण एक अनिवार्य अंग है जबकि वहाँ इस्लाम के जन्मने के बाद इस्लाम का व्यापक प्रभाव पड़ा।

बौद्धों ने राम को बोधिसत्व अर्थात् बुद्ध का एक अवतार माना तथा इस कथा को जातक साहित्य में स्थान दिया। दशरथ जातक, अनाकम जातक तथा दशरथ कथानम, ये तीन जातक बौद्ध परम्परा में हैं। जैन कवियों के द्वारा भी रामकथा लिखी गई। इसमें सातवीं-आठवीं में लिखित स्वयंभू का 'पउमचरिउ' विशेष उल्लेखनीय है। जैन साहित्य में रामाख्यान पर केन्द्रित अनेक अन्य ग्रंथ भी लिखे गए जिनमें मुख्य हैं, विमलसूरि कृत पदमचरित (प्राकृत), रविषेणाचार्य कृत पद्म पुराण (संस्कृत), स्वयंभू कृत पदमचरित (अपभ्रंश) तथा गुणभद्र कृत उत्तर पुराण (संस्कृत)। जैन परम्परा में राम का पूर्ण नाम पदम माना जाता है।

विद्वानों ने अनुमान लगाया है कि हिन्दी में कम से कम 11, मराठी में 8, उड़िया में 6, तेलुगु में 12, तमिल में 12 तथा बंग्ला में 8 रामायण लिखी गईं।

रामकथा के जाने कितने आख्यान हुए जिनके सम्बन्ध में रामायण केन्द्रित शोध केन्द्रों के द्वारा जानकारियां संकलित की जाती रही हैं। भगवान राम के वनगमन के पथ को लेकर भी विस्तार से शोध की गई है। रामचरित एकमात्र विश्व का ऐसा चरित्र कहा जा सकता है जिससे जुड़े प्रत्येक आयाम पर समूचे विश्व में विस्तार से जिज्ञासु विद्वानों ने शोध की है जिसके परिणामस्वरूप आज राम केन्द्रित विपुल साहित्य हमारे पास उपलब्ध है।

संस्कृत साहित्य में रामकथा को आधार बनाकर व्यापक रूप से नाटक तथा महाकाव्य रचे गए। कालिदास ने रघुवंश में पूरी रघुवंश परम्परा का वर्णन किया तथा कुमारदास ने जानकी हरण, अभिनन्द ने रामचरित, आचार्य क्षेमेन्द्र ने रामायण मंजरी आदि शीर्षकों से महाकाव्य की रचना की। संस्कृत नाटकों में आश्चर्य चूड़ामणि, अद्भुत दर्पण, महावीर दर्पण, अनर्घराघव, बाल रामायण आदि महानाटक लिखे गए। ईस्वी सन् 1100 के आसपास मालवा के राजा भोज ने चंपू रामायण का सृजन किया।

समस्त भारतीय भाषाओं में रामकाव्य के लेखन की विशाल परम्परा है जिसका वर्णन सीमित पृष्ठों में संभव नहीं है। मुख्य रूप से दक्षिण में कम्बन कृत तमिल इरामावतारम ग्यारहवीं सदी में रची गई जो तमिल रामायण के रूप में काफी लोकप्रिय है। इनके अलावा तेलुगु में रंगनाथ कृत रामायण जो बारहवीं सदी में लिखी गई तथा चौदहवीं सदी में राज के द्वारा लिखित भास्कर रामायण भी लोकप्रिय है। मलयालम में वाल्मीकि रामायण के दो अनुवाद बड़े लोकप्रिय हुए जिनमें केरल वर्मा का रामायण अनुवाद सुप्रसिद्ध है। बांगला में कृत्तिवास की पन्द्रहवीं सदी में रची गई कृत्तिवासीय रामायण बहुत लोकप्रिय है। यह वैसी ही लोकप्रिय है जैसी उत्तर भारत में तुलसी कृत रामचरितमानस। कृत्तिवासीय रामायण को लेकर विस्तार से शोध कार्य भी हुआ है।

मराठी में एकनाथ ने भावार्थ रामायण तो ओड़िया में बलराम दास ने दांडी रामायण, सारलादास ने विलंका रामायण, उपेन्द्र भंज ने वैदेहीश विलास तथा विश्वनाथ खुंटिया ने विचित्र रामायण लिखी। आसाम में कंडाली ने आसामी रामायण की रचना की। एजुयाचन ने मलयालम रामायण का सृजन किया तो गुरुग्रंथ साहिब के दशम ग्रंथ का गोविन्द रामायण हिस्सा बनी। गिरिधर के द्वारा गुजराती रामायण लिखी गई तथा द्वारिका प्रकाश ने कश्मीरी रामायण की रचना की।

महाराष्ट्र में राम भक्ति शाखा के अनेक कवि हुए हैं। वहाँ के उत्तर जलगांव विद्यापीठ के विभाग प्रमुख डॉ. मु.ब. शहा के द्वारा इन कवियों पर विस्तृत शोध कार्य किया गया है।

हिन्दी काव्य में राम भक्ति की परम्परा के सम्बन्ध में बहुत विस्तार से विचार हुआ है तथा डॉ. फादर कामिल बुल्के व वारान्निकोव जैसे विदेशी विद्वानों ने रामाख्यान पर विस्तृत शोध की है। रामकथा को रामानंद ने सर्वप्रथम इस रूप में प्रस्तुत किया जिसमें राम-सीता के साथ भक्ति साधना के लिए हनुमान की भी स्तुति होती है। तुलसीदास ने रामकथा को अद्भुत लोकप्रियता दी। इतनी कि 'रामचरितमानस' का अक्षर-अक्षर मंत्र बन गया। केशव ने 'रामचन्द्रिका' लिखी तो अग्रदास ने 'रामध्यान मंजरी' और प्राणचन्द चौहान ने 'रामायण महानाटक' लिखा। आधुनिक काल में 'साकेत' यदि मैथिलीशरण गुप्त ने रचा और 'पंचवटी' की रचना की तो निराला ने 'राम की शक्तिपूजा' की सर्जना की। यह अपने आपमें एक महाकाव्य है। यह भी एक महत्वपूर्ण तथ्य उल्लेखनीय है कि तुलसी के ही समकालीन कवि बारहट नरहरदास ने 'औतारचरित' नामक ग्रंथ की रचना राजस्थान में की। यह सचित्र ग्रंथ वर्तमान में राजकीय संग्रहालय झालावाड़ में संरक्षित है। इनके अतिरिक्त भी इस ग्रंथ की अनेक प्रतियां जिनमें सचित्र प्रतियां सम्मिलित हैं ये जोधपुर प्राच्य विद्या प्रतिष्ठान में उपलब्ध हैं। इनमें समूचे रामचरित को काव्यात्मक रूप से प्रस्तुत किया गया है।

रामकथा का प्रचार-प्रसार न केवल भारत अपितु समूचे दक्षिणपूर्व एशिया में सदियों से होता रहा है। वाल्मीकि रामायण, रामकथा का आख्यान करने वाला सर्वाधिक प्राचीन काव्य है। रामायण के अंकनों के संदर्भ प्राचीन साहित्य में भी मिलते हैं। कालिदास के रघुवंश में रामकथा वर्णित है।

वाल्मीकि रामायण सात खण्डों में विभाजित है— बालकाण्ड, अयोध्या काण्ड, अरण्य काण्ड, किष्किंधा काण्ड, सुन्दर काण्ड, युद्ध काण्ड तथा उत्तर काण्ड।

विद्वानों के अनुसार ई.पू.750 तथा 500 के बीच यह रामायण रची गई किन्तु रामायण की प्राचीनतम उपलब्ध पोथी 11वीं सदी की है। वाल्मीकि रामायण की अनेक पोथियाँ देश के अनेक अंचलों में विभिन्न कालखण्डों की मिली हैं।

वाल्मीकि रामायण से प्रेरणा पाकर 16वीं सदी में गोस्वामी तुलसीदास ने कालजयी रामचरित मानस की रचना की। श्री के.एस.रामशास्त्री ने अपनी कृति, ''स्टडीज़ इन रामायना: रिडल्स ऑफ रामायना (बुक. पी.)'' में यह संदर्भ दिया है कि महर्षि व्यास ने भी वाल्मीकि रामायण की एक व्याख्या 'रामायणतात्पर्यदीपिका' के नाम से रची थी। अग्नि पुराण में भी रामायण का एक अंश मिलता है। इसी तरह गरूड़ पुराण तथा हरिवंश पुराण में भी रामायण के सन्दर्भ हैं। महाभारत के द्रोणपर्व (143/66-67) में भी वाल्मीकि रामायण के युद्धकाण्ड का सन्दर्भ है। महर्षि व्यास ने वाल्मीकि की जीवनी भी लिखी है। महाकवि कालिदास ने अपने महान काव्य रघुवंश में वाल्मीकि का दो बार स्मरण किया है। भवभूति, शार्गंधर, भास, शंकर, रामानुज, भोज तथा तुलसीदास ने अपने-अपने ग्रंथों में वाल्मीकि का बड़ी श्रद्धा के साथ स्मरण किया है। वाल्मीकि स्वयं को प्रचेता का पुत्र कहते हैं जो वशिष्ठ, नारद तथा पुलत्स्य ऋषि के भाई थे। वाल्मीकि के शिकारी होने और उसके बाद ऋषि बनने की कथा भी प्रचलित है।

वाल्मीकि रामायण की अनेक टीकाएं विभिन्न भाषाओं में समय-समय पर तैयार की गईं। इस महान् काव्य में साहित्य और दर्शन का सार तत्व विद्यमान है। रामायण भारत के भूगोल से भी हमारा परिचय कराने वाला ग्रंथ है। रामायण ने भारत की सांस्कृतिक परम्परा को समृद्ध किया और ऐसे महान मूल्यों की स्थापना की जो आज भी हमारी अनमोल धरोहर हैं। यह स्वाभाविक था कि इतने महत्वपूर्ण ग्रंथ को कलाकार अपने-अपने ढंग से अभिव्यक्त करते। इसीलिए विभिन्न कालखण्डों में रामायण में वर्णित घटनाओं के रूपायन हुए। राम, लक्ष्मण, हनुमान और माता सीता के बहुत से शिल्प बने।

यह भी उल्लेखनीय है कि आठवीं सदी में एलोरा की गुफा क्र. 16 में रामायण के प्रसंगों पर सुंदर शिल्पांकन भी हुए जो अभी सुरक्षित हैं। इनके अतिरिक्त विद्वानों का यह भी मानना है कि देवगढ़ के मन्दिर में भगवान राम की जो प्रतिमा स्थापित है वह सर्वाधिक प्राचीन प्रतिमा है। यह भी सर्वविदित है कि दक्षिण-पूर्व एशिया तक रामकथा प्रचलित रही तथा उसकी अभिव्यक्ति चित्रांकनों में भी हुई। इनमें जावा के प्रम्बनान तथा पनातरान, कंपूचित्रा के अंगकोरवाट तथा थाईलैंड के जैत वन विहार प्रसिद्ध हैं।

यहाँ यह भी उल्लेखनीय है कि दक्षिण भारत की मन्दिर सरिणी भी रामाख्यान के अंकन के सम्बन्ध में सुप्रसिद्ध है। वहाँ कुंभकोणम के रामास्वामी मन्दिर की भित्तियों पर प्राचीनकाल से ही चित्र बनते रहे हैं। विरुपाक्ष, लेपाक्षी, पुण्डरीक मन्दिर, प्रसन्न वेंकटरामन मन्दिर तथा नरसिंह मन्दिर मैसूर आदि मन्दिरों में रामचरित के प्रसंगों पर आधारित भित्तिचित्र बने हैं।

रामायण की शिल्पांकन, उत्कीर्णन तथा चित्रांकन की अपनी सुदीर्घ परम्परा रही है जिसकी परिधि में एशिया का एक बड़ा भाग आता है। इस विवरण में केवल विशिष्ट उल्लेख ही सम्मिलित किए गए हैं।

कुछ स्थान ऐसे हैं जहाँ रामायण के चित्रों का विशिष्ट संग्रह भी है। इनमें अहमदाबाद स्थित लालभाई दलपतभाई कला संग्रहालय में रामायण के अयोध्या कांड के 62 चित्रों का संग्रह है। ये पहाड़ी क़लम के चित्र हैं जिनका संग्रह कोलकाता के कलाकार तथा रवीन्द्रनाथ टैगोर के भाई गगनेन्द्रनाथ टैगोर एवं अवनीन्द्रनाथ टैगोर ने किया था। इस कार्य में भारतीय कला के महान इतिहासकार डॉ. आनन्दकुमार स्वामी व भारतीय कला के विशेषज्ञ डॉ. ई.वी. हैवल ने सहायता की थी। इस संग्रह पर प्रख्यात कला इतिहासकार डॉ. रतन परिमू ने शोध कार्य किया है। उनका कहना है कि भारत कला भवन बनारस में नैनसुख व उसकी पीढ़ी के ही रंझा के द्वारा जो

अंकन बनाए गए हैं उनसे इनका साम्य होता है। यह भी उल्लेखनीय है कि ओरछा के सुप्रसिद्ध रामराजा मन्दिर के लिए एक रामायण कला संग्रहालय 'साकेत' की स्थापना भी ओरछा में की गई है।

रामायण की अनुकृति करने की परम्परा काफी पुरानी है तथा ऐसी अनुकृतियाँ देश के प्राय: सभी अंचलों में तैयार की गईं। लगभग 2000 ऐसी पाण्डुलिपियों की जानकारी अभी तक प्राप्त हुई है। ये सभी हस्तलिखित हैं। रामायण की सर्वाधिक प्राचीन पोथी ईस्वी सन् 1020 की है। यह नेपाल से मिली है लेकिन इसमें कोई चित्र नहीं है। यह रामायण ताड़पत्रों पर लिखी गई है। इसके पश्चात निरंतर रामायण के अंकन हुए किन्तु पाल, कश्मीर व उत्तर-पश्चिम गुजरात शैली या अपभ्रंश शैली में रामायण के अंकन नहीं मिलते।

जहाँ तक रामायण के चित्रांकनों का सम्बन्ध है उसके सम्बन्ध में हमें विपुल संदर्भ और प्रमाण मिलते हैं तथा रामायण के अंकन की एक सधी-बधी परम्परा भी दिखाई देती है।

भवभूति के आठवीं शताब्दी में रचे गए 'उत्तररामचरित्' में एक सुंदर प्रसंग आया है, जब राम और सीता को लक्ष्मण अयोध्या में उन भित्तिचित्रों को देखने के लिए आमंत्रित करते हैं जिनमें उनकी स्वयं की कहानी को तूलिका से उरेहा गया है। इस प्रसंग का आरम्भ चित्रों से ही होता है। ऋषि अष्टावक्र राम के पास आए हैं। वे बातें ही कर रहे हैं कि लक्ष्मण आ जाते हैं और भगवान राम से कहते हैं कि, 'उस चित्रकार ने हमारे बताए अनुसार आपके चरित् इस भीत के ऊपरी भाग में उरेहे हैं, उन्हें आर्य देखें। इस पर देवी सीता और भगवान राम उन चित्रों को देखने लगते हैं। इनमें सीता की अग्निपरीक्षा तक की पूरी कथा अंकित है। पहले उन दिव्य अस्त्रों के सजीव चित्र हैं जो भगवान राम को ताड़का वध के लिए विश्वामित्र से प्राप्त हुए थे। राम उन्हें देखकर देवी सीता से उन्हें प्रणाम कराते हैं ताकि वे दिव्यास्त्र उनकी गर्भस्थ संतति को अनायास प्राप्त हो जाएं। फिर मिथिला के वृत्तांत हैं, जिन्हें देखकर मैथिली कहती हैं, 'अहो, यहाँ खिलते हुए नवनील कमल से सांवले, स्निग्ध, मसृण, मांसल, सुभग देह वाले आर्यपुत्र को बनाया है। उन्होंने शंकर के शरासन को कुछ न समझकर तोड़ डाला है और विस्मय-चकित मेरे पिता (जनक) एकटक उनके भोले मुंह को, जिसपर काक-पक्ष शोभित हैं, देख रहे हैं।' उन्हें चित्र दिखाते हुए लक्ष्मण कहते हैं, 'यह तो देखिए, आपके पिता तथा पुरोहित शतानंद, वसिष्ठ आदि समधियों की अर्चा कर रहे हैं।' राम कहते हैं, 'यह देखने ही योग्य हैं, विदेहों और रघुओं का सम्बन्ध, जहाँ दोनों ओर विश्वामित्र ही समधी हैं, किसे न रुचेगा।' देवी सीता विवाह के दृश्य को कहने लगती हैं, 'यह, आप चारों भाई गोदान-मंगल करके विवाह-दीक्षित हुए हैं। अहो, ऐसा लगता है कि मैं उसी स्थान और उसी समय में हूँ।

राम को भी वैसा ही अनुभव होता है और वे सीता का ध्यान पाणिग्रहण के दृश्य की ओर आकृष्ट करते हैं। भवभूति ने इस स्थल पर सीता के हाथ का वर्णन बड़े सुंदर शब्दों में किया है। लक्ष्मण इन चित्रों के सम्बन्ध में और विवरण देते हैं। भरत की वधू मांडवी और शत्रुघ्न की वधू श्रुतकीर्ति के चित्र दिखाते हैं। इस विवरण के बाद प्रसंग का सर्वश्रेष्ठ अंश आता है। उर्मिला (लक्ष्मण-पत्नी) के चित्र को इंगित करके सीता लक्ष्मण से पूछती हैं, 'वत्स, और यह कौन है ?' लक्ष्मण लजा जाते हैं और मन-ही-मन मुसकराते हुए प्रसंग बदलने के लिए परशुराम कांड के चित्र दिखाने लगते हैं। इसी क्रम में वे लोग राम के किष्किंधा पहुँच जाने तक के चित्रों को देखते हैं और उनके हृदय के प्रसंगानुकूल भांति-भांति के भावों की क्रिया तथा प्रतिक्रिया होती है।

इस प्रसंग से यह स्पष्ट है कि आठवीं शताब्दी में निश्चय ही भित्तिचित्र रामायण के प्रसंगों के आधार पर बने होंगे, जिनका सजीव वर्णन भवभूति ने किया है, किंतु अब ये भित्तिचित्र या अन्य चित्र उपलब्ध नहीं हैं।

यहाँ रामायण के चित्रांकन की उस परम्परा पर प्रकाश डाला जा रहा है जो सचित्र ग्रंथों व महत्वपूर्ण स्फुट चित्रों पर केन्द्रित हैं। मध्यप्रदेश के संदर्भ में व उत्तरप्रदेश में अवस्थित ओरछा की अष्टगढ़ियों में भित्तियों पर अंकित रामकथा के सम्बन्ध में पृथक अध्याय में विवरण दिया गया है।

चित्रांकन की आरम्भिक चित्रशैलियों में रामायण के अंकन न मिलने का एक बड़ा कारण यह भी हो सकता है कि अब आरम्भिक काल के अधिकांश सचित्र ग्रंथ उपलब्ध नहीं हैं। यह भी एक कारण हो सकता है कि जैन विपुल क्षेत्र होने के कारण कल्पसूत्र जैसे जैन ग्रंथ चित्रित करने की प्राथमिकता रही। मुस्लिम प्रभाव के कारण सल्तनत काल या पूर्व मुग़ल काल की शैलियों में रामायण के अंकन नहीं मिलते हैं।

एक बड़ा कारण यह भी है कि वाल्मीकि की रामायण की लोकप्रियता रामचरितमानस के लिखे जाने के बाद अत्यधिक बढ़ी तथा कलाकारों व उनके संरक्षकों का ध्यान रामायण की ओर गया। इसलिए सोलहवीं शताब्दी के बाद ही रामायण के अंकन विभिन्न शैलियों में निरंतर मिलने लगते हैं।

जहाँ तक सचित्र रामायण की पोथियों का प्रश्न है ये अनेक राजदरबारों में राजकीय संरक्षण में तैयार कराई गई। राजस्थान, हिमाचल प्रदेश तथा दक्षिण भारत में विशेष रूप से ऐसी पोथियां बनीं।

सम्राट अक़बर ने सबसे पहले मुग़ल क़लम में सचित्र रामायण तैयार करवाई। अक़बर के समय में अनेक भारतीय धर्मग्रंथ जैसे महाभारत, पंचतंत्र, नलदमयंती आदि क्रमश: रज़्मनामा, कलीला वा दमना व नलदमन के नाम से सचित्र रूप से तैयार हुए। अब्दुल कादिर बदायूनी ने रामायण का संस्कृत से फारसी में अनुवाद किया। रामायण की मुग़ल क़लम में सचित्र पोथी माह नवम्बर 1588 में पूर्ण हुई। इसमें कुल 176 चित्र थे। अब्दुल रहीम ख़ानेख़ाना ने भी रामायण की सचित्र पोथी तैयार करवाई। इस पोथी में 130 चित्र थे। यह सन् 1605 ई. में तैयार हुई तथा वर्तमान में फ्रीर गैलरी वाशिंगटन में संरक्षित है। मुग़ल क़लम में बनाए गए इन चित्रों की विशेषता इनका स्वाभाविक चित्रण है। रेखाओं की गोलाई, आलेखन का अनुपात, सजीव एकचश्म चेहरे, तथा वृक्षों का नैसर्गिक चित्रण इनकी विशेषता है। सिंदूरी, पीला, लाजवर्दी, हरा तथा नीला रंग विशेष रूप से प्रयोग में लाया गया है। ऐसे स्वाभाविक अंकन का एक बड़ा कारण यह है कि केशो-लाल, मुकुंद, मिस्कीन, माधो, जगन, महेश, खेमकरण, तारा, सांवला, हरबंस तथा राम जैसे हिंदू चितेरे अक़बर के दरबार में थे जिन्होंने अपने संस्कारों को ऐसे अंकनों में अभिव्यक्त किया। जॉन स्टेलर ने अब्दुल रहीम ख़ानेख़ाना के द्वारा बनवाई गई सचित्र रामायण की पोथी के विभिन्न पन्नों की विस्तृत जानकारी दी है जो विभिन्न संग्रहालयों में हैं। इस सचित्र ग्रंथ के 50 लघुचित्रों पर 12 विभिन्न चित्रकारों के नाम अंकित हैं। यह उल्लेख मिलता है कि रामायण की पोथी को अक़बर ने अपनी माँ हमीदा बानो बेगम को भेंट करने के लिए बनवाया था।

यहाँ यह भी उल्लेखनीय है कि अक़बर ने ईस्वी सन् 1604-05 में सोने और चांदी के सिक्के भी जारी किए जिन पर नागरी लिपि में 'रामसिय लेख' अंकित है। इन सिक्कों पर धनुर्धारी राम व सीता को अंकित किया गया है तथा पृष्ठभाग पर फारसी में पचास इलाही (अक़बर के राज्यारोहण का पचासवां वर्ष) अमरदाद (महिना) टंकित है।

अक़बर के बाद रामायण के अंकनों का सिलसिला उसके पश्चातवर्ती बादशाहों के समय में दिखाई नहीं देता। जहांगीर और शाहजहाँ के समय में रामायण को केन्द्र में रखकर अंकन नहीं हुए। उसके बाद के काल में न तो औरंगज़ेब और न ही उसके परवर्ती उत्तराधिकारियों के समय में रामायण के विषयों पर केन्द्रित अंकन हुए।

औरंगज़ेब के समय में सर्वाधिक ह्रास चित्रकला का ही हुआ। उसी के समय से राजस्थान व पहाड़ की रियासतों व ठिकाणों में कलाकारों का पलायन आरम्भ हुआ। इस प्रकार केवल अक़बर के समय में रामायण के अंकन प्रभूत संख्या में व सजीवता के साथ हुए।

दक्षिण भारत में भी उस काल में यद्यपि चित्रांकन की समृद्ध परम्परा थी तथा अहमद नगर, गोलकोण्डा, बीजापुर व हैदराबाद जैसे स्थान थे जहाँ सुंदर लघुचित्रांकन हुए किन्तु वहाँ भी रामायण केन्द्रित प्रसंग प्राय: चित्रित नहीं हुए।

औरंगज़ेब के बाद मुग़ल राजदरबार के चितेरे राजस्थान तथा पहाड़ की विभिन्न रियासतों और ठिकाणों में चले गए जहाँ उन्होंने वहाँ की देशज शैली को आत्मसात कर भारतीय ग्रंथों को व उन पर आधारित प्रसंगों को रुपायित कर चित्रकला का एक ऐसा अप्रतिम संसार रच दिया जो विश्व में अद्वितीय है।

राजस्थान की महत्वपूर्ण चित्र शैलियों में मेवाड़ क़लम का अपना विशिष्ट स्थान है। राणा जगतसिंह (ई.सन् 1628-52) के समय में अनेक सचित्र रामायण की पोथियाँ निर्मित हुई। रामायण की ऐसी अधिकांश सचित्र पोथियाँ ब्रिटिश लायब्रेरी लंदन में है तथा ये सचित्र ग्रंथ अपने आप में प्राय: पूर्ण हैं। वहाँ लगभग 400 चित्र रामायण के सातों काण्डों के अंकनों पर केन्द्रित हैं।

रामायण के सातों प्रसंगों पर राजा जगतसिंह के समय में अंकन हुए। ये अंकन सन् 1649 से 1653 के बीच बने। ये सभी चित्र अब एक ही स्थान पर नहीं हैं अपितु विश्व के विभिन्न संग्रहालयों तथा व्यक्तिगत संग्रहों में हैं।

वाल्मीकि रामायण की अनुकृति महात्मा हीरानंद ने की। वे धर्मघोष गच्छ से सम्बन्धित थे तथा मूर्तिपूजक श्वेताम्बर जैन थे। उन्होंने रामायण के इन खण्डों की पुष्पिका में देश, लिपिकार, कुछ ग्रंथों में चितेरे, काल, तिथि व विमोचनकर्ता का भी उल्लेख किया है। अरण्य काण्ड की पुष्पिका से यह स्पष्ट होता है कि यह काण्ड विक्रम संवत् 1708 (1651 ईस्वी) में महाराणा जगतसिंह प्रथम (1628-52) के काल में महात्मा हीरानंद ने मेदपाट (मेवाड़) देश के चित्तौड़गढ़ में लिखा जाकर इसे पूर्ण किया। उन्होंने युद्ध काण्ड तथा बाल काण्ड की पुष्पिकाओं में क्रमश: साहिबदीन तथा मनोहर के नामों का उल्लेख किया है किन्तु अन्य कलाकारों के नाम का उल्लेख उन्होंने नहीं किया। इस सम्बन्ध में डॉ. श्रीधर अंधारे ने यह माना है कि अरण्य काण्ड के जो 26 चित्र अंकित हैं वे मनोहर के द्वारा ही अथवा उसकी शैली में ही निर्मित किए गए हैं। पश्चातवर्ती शोध से यह ज्ञात होता है कि अरण्य काण्ड के इन चित्रों को चित्रित करने वाले चित्रकार का नाम अली था तथा मेवाड़ शैली के चित्रों के अंकन में मुस्लिम चित्रकारों ने अपना योगदान दिया था।

इस प्रकार जिस अनाम चित्रकार के सम्बन्ध में अभी तक जानकारी नहीं थी उसके संदर्भ में अब अली का नाम स्पष्ट होता है।

इस रामायण के सातों कांड चित्रित किए गए। इनमें से क्रमश: 2, 4, 6 व 7 सचित्र कांड महाराणा भीमसिंह (1778 से 1828 ईस्वी) ने कर्नल जेम्स टॉड (ईस्वी सन् 1782-1825) को भेंट कर दिए जिन्हें वे लंदन ले गए तथा जिन्हें उन्होंने ड्यूक ऑफ ससेक्स को सन् 1823 में भेंट किया और जो आज ब्रिटिश लाइब्रेरी लंदन में हैं। जो शेष तीन कांड भारत में रहे उनमें से एक अभी प्राच्य संस्थान जोधपुर में है और शेष छत्रपति शिवाजी महाराज वस्तु संग्रहालय मुंबई (पूर्व प्रिंस ऑफ वेल्स संग्रहालय), एक व्यक्तिगत संग्रह और बड़ौदा संग्रहालय

में हैं। महाराणा जगतसिंह के संरक्षण में रामायण के विभिन्न कांडों पर 400, चित्र तीन चित्रशालाओं में बने। इस कृति को 2 अगस्त, 1844 को ब्रिटिश म्यूज़ियम ने एक पुस्तक विक्रेता रॉबर्ट हार्डिंग इवान्स से क्रय किया।

ब्रिटिश म्यूज़ियम के भारतीय लघुचित्रों के प्रभारी डॉ. जे.पी.लॉस्टी का एक अत्यंत महत्वपूर्ण ग्रंथ हाल ही में इन चित्रों पर प्रकाशित हुआ है। उन्होंने अपना पूरा जीवन ही रामायण के इन विलक्षण अंकनों के अध्ययन में लगाया।

जेरी लॉस्टी ने रामायण के इन सभी अंकनों को सहेजा और इनका अध्ययन किया। उन्होंने मुझे बताया था कि वर्ष 1971 में जब वे ऑक्सफोर्ड से सीधे ब्रिटिश संग्रहालय आए तो एक युवक के रूप में उनमें भारतीय सचित्र ग्रंथों का अध्ययन करने की तीव्र जिज्ञासा थी। तब तक रामायण के ये खंड ब्रिटिश लाइब्रेरी में स्थानांतरित नहीं हुए थे। रामायण के इतने बड़े आकार के अंकनों को देखकर वे विस्मित हो गए। इन्हें अभी तक कहीं प्रदर्शित भी नहीं किया गया था। इन उपेक्षित से सचित्र ग्रंथों की उन्होंने सुध ली। इनके तमाम संदर्भ खोजे, शैलीगत मिलान किया, निरंतर भारत आकर इनकी कड़ियां जोड़ीं, कलाकारों के इतिहास को खोजा और सम्पूर्ण रामायण की प्रदर्शनी वर्ष 2008 में लंदन में आयोजित की।

इस अवसर पर उनकी इन अंकनों पर केंद्रित कृति इंग्लैंड और भारत दोनो देशों से एक साथ प्रकाशित हुई। इसी के साथ उनका एक अपनी तरह का इकलौता अभियान आरम्भ हुआ और वह था इन चित्रों और इनके पाठ को एक साथ डिजिटल रूप में लाने का ताकि सामान्य पाठक और विशेषज्ञ दोनों पाठ के साथ इन चित्रों को देखकर रामायण की कथा और उसके मर्म से एकात्म हो सकें। उनका सपना साकार हुआ 21 मार्च 2017 को जब छत्रपति शिवाजी महाराज वस्तु संग्रहालय मुंबई तथा जमशेदजी टाटा ट्रस्ट के सहयोग से लगभग एक सौ पचास वर्ष बाद हमारे देश की यह अनमोल धरोहर अपनी संपूर्णता में जगत के सामने आ सकी। मेवाड़ी रामायण के ये अंकन अब इस संग्रहालय की वेबसाइट पर डिजिटल रूप में उपलब्ध हैं।

महाराजा जगतसिंह के समय के अप्रतिम चितेरे साहिबदीन ने जैसा कि पूर्व में उल्लेख किया गया है सन् 1652 में युद्ध काण्ड के प्रसंगों पर आधारित चित्र बनाए। ये वर्तमान में ब्रिटिश संग्रहालय, लंदन में हैं। मनोहर नामक हिन्दू चितेरे ने सन् 1649 में सर्वप्रथम रामायण के बालकाण्ड के प्रसंगों पर आधारित चित्र बनाए। ये अभी छत्रपति शिवाजी महाराज वस्तु संग्रहालय, मुम्बई में हैं। इसी प्रकार अरण्यकाण्ड के प्रसंगों पर आधारित अंकन मेवाड़ में सन् 1651 में बनाए गए जो अभी ब्रिटिश संग्रहालय, लंदन में हैं।

मेवाड़ ऐसे सचित्र ग्रंथों के निर्माण का प्रमुख केन्द्र था तथा वहाँ न केवल रामायण बल्कि भागवत पुराण और जयदेव के गीत-गोविन्द के सुन्दर अंकन हुए। विभिन्न राग-रागनियों पर आधारित रागमाला के अंकन ई.सन् 1605 में मेवाड़ की राजधानी चावंड में हुए। वैसे तो मेवाड़ के प्राय: सभी शासक चित्रकला के प्रेमी थे और उन्होंने अपने-अपने समय में चित्रांकन की इस शैली को विकसित किया किन्तु राणा जगतसिंह और उनके काल के महान कलाकार साहिबदीन का नाम विश्व में अमर है।

साहिबदीन एक महान कलाकार था जिसने विभिन्न धार्मिक ग्रंथों के प्रसंगों पर बड़े सुन्दर अंकन किए हैं। रामायण के अंकन की एक बड़ी योजना राणा जगतसिंह के समय में बनी। साहिबदीन की सबसे बड़ी विशेषता यह थी कि प्रसंग की हर घटना को उसने जो भले छोटी घटना हो, दृश्य में बदल दिया। यह फारस और मुग़ल शैली में निर्मित किए गए सचित्र ग्रंथों से भिन्न विशेषता थी। उसके द्वारा बनाए गए चित्रों की एक

और महत्वपूर्ण विशेषता है, निसर्ग का जीवंत अंकन। प्रकृति की गोद में घटने वाली उन तमाम घटनाओं और व्यक्तित्वों को उसने इतनी कुशलता के साथ चित्रित किया है कि हमारी आँखों के सामने राम, सीता, लक्ष्मण और हनुमान जहाँ एक ओर साकार रूप में मानों प्रगट हुए लगते हैं वहीं दूसरी ओर चाहे राम का विरह हो या उनका रावण से युद्ध ये घटनाऐं भी साकार हो जाती हैं।

रामायण के अंकनों में साहिबदीन के बाद महत्वपूर्ण योगदान देने वाला कलाकार मनोहर है। यद्यपि उसने साहिबदीन की शैली के तत्वों को विशेष रूप से प्रकृति के अंकन को अपनी क़लम में आत्मसात किया किन्तु आकृतियों के सम्बन्ध में उसकी मौलिक विशेषता अलग स्पष्ट होती है। इसी तरह रंगों के चयन में भी वह विशिष्ट हैं। किष्किंधा काण्ड और लंका काण्ड के उसके द्वारा किए गए अंकन अपने आप में अत्यंत सुंदर हैं।

यह पूरी सचित्र पुस्तक अभी भी बड़ी अच्छी अवस्था में ब्रिटिश लायब्रेरी में सुरक्षित है। इसमें राणा अमरसिंह और राणा भीमसिंह के भी सुन्दर व्यक्तिचित्र उपलब्ध हैं।

जहाँ तक रामायण के विभिन्न पात्रों के अंकन का प्रश्न है, राजा जगतसिंह के समय के कलाकारों ने विशेष रूप से साहिबदीन ने अपनी कलात्मक शैली का सुन्दर परिचय दिया है। अपने समय के अर्थात 17वीं शताब्दी के मध्य के काल को उन्होंने मानों जीवंत कर दिया है। किष्किंधा के सम्राट राजपूत शैली के भवन में रहते हैं और आधी लम्बाई का जामा पहते हैं। उनकी रानी राजस्थानी अलंकरणों से परिपूर्ण वेश-भूषा से सुसज्जित हैं, उनके दरबारी भी इसी प्रकार की वेश-भूषा में दिखाई देते हैं जो अपेक्षाकृत कम अलंकृत होती है। बाली और सुग्रीव के मुकुटों पर यूरोपीय प्रभाव स्पष्ट दिखाई देता है। अयोध्या और लंका के राजमहलों का स्थापत्य वही है जो इस काल के अन्य भवनों का है। इस स्थापत्य पर मुग़ल प्रभाव भी दिखाई देता है। उदयपुर के राजमहल मानों इन चित्रों में अयोध्या के राज महल बन गए हैं। उस समय की परम्पराऐं और रीतियाँ भी इन चित्रों में दिखाई देती है।

राणा जगतसिंह के राज्यकाल के अंतिम समय में मुग़लों के प्रति वैमनस्य के कारण उनका भाव मुग़लों के प्रति बदल गया था इसलिए कुछ चित्रों में रावण को मुग़ल रूप में चित्रित किया गया है। राणा जगतसिंह को राम के रूप में चित्रित करने का प्रयास साहिबदीन ने किया है। परंपरा के अनुसार राम से अंतिम युद्ध करने के पूर्व रावण जिस टेन्ट में स्नान करते हुए दर्शाया हुआ है उसकी कनातें लाल रंग की हैं। इस तरह की कनातों वाले टेन्ट का उपयोग मुग़ल शासक किया करते थे। इसी प्रकार एक चित्र में रावण को झरोखा दर्शन देते हुए चित्रित किया गया है। यह परंपरा भी मुग़लों की ही देन थी। साहिबदीन ने रावण को एक योद्धा के रूप में भली-भाँति चित्रित किया है। साहिबदिन ने राम के चित्रण में भी अपना कौशल दर्शाया है। वन गमन के पूर्व वे चाकदार जामा पहने हुए राजसी वेश-भूषा में दिखाई देते हैं किन्तु बाद में उनकी यह वेश-भूषा परिवर्तित हो जाती है।

रामायण के जो महत्वपूर्ण प्रसंग चित्रित हुए हैं उनमें राम जन्म का चित्रण बड़ा सुन्दर है। कौशल्या के द्वारा राम जन्म तथा उसके उपलक्ष्य में होने वाले नृत्य और संगीत को बड़ी बारीक़ी के साथ साकार किया गया है। चित्र में एक ओर लेटी हुई कौशल्या और राम हैं तो चित्र के दूसरे भाग में मुक्त हस्त से ब्राह्मणों को दान देते दशरथ और नृत्यरत युवतियाँ हैं। ब्राह्मणों को दान में दी गई गायों का सजीव अंकन भी अपने आप में विशिष्ट है। राम और लक्ष्मण के द्वारा किए जाने वाले शिकार, विश्वामित्र के साथ वन में गए दोनों भाइयों के द्वारा किया गया राक्षसों से युद्ध, ताड़का वध तथा राम और लक्ष्मण को विश्वामित्र द्वारा दी गई दीक्षा के दृश्य बड़े मनोरम हैं।

राम और लक्ष्मण को दैवीय आयुध सौंपते विश्वामित्र, विश्वामित्र के ब्राह्मण ऋषि होने की कथा, जनक के दरबार में विश्वामित्र का आगमन, शिव का धनुष भंग, राम बारात तथा राम, लक्ष्मण, भरत तथा शत्रुघ्न के परिणय के अंकन इतने मनभावन हैं कि उनसे दृष्टि नहीं हटती। विशेष रूप से परिणय अंकन का दृश्य अत्यंत मनोरम है। पारंपरिक पत्तियों का मण्डप, उस पर लटकी हुई सफेद फूलों की मालाऐं और उनके नीचे रखे सुडौल आकृतियों वाले कलश तथा लोक मंगल के तमाम उपादान इतनी कुशलता और बारीक़ी के साथ चित्रित किए हैं कि उनमें मानों परिणय पर्व की परंपरा और रीति साकार हो जाती है। जनकपुरी से अयोध्या लौटने का दृश्य भी पूरी भाव प्रवणता के साथ उरेहा गया है। अपने दरबार में बैठे हुए दशरथ और अपनी माताओं से आर्शीवाद लेते चारों भाई तथा वाद्ययंत्र बजाते और नृत्य करते सेवक दर्शनीय हैं। अयोध्या नगरी में मनाए जाने वाले उत्सव को कलाकार ने रंगों और रेखाओं से सजाया है। इसके बाद की कहानी में कैकयी का कोप, दु:खी दशरथ और राम, लक्ष्मण तथा सीता के वन गमन की कहानी बड़े जीवंत रूप में रूपायित हुई है। सीता के द्वारा अपने अलंकारों को, अयोध्या वासियों को देने का दृश्य बड़ा कारूणिक है। इसी तरह वन के लिए जाते राम, लक्ष्मण और सीता, उन्हें रोकते दशरथ और अयोध्यावासी और उनके साथ चलते अयोध्या के नर-नारी तथा मूर्छित दशरथ के अंकन इतने स्वाभाविक हैं कि उन्हें देखते रामायण का वर्णन आँखों के सामने साकार हो जाता है। तमसा और श्रृंगवेरपुर पहुँचे राम, लक्ष्मण और सीता पूरी जीवंतता के साथ उरेहे गए हैं। वन में बिताई पहली रात का दृश्य भी विलक्षण है। एक दृश्य ऐसा है जिसमें मुनि भारद्वाज उन्हें रास्ता दिखा रहे हैं। चित्रकूट में रहते वनवासी, दशरथ की मृत्यु, भरत और शत्रुघ्न का अयोध्या लौटना, भरत का कौशल्या से मिलना, दशरथ का अंतिम संस्कार तथा भरत मिलाप के दृश्य बड़े मनभावन हैं।

वन की पूरी शोभा मानो रंगों और रेखाओं के माध्यम से इन चित्रों में उतर आई है और मेवाड़ क़लम का पूरा कौशल मानों इनमें बोलने लगा है। फूलों से लदे वृक्ष, चारों ओर फैली हरियाली, सुन्दर पहाड़ और लाल मरूभूमि दर्शनीय है। भरत के द्वारा किए जाने वाला राम से आग्रह दर्शनीय है। आगे की कहानी के दृश्य भी कलाकार ने पूरी बारीक़ी के साथ उरेहे हैं। सीता हरण, सुग्रीव मिलन, बाली वध, और सुग्रीव का राज्यारोहण भी कलाकार के दृष्टिपथ पर आकर जीवंत हो उठा है। वन गमन के पूर्व के राम और सीता की खोज में भटकते राम की आकृतियों में भिन्नता है। ऐसा प्रतीत होता है मानो ये दृश्य किसी अन्य कलाकार ने बनाए हैं। राक्षसों के अंकन पूरी तरह मुग़ल शैली से प्रभावित हैं। सम्पाती की कहानी, सुरसा के मुँह में हनुमान का जाना और अशोक वृक्ष के नीचे लंका में बैठी सीता के अंकन, रामायण में किए गए वर्णन के अनुरूप हैं। दशानन का चित्रण भी उसके वर्णन के अनुरूप किया गया है। सेना का गठन, सेतु निर्माण, लंका की ओर प्रस्थान, रावण का दरबार तथा लंका में प्रवेश कर युद्ध करने के दृश्य बड़े विशिष्ट हैं। राम-रावण युद्ध के अंकन तत्कालीन युद्ध कौशल को रूपायित करते हैं। कुम्भकर्ण का अंकन भी उसके आकार के अनुरूप ही किया गया है। रामायण में वर्णित युद्ध की समस्त घटनाऐं इन चित्रों में साकार हो गईं हैं। लंका विजय, सीता की अग्नि परीक्षा और अंतत: पुष्पक विमान से अयोध्या की ओर लौटने के दृश्य पूरी विविधता के साथ उरेहे गए हैं। रामायण की कथा के अंत में सीता के धरती में समा जाने और ब्रम्हा के प्रगट होकर राम को समझाने के साथ यह कहानी विराम पाती है।

मेवाड़ शैली के इन चित्रों की सबसे बड़ी विशेषता यह है कि यदि साहिबदीन ने युद्ध काण्ड के आधार पर ये अंकन किए हैं तो उन पर मुग़ल प्रभाव तो दिखाई देता है किन्तु इन चित्रों की आत्मा में राजस्थान की मूल

परम्परा ही प्रतिष्ठित दिखाई देती है। पहाड़, पोशाख तथा हाथियों के चित्रण में अद्भुत सौंदर्य झलकता है। सधे हुए हाथों से खींची गई सजीव रेखाओं में रमे हुए विविध रंग रामायण के प्रसंगों को आंखों के सामने साकार कर देते हैं।

मेवाड़ क़लम के ये चित्र हमारी महान विरासत के अद्वितीय प्रतिनिधि हैं। साहिबदीन और मनोहर जैसे कलाकारों ने राम जैसे ईश्वर और सीता जैसी माता को जिस जीवंत रूप में प्रतिष्ठित कर दिया है, वह जीवंत रूप, रूप की सभी सीमाओं को लांघकर हमारी चेतना को ऐसे लोक में प्रतिष्ठित करा देता है जहाँ इस रूप को मापने के न तो कोई पैमाने हैं, न ही उसको बाँधने के लिए शब्द और न ही उसका गान करने के लिए कोई स्वर हैं। सच्चे रूप की यही परिभाषा हो सकती है जिसे मेवाड़ क़लम के रामायण के इन महान अंकनों ने स्थापित कर दिया है।

मेवाड़ के इन विशिष्ट अंकनों के अतिरिक्त अठारहवीं सदी के मध्य में जयपुर के महाराजा सवाई प्रताप सिंह के संरक्षण में रामायण के विभिन्न प्रसंगों पर जयपुर शैली के प्रख्यात चितेरे गुमान ने चित्र बनाए। इनमें भरत व राम से मिलाप के प्रसंग पर अलग-अलग समूहों में 49 कलाकृतियां तैयार की गईं।

जोधपुर के महाराजा विजय सिंह (1752-1793 ईस्वी) के कार्यकाल में 90 लघुचित्र तैयार किए गए।

मध्यप्रदेश में पन्ना के निकट अजयगढ़ में जो रामायण के अंकन हुए उनमें से 36 अंकनों के सम्बन्ध में विस्तृत वर्णन पृथक अध्याय में दिया गया है।

मध्य भारत में बुन्देलखण्ड क्षेत्र से लगा हुआ क्षेत्र मालवा का है। मालवा की भौगोलिक सीमाएं विभिन्न कालखण्डों में परिवर्तित होती रही हैं तथा बुन्देलखण्ड के कुछ हिस्से मालवा में भी शामिल रहे हैं। माण्डू में 16वीं सदी के आरम्भ में फ़ारसी प्रभाव लिए हुए एक विशिष्ट शैली जन्मी, इस शैली में 'नियामतनामा' तथा 'अमरूशतक' के प्रसंगों पर चित्र बने। सन् 1439 में सुप्रसिद्ध माण्डू कल्पसूत्र बना।

मालवा क़लम में बनी सचित्र रामायण की प्राचीनतम पोथी बनारस कला भवन में है। इसके एक लघुचित्र पर हीरा रानी नाम अंकित है जो इतिहास की कथाओं में हीरादे के नाम से जानी जाती है। वह ओरछा के शासक पहाड़ सिंह की रानी थी तथा कला प्रेमी राजसी महिला थी जिसने अपने संरक्षण में रामायण के प्रसंगों पर सन् 1642 ई. में चित्र बनवाए।

मालवा क़लम में किए गए रामायण के अंकनों में बंदरों और राक्षसों को एक विशेष रूप में दर्शाया गया है। इन चित्रों में बंदर गतिशील दिखाई देते हैं तथा राक्षस बड़े शक्तिशाली हैं। ज़्यादातर चेहरे एकचश्म बनाए गए हैं तथा आभूषण व वस्त्र मालवी हैं। मालवा की मोहक शाम को चित्रित करने का सफल प्रयास चितेरों ने किया है।

बनारस कला भवन में सन् 1642 में रामायण के प्रसंगों के आधार पर बनाए गए ये लघुचित्र संरक्षित हैं। इनमें वाल्मीकि रामायण के प्रसंगों पर आधारित मालवा शैली के चित्र विशेष रूप से आकृष्ट करते हैं। रामायण के इन चित्रों की श्रृंखला का निर्माण पष्चिमी मालवा के अंचल में 18वीं सदी के पूर्व में हुआ।

पूर्वी मालवा में राघोगढ़ जैसी एक छोटी सी रियासत में रामायण के प्रसंगों को केन्द्र में रखकर काफी चित्र बने। यहाँ के शासक भगवान राम के आराधक थे तथा उन्होंने अपने आराध्य के जीवन से जुड़े विभिन्न प्रसंगों को चित्रित कराया। राम दरबार का एक सुन्दर अंकन जो राघोगढ़ क़लम में बनाया गया वह अभी राष्ट्रीय संग्रहालय नई-दिल्ली में संरक्षित है।

राघोगढ़ के पास ही नरसिंहगढ़ में भी रामायण के प्रसंगों को केन्द्र में रखकर चित्र बनाए गए। मालवा शैली के इन अंकनों में बंदरों तथा राक्षसों को गतिशील रूप में दर्शाया गया है। ज़्यादातर चेहरे एकचश्म बनाए गए हैं। राम तथा लक्ष्मण को राजसी पोशाखों में दर्शाया गया है। आभूषण तथा वस्त्र स्थानीय हैं। स्थापत्य का अंकन सादा है लेकिन प्रकृति चित्रण बड़ी सजीवता के साथ किया गया है। ईरानी प्रभाव के फलस्वरूप नीले बादल बड़े सुंदर ढंग से चित्रित किए गए हैं। मालवा की मोहक सांझ भी इन चित्रों में अपनी पूरी सजीवता के साथ उतर आई है।

भारत कला भवन में बालकाण्ड के चौदह, अयोध्याकाण्ड के तीन, अरण्यकाण्ड के आठ, किष्किंधा काण्ड के पांच, सुंदरकाण्ड के चार, युद्ध काण्ड के बाईस तथा उत्तरकाण्ड के चार चित्र हैं। ये चित्र विभिन्न प्रसंगों पर आधारित हैं जिनमें से प्रमुख हैं नीलकंठ पूजा, नारद द्वारा रामचरित वर्णन, ऋषि विश्वामित्र के साथ श्रीराम व लक्ष्मण का वन गमन, राम-परशुराम संवाद, राम द्वारा राक्षसों का वध, सीता का अपहरण, सुग्रीव व राम की मैत्री, सीता की खोज, हनुमान द्वारा सीता को अशोक वाटिका में राम की मुद्रिका प्रदान करना, सुग्रीव तथा रावण का युद्ध, निद्रालीन कुंभकरण, कुंभकरण वध, रावण वध, लंका से अयोध्या वापसी, राम का राज्यारोहण, दुर्वासा का आगमन तथा राम का बैकुंठ गमन आदि। पश्चिमी मालवा में बनाई गई रामायण के अंकन कनोड़िया संग्रह, पटना में भी हैं।

मालवा शैली के इन चित्रों की ऐसी अनेक विशेषताएं हैं जो इन्हें अन्य राजस्थानी शैलियों के चित्रों से पृथक करती हैं, विशेष रूप से स्थापत्य। ऐसा स्थापत्य मालवा क़लम के चित्रों के अलावा और कहीं नहीं पाया जाता क्योंकि यह अत्यधिक सादा है, एक गुंबद प्राय: दिखाई देता है। किसी तरह की पच्चीकारी या अन्य बारीकी दिखाई नहीं देती। आकृतियां गतिशील हैं तथा प्रकृति का चित्रण भी सजीव हैं। झरोखे अधिकांश चित्रों में बनाए गए हैं। इन चित्रों में कहीं भी अस्वाभाविकता नहीं दिखाई देती। चितेरों ने स्थानीय रंगों का सधा हुआ प्रयोग किया है। इस दृष्टि से ये लघुचित्र उन पहाड़ी लघुचित्रों से भिन्न हैं जो मध्यकाल में पहाड़ी रियासतों में चित्रित किए गए। पहाड़ी शैलियों में चित्रित रामायण के चित्र चितेरे के निष्णात कौशल अभिव्यक्त करते हैं। मालवा शैली के परवर्तीकाल के चित्रों पर विभिन्न शैलियों के प्रभाव दृष्टिगत होते हैं। इन चित्रों में लाल, पीले, नीले तथा हरे व सफेद रंगों का मुख्य रूप से प्रयोग किया गया है तथा सोने के चूर्ण को भी प्रयोग में लिया गया है। इन चित्रों में हमें विशिष्ट शैली में उरेहे हुए बन्दर तथा दानव दिखाई देते हैं। बन्दरों की गतिशीलता और दानवों की भयावहता सशक्त रेखाओं में उरेही गई है। राम और लक्ष्मण की देह आकृतियाँ मनोरम हैं तथा वे राजकीय वस्त्र पहने दिखाई देते हैं। चेहरे प्राय: आधाचश्म तथा एकचश्म हैं किन्तु इनमें अनुपात का प्राय: अभाव है। डॉ. भानु अग्रवाल ने मालवा शैली की इस रामायण पर बारीक़ी से कार्य किया है और कलाकार के कौशल तथा सशक्त रेखाओं के माध्यम से किए गए चित्रण की भूरि-भूरि प्रशंसा की है।

उत्तर मध्यकाल में पूर्वी भारत में भी वाल्मीकि रामायण के प्रसंगों पर चित्र बने। पहाड़ी शैलियों में रामायण की कई श्रृंखलाएं तैयार हुईं। सुप्रसिद्ध कलाविद डॉ. एम.एस. रंधावा ने वर्ष 1956 में कुल्लू के राजघराने से सचित्र रामायण को खोजा तथा इसकी चित्र शैली का विश्लेषण करते हुए उन्होंने पाया कि इस क़लम में पहाड़ की विभिन्न शैलियों के तत्व मौजूद हैं। डॉ. रंधावा ने 'बाहू' नाम की एक छोटी सी पहाड़ी रियासत में बनाई गई शांग्री रामायण की खोज की। इस रामायण के चित्रों को कला की दृष्टि से कला समीक्षकों ने अत्यंत महत्वपूर्ण

माना है। एक सुन्दर चित्र इस रामायण में है जब वन गमन के समय राम अपने शरीर के समस्त आभूषण अयोध्या की प्रजा को सौंपते हुए दिखाई दे रहे हैं। इस चित्र में चितेरे ने बड़ी बारीकी के साथ राम, लक्ष्मण और सीता के साथ-साथ वहाँ उपस्थित ब्राह्मणों, राजदरबारियों, सेवकों और जनसामान्य को चित्रित किया है। चितेरे ने ऐसी गायों को भी चित्रित किया है जो विव्हल होकर राम, लक्ष्मण और सीता को ताक रही हैं। इस श्रृंखला में राम विवाह का अंकन भी बड़े सुन्दर ढंग से किया गया है। इन सुन्दर चित्र के चितेरों के रूप में गुलेर के प्रख्यात चित्रकार नैनसुख की प्रथम पीढ़ी के चितेरों को मान्यता दी गई है। ये चित्र भूरीसिंह संग्रहालय चम्बा में संरक्षित हैं।

बसोहली क़लम में राजा दलीपसिंह (1695-1741 ई.) के काल में बनाई गई सचित्र रामायण का उल्लेख डॉ. आनंदकुमार स्वामी ने सर्वप्रथम किया। इन चित्रों में बसोहली शैली के पारंपरिक लक्षणों के साथ-साथ उसके नए आयाम भी दिखाई देते हैं। मण्डी तथा चम्बा के कलाकारों ने भी रामायण के प्रसंगों पर चित्र बनाए। इन चित्रों में कलाकार की अपनी कल्पनाशीलता भी दिखाई देती है।

यहाँ यह तथ्य विस्मयजनक प्रतीत हो सकता है कि वाल्मीकि रामायण के 48000 श्लोकों में वर्णित विभिन्न प्रसंगों पर बनाए गए 5000 अंकनों में से 660 अंकनों को निरंतर 10 वर्ष के अथक परिश्रम व शोध के आधार पर तथा 11 देशों के 37 शहरों में अवस्थित 42 संग्रहालयों में जाकर फ्रांस के राष्ट्रीय संग्रहालय जिसे म्यूज़ि ग्यूमे कहा जाता है की चित्रकला संकाय की प्रमुख डॉ. अमीना ताहा हुसैन ओकाडा तथा उनके सहयोगियों ने इन्हें सात खण्डों में फ्रैंच में टीका व विवरण के साथ प्रकाशित किया। अक़बरकालीन वर्ष 1588 में निर्मित रामायण के 56 में से 54 अंकन इन खण्डों में प्रकाशित हैं। इसी प्रकार वर्ष 1598-99 में अब्दुल रहीम ख़ानेख़ाना के निर्देशन में तैयार कराई गई सचित्र रामायण के 176 में से 133 अंकन जो फ्रीर गैलेरी वाशिंगटन में हैं इनमें से 60 अंकन इन खण्डों में प्रकाशित हैं। यह रामायण के चित्रांकनों पर किया गया अभी तक का सर्वश्रेष्ठ कार्य कहा जा सकता है।

कोटा व बूंदी शैली में 19वीं सदी के उत्तरार्ध में रामायण के प्रसंगों पर आधारित चित्र बने। एक व्यक्तिगत संग्रह में रामदरबार का सुंदर अंकन प्राप्त हुआ है। इस अंकन में कोटा शैली की विशेषताएं, झालावाड़ की झालावाड़ शैली की स्थानीयता के साथ दृष्टिगत होती हैं। यह प्रतीत होता है की वहाँ रामकथा के अंकन की परंपरा विद्यमान रही होगी। राजकीय संग्रहालय झालावाड़ में रामकथा पर आधारित एक सुन्दर लघुचित्रों से परिपूर्ण ग्रन्थ 'औतार चरित' 19वीं सदी में निर्मित किया गया से इस तथ्य की पुष्टि होती है।

राजस्थान की विभिन्न शैलियों में रामदरबार का अंकन बहुत हुआ है। देवगढ़ के प्रख्यात कलाकार चोखा ने रामदरबार का एक सुंदर अंकन किया है जो अभी राष्ट्रीय संग्रहालय, नई दिल्ली में है।

राजस्थान में अठारहवीं सदी के मध्य में जयपुर के महाराजा सवाई प्रतापसिंह के निर्देश पर रामायण के विभिन्न प्रसंगों पर चित्रकार गुमान ने जयपुर शैली में अनेक अंकन किए। इसी प्रकार जोधपुर के महाराजा विजयसिंह के समय में लगभग 90 अंकन रामायण के विभिन्न प्रसंगों पर बनाए गए।

जहाँ तक पहाड़ी शैलियों का प्रष्न है, इनके विशेषज्ञ डॉ. मोहिन्दर सिंह रंधावा ने सन् 1956 में कुल्लू के राजपरिवार में रामायण के प्रसंगों पर आधारित चित्र देखे थे तथा उन्हें सन् 1959 में प्रकाशित किया था। डॉ. गोस्वामी तथा डॉ. फिशर ने इन चित्रों का अवलोकन करने के बाद यह पाया कि ये चित्र किसी एक विषिष्ट शैली के चित्र नहीं हैं बल्कि पहाड़ की विभिन्न शैलियों के समन्वय से बनी समन्वित शैली का परिणाम है। शांग्री

रामायण के नाम से रामायण के प्रसंगों पर चित्र बनाए गए तथा बाहू नाम की एक छोटी सी पहाड़ी रियासत में ये चित्र बने। इन चित्रों की सबसे बड़ी विशेषता यह है कि ये अपने आप में पूर्ण हैं तथा एक चित्र अपनी पूरी कथा स्वयं दर्शा देता है।

एक भावप्रवण चित्र भगवान राम और सुग्रीव के मिलन का है। इसमें सुग्रीव जिस आत्मीय भाव से भरे होकर व अत्यंत विनीत मुद्रा में भगवान राम से मिल रहे हैं वह अद्‌भुत है। इस अंकन में सुग्रीव का प्रणत भाव तथा भगवान राम की वत्सलता स्पष्ट दिखाई देती है।

इस श्रृंखला के एक सुंदर चित्र में वन गमन के समय राम को राजसी वस्त्र तथा आभूषणों को देते हुए दर्शाया गया है। वे अयोध्या वासियों को अपने वस्त्र तथा आभूषण एक के बाद एक देते जा रहे हैं। उनके पीछे लक्ष्मण व सीता खड़े हैं। इन चित्र में ब्राह्मण, सभासद, सामान्य जन तथा राज दरबार के सेवक स्पष्ट रूप से अलग-अलग पहचाने जा सकते हैं। इस चित्र में सर्वाधिक कारूणिक चित्रण उन गायों का किया गया है जो विवश भाव से राम, लक्ष्मण तथा सीता की ओर निहार रहे हैं। वे मूक हैं, लेकिन उनका यही मौन चित्र का वाचाल बना देता है।

इसी श्रृंखला में राम विवाह तथा राज्यारोहण के लिए उनके प्रस्थान को चित्रित किया गया है। ये चित्र गुलेर क़लम में सुप्रसिद्ध चित्रकार नैनसुख की पहली पीढ़ी के चित्रकारों द्वारा बनाए गए हैं।

पहाड़ की विभिन्न शैलियों में बनाए गए अंकन विभिन्न कलाग्रंथों तथा स्मारिकाओं में उपलब्ध हैं। डॉ विश्वचंद्र ओहरी ने अपने एल्बम " Exile in Forest" में राम के वन गमन के प्रसंग पर आधारित चित्रों का प्रकाशन किया है। इन चित्रों के रंग गहरे तथा आकर्षक हैं व रेखाओं का प्रभावशाली संतुलन है। पहाड़ों का नैसर्गिक सौंदर्य भी बड़े जीवंत रूप में इन चित्रों में उतर आया है। पत्तियों के वस्त्र पहने राम, लक्ष्मण तथा सीता को जीवंत रूप में चित्रित किया गया है। इन चित्रों की गतिशीलता दर्शनीय है। इन अंकनों में पशु-पक्षियों का चित्रण भी पारम्परिक रूप से किया गया है। हरिण के रूप में मारीच का चित्रण भी बड़ा प्रभावशाली है। राम के वन गमन पर केन्द्रित ये चित्र भाव, लय तथा राग की त्रिवेणी हैं।

डॉ. आनंदकुमार स्वामी ने सन् 1916 में अपनी प्रसिद्ध पुस्तक राजपूत पेंटिंग में पहाड़ी शैली के लंका पर आक्रमण पर केन्द्रित चार चित्र प्रकाशित किए थे। ये उस चित्रमाला के चित्र थे जो राजा दिलीपसिंह (सन् 1695-1741) के समय में बनी थी। बसोहली क़लम से प्रभावित ये अंकन नैसर्गिक सौंदर्य से भरपूर हैं। उनमें बड़ी चट्टानों वाली पहाड़ियां हैं, हरे-भरे वृक्ष हैं तथा बहती बाणगंगा है जिसे समुद्र के रूप में दर्शाया गया है। पहाड़ की कांगड़ा, बसोहली, चंबा, मंडी, नूरपुर तथा बिलासपुर शैलियों में भी रामायण के प्रसंगों पर चित्र बने हैं। इन चित्रों में गाढ़े हरे रंग से बिखरती हुई प्राकृतिक छटा को चित्रित किया गया है। साथ ही लाल, काले, हल्के नीले व पीले रंगों का भी सुंदर प्रयोग है। पहाड़ी शैली के रामायण अंकनों पर कांगड़ा व गुलेर शैली का विशेष प्रभाव है। बाहु नामक रियासत में जो अंकन हुए उन पर बसोहली व कांगड़ा शैली का प्रभाव परिलक्षित होता है।

अहमदाबाद के लालभाई दलपतभाई कला संग्रहालय में रामायण के अयोध्या काण्ड पर आधारित 62 चित्रों का संग्रह उपलब्ध है। ये चित्र प्रख्यात कलाकार गगनेन्द्र नाथ टैगोर तथा अवनीन्द्र नाथ टैगोर ने संकलित किए थे जिसे बाद में सन् 1928 में श्रीमती सौमेन्द्र नाथ टैगोर ने इस कला संग्रहालय को सौंप दिया। इन लघुचित्रों के सम्बन्ध में प्रख्यात कलाविद डॉ. रतन परिमू ने शोधकार्य किया है तथा उनका यह मानना है कि रामायण के

विभिन्न प्रसंगों पर आधारित पहाड़ी शैली के ये अंकन नैनसुख-रांझा संग्रह के अंकनों से जो बनारस कला भवन में विद्यमान है साम्य रखते हैं।

राजस्थान और हिमाचल प्रदेश के अलावा बंगाल, ओडिशा, असम तथा दक्षिण भारत में भी रामकथा को केन्द्र में रखकर पटचित्र व लघुचित्र बनाए गए। लेकिन इनकी कोई सधी-बधी परंपरा अभी तक समग्रता में कला समीक्षकों के सामने नहीं आ पाई हैं।

पश्चातवर्ती काल में राजा रवि वर्मा सहित विभिन्न चित्रकारों ने उन्नीसवीं तथा बीसवीं सदी में विभिन्न तैलचित्रों में रामकथा को चित्रित किया। बीसवीं सदी में महर्षि वाल्मीकि कृत रामायण को सचित्र रूप से वर्ष 1960 में गीता प्रेस गोरखपुर द्वारा प्रकाशित किया गया जिसके 21 चित्र चित्रकार जगन्नाथ ने बनाए।

राष्ट्रीय संग्रहालय नई दिल्ली में रामायण के विभिन्न कालखण्डों में निर्मित किए गए विभिन्न शैलियों के अंकन संरक्षित हैं। राष्ट्रीय संग्रहालय के द्वारा 'रामायण—भारतीय लघु चित्रकला में राम-कथा' शीर्षक से एक फोलियो भी प्रकाशित किया गया है जिसमें मंडी में ईस्वी सन् 1750 में निर्मित शांग्री रामायण के एक अंकन को प्रकाशित किया गया है। यह शांग्री रामायण कुल्लू के राजा रघुवीर सिंह के पैतृक संग्रह की है। यह अंकन राम व उनके भाईयों के विवाहोत्सव पर केन्द्रित है।

जयपुर-दतिया मिश्रित शैली का ईस्वी सन् 1740-50 में गुमान नामक कलाकार के द्वारा निर्मित एक अंकन का भी इसमें वर्णन दिया गया है जो आनन्द की आध्यात्म रामायण का एक पन्ना है तथा वह राम व भरत मिलाप के प्रसंग पर केन्द्रित है।

इसी प्रसंग पर आधारित गुलेर शैली का ईस्वी सन् 1780 में निर्मित एक अंकन राष्ट्रीय संग्रहालय में है जिसमें अयोध्या के सिंहासन पर भगवान राम की पादुकाओं की स्थापना कर उनकी उपासना करते हुए भरत को चित्रित किया गया है। हल्के रंगों और बारीक़ रेखाओं के माध्यम से बनाए गए इस चित्र के सम्बन्ध में डॉ. दलजीत का यह अनुमान है कि इसे गुलेर के प्रसिद्ध चित्रकार नैनसुख ने बनाया होगा। एक अंकन मालवा शैली का ईस्वी सन् 1640 का है जिसमें राम तथा स्वर्ण मृग के रूप में मारीच को चित्रित किया गया है। इस अंकन पर लोक परम्परा का प्रभाव है।

एक अंकन गुलेर शैली का ईस्वी सन् 1780-90 का राष्ट्रीय संग्रहालय में है जिसमें हनुमान भगवान राम को माता सीता के वस्त्राभूषण दिखा रहे हैं। इस अंकन में गुलेर के चित्रकार ने राम को मुकुट व आभूषण पहने हुए दिखाया है।

राम के द्वारा रावण वध किए जाने के प्रसंग पर ईस्वी सन् 1780-90 के बीच गुलेर शैली में ही बनाया गया एक सुंदर अंकन राष्ट्रीय संग्रहालय में है। इसमें राम तथा रावण के बीच हुए युद्ध में रावण को गिरता हुआ चित्रित किया गया है। इस अंकन में रावण के सिर पर गधे का एक सिर भी बनाया गया है। विद्वानों का मानना है कि चित्रकला में रावण के सिर पर गधे का चित्रण लगभग 1640 ईस्वी से मिलना आरम्भ हो जाता है।

पहाड़ की सर्वश्रेष्ठ शैली कांगड़ा की मानी जाती है। ईस्वी सन् 1810 में कांगड़ा में सीता की अग्नि परीक्षा का अंकन किया गया। इस अंकन में अग्नि को अपना कार्य सम्पन्न करने के बाद विमान से आकाश की ओर जाते हुए चित्रित किया गया है। उल्लेखनीय है कि कांगड़ा शैली में विभिन्न विषयों पर राजा संसारचन्द के समय अनेक मनोहारी अंकन हुए। गीतगोविन्द तथा कृष्णलीला के अंकन इनमें प्रमुख हैं। कांगड़ा शैली का

ही एक इसी काल का अंकन राष्ट्रीय संग्रहालय में है जिसमें भगवान राम के पुत्र लव तथा कुश को अश्वमेघ यज्ञ के घोड़े को महर्षि वाल्मीकि के आश्रम में बांधते हुए चित्रित किया गया है। इस अंकन में चित्र के मध्य में जहाँ एक ओर लव तथा कुश को यज्ञ के घोड़े को केले के पेड़ से बांधते हुए चित्रित किया गया है वहीं दूसरी ओर अयोध्या की सेना का नेतृत्व करते हुए शत्रुघ्न को दिखाया गया है। चित्र के बायीं ओर ऊपरी भाग में महर्षि वाल्मीकि अपनी कुटिया के बाहर मृग छाल पर बैठे अपने शिष्य को कुछ लिखवा रहे हैं।

उल्लेखनीय है कि महर्षि वाल्मीकि को भगवान राम का ही समकालीन माना जाता है तथा यह मान्यता है कि रामकथा की रचना उन्होंने राम के समय में ही की। इस अंकन के बायीं ओर के आगे के भाग में माता सीता को भी अपनी कुटिया में किसी अन्य स्त्री के साथ वार्तालाप करते हुए चित्रित किया गया है।

भारतीय लघुचित्रों की यह विशेषता है कि उनमें एक छोटे से भाग में अनेक प्रसंग एक साथ पूरी बारीक़ी के साथ चित्रित कर दिए जाते हैं। यह चित्र इसका उदाहरण है। गहरे और हल्के रंगों के मिश्रण से बनाया गया यह चित्र अपने आपमें अनुपम है। इस अंकन में मोरनी, दो हरिण तथा एक शेर को भी चित्रित किया गया है।

कांगड़ा शैली के ही एक अन्य सुंदर अंकन में माता सीता को अपनी माँ भूदेवी के गर्भ में समाते हुए चित्रित किया गया है। यह अंकन लगभग 1810 का है। इस अंकन में सिंहासन को शेषनाग के अनेक फनों पर उठाया हुआ चित्रित किया गया है।

यहीं चम्बा शैली में ईस्वी सन् 1800 में निर्मित सीताहरण का एक अंकन संरक्षित है। उल्लेखनीय है कि चम्बा के भूरीसिंह संग्रहालय में रामायण के चित्रों की सुंदर श्रृंखला है तथा यह चित्र भी संभवत: उसी श्रृंखला का एक लघुचित्र है जिसमें प्रभावशाली रंगों और रेखाओं के माध्यम से सीताहरण की घटना को चित्रित किया गया है।

हनुमान के द्वारा द्रोण पर्वत ले जाते हुए एक अंकन यहाँ संरक्षित है जो ईस्वी सन् 1800 में राघोगढ़ शैली में बनाया गया। राघोगढ़ शैली को प्राय: विद्वान कोटा-राजस्थान की उपशैली मानते हैं किन्तु नवीनतम शोधों से यह ज्ञात हुआ है कि यह अपने आपमें एक पूर्ण विकसित शैली थी जिसमें रागमाला, कृष्णलीला व रामायण के विभिन्न प्रसंगों पर अनेक चित्र श्रृंखलाएं बनीं तथा व्यक्तिचित्र भी बहुत बने। इस शैली पर मालवा की देशज शैली के प्रभाव के साथ-साथ जयपुर तथा कोटा व बूंदी, विशेष रूप से बूंदी शैली का प्रभाव परिलक्षित होता है।

रामाख्यान के अनेक प्रसंग राजस्थान की विभिन्न शैलियों में चित्रित किए गए। इनमें से एक अंकन जोधपुर शैली का ईस्वी सन् 1810 का है जिसमें भगवान राम के राजतिलक के प्रसंग को चित्रित किया गया है। इस अंकन पर मुग़ल प्रभाव भी स्पष्ट दिखाई देता है। राष्ट्रीय संग्रहालय में अनेक अंकन जो भारत की विभिन्न मध्यकालीन लघुचित्र शैलियों के हैं संरक्षित हैं। उनमें से कुछ लघुचित्रों का वर्णन ऊपर दिया गया है।

दक्षिण भारत के कुंभकोणम के रामस्वामी मन्दिर के परिक्रमा पथ की भित्तियों पर रामायण के विभिन्न प्रसंग अंकित हैं। विरुपाक्ष, लेपाक्षी, पुण्डरीक, प्रसन्न वेंकटरमन तथा मैसूर के नृसिंह मन्दिर की भित्तियों पर रामायण के प्रसंगों के अंकन विद्यमान हैं।

बंगाल में पटचित्र बनाने की परम्परा है। एक सूचना के अनुसार पश्चिम बंगाल के नोया ग्राम में तीस फीट लम्बे रामायण के पटचित्रों के साथ घूम-घूमकर गायन करते हुए अनेक पटुआ निर्माण करने वाले मुस्लिम परिवार अपना जीवन यापन करते हैं।

यहाँ यह भी उल्लेखनीय है कि रामकथा लोकसाहित्य में भी प्राय: प्रत्येक अंचल में रची गई। तथा इसे

गाया गया। इस परंपरा का प्रभाव चित्रांकन पर भी हुआ तथा लोकप्रभाव से प्रभावित रामकथा के अंकन विभिन्न अंचलों में किए गए। यह तथ्य भी उल्लेखनीय है कि रामकथा ज्यों की त्यों उसी रूप में इन चित्रों में अंकित नहीं हुई जैसी की वाल्मीकि ने रची थी। वह अपने परिवेश के अनुरूप रूपांतरित भी हुई तथा ऐसे अनेक प्रसंग जो वाल्मीकि रामायण में नहीं थे, वे भी चित्रित हुए।

बुंदेलखण्ड के चरखारी नामक स्थान पर निर्मित 'रघुवरविलास' नामक एक सचित्र ग्रंथ भी मुझे देखने को मिला जिसमें राम विवाह के चित्रण के माध्यम से कवि ने बुंदेलखण्ड में प्रचलित उन रीति-रिवाजों का मोहक चित्रण किया है जिनका निर्वाह विवाह के अवसर पर होता है। यह ग्रंथ इस्वी सन् 1861 से 62 के बीच रचा जाकर समाप्त हुआ।

रामचरित के अनेक प्रसंग ऐसे चित्रित हुए जिनका उल्लेख वाल्मीकि रामायण में नहीं था। यहाँ एक ऐसी ही बुन्देलखण्ड रामायण व रामचरितमानस के आधार पर बने 36 चित्रों को प्रकाशित किया जाकर उनका विस्तृत वर्णन किया गया है।

इन चित्रों में राजा दशरथ सहित सभी मानवाकृतियों को बुंदेलखण्डी वेषभूषा में चित्रित किया गया है। राजा दशरथ की मूंछे सघन हैं तथा दोनों सिरों पर बालों के बड़े-बड़े गुच्छे बंधे हुए दीख पड़ते हैं। उन्होंने मस्तक पर एक छोटा सा लाल टीका लगा रखा है तथा गले में बुंदेलखण्डी पहनावे के अनुकूल उत्तरीय दोनों कंधों में बीच पहन रखा है। लोक प्रभाव वाली बुंदेलखंडी पगड़ी भी पहन रखी है। ऋषियों ने भी उत्तरीय तथा पीताम्बर धारण कर रखा है। इन चित्रों पर लोक प्रभाव स्पष्ट दिखाई देता है। ये सभी चित्र स्थानीय रंगों से बनाए गए हैं। हल्के नीले रंग का प्रयोग पृष्ठभूमि के रूप में किया गया है जबकि पीले, हरे, हल्के हरे, सफेद, लाल तथा गहरे नीले रंगों का प्रयोग बहुतायत से किया गया है। बैंगनी व हल्के लाल रंग अपवाद रूप में चित्रित हैं। हाशिया लाल रंग का है लेकिन कुछ चित्रों में दो या तीन रंगों का प्रयोग किया गया है। आम के वृक्ष प्राय: चित्रित किए गए हैं। एक चष्म चेहरे सुघड़ता से बने हैं लेकिन पूर्ण चष्म चेहरे कुषलतापूर्वक नहीं बनाए जा सके हैं। साड़ी बुन्देलखण्डी महिलाओं के द्वारा शुभ अवसरों पर पहने जाने वाली साड़ी की तरह है।

ये अंकन रघुवरविलास के अंकनों की तुलना में परिष्कृत हैं। रघुवरविलास के अंकनों पर लोकप्रभाव स्पष्ट है। इसके चित्रों में अनुपात नहीं है, महिलाओं की नाक असाधारण रूप से लंबी चित्रित की गई है। रंग भी फैले हुए हैं तथा रंग संयोजन भी संतुलित नहीं है।

इस प्रकार यह स्पष्ट होता है कि वाल्मीकि रामायण व रामचरितमानस तथा राम के जीवन के विभिन्न प्रसंगों पर आधारित अंकन राजस्थान व पहाड़ की प्राय: सभी प्रमुख शैलियों में हुए किंतु रामचरितमानस के प्रसंगों के आधार पर अंकन अपेक्षाकृत कम हुए तथा राम के जीवन से जुड़ी घटनाओं को चितेरों ने समय-समय पर अपने-अपने क्षेत्र की शैलियों में बड़े सुंदर रूप में रुपायित किया।

रामचरित के विभिन्न प्रसंगों को चित्रांकित करने की इस परम्परा के समांतर एक परम्परा लोक की भी रही है। इस परम्परा के राम वाल्मीकि रामायण व रामचरितमानस सहित अन्य ग्रंथों में वर्णित राम से भिन्न भी हैं। उनसे जुड़े हुए प्रसंग भी भिन्न हैं। किन्तु राम के प्रति अडिग आस्था इस परम्परा में विद्यमान है। इस लोक परम्परा ने राम से जुड़े विविध आयामी प्रसंगों को रुपायित किया है। पूरे देश में इस रामकथा को अपने-अपने ढंग से विशेष रूप से भित्तियों पर चित्रित किया गया है। चाहे बुन्देलखण्ड हो अथवा पूर्वी व पश्चिमी भारत के विभिन्न

छोरों पर अवस्थित अंचल हों, वहाँ इन प्रसंगों को बहुत सुंदर रूप में लोक शैलियों में चित्रित किया गया है।

बुन्देलखण्ड में रामकथा बहुत लोकप्रिय है तथा उसका कारण मध्यकाल में ओरछा की रानी गणेशकुंवरी के द्वारा अयोध्या से भगवान राम को लाकर ओरछा में उन्हें राजा के रूप में प्रतिष्ठित करना रहा है। इसलिए विशेष रूप से ओरछा के राजा वीरसिंह जूदेव (ईस्वी सन् 1605-1627) के समय में ओरछा के महलों में रामचरित पर केन्द्रित लोक प्रभाव वाले मनोहारी भित्तिचित्र बनाए गए। ओरछा की तोड़ी फतेहपुर जैसी अष्टगढ़ी में रामचरित उरेहा गया तथा चिरगांव की बावड़ी की भित्ति पर भी हनुमान अंकित किए गए। इस सम्बन्ध में अत्यंत विस्तार से चर्चा की जा सकती है। मेरी कृति ''बुन्देलखण्ड के भित्तिचित्र'' में इन चित्रों को मय विवरण के प्रकाशित किया गया है। सार यही है कि राम के चरित को विशेष रूप से मध्य भारत के विभिन्न अंचलों में लोक शैलियों में भित्तियों पर तथा सचित्र ग्रंथों में अंकित किया गया विशेषकर बुन्देलखण्ड में।

यहाँ यह भी विशेष रूप से उल्लेखनीय है कि रामकथा विशेष रूप से जनजातियों के मध्य बहुत लोकप्रिय रही है तथा गोंड और भील जैसी जनजातियों ने इस कथा को आज भी भित्तियों पर बड़े सुंदर रूप में उरेहा जाता है। विशेष रूप से गोंड जनजाति में रामायण के अंकन की एक सधी-बधी परम्परा दिखाई देती है। गोंडी रामायण के विभिन्न प्रसंगों के आधार पर लोक शैली में निरंतर अंकन होते रहे हैं।

मध्यकालीन भारतीय चित्रकला में राम के जीवन चरित पर केन्द्रित ये अंकन अपना विशिष्ट महत्व रखते हैं तथा वे इस तथ्य की पुष्टि करते हैं कि भारतीय चितेरे यांत्रिक रूप से रंगों और रेखाओं के माध्यम से केवल आकृतियां ही नहीं बनाते थे अपितु वे अपनी आस्था की प्राण प्रतिष्ठा इन अंकनों में करते थे। उनकी यही अभिव्यक्ति जहाँ एक ओर उनकी उपलब्धियों को रेखांकित करती है वहीं दूसरी ओर इतिहास के सफों पर उनकी गहन आस्था और अदम्य जिजीविषा की इबारत को सदैव के लिए अंकित भी कर देती है।

सचित्र बुन्देलखण्ड रामचरित : स्फुट चित्र

यह 36 अंकन वाल्मीकि रामायण तथा रामचरितमानस के प्रसंगों पर आधारित हैं। अधिकांश अंकन वाल्मीकि की रामायण के प्रसंगों पर आधारित हैं। ये अंकन अजयगढ़ में चित्रित किए गए थे तथा इन्हें सन् 1855 से 1860 के बीच अजयगढ़ के श्री माताप्रसाद खरे के द्वारा बनाया गया था। मुझे ये 36 लघुचित्र अवलोकनार्थ देखने के लिए मिले थे तथा ये चित्र नौगाँव जिला टीकमगढ़ के एक सेवानिवृत्त शिक्षक स्व. श्री कुंजबिहारी दुबे के माध्यम से अवलोकन हेतु प्राप्त हुए थे। यह घटना भी लगभग 30 वर्ष पुरानी है। तत्समय श्री कुंजबिहारी दुबे ने मुझे अवगत कराया था कि श्री माताप्रसाद खरे के वंशजों में से श्री दीनानाथ खरे ने ये चित्र श्री दुबे को उपलब्ध कराए थे। श्री खरे ने उन्हें अवगत कराया था कि इस रामायण के कुल 55 चित्र बनाए गए थे जिनमें से केवल 36 चित्र अब शेष हैं किन्तु ये चित्र सभी काण्डों के हैं तथा इनके माध्यम से रामकथा की सभी प्रमुख घटनाएं चित्रों के माध्यम से ज्ञात हो जाती हैं। इनमें बालकाण्ड 13, अयोध्याकाण्ड के 6, अरण्यकाण्ड के 3, किष्किंधाकाण्ड के 2, सुंदरकाण्ड के 5, युद्धकाण्ड के 5 व उत्तरकाण्ड के 2 चित्र हैं। इन चित्रों पर बुन्देलखण्ड का लोकप्रभाव बड़ा स्पष्ट है। प्राय: प्रत्येक चित्र के पीछे उस घटना का देवनागरी लिपि में बुन्देली भाषा में एक-एक पंक्ति में जो घटना चित्रित की गई है, का वर्णन किया गया है। बुन्देलखण्डी परिवेश तथा पोशाख़ व अलंकरण बड़े आनुपातिक रूप से उरेहे गए हैं।

श्री दुबे ने मुझे यह भी अवगत कराया कि इन अंकनों को श्री माताप्रसाद खरे ने केवल अपने आत्मसंतोष के लिए बनाया था। ये चित्र किसी राजकीय संरक्षण में नहीं बने किन्तु श्री खरे राजस्थानी व पहाड़ी शैलियों के जानकार थे तथा उन्होंने तदानुसार इस ज्ञान का उपयोग इन चित्रों के अंकन में किया।

ये सभी 36 लघुचित्र बुन्देलखण्ड की लोकशैली तथा भारतीय लघुचित्र शैली के सुन्दर समन्वय के दुर्लभ उदाहरण हैं।

जहाँ तक अजयगढ़ का सम्बन्ध है यह एक सुरम्य स्थल है जो पर्वत श्रृंखलाओं के बीच अवस्थित है तथा पन्ना से लगभग 30 से 35 कि.मी. की दूरी पर व समुद्र तल से लगभग 688 मीटर की ऊंचाई पर अवस्थित है। यह माना जाता है कि अजयगढ़ अवस्थित दुर्ग का निर्माण ईसा पूर्व के आसपास की सदियों में हुआ होगा। स्थानीय लोगों के अनुसार इसका निर्माण राजा अजय पाल ने कराया तथा यहाँ अजमेर के सुप्रसिद्ध तांत्रिक अजैपाल ने आकर कठिन तपस्या की व अनेक सिद्धियां प्राप्त कीं तभी से इसका नाम अजय दुर्ग, जय दुर्ग और फिर अजयगढ़ हो गया। इस दुर्ग का ऊपरी भाग बलुआ पत्थर का बना हुआ है तथा अनेक विद्वान स्थापत्य

तथा शिल्प की दृष्टि से इसकी तुलना खजुराहो के कला शिल्प से करते हैं। इस क़िले की प्रमुख विशेषता वे तीन मन्दिर हैं जो विद्वानों के अनुसार अंक गणितीय विधि से बने हैं। यह भी कहा जाता है कि केदार पर्वत पर निर्मित अजेय दुर्ग के कारण इसका नाम अजयगढ़ पड़ा। प्राचीन अभिलेखों में इस दुर्ग का नाम जयपुर व नन्दीपुर भी मिलता है। यह मान्यता है कि यह भगवान शिव के नन्दी का स्थान है। इसे नान्दीपुर भी कहा जाता है। इस दुर्ग के सम्बन्ध में अनेक रहस्यात्मक कहानियाँ भी हैं। इस दुर्ग की दीवारों पर अभिलेख उत्कीर्ण हैं तथा यहाँ भित्तिचित्र भी बने हुए थे जो वर्तमान में नहीं हैं। बीजचित्र भी निर्मित हैं जिसके आधार पर यह कहा जाता है कि यहाँ कोई खज़ाना भी गड़ा हुआ होगा।

अजयगढ़ के दुर्ग पर चढ़ने के लिए दो दरवाज़े हैं जिनमें से एक उत्तर की ओर तथा दूसरा दक्षिण की ओर है। उत्तरी द्वार को कालिंजर द्वार तथा दक्षिणी द्वार को तरौनी द्वार के नाम से जाना जाता है। कालिंजर द्वार के पास मज़बूत चट्टानों के बीच दो तालाब हैं जिन्हें गंगा-जमना ताल कहते हैं। क़िले के बीच में अजय ताल नाम का एक तालाब है जिसके घाट काले पत्थरों से बने हुए हैं। क़िले के दक्षिणी छोर पर एक और तालाब है जो परमार ताल के नाम से जाना जाता है। यहाँ चन्देल महल नाम के दो मन्दिर हैं। तरौनी द्वार पर एक बड़ी चट्टान के ऊपर अष्टशक्तियों के रूप में देवी दुर्गा की आठ मूर्तियाँ हैं। क़िले में एक प्राचीन गुफा मन्दिर भी है जिसमें भूतेश्वर महादेव की भव्य और आकर्षक प्रतिमा स्थापित है। यहाँ जैन व बौद्ध मूर्तियां भी हैं तथा पाली भाषा के शिलालेख सहित ग्यारहवीं से तेरहवीं सदी के बीच के कुछ चन्देलकालीन शिलालेख भी मिले हैं। यहाँ गणेश, कार्तिकेय व नन्दी की मूर्तियों के साथ-साथ शिशु व माता की मूर्ति भी हैं। इन चन्देलकालीन शिलालेखों में उनके शासन तथा उनकी उपलब्धियों पर प्रकाश डाला गया है। ईस्वी सन् 1800 में अली बहादुर ने इस क़िले पर विजय प्राप्त की थी। वर्तमान में यह क़िला अत्यंत भग्न तथा जीर्ण-शीर्ण अवस्था में है।

ऐतिहासिक दृष्टि से यह माना जाता है कि बुन्देलखण्ड राज्य के महान शासक महाराजा छत्रसाल (1649-1731 ईस्वी) के वंशज बुन्देला राजपूत तथा जैतपुर के महाराजा कीरतसिंह के पौत्र व दत्तक पुत्र गुमानसिंह के पुत्र बखतसिंह ने सन् 1765 में इस राज्य की स्थापना की थी। सन् 1809 में रियासती अजयगढ़ राज्य पर अंग्रेज़ों का आधिपत्य हो गया और यह सेन्ट्रल इंडिया एजेंसी की बुन्देलखण्ड एजेंसी का भाग बनाया गया।

क़िले से हटकर वर्तमान बस स्टैण्ड के पास महाराज पुण्यप्रतापसिंह के द्वारा निर्मित एक सरस्वती मन्दिर विद्यमान है जहाँ सरस्वतीजी की दुर्लभ मूर्ति प्रतिष्ठित है। अजयगढ़ में मुख्यत: कायस्थ परिवार निवास करते रहे हैं तथा रामभक्ति की धारा के निरंतर प्रवाह से आप्लावित इस नगर में भगवान राम की आराधना विभिन्न माध्यमों से की जाती रही है। बुन्देलखण्ड रामायण के ये 36 लघुचित्र इसके प्रमाण हैं।

चित्रावली

प्लेट क्रमांक-1:

यह अंकन वाल्मीकि रामायण के बालकाण्ड के उन्नीसवें सर्ग के उस प्रसंग पर आधारित है जब ऋषि विश्वामित्र राजा दशरथ से राक्षसों का संहार करने के लिए राम को मांगते हैं। वाल्मीकि रामायण के इस सर्ग में इस प्रसंग का विस्तृत उल्लेख है। ऋषि विश्वामित्र राजा दशरथ से अपनी व्यथा व्यक्त करते हुए कहते हैं कि नरश्रेष्ठ जब फल प्राप्ति के लिए मैं यज्ञ दीक्षा ग्रहण करता हूँ तब दो कामरुपी राक्षस आकर विघ्न उत्पन्न करते हैं। जब यज्ञ संपन्न होने को होता है तब यज्ञवेदी पर मांस और रुधिर बरसाते हैं, इससे मेरा यज्ञ भ्रष्ट हो जाता है और मैं निरुत्साहित होकर यज्ञ से हट जाता हूँ। हे राजन! इस यज्ञ में क्रोध वर्जित होने के कारण मैं उन्हें कोई शाप भी नहीं दे सकता इसलिए आप मुझे सत्यपराक्रमी और अपने सिर पर कौए के पंख के समान काले बालों को धारण करने वाले शूरवीर तथा अपने ज्येष्ठ पुत्र राम को मुझे दे दीजिए। राम को मांगने का श्लोक है,
स्वपुत्रं राजशार्दूल रामं सत्यपराक्रमम्।
काकपक्षधरं शूरं ज्येष्ठं मे दातुमर्हसि।। 8।।
तुलसीकृत रामचरितमानस के बालकाण्ड में यह प्रसंग निम्नानुसार वर्णित है,
मुनि विश्वामित्र राजा जनक से कहते हैं,

असुर समूह सतावहिं मोही। मैं जाचन आयउँ नृप तोही।।
अनुज समेत देहु रघुनाथा। निसिचर बध मैं होब सनाथा।।5।।

अर्थात् (मुनि ने कहा) — हे राजन्! राक्षसों के समूह मुझे सताते हैं, इसीलिए मैं तुमसे कुछ मांगने आया हूँ। छोटे भाई सहित श्री रघुनाथजी को मुझे दे दो। राक्षसों के मारे जाने पर मैं सनाथ (सुरक्षित) हो जाउंगा।। 5।।

इस लघुचित्र में अपनी व्यथा वर्णित करते हुए ऋषि विश्वामित्र को दर्शाया गया है। इस अंकन में ऋषि विश्वामित्र तथा गुरु को आसन पर बैठे हुए तथा एक सेवक के साथ राजा दशरथ तथा उनके चार पुत्रों को इन दोनों ऋषियों के सामने हाथ जोड़े खड़ा दर्शाया गया है। सेवक की कमर में बंधा हुआ पटका, राजा दशरथ व ऋषियों के गले में पहिना हुआ उत्तरीय, ऋषियों के पीछे खड़े सेवक के हाथ में रखा हुआ लम्बी डण्डी वाला बड़ा व गोल अलंकृत पंखा, राजा दशरथ के गुलमुच्छ, उनके सेवक के पीछे मोरछल लिए सेवक की पगड़ी व कमर में पहिना पटका तथा राजा दशरथ, उनके चारों पुत्रों, ऋषियों तथा सेवकों के द्वारा पहिने हुए परिधान पूर्णतः बुन्देली हैं। विशेष रूप से पटका व गुलमुच्छ बुन्देलखण्ड शैली के मानक लक्षण हैं।

सभी आकृतियां आनुपातिक तथा यथार्थपरक हैं। चितेरे ने अपनी कल्पनाशीलता के आधार पर वृक्ष तथा महल का स्थापत्य निर्मित किया है। तीन आम के वृक्षों का सहज अभिज्ञान होता है। उनके एक-एक पत्ते को गिना जा सकता है। भव्य गोलाकार गुम्बदनुमा, झरोखे युक्त महल तथा उसके पार्श्व भाग को निपुणता के साथ चित्रित किया गया है।

पीले, लाल, हरे तथा सफेद रंगों का सुंदर संयोजन किया गया है जो महल के स्थापत्य में भलीभांति दिखाई पड़ता है। दोनों ऋषियों को जीवंत रूप में राजा दशरथ से संवादरत दर्शाया गया है। राजा दशरथ अपना बांया हाथ उठाए हैं तथा एक ऋषि अपना बांया हाथ उठाकर उन्हें आशीष देते दर्शाए गए हैं।

दूसरे ऋषि भी दोनों हाथ उठाए हुए हैं। दोनों ऋषियों के समक्ष चारों बालक हाथ जोड़े खड़े हैं। इनमें दो गौरवर्ण और दो श्यामवर्ण हैं। राजा दशरथ के चेहरे पर झलकता संकोच का भाव चितेरे ने बड़े कौशल के साथ चित्रित किया है जिसे मोरछल लिए सेवक निहार रहा है। इस सेवक के आँख की वह गार जो आँख के कोने में अटकी हुई है दर्शनीय है जिसके कारण सेवक का भाव स्पष्ट हो गया है।

केवल राजा दशरथ का चेहरा पूर्ण चश्म है, शेष आकृतियों के चेहरे एकचश्म बनाए गए हैं। यह देशज शैली का अंकन है जिस पर लोक प्रभाव स्पष्ट है। चित्र के कोने में 'वाल' अंकित है जिसका आशय बालकाण्ड से है।

चित्र के पीछे निम्न इबारत अंकित है,

'विस्वामित्र रामचंद्रलछमन के लैवे सौ आये'।

बाल

प्लेट क्रमांक-2:

यह अंकन वाल्मीकि रामायण के बालकाण्ड के बाईसवें सर्ग के प्रसंग पर आधारित है जो प्लेट क्र. 1 में वर्णित प्रसंग के आगे का प्रसंग है।

राजा दशरथ ऋषि विश्वामित्र से यह अनुरोध सुनते ही मूर्छित हो जाते हैं कि उन्हें राक्षसों के विनाश के लिए राम चाहिए किन्तु बाद में गुरु वशिष्ठ के समझाने पर वे राम व लक्ष्मण को ऋषि विश्वामित्र को सौंपते हैं।

वाल्मीकि रामायण के 22वें सर्ग में प्रसंग का वर्णन इस प्रकार है,

स पुत्रं मूर्ध्न्युपाघ्राय राजा दशरथः प्रियम्।
ददौ कुशिकपुत्राय सुप्रीतेनान्तरात्मना।। 3।।

अर्थात् महाराज दशरथ ने प्रसन्न होकर और पुत्रों के माथे सूंघकर उन्हें विश्वामित्रजी को सौंपा।

रामचरितमानस के बालकाण्ड में इस घटना का विवरण निम्न दोहे में किया गया है,

सौंपे भूप रिषिहि सुत बहुबिधि देइ असीस।
जननी भवन गए प्रभु चले नाइ पद सीस।। 208-क।।

अर्थात् राजा ने बहुत प्रकार से आशीर्वाद देकर पुत्रों को ऋषि के हवाले कर दिया। फिर प्रभु माता के महल में गए और उनके चरणों में सिर नवाकर चले।। 208-क।।

इस अंकन में राजसी वेशभूषा में मुकुट पहिने खड़े हुए राजा दशरथ दर्शाए गए हैं। गले में लम्बा मोतियों का हार, कमर में पटका और चुस्त पायजामा पहिने राजा दशरथ का चेहरा एकचश्म बनाया गया है। महरून रंग का लम्बा कोट विशष रूप से उत्कृष्ट करता है। राजा दशरथ के चेहरे पर छाई उदासी स्पष्ट दिखाई देती है। वे अपने दोनों बालकों को ऋषि विश्वामित्र को सौंपते दिखाई दे रहे हैं, वे स्नेहपूर्ण हाथों से दोनों राजकुमारों को थामे हुए हैं। दोनों राजकुमारों में से एक राजकुमार गौरवर्ण के हैं तथा दूसरे श्यामवर्ण के। ये राम व लक्ष्मण हैं।

गले में उपर्णा डाले विश्वामित्र चित्रित किए गए हैं जिनके गले में लाल रंग का लम्बा उत्तरीय है। उनकी धोती विशेष दर्शनीय है जो दोनों घुटनों के कुछ नीचे तक ही जाती है। यह बुन्देलखण्ड के इस परिधान की विशेषता है। ऋषि विश्वामित्र के पीछे विनम्र मुद्रा में एक सेवक परम्परागत पोषाख़ में खड़ा है।

बुन्देलखण्ड में राजाओं के द्वारा प्रयुक्त किया जाने वाला 'गाव तकिया' इस अंकन की विशेषता है। सिंहासन पर बड़े आकार का लम्बवत गोल तकिया जिस पर धारियां अंकित हैं, चितेरे ने बड़ी कुशलता से चित्रित किया है।

सभी पुरुष एक बड़े चंदोवे के नीचे खड़े चित्रित किए गए हैं। पार्श्व पृष्ठभूमि हल्के नीले रंग की है। पीले, लाल, सफेद व मेहरून रंग का संतुलित रूप से प्रयोग किया गया है जिसके कारण चित्र में आकृतियां बड़ी स्पष्ट चित्रित हुई हैं। चित्र के पीछे, "रामचंद्र लछमन विस्वामित्र राजा दशरथ की भैट कौ आये" अंकित है। चित्र के कोने में 'वाल' अंकित है जिसका आशय बालकाण्ड से है।

चित्र के पीछे *'रामचंद्र लछमन विस्वामित्र राजा दसरथ की भैंट कौ आये'* अंकित है।

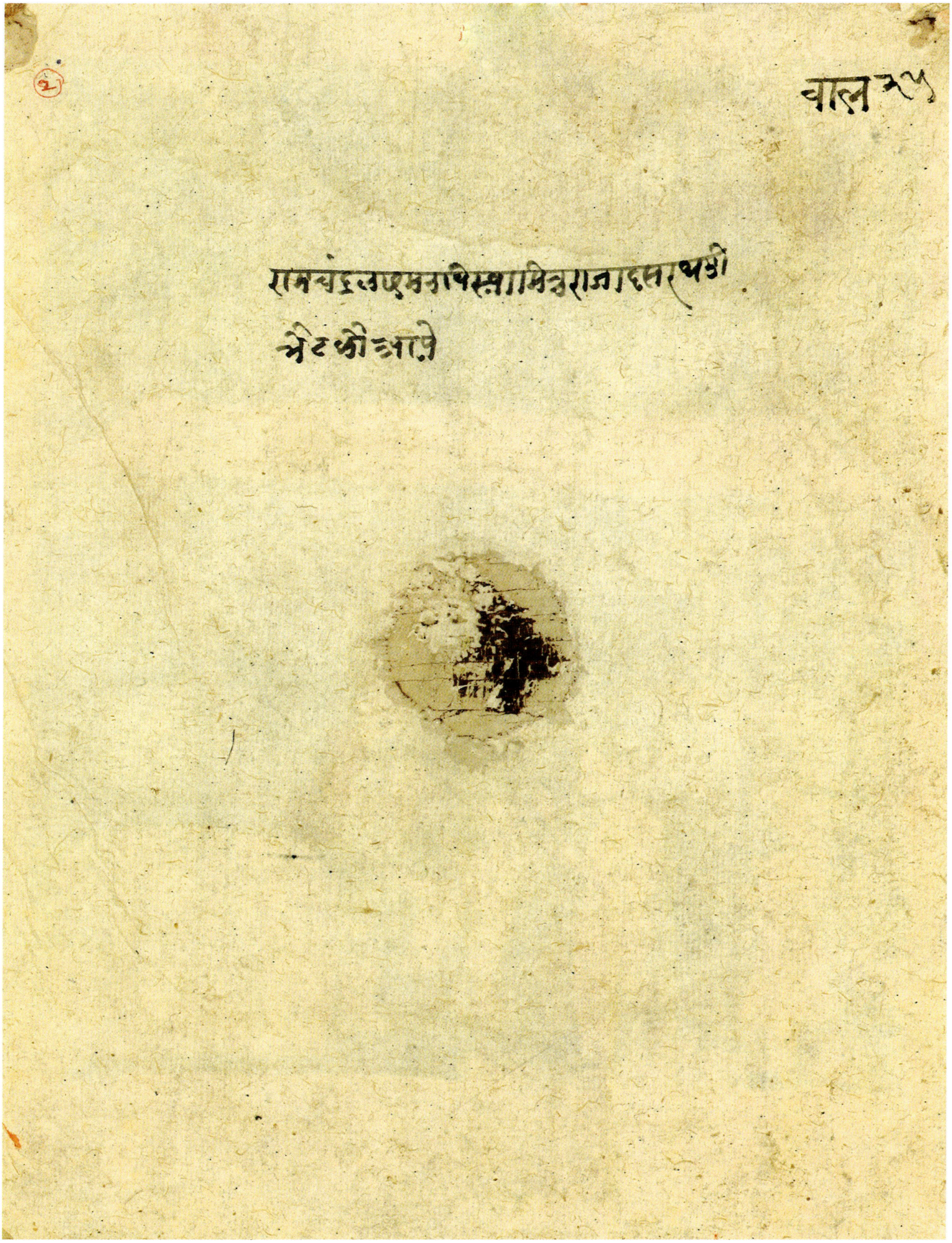

वाल २५
रामचंद्रलछमनविस्वामित्रराजादसरथकी
भेटकोआये

प्लेट क्रमांक-3:

यह अंकन वाल्मीकि रामायण के बालकाण्ड के 26वें सर्ग के प्रसंग पर आधारित है तथा दो भागों में विभक्त है। चित्र के ऊपरी भाग में यज्ञ संपन्न करते ब्राह्मण चित्रित किए गए हैं तथा उनके हवन में बाधा उपस्थित करने हेतु छः राक्षस चित्रित किए गए हैं। हवन सम्पन्न करने वाले ब्राह्मण तीन हैं तथा राक्षसों की संख्या छः है। इनमें तीन वयस्क हैं व तीन उनके पुत्र प्रतीत होते हैं। राक्षसों में से एक का मुख पशु का है। इनके सामने शरसंधान करते राम व लक्ष्मण चित्रित किए गए हैं। धनुष पर बाण चढ़ाए राम व लक्ष्मण की मुद्रा बड़ी गतिशील है। उन्होंने पारंपरिक बुन्देली वस्त्र धारण किए हैं। सभी आकृतियों के गले में लम्बा बुन्देलखण्डी उपर्णा है।

नीचे का प्रसंग ताड़का वध का है। ताड़का राक्षसी व उसके मायावी स्वरूप का वर्णन इस सर्ग में किया गया है। इस अंकन में ताड़का का मायावी स्वरूप चित्रित किया गया है जिसमें वह सुंदर साड़ी पहिने छिपने का यत्न कर रही है। सम्बन्धित श्लोक निम्नानुसार है,

कामरूपधरा सद्यः कृत्वा रुपाण्यनेकशः।
अन्तर्धानं गता यक्षी मोहयन्तीव मायया।।19।।

अर्थात् वह कामरुपिणी तुरंत अनेक प्रकार के रूप धारण करने लगी और राजकुमारों को धोखा देने के लिए कभी कभी छिप भी जाने लगी।

रामचरितमानस के बालकाण्ड में ताड़का, मारीच, सुबाहु सहित उनकी सेना के राक्षसों को राम व लक्ष्मण के द्वारा मारे जाने के प्रसंग वर्णित हैं। ताड़का वध के सम्बन्ध में चौपाई का निम्न अंश प्रासंगिक है,

चले जात मुनि दीन्हि देखाई। सुनि ताड़का क्रोध करि धाई।।
एकहिं बान प्रान हरि लीन्हा। दीन जानि तेहि निज पद दीन्हा।। 3।।

अर्थात् मार्ग में चले जाते हुए मुनि ने ताड़का को दिखलाया। शब्द सुनते ही वह क्रोध करके दौड़ी। श्री रामजी ने एक ही बाण में उसके प्राण हर लिए और दीन जानकर उसको निजपद (अपना दिव्य स्वरूप) दिया।। 3।।

राक्षसों के संहार के सम्बन्ध में इससे आगे विवरण बालकाण्ड में ही निम्नानुसार दिया गया है,

सुनि मारीच निसाचर क्रोही। लै सहाय धावा मुनिद्रोही।।
बिनु फर बान राम तेहि मारा। सत जोजन गा सागर पारा।। 2।।
पावक सर सुबाहु पुनि मारा। अनुज निसाचर कटकु सँघारा।।
मारि असुर द्विज निर्भयकारी। अस्तुति करहिं देव मुनि झारी।। 3।।

अर्थात् यह समाचार सुनकर मुनियों का शत्रु क्रोधी राक्षस मारीच अपने सहायकों को लेकर दौड़ा। श्रीरामजी ने बिना फलवाला बाण उसको मारा, जिससे वह सौ योजन के विस्तार वाले समुद्र के पार जा गिरा।। 2।।

फिर सुबाहु को अग्निबाण मारा। इधर छोटे भाई लक्ष्मणजी ने राक्षसों की सेना का संहार कर डाला। इस प्रकार श्री रामजी ने राक्षसों को मारकर ब्राह्मणों को निर्भय कर दिया। तब सारे देवता और मुनि स्तुति करने लगे।। 3।।

इस अंकन में ताड़का के वस्त्र दर्शनीय हैं। उसकी कुरूप देह पर इतने सुंदर वस्त्रों का अंकन उसके मायावी स्वरूप को चित्रित करने के लिए चित्रकार ने किया है। उसकी साड़ी पर बनी एक-एक बिन्दी को गिना जा सकता है जो लघुचित्रांकन की विशेषता है। उसकी भंगिमा भी लजाने की है। राम उस पर अपने धनुष से

शरसंधान करते चित्रित किए गए हैं। उनके समीप लक्ष्मण व ऋषि विश्वामित्र खड़े हैं। ऋषि विश्वामित्र उन्हें आदेश देने की मुद्रा में हैं। सभी आकृतियों ने बुन्देलखण्डी परिधान पहिन रखे हैं।

पूरे अंकन में पार्श्व भित्ति नीले रंग में चित्रित की गई है तथा हल्के नीले, लाल व पीले रंगों को आनुपातिक रूप से प्रयुक्त किया गया है। चित्र के पीछे कोने में 'वाल' अंकित है जिसका आशय बालकाण्ड से है।

चित्र के पीछे निम्न इबारत अंकित है,

'विस्वामित्र की जग्ग वा ताडका सुबाहु कौ वध'।

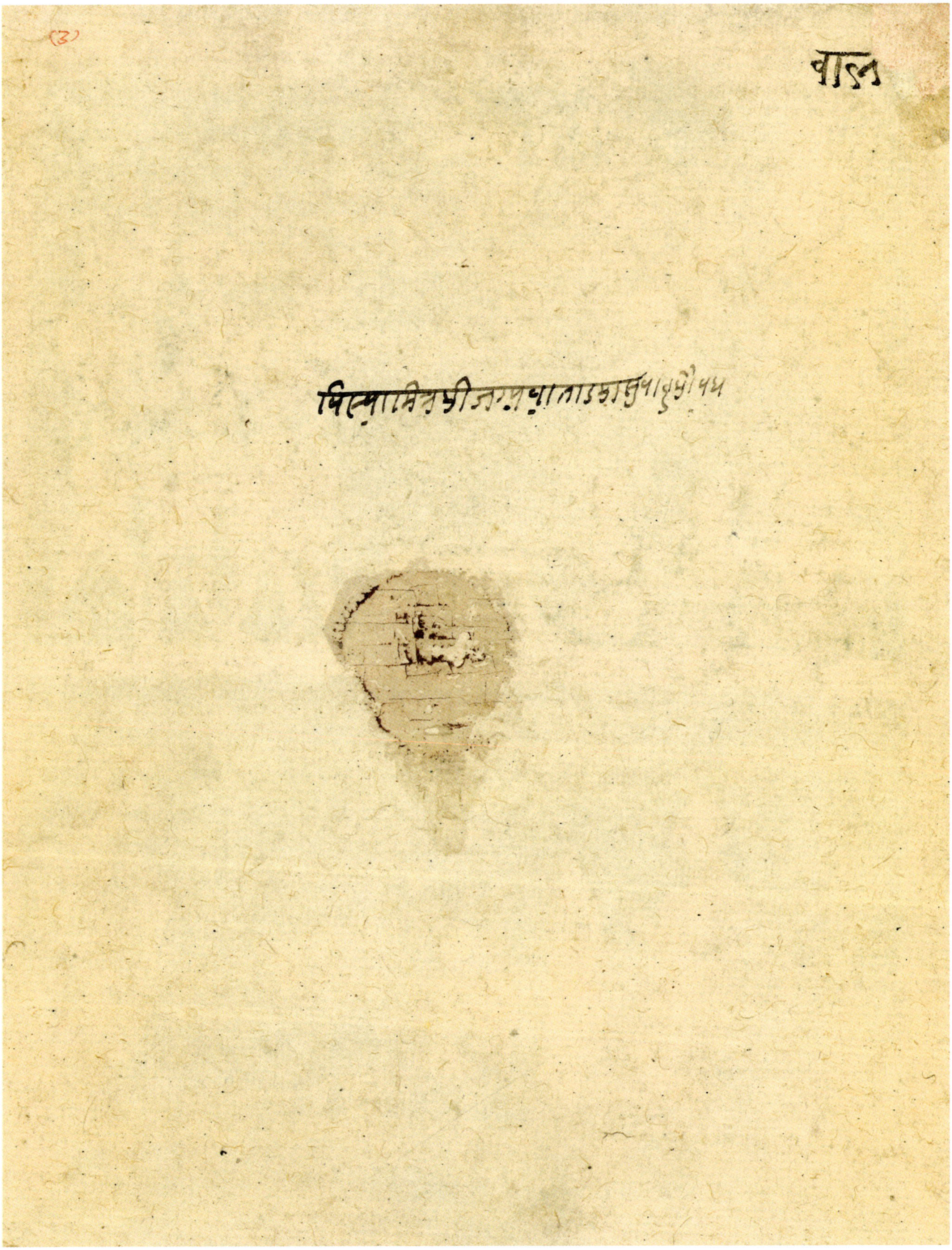

(3)

बाल

बिस्वामित्र श्री जग्य पाल ताडका सुबाहु बध

प्लेट क्रमांक-4:

यह अंकन बालकाण्ड के 49वें सर्ग पर आधारित है जो अहिल्या उद्धार के प्रसंग पर बनाया गया है। वाल्मीकि रामायण के इस सर्ग में अहिल्या के शोभामय स्वरूप का वर्णन इस प्रकार किया है जो इस लघुचित्र में चित्रित किया गया है।

स तुषारावृतां साभ्रां पूर्णचन्द्रप्रभामिव।
मध्येऽम्भसो दुराधर्षां दीप्तां सूर्यप्रभामिव।।15।।

अर्थात् कोहरे (कुहासे) से छिपी हुई पूर्णमासी के चन्द्रमा की चांदनी की तरह अथवा डाल में पड़े हुए सूर्य के प्रतिबिंब के प्रकाश की तरह दीप्तिमान वह दीख पड़ती थी।
रामचरितमानस के बालकाण्ड में यह प्रसंग निम्नानुसार वर्णित है,

दोहा —

गौतम नारि श्राप बस उपल देह धरिधीर।
चरन कमल रज चाहति कृपा करहु रघुबीर।। 210।।

अर्थात् गौतम मुनि की स्त्री अहिल्या शापवश पत्थर की देह धारण किए बड़े धीरज से आपके चरणकमलों की धूलि चाहती है। हे रघुवीर ! इस पर कृपा कीजिए।। 210।।

छन्द —

परसत पद पावन सोकनसावन प्रगट भई तपपुंज सही।
देखत रघुनायक जनसुखदायक सनमुख होइ कर जोरि रही।।
अति प्रेम अधीरा पुलकसरीरा मुख नहिं आवइ बचन कही।
अतिसय बड़भागी चरनन्हि लागी जुगल नयन जलधार बही।। 1।।

अर्थात् श्री रामजी के पवित्र और शोक को नाश करने वाले चरणों का स्पर्श पाते ही सचमुच वह तपोमूर्ति अहिल्या प्रकट हो गई। भक्तों को सुख देने वाले श्री रघुनाथजी को देखकर वह हाथ जोड़कर सामने खड़ी रह गई। अत्यंत प्रेम के कारण वह अधीर हो गई। उसका शरीर पुलकित हो उठा, मुख से वचन कहने में नहीं आते थे। वह अत्यंत बड़भागिनी अहिल्या प्रभु के चरणों में लिपट गई और उसके दोनों नेत्रों से जल (प्रेम और आनंद के आसुओं) की धारा बहने लगी।

वाल्मीकि रामायण के प्रसंग में रामचरितमानस की तरह अहिल्या के पाषाण में परिवर्तित होने का उल्लेख नहीं है। उसे गौतम ऋषि ने अदृश्य रहने का शाप दिया था तथा राम के आने पर उसके उद्धार की भविष्यवाणी की थी इसलिए इस अंकन में भी अहिल्या को उसके शोभामय स्वरूप में राम, लक्ष्मण तथा ऋषि विश्वामित्र के सम्मुख खड़ा चित्रित किया गया है। इस चित्र के ऊपरी भाग में बादल चित्रित किए गए हैं जो मालवा शैली की विशिष्टता हैं।

नीली पृष्ठभूमि में किए गए इस अंकन में चार आम के वृक्ष उरेहे गए हैं जिनमें से एक वृक्ष के नीचे अहिल्या खड़ी हैं व हाथ जोड़कर इन तीनों का अभिवादन कर रही हैं। उनकी साड़ी बड़ी सुंदर है जिस पर

अंकित बिन्दियों की गणना की जा सकती है। बादलों के ऊपर केले के वृक्ष निर्मित किए गए हैं। नीचे की ओर किए गए आम के चार वृक्षों के अंकन विशिष्ट हैं। प्रत्येक वृक्ष पर लगे हुए पत्तों की गणना की जा सकती है। बांयी ओर आम का एक बड़ा छतनार वृक्ष अंकित किया गया है।

सभी आकृतियां आनुपातिक हैं। हल्के गुलाबी देह रंग, पीले, हरे व लाल रंगों का संतुलित प्रयोग किया गया है।

चित्र के पीछे 'अहल्या कौतरवो' अंकित है। कोने में 'वाल' अंकित है जिसका आशय बालकाण्ड से है।

प्लेट क्रमांक-5:

यह अंकन बालकाण्ड के 50वें सर्ग पर आधारित है। ऋषि विश्वामित्र के साथ राम और लक्ष्मण को देखकर उनका परिचय राजा जनक पूछते हैं। तब राजा जनक उनका परिचय इस तरह देते हैं,

कस्य पुत्रौ मुनिश्रेष्ठ श्रोतुमिच्छामि तत्वतः।
तस्य तद्वचनं श्रुत्वा जनकस्य महात्मनः।।24।।
न्यवेदयन्महात्मानौ पुत्रौ दशरथस्य तौ।
सिद्धाश्रमनिवासं च राक्षसानां वधं तथा।।25।।

अर्थात् जनक विश्वामित्र से पूछते हैं, हे मुनिवर! बतलाईये ये दोनों किसके पुत्र हैं। मैं इनका यथार्थ वृत्तांत सुनना चाहता हूँ। राजा जनक के से वचन सुन विश्वामित्र कहने लगे कि ये दोनों महाराज दशरथ के राजकुमार हैं। फिर विश्वामित्रजी ने दोनों राजकुमारों के सिद्धाश्रम में रहने, वहाँ राक्षसों का वध करने आदि का वृत्तांत सुनाया। (श्लोक 26 में अन्य कारनामों का वर्णन है)

रामचरितमानस के बालकाण्ड में इस प्रसंग का निम्नानुसार वर्णन है,

प्रेम मगन मनु जानि नृपु करि बिबेकु धरि धीर।
बोलेउ मुनि पद नाइ सिरु गदगद गिरा गभीर।। 215।।

अर्थात् मन को प्रेम में मग्न जान राजा जनक ने विवेक का आश्रय लेकर धीरज धारण किया और मुनि के चरणों में सिर नवाकर गद्‌गद (प्रेमभरी) गंभीर वाणी से कहा —।।215।।

चौपाई —

कहहु नाथ सुंदर दोउ बालक। मुनिकुल तिलककि नृपकुल पालक।।
ब्रह्म जो निगम नोति कहि गावा। उभय बेष धरि की सोइ आवा।। 1।।

अर्थात् हे नाथ! कहिए, ये दोनों सुंदर बालक मुनिकुल के आभूषण हैं या किसी राजवंश के पालक? अथवा जिसका वेदों ने 'नेति' कहकर गान किया है कहीं वह ब्रह्म तो युगल रूप धरकर नहीं आया है?।। 1।।

इस अंकन में राजा जनक, ऋषि विश्वामित्र, राम तथा लक्ष्मण की अगवानी करते हुए चित्रित किए गए हैं। यह चित्र दो भागों में विभक्त है। चित्र के ऊपरी भाग में आम के चार सुंदर वृक्ष चित्रित किए गए हैं। ये पूर्व अंकनों की ही भांति हैं। इनकी एक एक पत्ती को गिना जा सकता है। इन पेड़ों के पीछे की ओर तथा नीचे कटावदार पत्तियों वाले तथा पतले तने वाले वृक्ष चित्रित हैं जिन पर सफेद फूल, फूले हुए चित्रित किए गए हैं। इस ऊपरी भाग में केवल यही अंकन है। इसके नीचे वाले भाग में राजा जनक व ऋषि विश्वामित्र संवादरत चित्रित किए गए हैं। प्रतीत होता है जैसे राजा जनक ने पूछा और ऋषि विश्वामित्र उन्हें बताने लगे। राजा जनक के पीछे तीन सेवक हैं जो पारंपरिक बुन्देलखण्डी वेशभूषा में हाथ जोड़े खड़े हैं। ऋषि विश्वामित्र, राजा जनक को राम व लक्ष्मण के सम्बन्ध में जानकारी देते हुए चित्रित किए गए हैं। वे दोनों हाथ उठाकर राजा जनक को इन दोनों राजपुत्रों व उनके शौर्य के बारे में बता रहे हैं। विश्वामित्रजी के पीछे सांवले राम व उनके पीछे गौरवर्ण लक्ष्मण

खड़े हैं। इन सभी ने पारम्परिक वेशभूषा धारण कर रखी है। सभी आकृतियों ने लम्बा उपर्णा पहिन रखा है। यह उपर्णा आगे से पीछे की ओर राजा जनक, ऋषि विश्वामित्र तथा राम व लक्ष्मण ने पहिन रखा है। सेवकों ने इसे आगे की ओर डाल रखा है जिससे उनके सेवक होने का अभिज्ञान होता है। राजा जनक के गुलमुच्छ पारम्परिक हैं। चित्र की पृष्ठभूमि नीले रंग की है। चित्र के सबसे निचले भाग को मेहंदी रंग से रंगा गया है।

अंकन में नीले, पीले, लाल, सफेद व मेहंदी रंग का आनुपातिक प्रयोग है। चित्र के पीछे निम्न इबारत अंकित है,

'जनकपुर विस्वामित्र पहुँचे तब राजा जनक लेवे कौ आए विस्वामित्र वा राम लछमन के'।

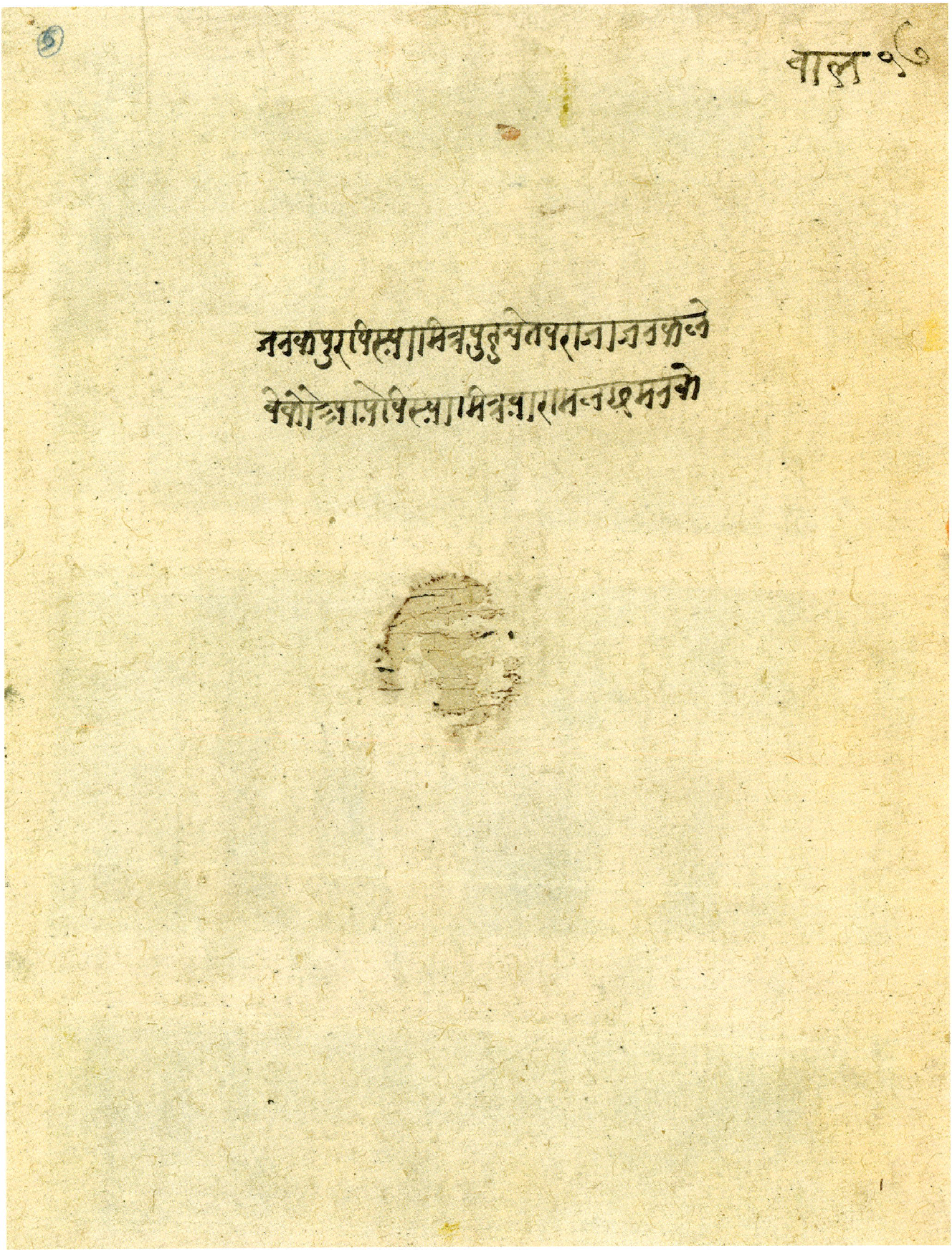
बाल १८

जनकपुरविस्वामित्रपुत्तुचेलपराजाजवकोले
वेवोंआपेविस्वामित्रपारामलछमनको

प्लेट क्रमांक-6:

यह अंकन वाल्मीकि रामायण के किसी प्रसंग पर आधारित नहीं है। वाल्मीकि रामायण में राम व लक्ष्मण ऋषि वाल्मीकि के साथ जनकजी की यज्ञशाला में रुकते हैं। लेकिन तुलसीकृत रामचरितमानस में राम व लक्ष्मण के जनकपुरी देखने का प्रसंग है तथा यह अंकन उसी प्रसंग पर आधारित है।

रामचरितमानस के बालकाण्ड में यह प्रसंग निम्नानुसार वर्णित है,

देखन नगरु भूपसुत आए। समाचार पुरबासिन्ह पाए।।
धाए धाम काम सब त्यागी। मनहुँ रंक निधि लूटन लागी।। 1।।

अर्थात् जब पुरवासियों ने यह समाचार पाया कि दोनों राजकुमार नगर देखने के लिए आए हैं, तब वे घर-बार और सब काम-काज छोड़कर ऐसे दौड़े मानों दरिद्री (धन का) खजाना लूटने दौड़े हों।। 1।।

निरखी सहज सुंदर दोउ भाई। होहिं सुखी लोचन फल पाई।।
जुबतीं भवन झरोखन्हि लागीं। निरखहिं राम रूप अनुरागीं।। 2।।

अर्थात् स्वभाव से ही सुन्दर दोनों भाईयों को देखकर वे लोग नेत्रों का फल पाकर सुखी हो रहे हैं। युवती, स्त्रियां घर के झरोखों से लगी हुई प्रेम सहित श्री रामचंद्रजी के रूप को देख रही हैं।। 2।।

इस अंकन की विशेषता इसका स्थापत्य है। महल के दोनों ओर बने झरोखों में बैठी महिलाऐं राम लक्ष्मण पर पुष्प वर्षा करती दिखाई दे रही हैं। कुल छः झरोखे हैं। सबसे ऊपर के झरोखे में आमने सामने के गवाक्षों में बैठी दो महिलाऐं पुष्प वर्षा करती हुई चित्रित की गई हैं। उसके नीचे के दो झरोखों में दो महिलाऐं पुष्प वर्षा कर रही हैं जो आमने सामने हैं। उनके पीछे भी दो महिलाऐं बैठी हैं।

राम व लक्ष्मण के सामने संभवतः एक मार्गदर्शक है तथा राम व लक्ष्मण के पीछे उनके तीन साथी हैं जिनमें से एक का हाथ उठा हुआ है। ये स्थानीय जनकपुर के ही लड़के प्रतीत होते हैं। नीचे के दो द्वारों पर खड़ी हुई दो महिलाऐं चित्रित की गई हैं जिनमें से बांयी ओर के द्वार में खड़ी महिला के हाथ में आरती है।

महल के दोनों ओर के भवनों को जोड़ते हुए सुंदर वन्दनवार चित्रित किए गए हैं। महल के शीर्ष पर दोनों ओर दो गुम्बद हैं जिन पर पताकाऐं फहरा रही हैं।

इस स्थापत्य पर जयपुर क़लम का प्रभाव है। पृष्ठभूमि नीले रंग की है। सभी आकृतियों की वेशभूषा बुन्देली है। बुन्देली चित्रांकन की सभी विशेषताऐं इस अंकन में परिलक्षित होती हैं। सफेद, लाल, नीले व पीले रंगों का आनुपातिक प्रयोग किया गया है।

चित्र के पीछे यह इबारत अंकित है, 'श्री रामलछमन जनकपुर देखन गये तब पुर के लरका संग भये अरु सवी फूल बरसावती भही'।

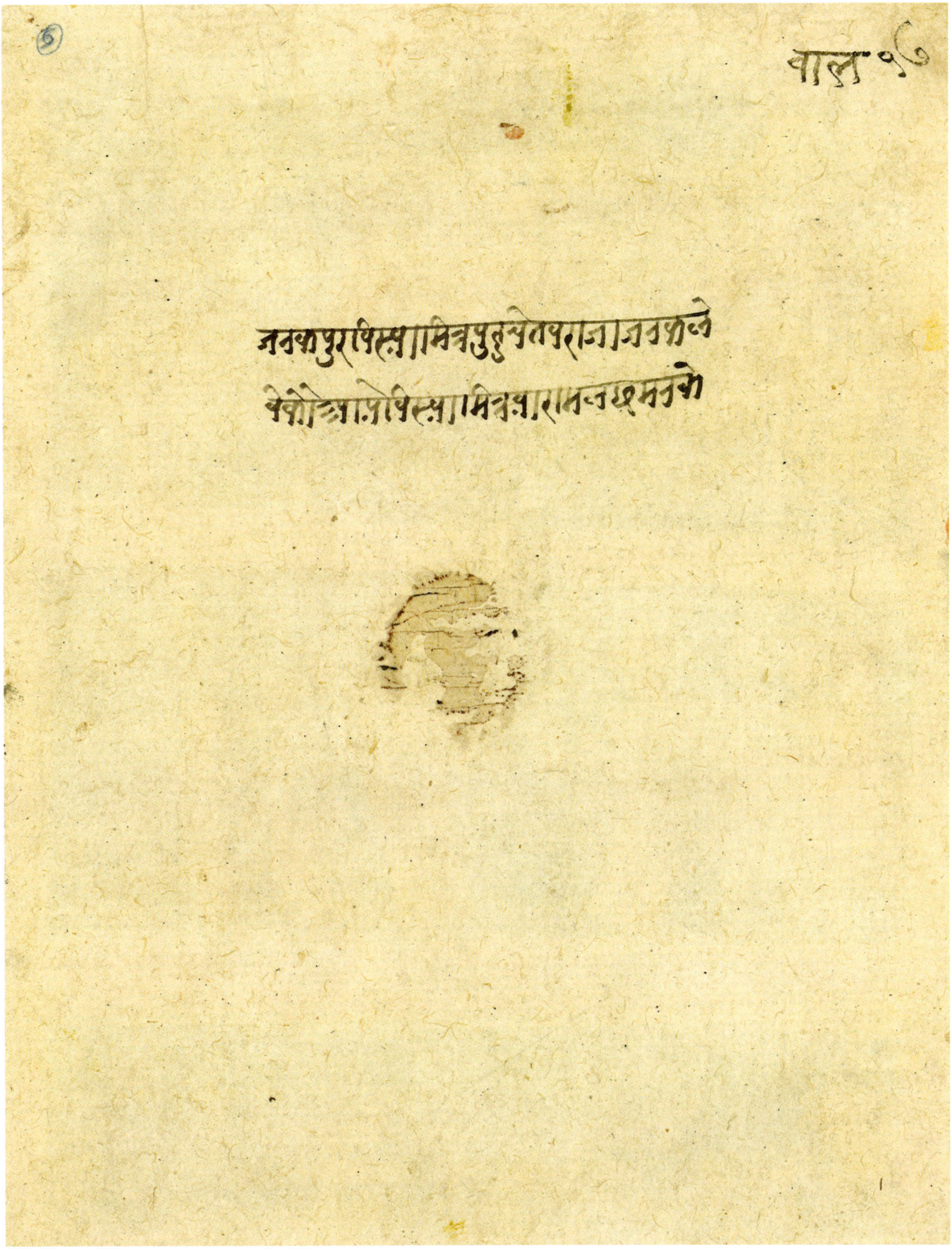
बाल १८
जनकपुरविस्वामित्रपुत्रलेतपराजाजनकले
वेणोआयेविस्वामित्रसारामलछमनके

प्लेट क्रमांक-7:

यह अंकन बालकाण्ड के 67वें सर्ग पर आधारित है जो धनुष भंग की घटना पर आधारित है। वाल्मीकि रामायण के प्रसंग के अनुसार राजा जनक से ऋषि विश्वामित्र राम को धनुष दिखाने का अनुरोध करते हैं। तब राम उस धनुष के लाए जाने पर उसे देखते हैं और उसकी प्रत्यंचा चढ़ा देते हैं। सम्बन्धित श्लोक अर्थ सहित निम्नानुसार है —

इदं धनुर्वरं ब्रह्मन्संस्पृशामीह पाणिना।
यत्नवांशच भविष्यामि तोलने पूरणेऽपि वा।।14।।
बाढमित्येव तं राजा मुनिश्च रामभाषत।
लीलया स धनुर्मध्ये जग्राह वचनान्मुने:।।15।।
पश्यतां नृषहस्राणां बहूनां रघुनन्दन:।
आरोपयत्स धर्मात्मा सलीलमिव तद्धनु:।।16।।

अर्थात् हे ब्रह्मन ! अब इस धनुष को मैं हाथ लगाता हूँ और इसे उठाकर इसकी प्रत्यंचा चढ़ाने का प्रयत्न करता हूँ।।14।। राजा जनक और विश्वामित्र ने उनकी बात स्वीकार करते हुए कहा ''बहुत अच्छा''। मुनि के वचन सुन, श्रीरामचंद्रजी ने बिना प्रयास धनुष को बीच से पकड़कर उसे उठा लिया।।15।। और हज़ारों मनुष्यों के सामने उसकी प्रत्यंचा को चढ़ा दिया।''

रामचरितमानस के बालकाण्ड में यह प्रसंग निम्नानुसार वर्णित है,

लेत चढ़ावत खैंचत गाढ़ें। काहुँ न लखा देख सबु ठाढ़ें।।
तेहि छन राम मध्य धनु तोरा। भरे भुवन धुनि घोर कठोरा।। 4।।

अर्थात् लेते, चढ़ाते और ज़ोर से खींचते हुए किसी ने नहीं लखा (अर्थात् ये तीनों काम इतनी फुर्ती से हुए कि धनुष को कब चढ़ाया और कब खींचा, इसका किसी को पता नहीं लगा) सबने श्री रामजी को (धनुष खींचे) खड़े देखा। उसी क्षण श्री रामजी ने धनुष को बीच से तोड़ डाला। भयंकर कठोर ध्वनि से (सब) लोकभर गए।। 4।।

सधे हुए आनुपातिक अंकन के द्वारा इस चित्र को दो भागों में विभक्त किया गया है। चित्र के ऊपरी भाग में धनुष की प्रत्यंचा चढ़ाने के दृश्य को उरेहा गया है। यज्ञशाला में सबसे शीर्ष पर हाथ में फूल लिए लकड़ी के सिंहासन पर ऋषि विश्वामित्र को बैठे हुए चित्रित किया गया है। यह सिंहासन अष्टकोणीय यज्ञशाला के दोनों भागों के बीच के रिक्त स्थान पर स्थापित है। उनके दोनों ओर दो सेवक खड़े हैं, जिनके पीछे दो ध्वजा फहरा रही हैं तथा आम के दो-दो वृक्ष चित्रित हैं।

नीचे के भाग में दोनों ओर जनकपुरी की महिलाऐं व पुरुष झरोखों में बैठे हैं। नीचे के भाग में दांयी ओर नगाड़ा वादक बैठा नगाड़ा बजा रहा है तथा उसके सामने राजा जनक गाव तकिया लगाकर प्रसन्न मुद्रा में बैठे हैं। उनके सामने नीचे एक सेवक बैठा है तथा दूसरा सेवक दोनों हाथ उठाकर प्रसन्नता व्यक्त कर रहा है।

बीच के भाग में राम ने अपने दोनों हाथों में धनुष उठा रखा है। उनके पीछे लक्ष्मण खड़े हुए हैं। सामने सीताजी अपनी दो सखियों के साथ खड़ी दिखाई दे रही हैं।

निष्णात कलाकार द्वारा बनाए गए इस लघुचित्र में प्रत्येक आकृति के भावों को पढ़ा जा सकता है।

राम की वह गतिशील मुद्रा दर्शनीय है जिसमें वे दोनों हाथों में प्रत्यंचा चढ़ाए हुए धनुष को थामे खड़े हैं। उनके मुख पर हर्ष और गर्व के लक्षण स्पष्ट दीख पड़ते हैं, पीछे खड़े लक्ष्मण के मुख पर गर्वीली मुस्कान तैर रही है तथा उत्फुल्लता मुखमण्डल से झलक रही है। नीचे की ओर खड़ी सीता के मुखमंडल पर संकोच और प्रसन्नता के मिले जुले भाव हैं। उनके साथ की सखियों सहित झरोखे में बैठी महिलाओं के चेहरे की प्रसन्नता को चितेरे ने भलीभांति उरेह दिया है। सबसे ऊपर की ओर हाथ में फूल लिए विश्वामित्र आश्वस्त भाव से बैठे हैं जैसे उन्हें कभी राम के शौर्य पर संदेह ही न रहा हो। उनकी मुद्रा किंचित गंभीर भी है जैसे वे आगे वाले परशुराम के क्रोध से उत्पन्न होने वाली परिस्थिति का आकलन कर रहे हों।

लेकिन नगाड़ावादक पूरे उत्साह से नगाड़ा बजा रहा है। उसके चेहरे पर उत्साह और हर्ष के भाव हैं। यही भाव दोनों हाथ उठाए उस सेवक के मुख पर भी हैं जो राजा जनक के निकट खड़ा है। राजा जनक के पांवों के निकट बैठे सेवक के चेहरे पर भी प्रसन्नता स्पष्ट दिखाई देती है और राजा जनक के मुख पर हर्ष, विस्मय और उत्साह के भाव इतने अतिरेक के साथ उभरे हैं कि उनके प्रभाव के कारण वे अपनी मुट्ठी दबाकर इन भावों को मानों दबाने का प्रयास कर रहे हैं। वे राजा हैं और राजा को अतिरेक शोभा नहीं देता।

यज्ञशाला को पूरे कौशल से निर्मित किया है जिस पर जयपुर क़लम का प्रभाव है। स्थापत्य का सधा हुआ अनुपात विशेष रूप से दर्शनीय है। नीले रंग की पृष्ठभूमि में सफेद रंग से यज्ञशाला के परकोटे निर्मित किये गए हैं तथा लाल, पीले, गुलाबी, हरे और काले रंग का उचित उपयोग कर वृक्ष, परिधान तथा आकृतियों को निर्मित किया गया है।

चित्र के पीछे के भाग में यह इबारत अंकित है, *'रामचंद्रजू ने धनुंस टोरो'*।

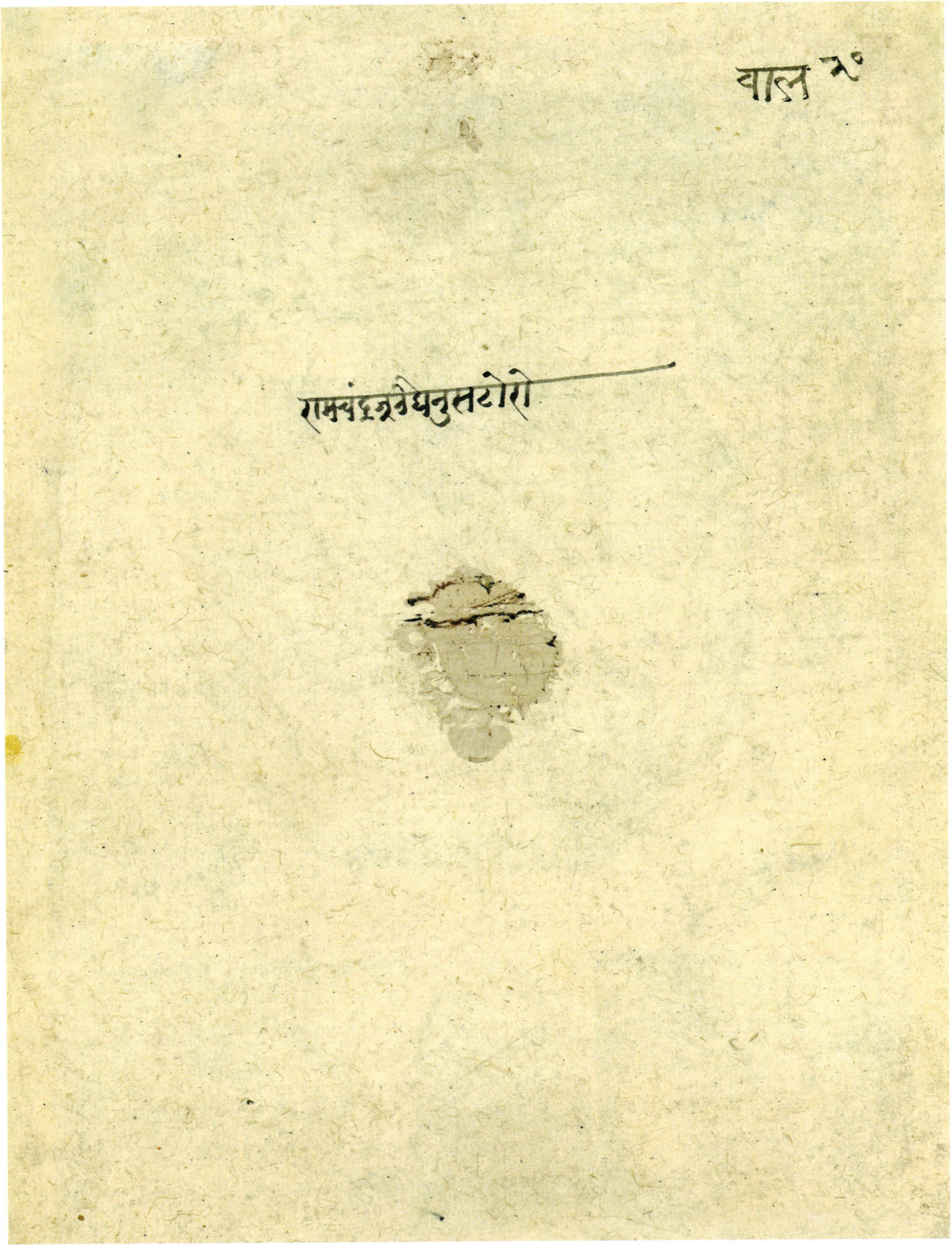
बाल २०
रामचंद्रजीधनुसटोरो

प्लेट क्रमांक-8:

यह अंकन वाल्मीकि रामायण के 68वें सर्ग पर आधारित है जब ऋषि विश्वामित्र से सहमति लेकर राजा जनक अपने मंत्रियों को राजा दशरथ के पास अयोध्या भेजते हैं ताकि यहाँ घटित पूरे घटनाक्रम से उन्हें अवगत कराया जा सके तथा उनसे जनकपुरी आने का अनुरोध किया जा सके। इस अंकन में राजा दशरथ के समक्ष विनत मुद्रा में बैठे दो मंत्रियों व एक खड़े हुए सेवक को चित्रित किया गया है। दोनों मंत्री दूत राजा दशरथ को समस्त घटनाक्रम से अवगत कराते चित्रित किए गए हैं। यह वार्ता सर्ग 68 के श्लोक क्र. 4 से 15 तक वर्णित की गई है। अंतिम श्लोक 14 व 15 निम्नानुसार है —

पुत्रयोरुभयोरेव प्रीतिं त्वमपि लप्स्यसे।
एवं विदेहाधिपतिर्मधुरं वाक्यमब्रवीत्।।14।।
विश्वामित्राभ्यनुज्ञातः शतानन्दमते स्थितः।
इत्युक्त्वा विरता दूताः राजगौरवशङ्किता।।15।।

अर्थात्, 'यहाँ पधारकर दोनों राजकुमारों के विवाह की शोभा देख प्रसन्न होइये। हे महाराज! यह शुभ सन्देश, महाराज जनक ने महर्षि विश्वामित्र तथा अपने पुरोहित शतानंदजी की अनुमति से आपकी सेवा में निवेदन करने को कहा है। इतना कह राजा दशरथ के राजगौरव के वशीभूत हो वे चुप हो गए।'

रामचरितमानस के बालकाण्ड में यह प्रसंग निम्नानुसार वर्णित है,

पहुँचे दूत रामपुर पावन। हरषे नगर बिलोकि सुहावन।।
भूप द्वार तिन्ह सबरि जनाई। दसरथ नृप सुनि लिए बोलाई।। 1।।

अर्थात् जनकजी के दूत श्री रामचंद्रजी की पवित्र पुरी अयोध्या में पहुँचे। सुंदर नगर देखकर वे हर्षित हुए। राजद्वार पर जाकर उन्होंने खबर भेजी, राजा दशरथजी ने सुनकर उन्हें बुला लिया।। 1।।

करि प्रनामु तिन्ह पाती दीन्ही। मुदित महीप आपु उठि लीन्ही।।
बारि बिलोचन बाँचत पाती। पुलक गात आई भरि छाती।। 2।।

अर्थात् दूतों ने प्रणाम कर चिट्ठी दी। प्रसन्न होकर राजा ने स्वयं उठकर उसे लिया। चिट्ठी बांचते समय उनके नेत्रों में जल (प्रेम और आनंद के आंसू छा गए, शरीर पुलकित हो गया और छाती भर आई।। 2।।

चित्र के पीछे निम्न इबारत अंकित है,

'जनकपुर से दूत पत्रका लेकेर अजुध्या राजा दसरथ के पास गये'।

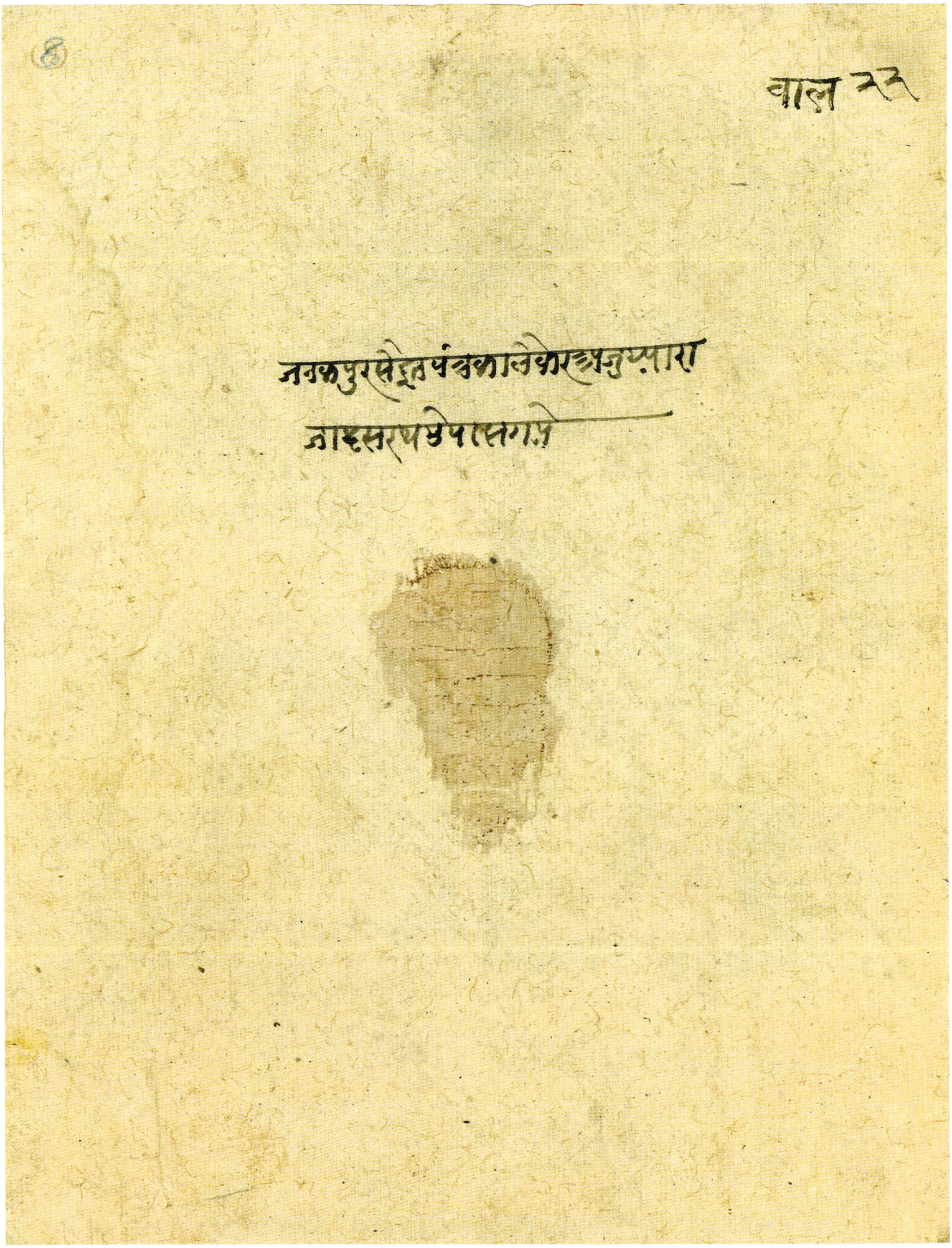
बाल २२
जाइदसरथकेपासगये

प्लेट क्रमांक-9:

वाल्मीकि रामायण के ये अंकन, रामायण के 73वें तथा 75 व 76वें सर्ग पर आधारित है। 73वें श्लोक में वरमाला पहिनाने का उल्लेख नहीं है विवाह का उल्लेख है। रामचरितमानस में वरमाला प्रसंग उल्लिखित है। यह उसी प्रसंग पर आधारित है। श्लोक निम्नानुसार है,

देवदुन्दुभिर्निर्घोषः पुष्पवर्षो महानभूत्।
एवं दत्त्वा तदा सीतां मन्त्रोदकपुरस्कृताम्।।29।।

अर्थात् देवताओं ने नगाड़े बजाये और बड़ी भारी पुष्पों की वर्षा की। इस प्रकार सीता का श्रीरामचंद्रजी के साथ विवाह हुआ।

रामचरितमानस में इस प्रसंग का वर्णन गोस्वामी तुलसीदास ने अयोध्याकांड में निम्नानुसार किया है,

सोहतजनु जुग जलज सनाला। ससिहि सभीत देत जयमाला।
गावहिं छबि अवलोकि सहेली।। सियँ जयमाल राम उर मेली।।263-4।।

अर्थात् (उस समय उनके हाथ ऐसे सुशोभित हो रहे हैं) मानों डंडियों सहित दो कमल चंद्रमा को डरते हुए जयमाला दे रहे हों। इस छवि को देखकर सखियां गाने लगीं। तब सीताजी ने श्री रामजी के गले में जयमाला पहिना दी।

परशुराम प्रसंग वाल्मीकि रामायण के 75वें तथा 76वें सर्ग में वर्णित है किन्तु उसमें राम व परशुराम का संवाद है। राम व लक्ष्मण विनयी नहीं हैं बल्कि राम, परशुराम से आवेश में ही बात करते हैं। रामचरितमानस में राम का विनयी स्वरूप उल्लिखित है। रामचरितमानस में इस प्रसंग से सम्बन्धित दोहे निम्नानुसार हैं।

इस लघुचित्र में राम व लक्ष्मण के समक्ष फरसा उठाए परशुराम को चित्रित किया गया है। रामचरितमानस में यह दोहा निम्नानुसार है,

भुजबल भूमि भूप बिनु कीन्ही। बिपुल सार महिदेवन्ह दीन्ही।
सहसबाहु भुज छेदनिहारा। परसु बिलोकु महीयकुमारा।।271-4।।

अर्थात् परशुराम, राम से कहते हैं, ''अपनी भुजाओं के बल से मैंने पृथिवी को राजाओं से रहित कर दिया और बहुत बार उसे ब्राह्मणों को दे डाला है। हे राजकुमार! सहस्त्रबाहु की भुजाओं को काटने वाले मेरे इस फरसे को देख।

और राम का विनयी स्वरूप इस दोहे में वर्णित है,

नाथ करहु बालक पर छोहू। सूध दूधमुख करिअ न कोहू।।
जौं पै प्रभु प्रभाउ कछु जाना। तौ कि बराबरि करत अयाना।। 276-1।।

राम, लक्ष्मण के तीखे वचनों के कारण क्रोधित परशुराम से विनम्रपूर्वक कहते हैं, ''हे नाथ बालक पर कृपा कीजिए। इस सीधे और दुधमुंहे बच्चे पर क्रोध न कीजिए। यदि यह प्रभु का (आपका) कुछ भी प्रभाव जानता, तो क्या यह बेसमझ आपकी बराबरी करता ?

यह अंकन दो भागों में विभक्त है। चित्र के ऊपरी भाग में भगवान राम के गले में जनकनंदनी सीता के द्वारा वरमाला डालने का भावपूर्ण दृश्य अंकित है। अंकन के बीच में राम के गले में जयमाला डालती हुई सीता अंकित की गई हैं। राम मानों अधीर हैं कि कब सीता उनके गले में जयमाला डालती हैं। राम के पीछे प्रसन्न मुद्रा में लक्ष्मण तथा विश्वामित्र खड़े हैं। तीनों ने बुन्देलखण्डी परिधान पहिन रखे हैं। सीता को बहुत सुन्दर बनाया गया है। वे बुन्देलखण्डी नायिका की भांति चित्रित की गई हैं। उन्होंने नयनाभिराम नीली साड़ी पहिन रखी है जिस पर अंकित एक एक बिन्दी स्पष्ट देखी जा सकती है। उनके हाथ में सफेद फूलों की जयमाल है जिसे वे राम के गले में डालने को तत्पर हैं। सीता के मुख पर संकोच स्पष्ट दीख पड़ता है। तन्वंगी देह वाली सीता का सुकोमल सौन्दर्य, विशेषकर उनके एकचश्म चेहरे पर बनी बड़ी मत्स्याकार आंख, कलाकार के निष्णात कौशल की प्रतीक हैं। उनके पीछे उनकी चार सखियां बुन्देलखण्डी परिधान पहिने प्रसन्न मुद्रा में खड़ी हैं। इनमें से तीन सखियों ने बड़ी गोलाकार नथ पहिन रखी है। चौथी सखी का मुख पूर्णचश्म है। चारों सखियों ने अलग अलग क्रमशः लाल, नीले व कत्थई रंग की साड़ियां तथा सुन्दर ब्लाउज़ पहिन रखे हैं।

नीचे का दृश्य परशुराम व राम के संवाद का है। परशुराम ने फरसा अपने हाथों में उठा रखा है। वे क्रोधित हैं जबकि राम हाथ में सफेद फूल तथा अपने ओठों पर हल्की मुस्कान लिये विनीत मुद्रा में अंशावतार परशुराम के समक्ष खड़े हैं। उनके पीछे किंचित आवेश की मुद्रा में हाथ उठाए लक्ष्मण खड़े हैं। परशुराम के पीछे महल के द्वार का सफेद रंग का स्थापत्य चित्रित है तथा तुलसी बिरवे के कुण्ड को लक्ष्मण के पीछे चित्रित किया गया है।

राम व लक्ष्मण के कंधों पर टंगे धनुष दर्शनीय हैं। परशुराम वाले भाग में महल के पीछे एक बड़े पत्तों वाले वृक्ष को चित्रित किया गया है।

अन्य चित्रों की भांति पार्श्व भित्ति नीले रंग की है तथा पीले, गहरे नीले, सफेद व लाल रंगों का आनुपातिक प्रयोग किया गया है विशेष रूप से गहरे नीले रंग का प्रयोग जो सीता की साड़ी बनाने में किया गया है वह अत्यंत मनोहारी है।

चित्र के पीछे निम्न इबारत अंकित है,

'जानकीजू नै रामचंद्रजू कौ जजयमाल पहरा दी अर परसरामजी आये सो बातचीत भही'।

प्लेट क्रमांक-10:

यह अंकन वाल्मीकि रामायण के अयोध्याकांड के 40वें सर्ग पर आधारित है जिसमें राम, पिता व माता से वनगमन की आज्ञा लेते हैं। इस मनोहारी अंकन में माता कौशल्या ने सीता को अपनी गोद में बिठा रखा है किन्तु इस प्रकार का उल्लेख वाल्मीकि रामायण में नहीं है। माता कौशल्या से आज्ञा मांगने सम्बन्धी श्लोक निम्नानुसार है,

तं चापि समनुज्ञाप्य धर्मज्ञः सीतया सह।
राघवः शोकसम्मूढो जननीमभ्यवादयत्।। 2।।

अर्थात् पिताजी से विदा मांग, सीता सहित धर्मात्मा श्रीरामचंद्र ने शोक से विकल कौशल्याजी को प्रणाम किया।

इस अंकन में लक्ष्मण की माता सुमित्रा भी अंकित की गई हैं। आगे के श्लोक क्र. 3 में लक्ष्मण भी मां सुमित्रा तथा कौशल्या को नमन करते हैं।

रामचरितमानस के अयोध्याकांड में भी यह उल्लेख नहीं है कि माता कौशल्या ने सीताजी को अपनी गोद में बिठाया। उसमें उन्हें अपने उर से लगाने का उल्लेख है। यह भावप्रवण अंकन चितेरे की अनूठी कल्पना है। रामचरितमानस में इस प्रसंग का निम्नानुसार उल्लेख है,

बारहिं बार लाहू उर लीन्ही। धरि धीरजु सिख आसिष दीन्ही।।
अचल होउ अहिवातु तुम्हारा। जब लगि गंग जमुन जलधारा।। 4।।

अर्थात् उन्होंने बार बार सीताजी को हृदय से लगाया और धीरज धरकर शिक्षा दी और आशीर्वाद दिया कि जब तक गंगाजी और यमुनाजी में जल की धार बहे, तब तक तुम्हारा सुहाग अटल रहे।

यह भावप्रवण अंकन इन लघुचित्रों के सर्वश्रेष्ठ अंकनों में से है। इसमें एक ओर कौशल्या तथा सुमित्रा बैठी हैं और उनके सामने राम व लक्ष्मण खड़े हैं तथा उनके पीछे सुमंत खड़े हैं। माता कौशल्या की गोद में बालिका की तरह सीता बैठी हैं। राम व लक्ष्मण माता कौशल्या से आज्ञा मांगते प्रतीत होते हैं तथा उनके पीछे सुमंत भी कुछ कहने को तत्पर दिखाई देते हैं। यह बड़ा स्पष्ट अंकन है। नीली पृष्ठभूमि में निर्मित इस लघुचित्र में पार्श्व में दो बड़े नारियल के वृक्ष जैसे वृक्ष अंकित किए गए हैं। उनके नीचे तीन आम के वृक्ष अंकित हैं जो इस श्रृंखला के अन्य आम के वृक्षों की तुलना में भिन्न हैं। इन पर आम भी लटके हुए चित्रित किए गए हैं। चित्र में तीन प्रकोष्ठ हैं।

सबसे पीछे के प्रकोष्ठ में माता सुमित्रा बैठी हैं उनके मुख पर छाया शोक स्पष्ट दिखाई देता है। उन्होंने लाल रंग की साड़ी पहिन रखी है तथा नाक में बड़ी गोल बुन्देलखण्डी नथ पहिनी है। बीच के प्रकोष्ठ में मेहंदी रंग की साड़ी पहिने माता कौशल्या बैठी हैं जिनकी गोद में गहरे नीले रंग की बिन्दीदार साड़ी पहिने सीताजी को चित्रित किया गया है। वे बड़े स्नेह से उनके पांव पर हाथ रखे हुए सामने खड़े राम व लक्ष्मण से संवाद करती दिखाई दे रही हैं। कौशल्याजी की हथेली लाल रंग से रंगी है। सुमित्रा व कौशल्या दोनों के सिर पर मोतियों की माला है। सभी आकृतियां एकचश्म हैं तथा लाल, नीले, मेहंदी, हल्के कत्थई व गहरे नीले रंगों का सुन्दर आनुपातिक प्रयोग किया गया है।

महल के स्थापत्य पर जयपुर क़लम का प्रभाव है। उल्लेखनीय है कि बुन्देलखण्ड की प्रमुख क़लम दतिया का स्थापत्य जयपुर क़लम स प्रभावित रहा है। यही प्रभाव अजयगढ़ की इस रामायण के अंकनों में किए गए स्थापत्य पर स्पष्ट रूप से दिखाई देता है। इस चित्र के पीछे यह इबारत अंकित है,

'रामचंद्रलछमन कोसिल्या जू सौ विदा मांगत हे जो जानकीजू कौ कौसिल्या गोदी में लैह हे सुमेत्रा पीछै बैठे हिते'।

रांमचंद्रलछमनकौमिलनौनूसौविरामा
गतहैजाउडीनूंमैंकौमिलनौगोहीमे
डेउहैलछमनपीपीछेहैहै

प्लेट क्रमांक-11:

यह अंकन रामचरितमानस के बालकाण्ड में वर्णित प्रसंग पर आधारित है जब त्रेता युग में शिव व सती अगस्त्य ऋषि के आश्रम में पहुँचकर रामकथा सुनाते हैं। चौपाई निम्नानुसार है,

एक बार त्रेता जुग माहीं। संभु गए कुंभज ऋषि पाहीं।।
संग सती जगजननि भवानी। पूजे रिषि अखिलेस्वर जानी।। 1।।
रामकथा मुनिबर्ज बखानी। सुनी महेस परम सुखु मानी।।
रिषि पूछी हरिभगति सुहाई। कही संभु अधिकारी पाई।। 2।।

अर्थात् एक बार त्रेता युग में शिवजी अगस्त्य ऋषि के पास गए। उनके साथ जगजननी भवानी सतीजी भी थीं। ऋषि ने संपूर्ण जगत के ईश्वर जानकर उनका पूजन किया।। 1।। मुनि अगस्त्य ने रामकथा विस्तार से कही, जिसको महेश्वर ने परम सुख मानकर सुना। फिर ऋषि ने शिवजी से सुन्दर हरिभक्ति पूछी और शिवजी ने उनको अधिकारी पाकर (रहस्य सहित) भक्ति का निरुपण किया।

इस अंकन में आम के वृक्ष के नीचे शिव व सती को बैठे हुए दर्शाया गया है तथा भगवान शिव अगस्त्य ऋषि को हरिभक्ति के रहस्य समझाते दिखाई दे रहे हैं। भगवान शंकर के पीछे प्रसन्न भाव से सतीजी बैठी हैं।

भगवान शंकर के सामने प्रकोष्ठ में हाथ में माला लिए तीन ऋषि बैठे हैं जिनके परिधान बुन्देलखण्डी हैं। इनमें सबसे आगे अगस्त्य ऋषि बैठे हैं। जिस प्रकोष्ठ में ऋषिगण बैठे हैं वह कुटी का स्थापत्य नहीं है। वह राजपूत शैली का प्रकोष्ठ है जिस पर जयपुर क़लम का प्रभाव है। वन का वातावरण भलीभांति चित्रित किया गया है। आम का एक बड़ा वृक्ष है जिसके नीचे शंकर व सती बैठे हैं। अंकन के ऊपरी भाग में नारियल के वृक्ष दोनों ओर चित्रित हैं। आम के सघन वृक्ष भी, उस वृक्ष के ऊपर चित्रित हैं जिनके नीचे शिव तथा सती बैठे हैं।

नीले रंग की पृष्ठभूमि में बनाए गए इस अंकन में सभी आकृतियां सानुपातिक हैं। विशेष रूप से शिव जो प्रसन्न भाव से हरिकथा का रहस्य ऋषियों को समझा रहे हैं।

नीले, काले, हरे व पीले रंगों को समुचित रूप से प्रयुक्त किया गया है। चित्र के पीछे के भाग में अंकित इबारत निम्नानुसार है,

'महादेव सती कुंभज रिषि केहि हां गये'।

बाल

प्लेट क्रमांक-12:

यह अंकन रामचरितमानस के बालकाण्ड के उस प्रसंग पर आधारित है जब सती को भगवान राम के सम्बन्ध में यह भ्रम हो जाता है कि वे देवताओं के हित के लिए मनुष्य रूप धारण करने वाले विष्णु भगवान कैसे हो सकते हैं जो वन में भटक रहे हैं। वे भगवान राम की परीक्षा लेने के लिए शंकर को छोड़कर वन में उस मार्ग पर सीता के स्वरूप में पहुँचती हैं जिस मार्ग से राम, लक्ष्मण व सीता जा रहे थे। तब सती का संदेह दूर करते हुए भगवान राम उन्हें प्रणाम कर संबोधित कर बोले,

गोरि पानि कीन्ह प्रणामू। पिता समेत लीन्ह निज नामू।।
कहेउ बहोरि कहाँ वृषकेतू। विपिन अकेलि फिरहु केहि हेतू।। 4।।

अर्थात् पहले प्रभु ने हाथ जोड़कर सती को प्रणाम किया और पिता सहित अपना नाम बताया। फिर कहा कि वृषकेतु शिवजी कहाँ हैं ? आप यहाँ वन में अकेली किसलिए फिर रही हैं ? यह अंकन इसी वर्णन पर आधारित है।

यह लघुचित्र दो भागों में विभक्त है। नीचे के भाग में भगवान शंकर आम के वृक्ष के नीचे ध्यानरत बैठे हैं। उनके हाथ में माला है। वे एकाग्र बैठकर कुछ सोचते हुए प्रतीत होते हैं। उन्होंने सती को समझाने का प्रयास किया था किन्तु सती अपने मत पर दृढ़ रहीं तो उन्होंने हस्तक्षेप नहीं किया। वे अब मानों सती के लौटने की राह देख रहे हैं।

चित्र के ऊपर के भाग में सबसे ऊपर वन दृश्य अंकित है। वन्य शोभा को चितेरे ने पूरे भाव के साथ उकेरा है। सबसे ऊपर के भाग में बहते नदी के प्रवाह के ऊपर बड़े पत्तों वाले केले के वृक्ष हैं। उनके नीचे आम का वृक्ष बनाया गया है जिन पर सफेद रंग के पक्षी बैठे हैं। इस वन्य शोभा के नीचे एक आम का वृक्ष बनाया गया है जिसके एक ओर लाल साड़ी में माता सती को खड़े दर्शाया गया है जो विस्मयजनक भाव से अपने ठोड़ी पर हाथ लगाए राम, लक्ष्मण व सीता की ओर देख रही हैं। राम के द्वारा उनकी वास्तविकता बता देने पर उनके चेहरे पर उठने वाले स्वाभाविक भाव चितेरे ने बड़ी स्वाभाविकता से उरेह दिए हैं।

उनके परिधान बुन्देली हैं तथा नाक में बुन्देली गोल खड़ी नथ है। चितेरे के द्वारा उनका एक हाथ सुघड़ता से नहीं बनाया जा सका है। उसकी मुद्रा स्वाभाविक नहीं है। आम के वृक्ष के दूसरी ओर राम, एक हाथ में सफेद पुष्प व एक हाथ में तीर लिए माता सती को संबोधित करते प्रतीत होते हैं। उनके पीछे विनम्र मुद्रा में माता सीता गहरे नीले रंग की साड़ी पहिने खड़ी हैं। उनके पीछे लक्ष्मण हैं जिनके उठे हुए हाथ में सफेद मोरछल है। वे भी माता सती को विस्मय से निहारते प्रतीत होते हैं।

सभी आकृतियों के चेहरे एकचश्म हैं। राम, लक्ष्मण व सीता ने बुन्देली परिधान पहिने हुए हैं। नीचे के भाग की पृष्ठभूमि नीले रंग की है तथा ऊपर की पृष्ठभूमि मेहंदी रंग की बनाई गई है। नदी का प्रवाह हल्के काले रंग का है जिसमें खिले हुए पुष्प चित्रित किए गए हैं। ऊपरी दृश्य के निचले भाग में मोटी मिट्टी की सतह पर खिले हुए फूल चित्रित किए गए हैं।

दोनों भागों को चट्टानों के चित्रण के माध्यम से कलात्मक रूप से चितेरे ने विभक्त कर दिया है। चट्टानों के ऊपर भी पतला नदी का प्रवाह चित्रित किया गया है। चट्टानों के अंकन का यह उपादान बुन्देली शैली की विशिष्टता है।

हरे, हल्के काले, मटमैले (चट्टानी), मेहंदी, गहरे नीले, सफेद, पीले तथा गहरे नीले रंगों का आनुपातिक प्रयोग किया गया है। चित्र के पीछे निम्न इबारत अंकित है,

'सती राजाराम की परक्षा लेने गही'।

प्लेट क्रमांक-13:

यह अंकन रामचरितमानस के बालकाण्ड के प्रसंग पर आधारित है। इस प्रसंग के अनुसार हिमालयराज दक्षप्रजापति यज्ञ संपन्न करते हैं किन्तु उसमें अपनी पुत्री सती के पति भगवान शंकर को आमंत्रित नहीं करते। किन्तु सती यज्ञ के इस अनुष्ठान में जाने का हठ करती हैं तब शंकर यह सखी को समझाते हैं कि उन्हें सती का इस प्रकार जाना भाता नहीं है। किन्तु अंतत: सती अपने हठ के कारण शंकर की बात नहीं मानतीं और भगवान शंकर उन्हें अपने मुख्य गणों के साथ इस यज्ञ में सम्मिलित होने के लिए बिदा कर देते हैं। तब सती अपने पिता दक्षप्रजापति के घर पहुँचती हैं जहाँ उनकी माता से वे मिलती हैं। वहाँ यज्ञ सम्पन्न हो रहा है। यह अंकन इसी दृश्य को अंकित करता है। रामचरितमानस में इसे गोस्वामी तुलसीदासजी ने निम्नानुसार वर्णित किया है,

पिता भवन जब गईं भवानी। दच्छ त्रास काहुँ न सनमानी।।
सादर भलेहिं मिली एक माता। भगिनीं मिलीं बहुत मुसुकाता।। 1।।

अर्थात् भवानी जब अपने पिता दक्ष के घर पहुँचीं तो दक्ष के भय से किसी ने उनकी आवभगत नहीं की, केवल एक माता भले ही आदर से मिलीं। बहिनें बहुत मुस्कुराती हुई मिलीं।

इस अंकन में, जिसे दो भागों में विभक्त किया गया है, उसके निचले भाग में यज्ञ सम्पन्न होता हुआ चित्रित किया गया है। यज्ञ वेदी के दोनों ओर दो-दो पुरोहित बैठे हैं। इनमें से दांयी ओर के दोनों पुरोहित बैठकर मंत्रोच्चार करते प्रतीत होते हैं। आगे पीछे बैठे पुरोहितों में पीछे बैठे पुरोहित के हाथ में माला है। पास ही में एक पात्र भी रखा हुआ है। बांयी ओर बैठे दो पुरोहितों में से आगे बैठा पुरोहित यज्ञ वेदी में समिधा अर्पित कर रहा है तथा उसके पीछे बैठे पुरोहित के द्वारा मंत्रोच्चार किया जा रहा है। उसके पास ही में एक पात्र भी रखा हुआ है। आकर्षक वेदी से उठती ज्वालाऐं चितेरे ने सुन्दर रूप में चित्रित की हैं।

पुरोहितों ने बुन्देलखण्डी परिधान पहिन रखे हैं। तीन पुरोहितों के अधोवस्त्र पीले व दांयी ओर के पीछे बैठे पुरोहित का अधोवस्त्र लाल रंग का है। पृष्ठभूमि मेहंदी रंग की है।

ऊपर का दृश्य बड़ा मनोहारी है। पृष्ठभूमि नीले रंग की है। ऊपर के भाग में परम्परागत रंग से आम के चार वृक्ष चित्रित किए गए हैं। उनके नीचे सुंदर खिले हुए फूल वाले छोटे-छोटे पौधे अंकित किए गए हैं। एक सुंदर प्रकोष्ठ है जिस पर जयपुर शैली का प्रभाव है। यह उल्लेखनीय है कि इस चित्र श्रृंखला में अलग अलग स्वरूप के प्रकोष्ठ चित्रित किए गए हैं। जिस प्रकोष्ठ में माता के समक्ष सती बैठी हैं वह प्रकोष्ठ जयपुर शैली में निर्मित लघुचित्रों में बने प्रकोष्ठ से साम्य रखता है।

जयपुर के आसपास के ठिकाणों में भी इसी प्रकार के प्रकोष्ठ निर्मित किये गए हैं। 18वीं तथा 19वीं सदी में निर्मित लघुचित्रों में प्रकोष्ठ अलग-अलग प्रकार से विभिन्न शैलियों में बनाए गए हैं। जयपुर शैली के प्रकोष्ठ कलाकारों के लिए रूचि का विषय रहे क्योंकि उनमें एक कक्ष ही प्राय: बनाया जाता है तथा उसके ऊपर का कलात्मक स्थापत्य अंकन को आकर्षक बना देता है।

सती की माता के पीछे उनकी सखी बैठी है। सती के पीछे दो सखियां अथवा बहिनें खड़ी हैं। प्रकोष्ठ के बाहर चार युवतियां एक जैसी मुद्रा में बैठी हैं। ये संभवत: सती की सखियां हैं जिनका उल्लेख दोहे में है। एक महिला आकृति है जिसका चेहरा पूर्णचश्म है, शेष सभी आकृतियों के चेहरे एकचश्म हैं।

बुन्देलखण्डी चितेरे का कौशल विशेष रूप से परिधानों के अंकन तथा उनमें प्रयुक्त रंगों के प्रयुक्त करने में है। इस अंकन में भी जो चार बहिनें प्रकोष्ठ के बाहर बैठी हैं उनमें तीसरे क्रम पर बैठी बहिन के परिधान में हल्के बैंगनी रंग का प्रयोग बहुत सुंदर है।

इस अंकन में नीले, हल्के बैंगनी, लाल, मेहंदी, पीले, लाल, हरे व काले रंगों का प्रयोग सधे हुए रूप में किया गया है। चित्र के पीछे निम्न इबारत अंकित है, कोने में 'वाल' भी अंकित है।

'राजा दच्छ प्रजापत यी जग्य'।

बाल

प्लेट क्रमांक-14:

यह अंकन वाल्मीकि रामायण व रामचरितमानस, दोनों में वर्णित प्रसंगों के आधार पर किया गया है। वाल्मीकि रामायण के अध्योयाकाण्ड के सर्ग एक के श्लोक क्र 42 में यह उल्लेख है कि महाराज दशरथ ने मंत्रियों से परामर्श कर राम को युवराज पद पर अभिषिक्त करने का निश्चय किया तथा सर्ग तीन के श्लोक क्र. 7 व 8 में यह उल्लेख है कि राजा दशरथ ने गुरु वशिष्ठ से निवेदन किया कि वे राम के राज्याभिषेक के लिए जो कृत्य करने हों और जिस सामग्री की आवश्यकता हो उसके लिए वे आज्ञा करें। तब वशिष्ठजी ने मंत्रियों को देवोपहार तथा विभिन्न अन्य सामग्रियों को एकत्र कर उन्हें महाराज की अग्निशाला में लाने का आदेश दिया।

रामचरितमानस के अयोध्याकाण्ड में अंकन के अनुरूप वर्णन है। इस वर्णन में राजा दशरथ तथा गुरु वशिष्ठ आपस में मंत्रणा करते हैं। राजा दशरथ अपना मंतव्य इस प्रकार प्रगट करते हैं,

सब बिधि गुरु प्रसन्न जियँ जानी। बोलेउ राउ रहँसि मृदु बानी।।
नाथ रामु करिअहिं जुबराजू। कहिअ कृपा करि करिअ समाजू।। 1।।

अर्थात् अपने मन में गुरु को सब प्रकार से प्रसन्न जानकर, हर्षित होकर राजा कोमल वाणी से बोले — हे नाथ श्री रामचंद्र को युवराज कीजिए। कृपा कर कहिए (आज्ञा दीजिए) तो तैयारी की जाए।

इस अंकन में गुरु वशिष्ठ को भी राजसी वेशभूषा में चित्रित किया गया है। वे बुन्देलखण्डी वेशभूषा में विराजे हैं। रानी भी दृश्य में दिखाई दे रही हैं। गुरु वशिष्ठ तथा राजा दशरथ दोनों वार्तारत हैं। चित्र में स्थापत्य, अन्य अंकनों के स्थापत्य से भिन्न हैं। नीली पृष्ठभूमि में आम का एक छतनार वृक्ष चित्रित किया गया है। सफेद, पीले, लाल, मेहरून और कत्थई रंग का संतुलित प्रयोग किया गया है। महल के जिस भाग में राजा तथा रानी बैठे हैं उसका ऊपरी भाग पीले रंग से निर्मित है। यह सादा अंकन इस संग्रह का विशिष्ट अंकन है।

चित्र के पीछे निम्न इबारत अंकित है,

'राजा दसरथ वसिस्ट बेठे हुये अउ रामचंद्र कौ राजगादी करने की कही'।

10 Ayodhyakand

राजादसरथवसिष्टसेपुछेकेपहुरा

रामचंद्रकोराजगादीकरवेकीकही

प्लेट क्रमांक-15:

यह अंकन वाल्मीकि रामायण के प्रसंग पर आधारित नहीं है। वाल्मीकि रामायण में राम के राज्याभिषेक के पूर्व उनका गुरु वशिष्ठ के साथ संवाद करने का कोई प्रसंग वर्णित नहीं है। यह प्रसंग रामचरितमानस के अयोध्याकाण्ड में है जब राम के राज्याभिषेक का निर्णय होने पर महाराजा दशरथ गुरु वशिष्ठ को बुलाकर राम को उचित शिक्षा देने हेतु उनसे अनुरोध करते हैं। सम्बन्धित चौपाई के अंश निम्नानुसार है,

तब नरनाहँ बसिष्ठु बोलाए। रामधाम सिख देन पठाए।।
गुरु आगमनु सुनत रघुनाथा। द्वार आइ पद नायउ माथा।। 1।।
सादर अरघ देइ घर आने। सोरह भाँति पूजि सनमाने।।
गहे चरन सिय सहित बहोरी। बोले राम कमल कर जोरी।। 2।।

अर्थात् तब राजा ने वशिष्ठजी को बुलाया और शिक्षा देने के लिए रामचंद्रजी के महल में भेजा। गुरु का आगमन सुनते ही रघुनाथजी ने दरवाज़े पर आकर उनके चरणों में मस्तक नमाया।। 1।।

आदरपूर्वक उन्हें घर में लाए और षोदशोपचार से पूजा करके उनका सम्मान किया। फिर सीताजी सहित उनके चरण स्पर्श किए और कमल के समान दोनों हाथों को जोड़कर श्रीराम बोले।। 2।।

इस अंकन में महल के फर्श पर गुरु वशिष्ठ को राम व सीता को शिक्षा देते चित्रित किया गया है। राम व सीता उनके समक्ष हाथ जोड़े बैठे हैं। चित्र दो भागों में विभक्त है। नीचे के भाग में केवल मेहंदी रंग की सपाट भूमि है। तीनों आकृतियों के परिधान बुन्देली हैं। राम के सिर पर पारम्परिक मुकुट है तथा सीता ने गहरे नीले रंग की बिन्दीदार साड़ी पहन रखी है। पृष्ठभूमि नीली है। महल का स्थापत्य जयपुर तथा मेवाड़ शैली से प्रभावित है। पार्श्व में आम के वृक्ष को चित्रित किया गया है जो जयपुर क़लम की विशेषता है। चित्र में सफेद, पीले, लाल, मेहंदी व हरे रंगों का सुंदर प्रयोग है। चित्र के पीछे निम्न इबारत अंकित है,

'वसिष्ठजी रामचंद्र से राजगादी मं ये तक गये'।

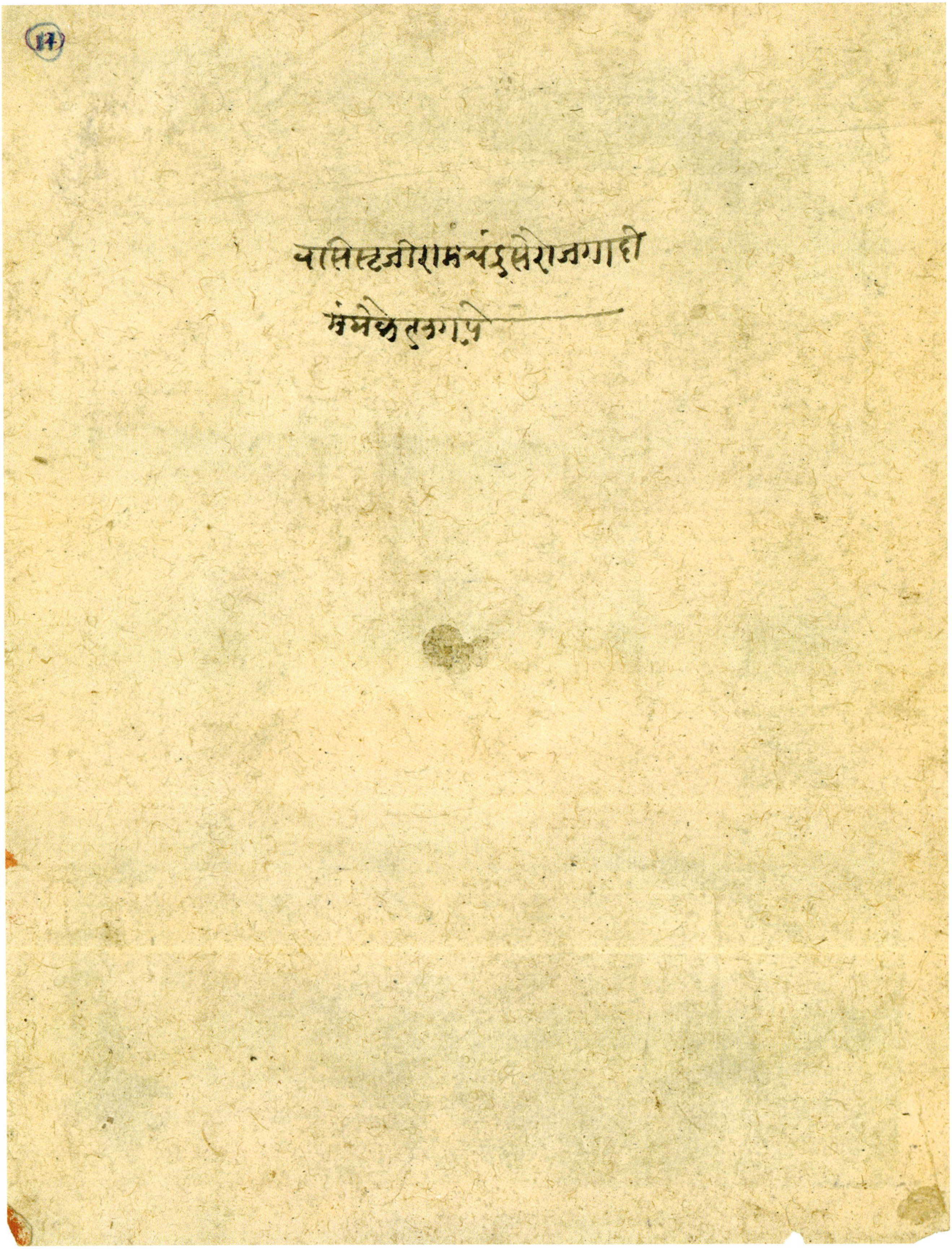
17
वसिस्टजीरामचंद्रसेराजगादी
मंमेकेलगपे

प्लेट क्रमांक-16:

वाल्मीकि रामायण तथा रामचरितमानस दोनों में इस प्रसंग का उल्लेख है जिसके आधार पर यह अंकन किया गया है। वाल्मीकि रामायण के अयोध्याकाण्ड के आठवें सर्ग में कैकयी तथा मंथरा के वार्तालाप का विस्तृत वर्णन है।

इस अंकन में कैकयी को प्रसन्न मुद्रा में बैठे तथा मंथरा को क्रोध व उदासी की मुद्रा में कैकयी से संवाद करते चित्रित किया गया है। सम्बन्धित श्लोक निम्नानुसार है,

हर्षं किमिदमस्थाने कृतवत्यसि बालिशे।
शोकसागरमध्यस्थमात्मानंनावबुध्यसे।। 2 ।।

अर्थात् हे मूर्ख तू शोक की जगह हर्षित क्यों हाती है ? क्या तुझे यह सूझ नहीं पड़ता कि, तू शोकसागर में डूबी जा रही है।

रामचरितमानस के अयोध्याकाण्ड में भी विस्तार से मंथरा और कैकयी के संवाद का वर्णन है। सम्बन्धित एक दोहा निम्नानुसार है,

रचि पचि कोटिक कुटिलपन कीन्हेसि कपट प्रबोधु।
कहिसि कथा सत सवति कै जेहि बिधि बाढ़ बिरोधु।। 18 ।।

अर्थात् इस तरह करोड़ों कुटिलपन की बातें गढ़कर मंथरा ने कैकयी को उल्टा सीधा समझा दिया और सैकड़ों सौतों की कहानियाँ इस प्रकार बनाकर कहीं कि जिनके कारण विरोध में वृद्धि हो।

इस अंकन में कैकयी एक प्रकोष्ठ में बैठी हैं। उनकी मुखमुद्रा प्रसन्न है किन्तु उनके सामने खड़ी मंथरा की मुद्रा शोकपूर्ण है। उसने अपना एक हाथ अपने सिर पर रखा है मानों वह अपने दुर्भाग्य को कोस रही हो। उसका चेहरा पूर्णचश्म है जबकि कैकयी का चेहरा एकचश्म है। स्थापत्य पर जयपुर व मेवाड़ क़लम का प्रभाव है। ऊपर की ओर दो आम के वृक्ष अंकित हैं। उनके नीचे झाड़ियां हैं जिनमें पीले रंग के पत्ते दिखाई देते हैं। यह कलाकार का व्यंजनापूर्ण प्रयोग है जिसमें उसने मंथरा के शोक को पीली पत्तियों के माध्यम से व्यक्त किया है। चित्र के नीचे के भाग में अन्य चित्रों से भिन्न आकल्पन किए गए हैं। मानों वहाँ कालीन बिछा हो। सफेद, हरे, पीले, हल्के कत्थई रंगों का संतुलित प्रयोग है। चित्र के पीछे निम्न इबारत अंकित है,

'मंथरा रानी कैकेयी कौ समझावत कही'।

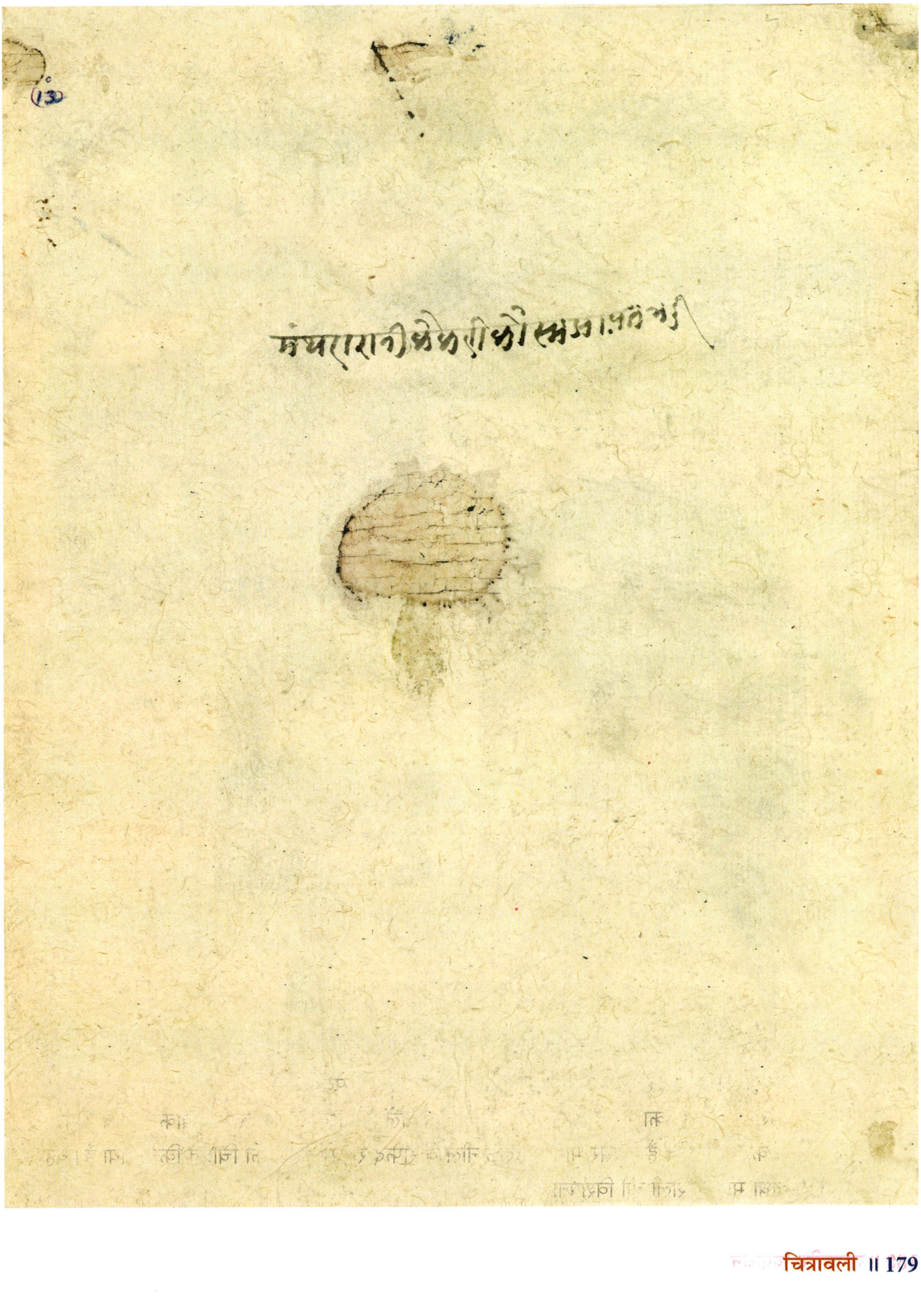

प्लेट क्रमांक-17:

यह प्रसंग वाल्मीकि रामायण व रामचरितमानस दोनों में ही वर्णित है। वनगमन के पश्चात् जब भगवान राम, लक्ष्मण व सीता श्रृंगवेरपुर पहुँचते हैं तो निषादराज के द्वारा उनका सत्कार किया जाता है और जब रात्रि में विश्राम का समय होता है तब निषादराज लक्ष्मण से सोने का कहते हैं। इस अंकन में निषादराज को यही कहते चित्रित किया गया है। यह अयोध्याकाण्ड के 51वें सर्ग में निम्नानुसार वर्णित है।

इयं तात सुखा शय्या त्वदर्थमुपकल्पिता।
प्रत्याश्वसिहि साध्वस्यां राजपुत्र यथासुखम्।। 2।।

अर्थात् हे लक्ष्मण! तुम्हारे सोने के लिए यह बिछौना तैयार है, इस पर हे राजकुमार तुम सुखपूर्वक विश्राम करो।

उचितोऽयं जनस्सर्वः क्लेशानां त्वं सुखोचितः।
गुप्त्यर्थं जागरिष्यामः काकुत्स्थस्य वयं निशाम्।। 3।।

अर्थात् हम लोग जो वन में रहा करते हैं, कष्ट सहने के आदी हैं और तुम सदा सुख भोगते रहे हो, अतः तुमको सुख मिलना उचित है। श्री रामचंद्रजी की रखवाली के लिए, हम लोग रातभर जागते रहेंगे। अतः तुम लेटे रहो और सोओ।। 3।।

रामचरितमानस में यह प्रसंग निम्नानुसार वर्णित है,

तेहि दिन भयउ बिटप तर बासू। लखन सखाँ सब कीन्ह सुपासू।।
प्रात प्रातकृत करि रघुराई। तीरथराजु दीख प्रभु जाई।। 1।।

अर्थात् उस दिन पेड़ के नीचे निवास हुआ। लक्ष्मणजी और सखा गुह ने (विश्राम की) सब व्यवस्था कर दी। प्रभु श्रीरामजी ने सबेरे प्रातःकाल की सब क्रियाएं कर, तीर्थों के राजा प्रयाग के दर्शन किए।

वस्तुतः अंकन में ठीक इस चौपाई व श्लोक के अनुरूप चित्रण नहीं है। किन्तु प्रसंग वही है जो चित्र के पीछे अंकित इबारत से भी पुष्ट होता है।

इस अंकन में अनेक आकृतियां हैं तथा सभी आकृतियां बड़े सुघढ़ रूप में चित्रित की गई हैं। यह चित्र तीन भागों में विभक्त है। सबसे ऊपर वाला भाग सबसे आकर्षक भाग है जिसमें एक सुंदर छतनार वृक्ष के नीचे, वृक्ष के तने से गर्दन टिकाए राम लेटे हैं जिनके चरण पलोटती सीता चित्रित की गई हैं। पेड़ की अनेक शाखाएं हैं तथा उसकी लम्बी पत्तियों को गिना जा सकता है।

पेड़, मेहंदी रंग की पृष्ठभूमि में चित्रित हैं तथा उसके ऊपर नीले रंग का आकाश चित्रित किया गया है। पेड़ के नीचे लेटे राम एकटक सीता को निहार रहे हैं और सीता उन्हें। राम प्रसन्न मुद्रा में लेटे हैं। उनके परिधान बुन्देलखण्डी हैं तथा सीता ने गहरे नीले रंग की बिन्दीदार साड़ी पहिन रखी है। उल्लेखनीय है कि इन अंकनों में सीता को इन्हीं परिधानों में चित्रित किया गया है। सीता के मुख पर झलकती संतुष्टि के भाव को चितेरे ने बड़े कौशल से उरेह दिया है। पेड़ के पीछे लक्ष्मण व निषादराज बैठे हैं। निषादराज कुछ कहते प्रतीत होते हैं। उनके परिधानों पर लोक प्रभाव स्पष्ट देखा जा सकता है। दूसरे छोर पर संभवतः निषादराज के सेवक बैठे हैं। इससे नीचे के भाग में महल अंकित है तथा आमने सामने क्रमशः तीन व दो सेवक बैठे हुए चित्रित किए गए हैं। एक सेवक पीछे खड़ा है। महल का स्थापत्य विशिष्ट है। चार मंज़िलें भवन को सानुपातिक रेखांकन से बड़े सुंदर रूप में चित्रित कर दिया गया है। तीसरे भाग में हल्के नीले व सफेद रंग से लहरों को चित्रित किया गया है। यह बुन्देलखण्ड तथा मालवा शैली की विशेषता है।

यह अंकन इन छत्तीस अंकनों के सर्वश्रेष्ठ अंकनों में से एक अंकन है। इसमें नीले, गहरे नीले, सफेद, हरे, पीले, लाल व मेहंदी रंगों का प्रयोग किया गया है। चित्र के पीछे निम्न इबारत अंकित है,

'श्रृंगमेरपुरी मै पिहित मुकाम भयो निषाद ने वो दास करी'।

प्लेट क्रमांक-18:

इस अंकन से संबद्ध प्रसंग वाल्मीकि रामायण के अयोध्याकाण्ड के 115वें सर्ग में वर्णित है जब भरत नंदीग्राम में प्रविष्ट हो राम की पादुकाऐं सिंहासन पर प्रतिष्ठित करने के पूर्व अपने मस्तक पर लगाते हैं और फिर प्रजाजनों से कहते हैं,

छत्रं धारयत क्षिप्रमार्यपादाविमौ मतौ।
आभ्यां राज्ये स्थितो धर्मः पादुकाभ्यां गुरोर्मम।।16।।

इन पादुकाओं को साक्षात् श्री रामचंद्रजी के चरण समझ इनके ऊपर शीघ्र छत्र तानो, चँवर डुलाओ, क्योंकि ये मेरे परम गुरु की पादुकाऐं हैं और इनसे राज्य में मानों धर्म स्थापित हुआ है।।16।।

रामचरितमानस में यह अंकन अयोध्याकाण्ड में निम्नानुसार वर्णित है,

सुनि सिख पाइ असीस बड़ि गनक बोलिदिनु साधि।।
सिंघासन प्रभु पादुका बैठारे निरुपाधि।।323।।

अर्थात् भरतजी ने यह सुनकर और शिक्षा तथा बड़ा आशीर्वाद पाकर ज्योतिषियों को बुलवाया और दिन (अच्छा मुहूर्त) साधकर प्रभु की चरण पादुकाओं को निर्विघ्नतापूर्वक सिंहासन पर विराजित कराया।।323।।

चौपाई —

राम मातु गुर पद सिरु नाई। प्रभु पद पीठ रजायसु पाई।।
नंदिगाँव करि परन कुटीरा। कीन्ह निवासु धरम धुरधीरा।।1।।

अर्थात् फिर रामजी की माता कौशल्याजी और गुरु के चरणों में सिर नवाकर और प्रभु की चरणपादुकाओं की आज्ञा पाकर धर्म की धुरी धारण करने में धीर भरतजी ने नंदीग्राम में पर्णकुटी बनाकर उसी में निवास किया।

इस अंकन में एक लाल रंग के षट्कोणीय सिंहासन पर भगवान राम की पादुकाऐं विराजित हैं। सिंहासन के ऊपरी भाग में सुंदर आकल्पन हैं। इसी प्रकार के लोक अंकन बुन्देली क़लम की विशेषता हैं। उनके सामने संभवतः शत्रुघ्न व मंत्री उनके पीछे बैठे हैं। दोनों के परिधान बुन्देलखण्डी हैं। सिंहासन के नीचे के भाग में उनकी तीनों माताऐं दिखाई दे रही हैं जिनमें संभवतः कौशल्या और सुमित्रा आगे, पीछे बैठी हैं। उनके पीछे कैकयी खड़ी दिखाई दे रही हैं। इन तीनों के परिधान बुन्देलखण्डी हैं। विशेष रूप से मोतियों की बड़ी नथ जो तीनों रानियों ने नाक में पहिन रखी है। उनके सामने जटाजूट बांधे साधु वेश में भरत बैठे उनसे वार्तालाप करते दिखाई दे रहे हैं। उन्होंने धनुष भी कंधे पर टांग रखा है। वे अपनी माताओं से नंदीग्राम जाने की आज्ञा मांग रहे हैं।

चित्र में नीचे की ओर एक कुटी में भरत को माला फेरते जटाजूट बांधे साधु वेश में बैठे दिखाया गया है।

इस सुन्दर अंकन में सबसे ऊपर के भाग में शत्रुघ्न राजा के वेश में हैं। बीच के भाग में जब भरत माताओं से आज्ञा मांग रहे हैं तब उनका वर्ण गोरा है क्योंकि वे तब राजकुमार ही हैं किन्तु पर्णकुटी में बैठे भरत का वर्ण सांवला हो गया है, तपस्या के कारण।

अंकन में लाल, नीले, सफेद, मेहरुन, कत्थई व पीले रंगों का सुंदर प्रयोग किया गया है। अंकन के पीछे निम्न इबारत अंकित है,

'अजुध्याजी मै नंदग्राम मै वास भरतजी कौ अद सिघासन पै पादुका'।

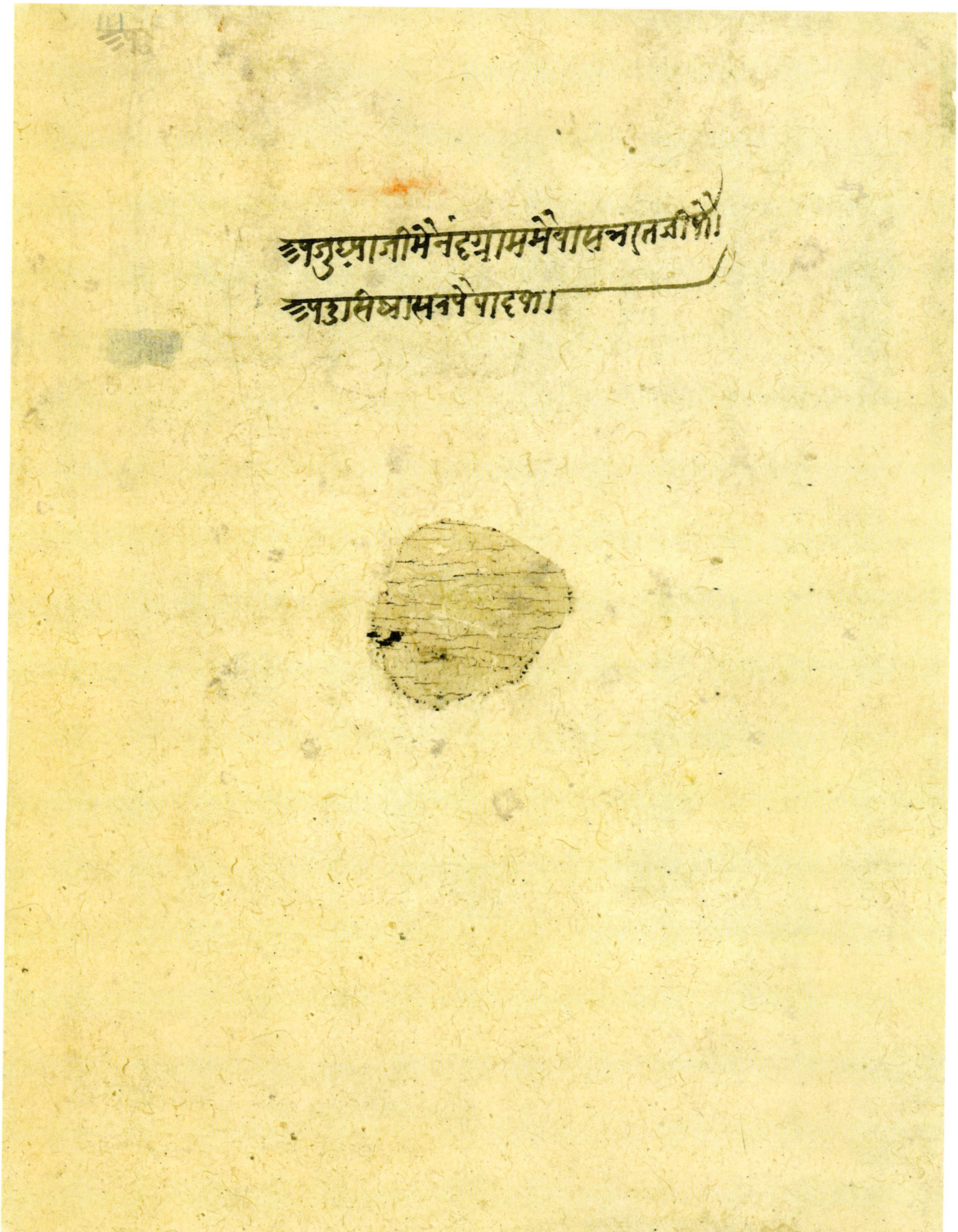

प्लेट क्रमांक-19:

यह अंकन अयोध्याकाण्ड के 117वें सर्ग में सविस्तार वर्णित है जब राम, लक्ष्मण व सीता अत्रि मुनि के आश्रम में पहुँचते हैं और वहाँ मुनि तथा माता अनसुइया इन्हें समझाते हैं, यह श्लोक निम्नवत है,

पत्नीं च समनुप्राप्तां वृद्धायामन्त्र्य सत्कृताम्।
सान्त्वयामास धर्मज्ञः सर्वभूतहिते रतः।। 7।।

अर्थात् सब प्राणियों के हित में रत धर्मज्ञ अत्रि मुनि ने वहाँ पर उपस्थित अपनी वृद्धा तपस्विनी पत्नी अनुसुईया को बुलाकर, उनको आदरपूर्वक बिठाकर समझाया।। 7।।

रामचरितमानस के अरण्यकाण्ड में भगवान राम, लक्ष्मण व सीता का अत्रि मुनि के आश्रम में पहुँचना तथा वहाँ अत्रि मुनि के द्वारा भगवान के स्वागत तथा महासती अनुसुईया तथा सीताजी के वार्तालाप की विस्तृत कथा है।

इस अंकन में मुनि अत्रि विनत मुद्रा में नहीं हैं जबकि रामचरितमानस में वे भगवान राम के समक्ष सिर नवाते हैं तथा हाथ जोड़ते हैं। किन्तु सीता व अनुसुईया के वार्तालाप के सम्बन्ध में मानस में सटीक विवरण अंकन के अनुसार है।

चौपाई का अंश निम्नानुसार है,

अनुसुइया के पद गहि सीता। मिली बहोरि सुसील विनीता।।
रिषिपतिनी तन सुख अधिकाई। आसिष देह निकट बैठाई।। 1।।

अर्थात् फिर शीलवती और विनम्र श्री सीताजी, अत्रिजी की पत्नी के चरण पकड़कर मिलीं। ऋषि पत्नी के मन में बड़ा सुख हुआ। उन्होंने आशीष देकर सीताजी को पास बैठा लिया।। 1।।

इस अंकन में सबसे ऊपर सुन्दर नारियल के लम्बे पत्तों वाले तीन वृक्ष अन्य वृक्षों के साथ चित्रित किये गए हैं। उनके नीचे हरित भूमि पर चार आम्रवृक्ष चित्रित किए गए हैं। इनमें एक वृक्ष की पत्तियां बहुत छोटी हैं। नीचे मेहंदी रंग की समतल भूमि पर राम व लक्ष्मण मुनि अत्रि के समक्ष बैठे हुए हैं। भगवान राम नीलवर्ण में चित्रित हैं, वे लक्ष्मण के आगे बैठे हैं तथा मुनि अत्रि के समक्ष वे हाथ जोड़े हुए हैं। कंधे पर धनुष है और मुद्रा विनयी है। उनके पीछे गंभीर मुद्रा में गौरवर्णी लक्ष्मण बैठे हैं। उनका चेहरा पूर्ण चश्म है। उनके कंधे पर भी धनुष है।

इनके पीछे एक प्रकोष्ठ में माता अनुसुईया तथा सीता आमने सामने बैठी हैं। सीताजी ने हाथ जोड़े हुए हैं तथा माता अनुसुईया उन्हें समझा रही हैं। वे प्रफुल्लित मुद्रा में बैठी हैं। सीताजी ने गहरे नीले रंग की बिन्दीदार साड़ी पहिन रखी है जबकि महासती अनुसुईया ने हल्के लाल रंग की। चितेरे ने प्रकोष्ठ को बहुत सुन्दर रूप में निर्मित किया है। अत्रि मुनि, राम, सीता व अनुसुईया के चेहरे एकचश्म है।

चित्र के नीचे के भाग में पानी की लहरों को नीले रंग से चित्रित किया गया है। यह मालवा तथा बुन्देलखण्डी शैली की विशेषता है। चित्र के पीछे निम्न इबारत अंकित है,

'अनुसुहिया अनु अत्रजी सै भेटे भई'।

(15) Ayodhyakand

प्लेट क्रमांक-20:

यह अंकन सूर्पणखा के नाक व कान काटने के प्रसंग पर आधारित है। वाल्मीकि रामायण के अरण्यकाण्ड के 18वें सर्ग में इसका विस्तृत विवरण है कि किस प्रकार सूर्पणखा पहिले राम को व बाद में लक्ष्मण को अपने मोहपाश में बांधने का उपक्रम करती है तथा किस प्रकार राम के आदेश पर लक्ष्मण उसके नाक व कान काट देते हैं। यद्यपि अंकन में राम व लक्ष्मण के द्वारा उस पर बाण चलाने का विवरण नहीं है किन्तु उसकी कटी हुई नाक दिखाई दे रही है। प्रासंगिक श्लोक निम्नानुसार है,

इत्युक्तो लक्ष्मणस्तस्याः क्रुद्धो रामस्य पार्श्वतः।
उद्धृत्य खड्गं चिच्छेद कर्णनासं महाबलः।। 21।।

अर्थात् महाबलवान लक्ष्मणजी ने श्री रामचंद्रजी के इन वचनों को सुन, क्रुद्ध हो और तलवार निकालकर, श्री रामचंद्रजी के सामने ही उस राक्षसी के नाक, कान काट डाले।।21।।

रामचरितमानस के अरण्यकाण्ड में भी प्रायः इसी प्रकार इस प्रसंग को वर्णित किया गया है। दोहा है,

लछिमन अति लाघवँ सो नाक कान बिनु कीन्हि।
ताके कर रावन कहँ मनौ चुनौती दीन्हि।। 17।।

अर्थात् लक्ष्मणजी ने बड़ी फुर्ती से उसको बिना नाक कान की कर दिया। मानो उसके हाथ रावण को चुनौती दी हो।। 17।।

यह अंकन दो भागों में विभक्त है। ऊपरी भाग में पर्वत पर सीताजी बैठी हुई हैं। वे लाल साड़ी पहिने हुए हैं। उनका चेहरा एकचश्म है तथा वे वन्य शोभा को निहारती हुई प्रतीत होती हैं। उनके सामने दो आम्रवृक्ष हैं तथा उनके पीछे बड़े हरे पत्तों वाले केले के वृक्ष हैं। नीचे की ओर भी बड़े आम के पेड़ों के, तीन आम के वृक्ष और चित्रित किए गए हैं जिनका केवल आधा भाग दिखाई दे रहा है। सीताजी जिस पर्वत पर बैठी हैं उसकी चट्टानें हरे रंग से चित्रित की गई है जिनके आसपास हरित वनस्पति उगी हुई है।

नीचे के भाग में राम व लक्ष्मण सूर्पणखा पर बाणों से प्रहार करते चित्रित किए गए हैं। सूर्पणखा खड़ी है। उसकी नाक कटी हुई है। वह अपने दोनों हाथों से अपना बचाव करती दिखाई दे रही है। चेहरे एकचश्म हैं। पूरे चित्र का पार्श्व हल्के नीले रंग से चित्रित है।

लाल, हल्के नीले, मेहरुन, सफेद व पीले रंगों का सुन्दर प्रयोग किया गया है। चित्र के पीछे निम्न इबारत अंकित है,

'सूषनषा की नासका काटी'।

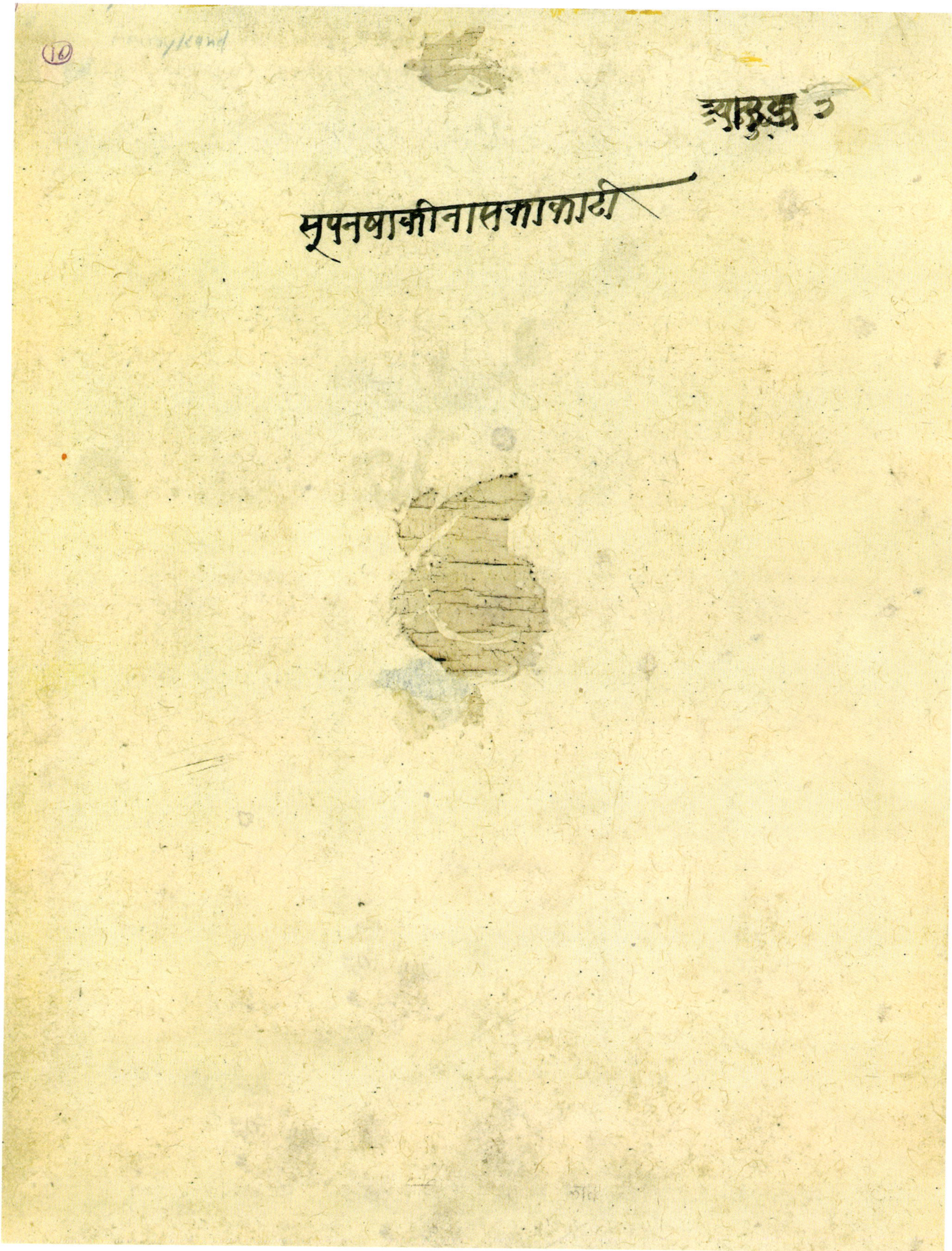
सूपनखाकीनासकाकाटी

प्लेट क्रमांक-21:

यह अंकन मारीच वध के प्रसंग पर आधारित है। वाल्मीकि रामायण के अरण्यकाण्ड के चवालीसवें सर्ग में इस प्रसंग का वर्णन है। सम्बन्धित श्लोक निम्नानुसार है,

तंवञ्चयानो राजेन्द्रमापतन्तं निरीक्ष्यवै।
बभूवान्तर्हितस्त्रासात्पुनस्सन्दर्शनेऽभवत्।। 3।।

अर्थात् राजेन्द्र श्री रामचंद्रजी को आते देख, धोखेबाज़ मारीच कुछ देर के लिए छिप गया। पीछे से फिर दिखाई दिया।

बद्धासिर्धनुरादाय प्रदुद्राव यतो मृगः।
तंस्म पश्यति रुपेण द्योतमानमिवाग्रतः।। 4।।

अर्थात् श्री रामचंद्रजी भी खड्ग कमर में बांधे और धनुष हाथ में लिए हुए, जिधर वह दीख पड़ा उसी ओर चले। मारीच कान्तिमान श्री रामचंद्रजी को अपने सामने ही देखता था।। 4।।

रामचरितमानस में यह प्रसंग अरण्यकाण्ड में निम्नानुसार वर्णित है,

मृग बिलोकिकटि परिकर बाँधा। करतल चाप रुचिर सर साँधा।।
प्रभु लछिमनहि कहा समुझाई। फिरित बिपिन निसिचर बहुभाई।।4।।
सीता केरि करेहु रखवारी। बुधि बिबेक बल समय बिचारी।।
प्रभुहि बिलोकि चला मृग भाजी। घाए रामु सरासन साजी।।5।।

अर्थात् हिरन को देखकर श्रीरामजी ने कमर में फेंटा बांधा और हाथ में धनुष लेकर उस पर सुन्दर (दिव्य) बाण चढ़ाया। फिर प्रभु ने लक्ष्मणजी को समझाकर कहा — हे भाई! वन में बहुत से राक्षस फिरते हैं, ।।4।। तुम बुद्धि और विवेक के द्वारा बल और समय का विचार करके सीताजी की रखवानी करना। प्रभु को देखकर मृग भाग चला। श्री रामचंद्रजी भी धनुष चढ़ाकर उसके पीछे दौड़े।

इस अंकन में इसी प्रसंग को चितेरे ने अपने ढंग से चित्रित किया है। चित्र के ऊपरी भाग में आम के चार बड़े वृक्ष चित्रित हैं उनके नीचे छः सघन हरी पुष्पित झाड़ियां चित्रित हैं। इनके पीछे दो लम्बी पत्ती वाले हरे केले के वृक्ष तथा एक नारियल का अथवा खजूर का वृक्ष चित्रित है। एक वृक्ष जो दांयी ओर कोने में हैं उसकी पत्तियां पंखों के समान हैं। ऐसी पंखे की पत्तियों वाले वृक्ष बुन्देलखण्डी क़लम में बहुतायत से उरेहे गए हैं।

इस नैसर्गिक दृश्यावली के नीचे एक प्रकोष्ठ में सीताजी हाथ में कमल का फूल लिये बैठी हैं। इसी प्रकोष्ठ के आगे एक चंदोवा है जिसमें गौरवर्णी लक्ष्मण बैठे हैं और उनके आगे धनुष हाथ में लिए तथा उस पर बाण चढ़ाए हरिण की ओर श्यामवर्णी राम गतिमान चत्रित किए गए हैं। उनके आगे दो हरिण हैं। उनमें से एक तो निश्चिंत गर्दन झुकाए घास चरते हुए चित्रित किया गया है जैसे वह निश्चिंत हो कि राम का वेध्य वह नहीं है जबकि दूसरा हरिण उत्सुक होकर राम के अगले क़दम की प्रतीक्षा करता हुआ चौकन्ना खड़ा दिखाई दे रहा है। निश्चित ही यह वह मारीच है जिसने स्वर्णमृग का रूप धारण कर लिया है। हरिणों व धनुर्धारी राम के बीच आम का एक सघन पत्तियों वाला वृक्ष चित्रित है।

सारी आकृतियां बड़ी सजीव रूप से अंकित हैं। नीली पृष्ठभूमि में विभिन्न आकृतियां व उपादान लाल, पीले, नीले, हरे, हल्के सफेद व हल्के काले रंगों से चित्रित किये गए हैं। चित्र के पीछे निम्न इबारत अंकित है,

'मायामुग को वेध'।

17 Aranykand

प्लेट क्रमांक-22:

इस अंकन का ऊपरी भाग संभवत: शबरी प्रसंग पर आधारित है। शबरी प्रसंग वाल्मीकि रामायण के 74वें सर्ग में वर्णित है किन्तु इस वर्णन में कहीं भी राम को जूठे बेर खिलाने का वर्णन नहीं है। यह भी उल्लेखनीय है कि शबरी प्रसंग में सीता की उपस्थिति नहीं है क्योंकि यह प्रसंग सीताहरण के बाद का प्रसंग है। इस सर्ग में शबरी के द्वारा दोनों भाईयों का मतङ्ग वन में विद्यमान तप फल के चमत्कार दिखाने का वर्णन है तथा उसकी प्रभु से यह प्रार्थना भी कि वे उसे अब उसकी देह से मुक्त होने की आज्ञा दें। उसे आज्ञा दें ताकि वह अपनी देह त्याग सके। सर्ग के 17वें श्लोक में यह श्लोक अवश्य है,

मया तु विविधं वन्यं संचितं पुरुषर्षभ।
तवार्थे पुरुषव्याघ्र पम्पायास्तीरसंभवम्।। 17।।

अर्थात् हे पुरुषोत्तम! मैंने आपके लिए पम्पासरोवर के निकटवर्ती वन से उत्पन्न होने वाले कन्दमूल फलों को इकट्ठा कर रखा है।। 17।।

भगवान को खिलाने का वर्णन रामचरितमानस के अरण्यकाण्ड में निम्नानुसार है,

प्रेम मगन मुख बचन न आवा। पुनि पुनि पद सरोज सिर नावा।।
सादर जल लै चरन पखारे। पुनि सुंदर आसन बैठारे।। 5।।

अर्थात् वे प्रेम में मग्न हो गईं, मुख से वचन नहीं निकलता। बार-बार चरण-कमलों में सिर नवा रही हैं। फिर उन्होंने जल लेकर आदरपूर्वक दोनों भाईयों के चरण धोए और फिर उन्हें सुन्दर आसनों पर बैठाया।। 5।।

दोहा —

कंद मूल फल सुरस अतिदिए राम कहुँ आनि।
प्रेम सहित प्रभु खाए बारंबार बखानि।। 34।।

अर्थात् उन्होंने अत्यंत रसीले और स्वादिष्ट कंद के फूल और फल लाकर श्री रामजी को दिए। प्रभु ने बार-बार प्रशंसा करके उन्हें प्रेम सहित खाया।

शबरी प्रसंग के नीचे वाले दृश्य में राम, लक्ष्मण व सीता एक आश्रम में ऋषियों के सामने बैठे हैं तथा एक ऋषि उनके निकट खड़े हैं। वास्तव में वाल्मीकि रामायण तथा रामचरितमानस में ऐसे अनेक प्रसंग हैं जिनमें अपने वनगमन के समय राम, लक्ष्मण व सीता अनेक ऋषियों व मुनियों के आश्रमों में जाकर उनसे भेंट करते हैं। यह अंकन ऐसे ही प्रसंग का है। वाल्मीकि रामायण के अरण्यकाण्ड के पहिले श्लोक में ही इस आशय का उल्लेख है,

प्रविश्य तु महारण्यं दण्डकारण्यमात्मवान्।
ददर्श रामो दुर्धर्षस्तापसाश्रममण्डलम्।। 1।।

अर्थात् धैर्यवान और दुर्घष श्री रामचंद्रजी ने दण्डक नामक महावन में प्रवेश कर तपस्वियों के आश्रम देखे।। 1।।

वाल्मीकि रामायण के अरण्यकाण्ड में ऐसे आश्रमों का विस्तार से उल्लेख है जहाँ भगवान राम, लक्ष्मण व सीता सहित गए। वाल्मीकि रामायण में शबरी प्रसंग के बाद किसी ऋषि आश्रम में जाने सम्बन्धी विशिष्ट प्रसंग नहीं है।

रामचरितमानस में भी ऋषि आश्रम में राम, लक्ष्मण व सीता के जाने के प्रसंग हैं। रामचरितमानस के अरण्यकाण्ड में मुनि अगस्त्य के शिष्य सुतीक्ष्ण का उल्लेख है जो राम, लक्ष्मण व सीता को अगस्त्य ऋषि के आश्रम में ले जाते हैं। प्रासंगिक चौपाई का अंश निम्नानुसार है,

सादर कुसल पूछि मुनि ग्यानी। आसन बर बैठारे आनी।।
पुनि करि बहु प्रकार प्रभु पूजा। मोहि सम भाग्यवंत नहिं दूजा।। 6।।

अर्थात् ज्ञानी मुनि ने आदरपूर्वक कुशल पूछकर उनको लाकर श्रेष्ठ आसन पर बिठाया। फिर बहुत प्रकार से पूजा करके कहा, 'मेरे समान भाग्यवान् आज दूसरा कोई नहीं है।

दोहा —

मुनि समूह महँ बैठे सन्मुख सब की ओर।
सरद इंदु तन चितवत मानहुँ निकर चकोर।। 12।।

अर्थात् मुनियों के समूह में रामचंद्रजी सबकी ओर सम्मुख होकर बैठे हैं। ऐसा जान पड़ता है मानों चकोरों का समुदाय शरदपूर्णिमा के चंद्रमा की ओर देख रहा है।। 2।।

यहाँ यह उल्लेखनीय है कि इस अंकन के पीछे निम्न इबारत अंकित है,

'सौरी से भेंट भई अरु नारद मुन आये'।

यह उल्लेख संभवतः इस अंकन से संबद्ध नहीं है। अरण्यकाण्ड में ऐसा कोई प्रसंग नहीं है जब सौरी नामक किसी ऋषि आदि से राम, लक्ष्मण व सीता की भेंट हुई हो और तब नारद मुनि का आगमन हुआ हो।

यहाँ यह तथ्य भी उल्लेखनीय है शबरी प्रसंग में नारद मुनि के आगमन का उल्लेख न तो वाल्मीकि रामायण और न ही रामचरितमानस में है।

उक्त विसंगतियों के प्रकाश में यही निष्कर्ष निकाला जा सकता है कि यह अंकन अरण्यकाण्ड के उन प्रसंगों पर आधारित है जिनमें राम, लक्ष्मण व सीता ऋषियों, मुनियों के आश्रम में जाते हैं तब उन्हें कंद फूल भेंट किए जाते हैं तथा वे ऋषि मुनियों का आशीर्वाद लेते हैं।

प्लेट क्रमांक-23:

यह अंकन वाल्मीकि रामायण के किष्किंधाकाण्ड के पांचवें सर्ग में वर्णित है तथा उसी पर आधारित है। इस सर्ग में जब ऋष्यमूक पर्वत पर सुग्रीव राम व लक्ष्मण को घूमते देखते हैं तब वे हनुमान को उनकी जानकारी लेने भेजते हैं तथा उनकी वास्तविकता जानकर वे राम से मैत्री करते हैं। दोनों एक दूसरे को अपने वृत्तांत सुनाते हैं। सम्बन्धित एक श्लोक निम्नानुसार है,

सुग्रीवो राघवश्चैव वयस्यत्वगुपागतौ।
ततस्सुप्रीतमनसौ तावुभौ हरिराघवौ।। 17।।

अर्थात् इस प्रकार सुग्रीव और श्रीराम की मैत्री हो गई। तदन्तर अत्यंत प्रसन्न मन से वे दोनों श्रीराम व सुग्रीव एक दूसरे को देखने लगे।

रामचरितमानस के किष्किंधाकाण्ड में सम्बन्धित चौपाई का अंश निम्नानुसार है,

कीन्हि प्रीति कछु बीच न राखा। लछिमन रामचरित सब भाषा।।
कह सुग्रीव नयन भरि बारी। मिलिहि नाथ मिथिलेसकुमारी।। 1।।

अर्थात् दोनों ने (हृदय से) प्रीति की, कुछ भी अंतर नहीं रखा। तब लक्ष्मणजी ने रामचंद्रजी का सारा इतिहास कहा। सुग्रीव ने नेत्रों में जल भरकर कहा हे नाथ! मिथिलेशकुमारी, जानकीजी मिल जाऐंगी।

यह अंकन श्रेष्ठ अंकन है जिसमें सुग्रीव, राम व लक्ष्मण पर्वत पर परस्पर वार्तारत चित्रित किए गए हैं। लक्ष्मण के पीछे हनुमान सेवक रूप में गदा लिए खड़े हैं। नीली पृष्ठभूमि में किए गए अंकन में तीन सुंदर आम के वृक्ष चित्रित किए गए हैं। इनमें एक छोटा आम का वृक्ष उनके सामने व दो बड़े पुष्पित वृक्ष पीछे निर्मित किए गए हैं। जहाँ तीनों बैठे हैं उसके पार्श्व में पीले व लाल रंगों के संयोजन से महल चित्रित किया गया है।

इस अंकन की विशिष्टता हरे रंग के विभिन्न आकृतियों को जोड़कर बनाए गए पहाड़ की चट्टानों के वे उपादान हैं जिन पर हरी वनस्पति को चित्रित कर चितेरे ने उन्हें मनोरम बना दिया है। यह मालवा शैली की विशिष्टता है। इन पहाड़ी चट्टानों के नीचे पीले रंग के आकल्पन बनाए गए हैं। सभी चेहरे एकचश्म हैं। हरे, लाल, पीले व नीले रंगों का सानुपातिक प्रयोग किया गया है।

यहाँ यह उल्लेखनीय है कि अग्नि की साक्षी में हनुमान ने राम व सुग्रीव की मैत्री करवाई थी इसलिए एक छोटी सी लाल रंग में अग्नि वेदिका भी चित्रित की गई है। यह उल्लेख वाल्मीकि रामायण व रामचरितमानस दोनों में है। इसका स्पष्ट वर्णन रामचरितमानस के इसी किष्किंधाकाण्ड में इस दोहे में है,

तब हनुमंत उभयदिसि की सब कथा सुनाइ।
पावक साखी देइ करि जोरी प्रीति दृढ़ाइ।। 4।।

अर्थात् तब हनुमानजी ने दोनों ओर की सब कथा सुनाकर अग्नि को साक्षी देकर परस्पर दृढ़ करके प्रीति जोड़ दी। अंकन के पीछे निम्न इबारत अंकित है,

'राजा सुग्रीव सै भेटे वा मित्रता'।

प्लेट क्रमांक-24:

यह अंकन किष्किंधाकाण्ड के 16वें सर्ग के बाली सुग्रीव के युद्ध प्रसंग पर आधारित है। इसका वर्णन इस श्लोक में किया गया है,

तौ भीमबलविक्रान्तौ सुपर्णसमवेगिनौ।
प्रवृद्धौ घोरवपुषौ चन्द्रसूर्याविवाम्बरे।। 25।।

अर्थात् इस तरह बल विक्रमशाली तथा गरुड़ के समान वेगवान तथा विशालकाय बाली और सुग्रीव ऐसे लड़ने लगे, मानो आकाश में चंद्र और सूर्य लड़ रहे हों।

रामचरितमानस में इस अंकन से सम्बन्धित वर्णन निम्नानुसार है,

मेली कंठ सुमन कै माला। पठवा पुनि बल देइ बिसाला।।
पुनि नाना बिधि भई लराई। बिटप ओट देखहिं रघुराई।। 4।।

अर्थात् तब राम ने सुग्रीव के गले में फूलों की माला डाल दी और फिर उसे बड़ा भारी बल देकर भेजा। दोनों में पुन: अनेक प्रकार से युद्ध हुआ। श्री रघुनाथजी वृक्ष की आड़ से देख रहे थे।

दोहा —

बहु छल बल सुग्रीव कर हियँ हारा भय मानि।।
मारा बालि राम तब हृदय माझ सर तानि।। 8।।

अर्थात् सुग्रीव ने बहुत से छल बल किये किन्तु अंत में भय मानकर हृदय से हार गया। तब श्रीरामजी ने तानकर बाली के हृदय में बाण मारा।। 8।।

यह अंकन दो भागों में विभक्त है। ऊपरी भाग में पंखेनुमा वृक्ष तथा झाड़ियां व एक आम का वृक्ष है। पंखेनुमा वृक्ष की पत्तियां सुडौल तथा अन्य इसी प्रकार के अंकनों की तुलना में छोटी हैं। मेवाड़ और जयपुर क़लम के संयुक्त प्रभाव वाले प्रकोष्ठ में बाली की पत्नी तारा को बैठे चित्रित किया गया है।

नीचे के भाग में एक आम के वृक्ष के पीछे धनुष पर बाण का संधान करने को तत्पर राम को चित्रित किया गया है। उनके पीछे हाथ में तीर लिए लक्ष्मण खड़े हैं। वृक्ष के दूसरी ओर पूंछ उठाए बाली तथा सुग्रीव को मल्ल युद्ध करते चित्रित किया गया है। सभी आकृतियों के बुन्देलखण्डी परिधान हैं। चेहरे एकचश्म हैं तथा नीली पृष्ठभूमि में अंकन किया गया है। चित्र के पीछे निम्न इबारत अंकित है—

'बालसुग्रीव की लड़ाइ'।

बालसुग्रीवकीलडाई

प्लेट क्रमांक-25:

यह अंकन वाल्मीकि रामायण तथा रामचरितमानस के सुन्दर काण्ड के उस प्रसंग पर आधारित है जब हनुमान लंका में प्रवेश करते हैं। इस अंकन में वाल्मीकि रामायण के विभिन्न प्रसंग चित्रित हैं। लंकिनी का प्रसंग तीसरे सर्ग में है। लंका का वर्णन चौथे सर्ग में है किन्तु विभीषण से भेंट का वर्णन वाल्मीकि रामायण में नहीं है। रावण के रनिवास का वर्णन नवें सर्ग में तथा रावण के दरबार का वर्णन अड़तालीसवें तथा उन्यासवें सर्ग में किया गया है।

जब हनुमान लंका में प्रवेश करते हैं तब का वर्णन द्वितीय सर्ग में इस प्रकार है,

प्रदोषकाले हनुमांस्तूर्णमुत्प्लुत्य वीर्यवान्।
प्रविवेश पुरीं रम्यां सुविभक्तमहापथाम्।। 49।।

अर्थात् वीर्यवान हनुमान तुरंत परकोटा फांदकर उस रमणीय और सुन्दर राजमार्गों से युक्त, लंकापुरी में घुस गए।। 49।।

प्रासादमालाविततां स्तम्भैः कांचनराजतैः ।।
शातकुम्भमयैर्जालैर्गन्थर्वनगरोपमाम्।। 50।।

अर्थात् हनुमानजी ने लंका के भीतर जाकर देखा कि बड़े बड़े भवनों की श्रेणियों और अनेक सुवर्णमय खंभों से तथा सोने के झरोखों से लंकापुरी गन्धर्वनगरी की तरह सजी हुई है।। 50।।

रामचरितमानस के सुन्दर काण्ड में भी इसी प्रकार का प्रायः वर्णन है।

रामचरितमानस में वे समुद्र पार कर एक पर्वत पर चढ़कर वैभव से परिपूर्ण लंका को तथा वहाँ की गतिविधियों को देखते हैं फिर मच्छर के समान छोटा सा रूप धरकर लंका में प्रवेश करते हैं। लंकिनी के रोकने पर उस पर प्रहार करते हैं तब वह हनुमानजी के सामने विनत हो जाती है। हनुमान रावण का महल देखते हैं, उसका शयनकक्ष देखते हैं और उन्हें तभी विभीषण का महल दिखाई देता है। वे विभीषण से मिलकर उनसे संवाद करते हैं। रामचरितमानस में यह उल्लेख इस प्रकार है,

दोहा —

तब हनुमंत कही सब रामकथा निज नाम।
सुनत जुगल तन पुलक मन मगन सुमिरि गुन ग्राम।। 6।।

अर्थात् तब हनुमान ने श्री रामचंद्रजी की सारी कथा कहकर अपना नाम बताया। सुनते ही दोनों के शरीर पुलकित हो गए और श्रीरामजी के गुण समूहों का स्मरण करके दोनों के मन (प्रेम और आनंद से) मग्न हो गए।। 6।।
रावण के दरबार का विवरण रामचरितमानस में निम्नानुसार है,

कपिबंधन सुनि निसिचर धाए। कौतुक लागि सयाँ सब आए।।
दसमुख सभा दीखि कपिजाई। कहि न जाइ कछु अति प्रभुताई।। 3।।

अर्थात् बंदर का बांधा जाना सुनकर राक्षस दौड़े और कौतुक (तमाशा देखने के लिए) सब सभा में आए। हनुमानजी ने जाकर रावण की सभा देखी। उसकी अत्यंत प्रभुता (ऐश्वर्य) कुछ नहीं कही जाती।
इस अंकन में यही विविध दृश्य अंकित किए गए हैं। लंका की भव्यता उसके स्थापत्य से चितेरे ने स्पष्ट की है। पांच मंज़िला रावण का महल चित्रित किया गया है। सबसे ऊपर अनेक गुम्बद व द्वार हैं जिनके दोनों ओर दो वृक्ष

हैं तथा दोनों ओर ही दो सैनिक अपने अपने काष्ठ प्रकोष्ठों में चौकन्ने बैठे हैं। नीचे की ओर के अनेक गवाक्षों में से चार गवाक्षों में चार रानियां बैठी हैं। उसके नीचे की ओर के भाग में बांयी ओर दशानन उसके दरबारियों के साथ बैठा है तथा दांयी ओर हनुमान व विभीषण संवादरत चित्रित किए गए हैं। उसके नीचे दो द्वारपाल आमने सामने बैठे हैं। उसके नीचे भागती हुई लंकिनी चित्रित है तथा सबसे नीचे नीले समुद्र की लहरें जो उफनकर ऊपर आती दिखाई देती हैं चित्रित की गई हैं।

स्थापत्य पर जयपुर व मेवाड़ के स्थापत्य का विशेष प्रभाव है। सभी चेहरे एकचश्म हैं तथा जीवन्त हैं। नीले, पीले, कत्थई, काले, लाल, हरे व सफेद रंगों का सुंदर प्रयोग किया गया है। हनुमान के प्रहार से भागती लंकिनी की गति को चित्रकार ने निपुणता से साकार किया है।

चित्र के पीछे निम्न इबारत अंकित है,

'हनूमान लंका कौ गये त्र वीषन से भेटे भई'।

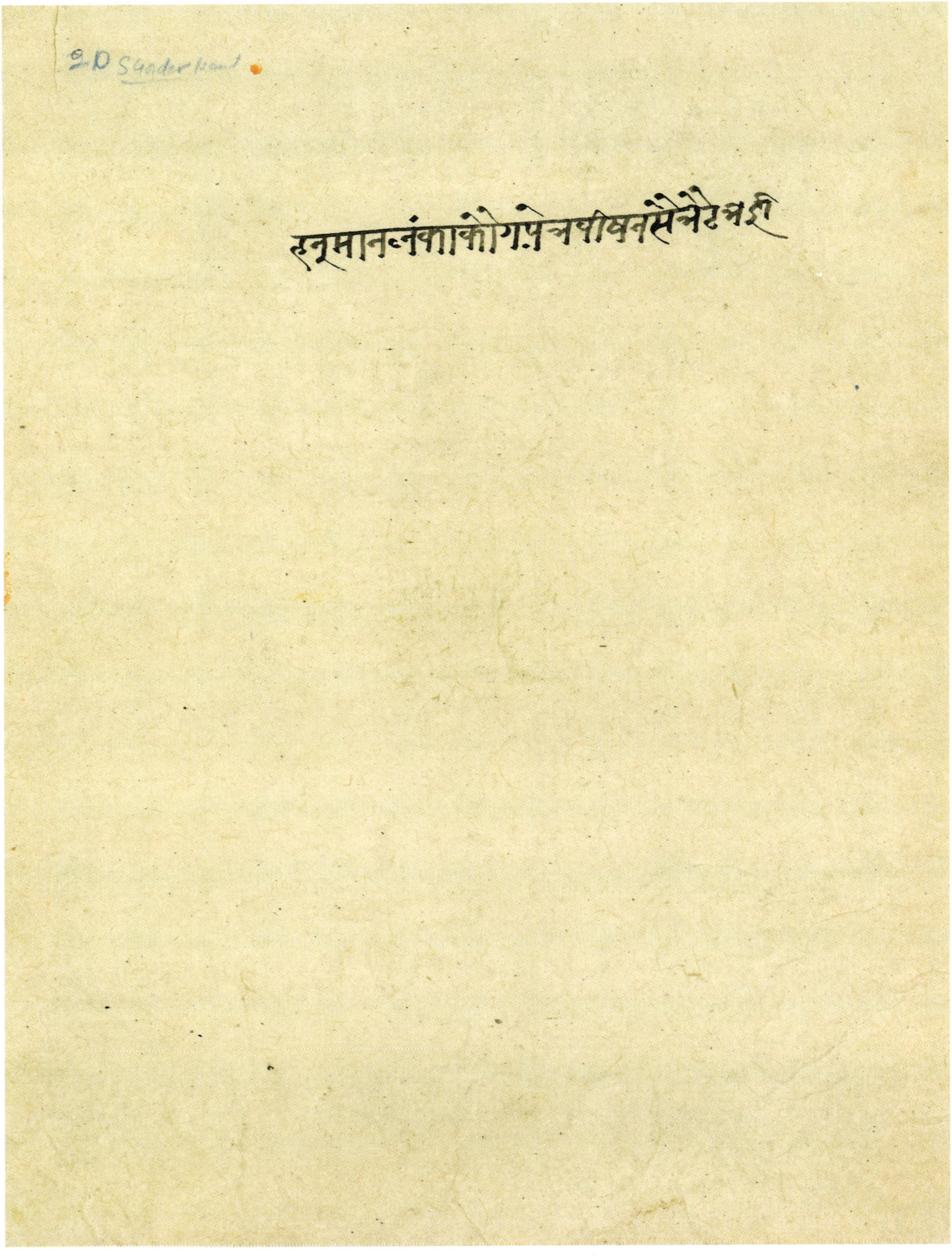
2D Sunder kand
हनूमानलंकाकौंगएप्रत्रपीवनसैंनैटभई

प्लेट क्रमांक-26:

यह अंकन दो भागों में विभक्त है। ऊपर का अंकन वाल्मीकि रामायण के सुन्दर काण्ड के 34वें सर्ग पर आधारित है जब हनुमान माता जानकी से मिलते हैं, उनके प्रणाम कर भगवान राम का संदेश देते हैं। नीचे का दृश्य वह है जब हनुमान अशोक वाटिका में वृक्षों का विध्वंस करते हैं और उनसे युद्ध करने आए राक्षसों का वे वध कर देते हैं। श्लोक निम्नानुसार है,

हनुमानपि दु:खार्तां तांदृष्ट्वा भयमोहिताम्।
अवन्दत महाबाहुस्ततस्तां जनकात्मजाम्।। 12।।

महाबाहु हनुमान ने दुखियारी सीता को भयभीत देख उनको प्रणाम किया।

अशोक वाटिका के विध्वंस तथा रावण के द्वारा भेजे गए राक्षसों के मारने का वर्णन वाल्मीकि रामायण के सुन्दर काण्ड के 43वें तथा 44वें सर्ग में वर्णित है। इसका एक श्लोक जो इस अंकन से साम्य रखता है निम्नानुसार है,

दह्यमानं ततो दृष्ट्वा प्रासादं हरियूथप: ।
स राक्षसशतं हत्त्वा वज्रेणेन्द्र इवासुरान्।। 19।।

अर्थात् कपियूथपति ने उस प्रसाद को भस्म होते हुए देख, सैकड़ों राक्षसों को उससे वैसे ही मार डाला, जैसे इन्द्र अपने वज्र से असुरों को मारते हैं।

रामचरितमानस में हनुमानजी का माता सीता से संवाद सुन्दर काण्ड में इस प्रकार वर्णित है,

कपि के बचन सप्रेम सुनि उपजा मन बिस्वास।।
जाना मन क्रम बचन यह कृपासिंधु कर दास।। 13।।

अर्थात् हनुमानजी के प्रेमयुक्त वचन सुनकर सीताजी के मन में विश्वास उत्पन्न हो गया। उन्होंने जान लिया कि यह मन, वचन और कर्म से कृपासागर श्री रघुनाथजी का दास है।

अशोक वाटिका के विध्वंस के सम्बन्ध में निम्नानुसार उल्लेख रामचरितमानस में है,

सुनि रावन पठए भट नाना। तिन्हहि देखि गर्जेउ हनुमाना।।
सब रजनीचर कपि संघारे। गए पुकारत कछु अधमारे।। 3।।

अर्थात् यह सुनकर रावण ने बहुत से योद्धा भेजे। उन्हें देखकर हनुमानजी ने गर्जना दी। हनुमानजी ने सब राक्षसों को मार डाला, कुछ जो अधमरे थे, चिल्लाते हुए गए।

इस अंकन के ऊपर वाले भाग में आम के एक छतनार वृक्ष के नीचे सीताजी बैठी हैं। वे हनुमान से वार्ता कर रही हैं तथा उनके सामने हनुमान हाथ जोड़े खड़े चर्चा कर रहे हैं। नीली पृष्ठभूमि में पूरा अंकन निर्मित है। दो बड़े प्राय: लम्बवत तथा सीताजी के दोनों ओर दो दो छोटी पुष्पित झाड़ियां भी निर्मित की गई हैं। सीताजी व हनुमान के चेहरे एकचश्म हैं तथा सीताजी ने गहरे नीले रंग की बिन्दीदार साड़ी पहिन रखी है। वे अन्य चित्रों में भी इसी प्रकार की साड़ी पहिने चित्रित की गई हैं। हनुमान भी अपने बलिष्ट आकार में चित्रित हैं। उनके अधोवस्त्र भी नीले व लाल रंग के हैं।

चित्र के नीचे के भाग में अशोक वाटिका का अंकन है। तीन छोटे व उनके ऊपर के भाग में पांच बड़े आम के व अन्य वृक्ष चित्रित हैं। इनके नीचे पुष्पित झाड़ियां हैं। हनुमान गतिशील मुद्रा में एक उखाड़े हुए वृक्ष

को लेकर राक्षसों को मारने के लिए दौड़ते दिखाई दे रहे हैं। सात राक्षस अंकित हैं इनमें सबसे आगे वाला उनका नायक धरती पर गिरते हुए चित्रित किया गया है। राक्षसों के हाथों में शस्त्र हैं।

लाल, नीले, पीले, हरे, कत्थई व सफेद रंगों को चित्रांकन में प्रयुक्त किया गया है। चित्र के पीछे निम्न इबारत अंकित है,

'महावीरजू से जानकीजी से भेंट भई अनुबाग में लगही भई'।

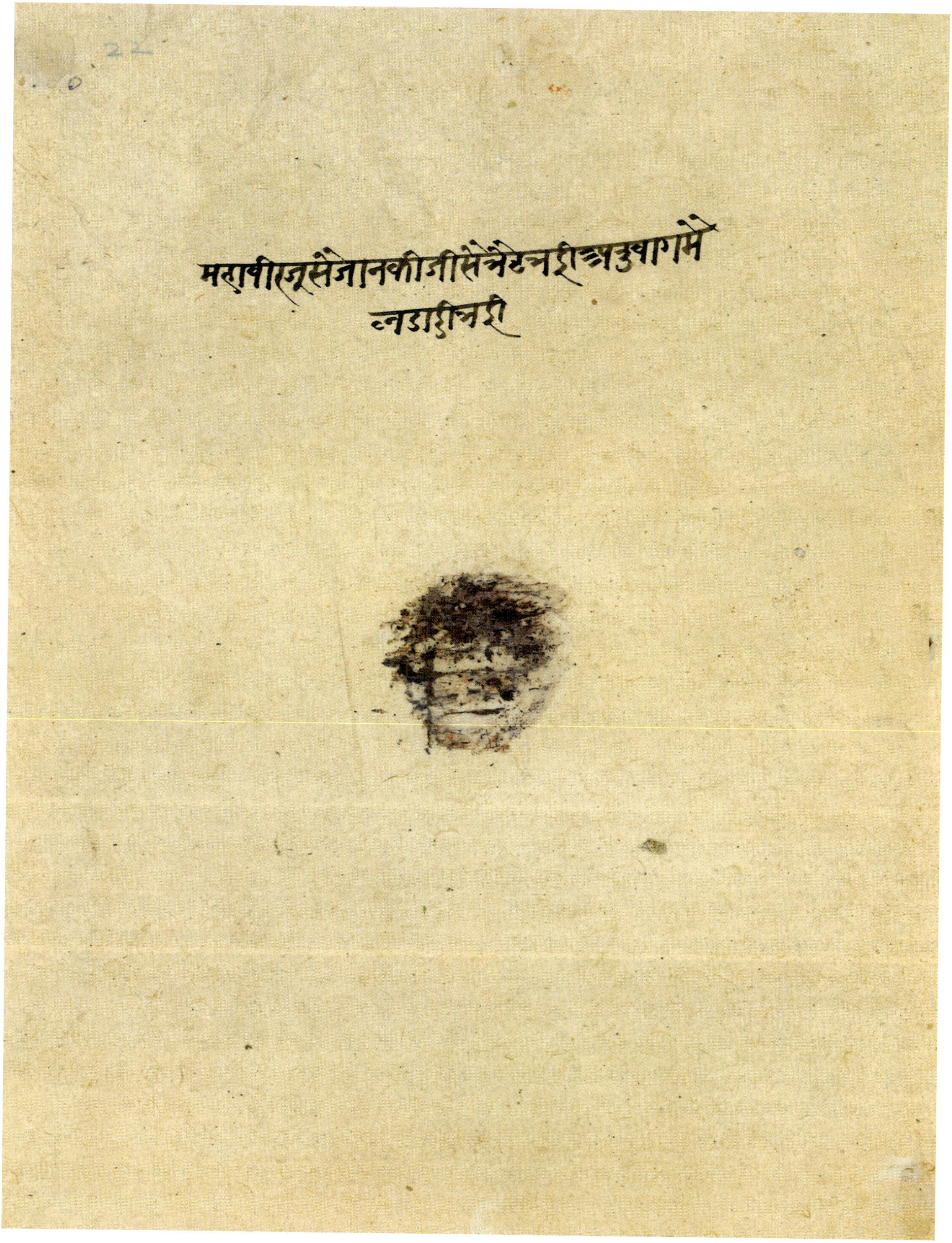

प्लेट क्रमांक-27:

यह अंकन लंकादहन के प्रसंग पर केन्द्रित है। वाल्मीकि रामायण के सुन्दर काण्ड के 54वें सर्ग में इसका निम्नानुसार वर्णन किया गया है,

ततः प्रदीप्तलाङ्गूलस्सविद्युदिव तोयदः।
भवनाग्रेषु लङ्काया विचचार महाकपिः।। 6।।

इस प्रकार निश्चय कर दामिनीयुक्त मेघ की तरह, जलती हुई पूंछ को लिए हुए, हनुमानजी भवनों की अटारियों पर (या छज्जों पर) घूमने लगे।। 6।।

रामचरितमानस में यह प्रसंग सुन्दर काण्ड में निम्नानुसार वर्णित है,

दोहा —

हरि प्रेरित तेहि अवसर चले मरुत उनचास।
अट्टहास करि गर्जा कपि बढ़ि लाग अकास।। 25।।

अर्थात् इस समय भगवान की प्रेरणा से उनचासों पवन चलने लगे। हनुमानजी अट्टहास कर गरजे और आकाश से जा लगे।। 25।।

चौपाई —

देह बिसाल परम हरुआई। मन्दिर तें मन्दिर चढ़ धाई।।
जरइ नगर भा लोग बिहाला। झपट लपट बहु कोटि कराला।। 1।।

अर्थात् देह बड़ी विशाल, परन्तु बहुत ही हल्की (फुर्तीली) है। वे दौड़कर एक महल से दूसरे महल पर चढ़ जाते हैं। नगर जल रहा है, लोग बेहाल हो गए हैं। आग की करोड़ों भयंकर लपटें झपट रही हैं।। 1।।

यह अंकन उक्त वर्णन को दृश्य रूप में आंखों के सामने साकार कर देता है। चितेरे ने महल का सुंदर स्थापत्य चित्रित किया है। नीली पृष्ठभूमि के इस अंकन में सबसे ऊपर के भाग में महल के अनेक द्वार निर्मित किए गए हैं। उनके बीचोंबीच हनुमान को आवेश में हवा में उड़ते चित्रित किया गया है। दोनों ओर दो ऊंचे नारियल के वृक्ष हैं। उनकी पूंछ में अग्नि लगी है, वह जल रही है और इसी अग्नि की ज्वालाऐं इन महलों के ऊपर प्रज्जवलित हो रही हैं। दो गवाक्षों में दोनों ओर दो रानियों को हतप्रभ व भयभीत दिखाया गया है। इसके निचले भाग में दशानन को अपने सभासदों के साथ बैठे चित्रित किया गया है। दोनों ओर तीन-तीन सभासद बैठे हैं। रावण के सामने हनुमान व मेघनाद को बैठे चित्रित किया गया है। सभी चेहरे एकचश्म हैं तथा सभासदों ने व मेघनाद ने बुन्देली परिधान पहिन रखे हैं। उन सभी के सिरों पर बुन्देली पगड़ी हैं। रावण अपने सभी मुखों से दोनों ओर देख रहा है। उसका एक मस्तक गर्दभ का है जो मस्तक पर बीचोंबीच दिखाई देता है।

सबसे नीचे हरी झाड़ियां व उनके नीचे नीले रंग में समुद्र की लहरों को चित्रित किया गया है।

हरे, पीले, लाल, सफेद, काले, नीले, स्लेटी तथा गहरे स्लेटी रंगों को अंकन में प्रयुक्त किया गया है। चित्र के पीछे निम्न इबारत अंकित है,

'लंका दाह हनूमान नै करो'।

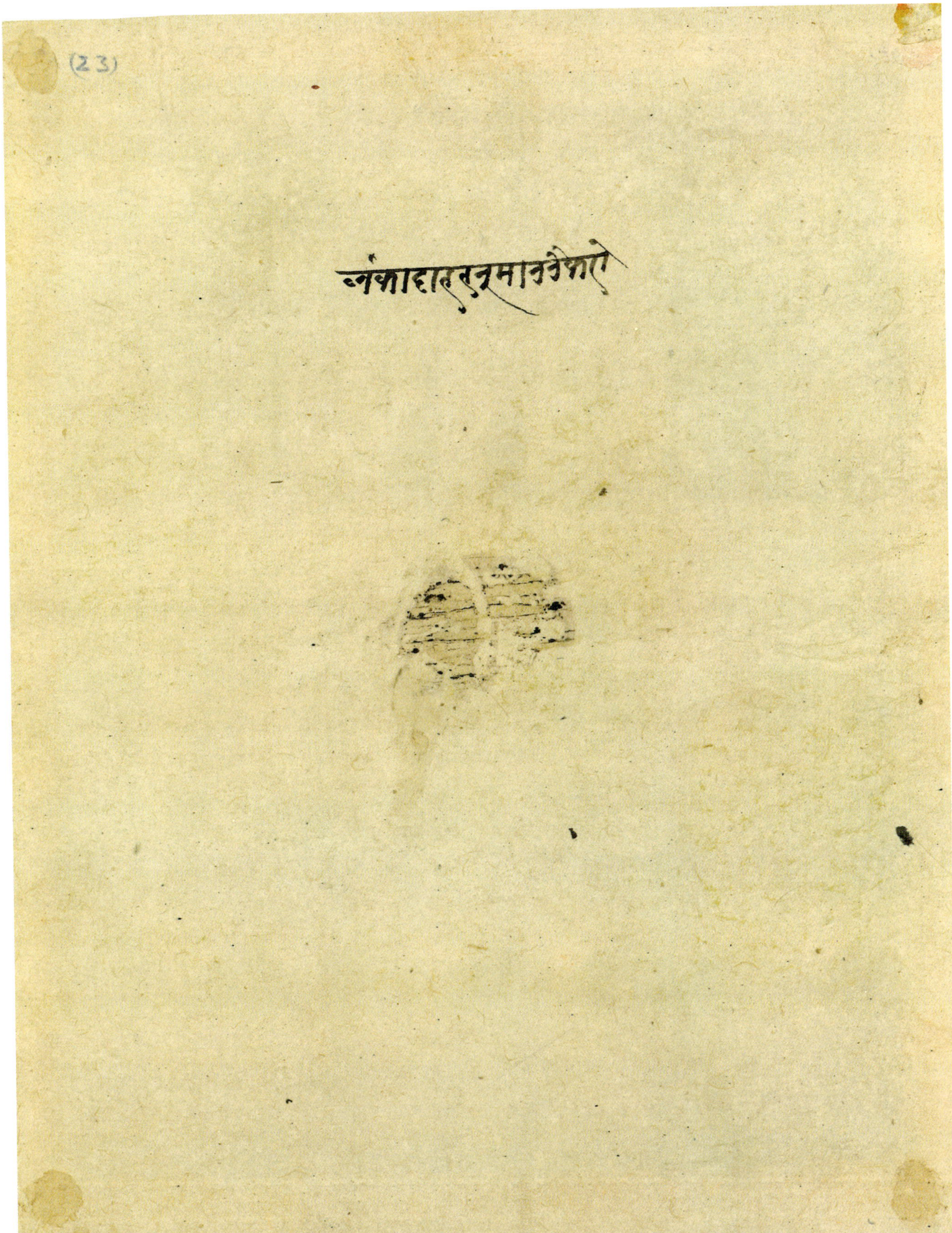
(23)

प्लेट क्रमांक-28:

यह अंकन वाल्मीकि रामायण के सुन्दर काण्ड के 56वें सर्ग पर आधारित है जब हनुमान माता सीता से लंका से जाने का विचार प्रकट करते हैं। सम्बन्धित श्लोक निम्नानुसार है,

एवमाश्वास्य वैदेहीं हनुमान्मारुतात्मज: ।
गमनाय मतिं कृत्वा वैदेहीमभ्यवादयत्।। 8।।

इस प्रकार पवननंदन हनुमानजी के, सीता को धीरज बंधा और वहाँ से प्रस्थापित होने का विचार कर जनकनन्दिनी को प्रणाम किया।। 8।।

रामचरितमानस के सुन्दरकाण्ड में इस दोहे में यह अंकन दृश्यमान है,

दोहा —

जनकसुतहि समुझाइ करि बहु बिधि धीरजु दीन्ह।
चरन कमल सिरु नाइ कपि गवनु राम पहिं कीन्ह।। 27।।

अर्थात् हनुमानजी ने जानकीजी को समझाकर बहुत प्रकार से धीरज दिया और उनके चरण कमलों में सिर नवाकर श्री रामजी के पास गमन किया।। 27।।

इस अंकन में तीन वृक्षों को चित्रित किया गया है। माता सीता एक वृक्ष के नीचे बैठी हैं और उनके सामने हनुमान विनीत भाव से जानकीजी को प्रणाम करते दिखाई दे रहे हैं। हनुमानजी के द्वारा कमर में बांधा हुआ पटका विशेष रूप से दर्शनीय है। सीताजी के पीछे की ओर जयपुर शैली से प्रभावित एक प्रकोष्ठ बना हुआ है। हनुमानजी व माता सीता के पीछे झाड़ियों के अंकन हैं। माता सीता के परिधान बुन्देलखण्डी हैं तथा उनकी नाक में गोलाकार मोतियों की बड़ी नथ है जो इस शैली की विशिष्टता है। अंकन नीले रंग की पृष्ठभूमि में बनाया गया है।

सफेद, गहरे हरे, लाल, पीले, नीले व मेहंदी रंगों का उपयुक्त प्रयोग किया गया है। चित्र के पीछे की ओर निम्न इबारत अंकित है,

'महावीरजू जानकीजी सै विदा भये'।

प्लेट क्रमांक-29:

यह अंकन वाल्मीकि रामायण के सुन्दर काण्ड के 64वें सर्ग पर आधारित है। प्रासंगिक श्लोक निम्नानुसार है,

निपेतुर्हरिराजस्य समीपे राघवस्य च।
हनुमांश्च महाबाहुः प्रणम्य शिरसा ततः।। 37।।

अर्थात् वे वानरगण आकाश से उस जगह भूमि पर उतरे, जिस जगह कपिराज सुग्रीव और श्रीरामजी बैठे हुए थे। तदन्तर सबसे पहिले महाबाहु हनुमानजी ने सीस नवाकर प्रणाम किया।। 37।।

रामचरित मानस के सुन्दरकाण्ड में यह प्रसंग निम्नानुसार वर्णित है,

राम कपिन्ह जब आवत देखा। किएँ कजु मन हरष बिसेषा।
फटिक सिला बैठे द्वौ भाई। परे सकल कपि चरनन्हि जाई।। 4।।

अर्थात् श्रीरामजी ने जब वानरों को कार्य किये हुए आते देखा तब उनके मन में विशेष हर्ष हुआ। सब वानर जाकर उनके चरणों में गिर पड़े।

यह अंकन वाल्मीकि रामायण के वर्णन से अधिक साम्य रखता है। इस श्रृंखला के सभी अन्य अंकनों की भांति इसे भी नीली पृष्ठभूमि में चित्रित किया गया है। दो वृक्षों के नीचे राम, लक्ष्मण व सुग्रीव बैठे हैं तथा राम के पांव छूते हनुमान हैं तथा उनके पीछे जामवन्त तथा दो वानर कुमार हैं। वह सतह सफेद रंग से चित्रित की गई है जिस पर ये सब बैठे हैं। सभी के चेहरे एकचश्म हैं तथा परिधान बुन्देलखण्डी हैं। नीचे की ओर मेहंदी रंग की पृष्ठभूमि में अर्द्धवृत्ताकार समुद्र की लहरें सफेद व काले रंग से चित्रित की गई हैं। सबसे नीचे की ओर हल्के बैंगनी रंग में एक पट्टी बनाई गई है। यह नया प्रयोग है।

हरे, काले, सफेद, हल्के बैंगनी, हल्के हरे, गहरे हरे, लाल, नीले व पीले रंगों का प्रयोग किया गया है।

चित्र के पीछे यह इबारत अंकित है,

'महावीरजू रामचरत छूगे हाल कहत भये'।

प्लेट क्रमांक-30:

यह अंकन अंगद के उस प्रसंग पर आधारित है जब वे राम के दूत बनकर रावण की सभा में जाते हैं तथा उनकी इस चुनौती का कोई उत्तर नहीं मिलता कि उनके पांव को कोई उठा दे। वाल्मीकि रामायण में इस प्रकार का प्रसंग नहीं है किन्तु रावण के दरबार में उतरकर उसे अपना परिचय देने का विवरण वाल्मीकि रामायण के युद्धकाण्ड में 41वें सर्ग में निम्नानुसार है,

वालिपुत्रोऽङ्गदो नाम यदि ते श्रोत्रमागत:।।
आह त्वां राघवो राम: कौसल्यानन्दवर्धन:।। 77।।

अर्थात् मैं बालि का पुत्र हूँ और अंगद मेरा नाम है। कदाचित मेरा नाम तुम्हारे कानों तक पहुँच चुका हो। कौशल्याजी के आनंद को बढ़ाने वाले श्री रामचंद्रजी ने तुमसे कहा है कि।। 77।।

रामचरितमानस के युद्धकाण्ड में अंगद के पांव का वर्णन निम्नानुसार है,

साँचेहुँ मैं लबार भुज बीहा। जौं न उपारिउँ तव दस जीहा।।
समुझि रात प्रताप कपि कोपा। सभा माझ पन करि पद रोपा।। 4।।
जौंमम चरन सकसि सठ टारी। फिरहिं रामु सीता मैं हारी।।
सुनहु सुभट सब कह दससीसा। पद गाहि धरनि पछारहु कीसा।। 5।।
इंद्रजीत आदिक बलवाना हरषि हरषि उठे जहँ तहँ भट नाना।।
झपटहिं करि बल बिपुल उपाई। पद न टरइ बैठहिं सिरु नाई।। 6।।

अर्थात् (अंगद ने कहा) 'अरे बीस भुजा वाले! यदि तेरी दसों जीभें मैंने नहीं उखाड़ लीं तो सचमुच मैं लबार ही हूँ। श्री रामचंद्रजी के प्रताप को समझकर (स्मरण कर) अंगद क्रोधित हो उठे और उन्होंने रावण की सभा में प्रण करके (दृढ़ता के साथ) पैर रोप दिया'।। 4।।

और कहा, 'अरे मूर्ख यदि तू मेरा चरण हटा सके तो श्रीरामचजी लौट जाऐंगे, मैं सीताजी को हार गया।' रावण ने कहा, हे सब वीरों! सुनो पैर पकड़कर बंदर को पृथ्वी पर पछाड़ दो।। 5।।

इंद्रजीत (मेघनाद) आदि अनेक बलवान योद्धा जहाँ तहां से हर्षिक होकर उठे। वे पूरे बल से बहुत से उपाय करने झपटते हैं। पर पैर टलता नहीं, तब सिर नीचा करके अपने-अपने स्थान पर बैठ जाते हैं।। 6।।

यह अंकन भी नीली पृष्ठभूमि में बनाया गया है तथा दो भागों में विभक्त है। यह रावण के महल का ही दृश्य है जिसमें सबसे ऊपर रावण की दो रानियां एक प्रकोष्ठ में आमने सामने बैठी हैं। यह प्रकोष्ठ भी अपने आपमें अनूठा है। चारों ओर से खुला हुआ तथा ऊपर छत व दोनों ओर नारियल जैसे उपादान उल्टे लटके हैं। इसके पीछे की ओर आम के दो और दो नारियल के वृक्ष अंकित किए गए हैं।

नीचे के दृश्य में एक बड़े प्रकोष्ठ में दशानन को राजदरबार में बैठे हुए चित्रित किया गया है। यह रावण का विशिष्ट स्वरूप है जो इस श्रृंखला के अंकनों में चित्रित किया गया है। उसके सिरों के ऊपर मुकुट है तथा मुकुट के ऊपर गधे का सिर है। इसके अनेक हाथ हैं जिनमें दो सामान्य हाथ हैं। उसके परिधान बुन्देलखण्डी हैं। गले में लाल व हरे रंग के दो उपर्णा पहिने वह अपने दांयी ओर से मस्तकों से अंगद और उस दैत्य को देख रहा है जो अंगद का पांव उठाने को तत्पर है। रावण के बांयी ओर उसके रक्षक सैनिक हैं जिनकी संख्या चार है। वे अपने हाथों में खड्ग लिए हुए हैं। रावण एक तखत पर बैठा है। उसके नीचे पांच योद्धा भी अपने हाथ में तलवार, त्रिशूल व बाण लिए बैठे हैं। सभी चेहरे एकचश्म हैं। स्थापत्य पर जयपुर क़लम का प्रभाव है।

चित्र के मध्य में अंगद को खड़े दिखाया गया है। उसकी बलिष्ट देह और चेहरे से झलकता तेज उसके निर्भीक होने का साक्षी है। एक दैत्य उसके पांव को उठाते हुए चित्रित किया गया है। इस दैत्य के दो सींग विशेष रूप से आकृष्ट करते हैं।

सफेद, हरे, पीले, काले, महरुन व नीले रंगों का प्रयोग किया गया है। बुन्देलखण्डी गुलमुच्छ व दाढ़ियों में काले रंग का सानुपातिक प्रयोग है।

चित्र के पीछे यह इबारत अंकित है, 'अंगद पाह'।

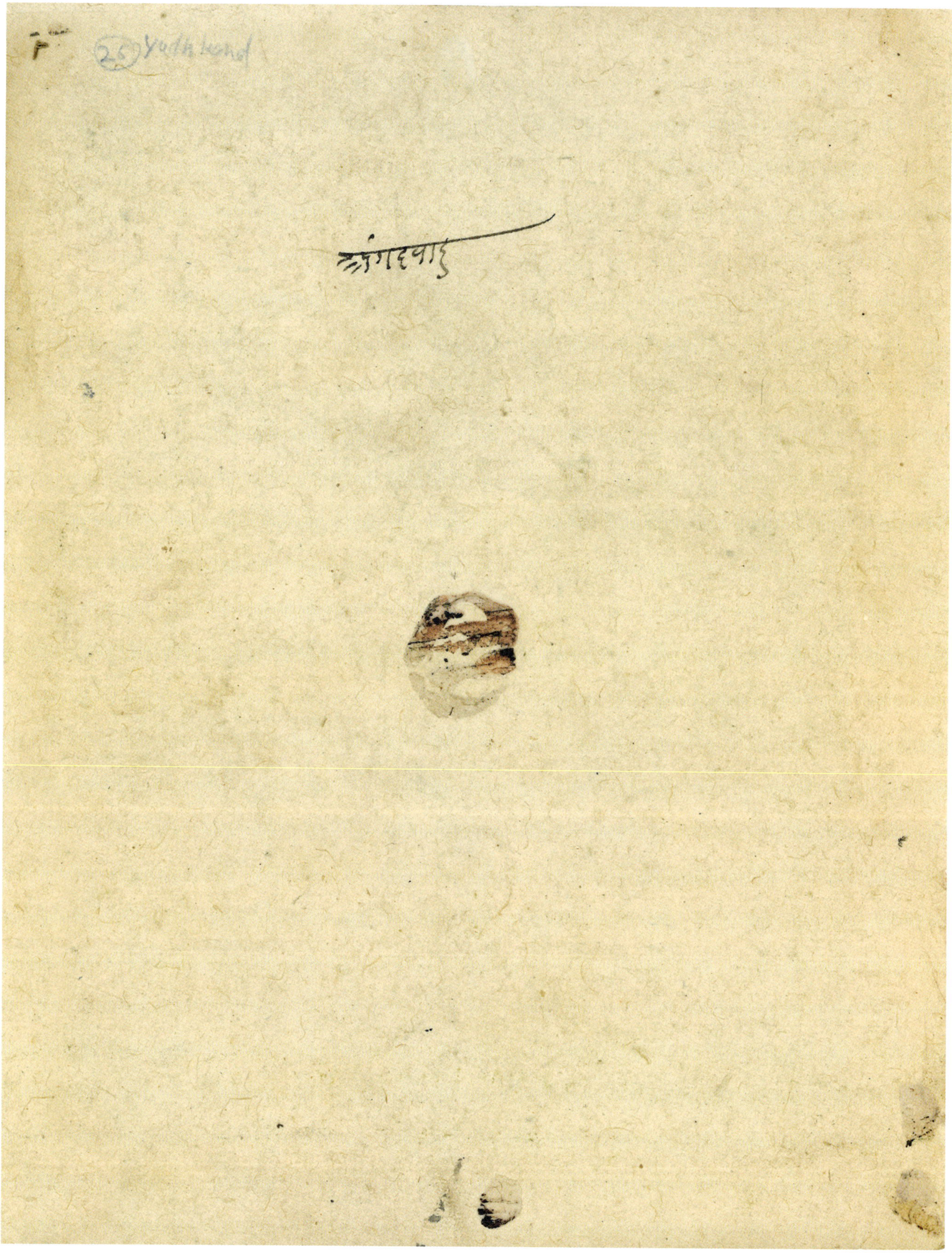

प्लेट क्रमांक-31:

इस अंकन के पीछे कोई इबारत अंकित नहीं है किन्तु यह अंकन कुंभकर्ण व लक्ष्मण के बीच युद्ध का प्रतीत होता है। वाल्मीकि रामायण के 67वें सर्ग में इस युद्ध का विशद् वर्णन है। लेकिन इस वर्णन में कुंभकर्ण के हाथों में धनुष बाण होने का उल्लेख नहीं है। इसमें वह मुदगर से व शूल से युद्ध करता है।

यह दृश्य लक्ष्मण व कुंभकर्ण के बीच का युद्ध वाल्मीकि रामायण के 67वें सर्ग के निम्न श्लोकों के आधार पर बनाया गया प्रतीत होता है क्योंकि इस अंकन में विशालकाय कुंभकर्ण पर गौरवर्णी लक्ष्मण बाण चला रहे हैं।

स कुम्भकर्णस्य शराञ्शरीरे सप्त वीर्यवान्।।
निचखानाददे बाणान्विससर्ज च लक्ष्मणः।। 103।।
पीड्यमानस्तदस्त्रं तु विशेषं तत्स राक्षसः।
ततश्चुकोप बलवान्सुमित्रानन्दवर्धनः।। 104।।

अर्थात् बलवान लक्ष्मण ने कुंभकर्ण को सात बाण मारकर और भी बाण निकाल उस पर छोड़े। उन शस्त्रों के प्रहार से कुंभकर्ण पीड़ित हुआ और उन बाणों को हाथों से खींच कर तथा तोड़कर फेंक दिया। तब तो बलवान सुमित्रानंदन अत्यंत क्रुद्ध हुए।। 103।। 104।।

रामचरितमानस में इस प्रकार का उल्लेख नहीं है। मानस के लंका काण्ड में राम, कुंभकर्ण से युद्ध करने के लिए जब प्रस्थान करते हैं तो लक्ष्मण, विभीषण तथा सुग्रीव से कहते हैं कि तुम सेना को संभालना। मैं इस दुष्ट के बल और सेना को देखता हूँ।

दोहा इस प्रकार है,

सुनु सुग्रीवबिभीषन अनुज सँभारेहु सैन।
मैं देखउँ खल बल दलहि बोले राजिवनैन।। 67।।

इस प्रकार यह अंकन वाल्मीकि रामायण के वर्णन से साम्य रखता है। इस अंकन में नीली पृष्ठभूमि में ऊपरी भाग में चार सुन्दर आम के वृक्ष बनाए गए हैं जो पीली चट्टानों के बीच हरीतिमा में खड़े हैं। उसके नीचे के दृश्य में विशालकाय कुंभकर्ण अपने राक्षस सैनिकों के साथ युद्ध करते चित्रित किया गया है। उसके पीछे छः राक्षस हैं जिसमें से दो के सींग हैं। उसने सिर पर मुकुट पहिन रखा है तथा हाथ में धनुष बाण है। यह धनुष उसकी विशालकाय काया के सामने बहुत छोटा है। उसके सामने लक्ष्मण हैं जो उस पर बाणों का प्रहार करते दिखाई दे रहे हैं। उनके पीछे सात वानर हैं। आगे हनुमान गदा लिये कुंभकर्ण को मारने को तत्पर हैं। उनका आकार भी कुंभकर्ण की तुलना में बहुत छोटा है।

हनुमानजी के साथ दो रीछ हैं जिनमें से एक रीछ को कुंभकर्ण का पांव पकड़ते चित्रित किया गया है। उनके साथ एक बंदर भी है। एक मृत राक्षस भी धरती पर गिरा हुआ चित्रित किया गया है। दृश्य में चारों ओर चलते हुए सफेद बाण दिखाए गए हैं।

पीले, हरे, लाल, नीले, काले, हल्के पीले व सफेद रंगों को अंकन में प्रयुक्त किया गया है।

चित्र के पीछे कोई इबारत अंकित नहीं है।

(27) Yudhkand

प्लेट क्रमांक-32:

यह अंकन वाल्मीकि रामायण के युद्धकाण्ड (उत्तरार्द्ध) के राम रावण युद्ध के प्रसंग पर आधारित है। युद्धकाण्ड के 103वें सर्ग से लेकर 111वें सर्ग तक राम, रावण युद्ध का उल्लेख है। राम धरती पर खड़े हुए युद्ध करते हैं तथा रावण अपने रथ पर खड़ा होकर युद्ध करता है तब इन्द्र उन्हें अपना रथ भेजते हैं जिसका सारथी मातलि है। तब इस रथ पर खड़े होकर राम रावण से युद्ध करते हैं।

युद्ध सम्बन्धी यह श्लोक दृष्टव्य है,

तब्दभूवाद्भुंतुं युद्धं तुमुलं रोमहर्षणम्।
रामस्य च महाबाहो रावणस्य च रक्षसः।। 15।।

अर्थात् तदनन्तर महाबाहु श्रीरामचंद्रजी और राक्षस रावण का ऐसा महाभयंकर और अद्‌भुत युद्ध हुआ कि उसे देखने वालों के रोंगटे खड़े हो गए।। 15।।

रामचरितमानस में भी इन्द्र के द्वारा सारथि मातलि के साथ अपना दिव्य रथ युद्ध क्षेत्र में राम को भेजे जाने का उल्लेख है जिस पर चढ़कर वे रावण से युद्ध करते हैं।

सम्बन्धित चौपाई का अंश निम्नानुसार है,

कहि दुर्बचन क्रुद्ध दसकंधर। कुलिस समान लाग छाँड़ै सर।।
नानाकार सिलीमुख धाए। दिसि अरु बिदिसि गगन मरि छाए।। 1।।
पावक सर छाँड़ेउ रघुबीरा। छन महुँ जरे निसाचर तीरा।।
छाड़िसि तीब्र सक्ति खिसिआई। बान संग प्रभु फेरि चलाई।। 2।।

अर्थात् दुर्वचन कहकर रावण क्रुद्ध होकर वज्र के समान बाण छोड़ने लगा। अनेक प्रकार के बाण छोड़े और दिशा, विदिशा तथा आकाश में, सब जगह छा गए।। 1।। श्री रघुबीर ने अग्निबाण छोड़ा (जिससे) रावण के सब बाण क्षण भर में भस्म हो गए तथा उसने खिसियाकर तीक्ष्ण शक्ति छोड़ी (किन्तु) श्री रामचंद्रजी ने उसको बाण के साथ वापिस भेज दिया।

इस अंकन में युद्धकाण्ड के इन्हीं प्रसंगों का वर्णन है। भगवान राम व लक्ष्मण का दैवीय रथ जिसके सारथि मातलि हैं उसके सामने रावण का रथ है। मातलि की वेशभूषा राजसी बुन्देली है। रथ अलंकृत है, उस पर पीले व गुलाबी रंगों के आकल्पन बने हुए हैं। रथ में दो सफेद घोड़े जुते हैं जो अपनी टापों को उठाए हुए हैं। रथ के ऊपर हरे रंग की धर्म ध्वजा लहरा रही है। राम व लक्ष्मण रथ के दो प्रकोष्ठों में आगे पीछे बैठे शरसंधान करते दिखाई दे रहे हैं। उनके रथ के नीचे वानर सेना है। सबसे आगे इस सेना में हनुमान हैं जिनकी हथेली पर हरे रंग की पर्वतशिला है। उनके साथ ही एक छोटी सी गिलहरी भी उत्साह में आगे चल रही है। उसका ही तो सेतु निर्माण में सबसे बड़ा योगदान है। हनुमान के पीछे चार वानर हैं जिनमें पंक्ति के अंतिम वानर के हाथ में गदा व शेष के हाथों में पर्वतशिखाऐं हैं।

सामने के रथ में दसकंधर अर्थात् रावण अपने रथ पर सवार है। उसके रथ में दो गधे जुते हुए हैं। गधे के सिर वाले दशनन को उसी प्रकार चित्रित किया गया है जैसा कि वह अन्य अंकनों में है। रथ पर गुलाबी रंग से चौकोर आकल्पन किए गए हैं। रथ का ऊपरी भाग काले रंग का है तथा काले रंग की ध्वजा भी उस पर फहरा रही है।

दोनों ओर से तीर चल रहे हैं। राम के तीरों से रावण के तीरों को वापिस जाते हुए भी दिखाया गया है। जैसा कि रामचरितमानस में वर्णन है, अनेक कटे हुए सिरों को कौओं के द्वारा खाते हुए चित्रित किया गया है। एक गिद्ध भी अंकित किया गया है।

चित्र के नीचे के भाग में दो रीछ भी चित्रित किए गए हैं जो चार राक्षसों से युद्धरत हैं।

अंकन में पीले, लाल, गुलाबी, बादामी, सफेद, हरे, हल्के नीले तथा हल्के सिंदूरी रंगों का प्रयोग किया गया है।

चित्र के पीछे कोई इबारत अंकित नहीं है।

kand.

प्लेट क्रमांक-33:

वाल्मीकि रामायण के उत्तरकाण्ड (पूर्वार्द्ध) के 124वें सर्ग में राम की रावण विजय के पश्चात का वर्णन है जिसमें स्वर्ग से आए देवता उनकी स्तुति करते हैं। सम्बन्धित श्लोक निम्नानुसार हैं,

ते सर्वे वानरास्तस्मै राघवायाभ्यवादयन्।
काकुत्स्थं परिपूर्णार्थं दृष्ट्वा सर्वे सुरोत्तमाः।। 17।।
ऊचुस्ते प्रथमं स्तुत्वा स्तवार्हं सहलक्ष्मणम्।
गच्छायोध्यामितो वीर विसर्जय च वानरान्।। 18।।

अर्थात् उन सब वानरों ने रामचंद्रजी को प्रणाम किया। तदनन्तर श्री रामचंद्रजी की मनोकामना को पूर्ण हुई देख, समस्त देवतागण।। 17।।

स्तवन करने योग्य श्री रामचन्द्र और लक्ष्मण की प्रथम स्तुति कर पीछे उनसे बोले कि, हे वीर! अब तुम इन समस्त वानरों को बिदा कर यहाँ से अयोध्या को जाओ।। 18।।

रामचरितमानस के लंका काण्ड में देवताओं के द्वारा, विशेषकर ब्रम्हा व इन्द्र के द्वारा स्तुति करने का वर्णन विस्तार से किया गया है। सम्बन्धित दोहा निम्नानुसार है,

करि बिनती सुर सिद्ध सब रहे जहँ तहँ कर जोरि।।
अति सप्रेम तन पुलकि बिधि अस्तुति करत बहोरि।। 110।।

अर्थात् विनती करके देवता और सिद्ध सब जहाँ के तहां हाथ जोड़े खड़े रहे। तब अत्यंत प्रेम से पुलकित शरीर होकर ब्रम्हाजी स्तुति करने लगे।। 110।।

यह अंकन भी नीली पृष्ठभूमि में बनाया गया है जिसमें एक विशाल वृक्ष के नीचे राम, सीता व लक्ष्मण एक सफेद चबूतरे पर प्रसन्न मुद्रा में बैठे हैं। भगवान राम के हाथ में एक तीर है। इस चबूतरे के नीचे जामवान सहित तीन अन्य वानर बैठे हैं। चबूतरे के सामने हाथ जोड़े स्तुति करते हुए सर्वांग पीत वस्त्र धारण किए ब्रम्हा खड़े हैं। उनके पीछे शंकर भी हाथ जोड़े खड़े हैं तथा उनके पीछे संभवतः इंद्र हैं। भगवान शंकर को सफेद व इन्द्र को पीले रंग से चित्रित किया गया है। दृश्य में सबसे ऊपर कोने में तीन वृक्ष चित्रित हैं। चित्र में सबसे नीचे जहाँ जामवन्त वानरों सहित बैठे हैं उनके सामने दो वानर बैठे हैं।

चित्र में नीले, लाल, पीले, सफेद, हरे व गहरे नीले रंगों का विशेष प्रयोग किया गया है। चित्र में सबसे ऊपर काले व नीले रंगों को संयुक्त कर सुंदर बादल भी बनाए गए हैं।

चित्र के पीछे की इबारत है, 'अस्तुत देवत कपी'।

(23) Yudhkand

प्लेट क्रमांक-34:

वाल्मीकि रामायण के उत्तरकाण्ड (पूर्वार्द्ध) के प्रथम सर्ग में मुनियों के आने का प्रथम श्लोक में ही उल्लेख है। बाद के श्लोकों में विभिन्न मुनियों के नाम दिए गए हैं तथा ये किन किन दिशाओं से आए इसका विवरण है। किन्तु मुनियों के इन नामों में नारद का नाम नहीं है जो इस अंकन में दिखाई दे रहे हैं। इस अंकन में सबसे पीछे हनुमान खड़े हैं उनका भी उल्लेख नहीं है। यह श्लोक पूर्णत: अंकन से साम्य नहीं रखता। श्लोक निम्नानुसार है,

प्राप्तराज्यस्य रामस्य राक्षसानां वधे कृते।
आजग्मुर्ऋषय: सर्वे राघवं प्रतिनन्दितुम्।। 1।।

अर्थात् राक्षसों का नाश कर जब श्री रामचंद्रजी राजगद्दी पर बैठे, तब समस्त मुनिगण (श्री रामचंद्रजी की अवहेलना कर) लक्ष्मणजी के बल पराक्रम की प्रशंसा करने आए।। 1।।

रामचरितमानस के उत्तरकाण्ड में राम के राज्याभिषेक का विस्तृत वर्णन है। इसमें ऋषियों व मुनियों के द्वारा उनके स्तवन किए जाने का भी विस्तृत उल्लेख है। इस अंकन में राज्याभिषेक के पश्चात् राजसिंहासन पर विराजे राम व सीता तथा राम दरबार का निम्नानुसार सुंदर वर्णन है,

छन्द —

नभ दुंदुभीं बाजहिं बिपुल गंधर्ब किंनर गावहीं।
नाचहिं अपछरा बृंद परमानंद सुर मुनि पावहीं।।
भरतादि अनुज बिभीषनांगद हनुमदादि समेत ते।
गहें छत्र चामर ब्यजन धनु असिचर्म सक्ति बिराजते।। 1।।

अर्थात् आकाश में बहुत से नगाड़े बज रहे हैं। गन्धर्व और किन्नर गा रहे हैं। अप्सराओं के झुंड के झुंड नाच रहे हैं। देवता और मुनि परमानंद गान कर रहे हैं। भरत, लक्ष्मण और शत्रुघ्नजी, विभीषण, अंगद, हनुमान और सुग्रीव सहित क्रमश: छत्र, चंदर, पंखा, धनुष, तलवार, ढाल और शक्ति लिए हुए सुशोभित हैं।। 1।।

श्री सहित दिनकर बंस भूषन काम बहु छबि सोहई।
नव अंबुधर बर गात अंबर पीत सुर मन मोहई।।
मुकुटांगदादि बिचित्र भूषन अंग अंगन्हि प्रति सजे।
अंभोज नयन बिसाल उर भुज धन्य नर निरखंति जे।। 2।।

अर्थात् श्री सीताजी सहित सूर्यवंश के विभूषण श्री रामजी के शरीर में अनेक कामदेवों की छवि शोभा दे रही है। नवीन जलयुक्त मेघों के समान सुंदर श्याम शरीर पर पीताम्बर देवताओं के मन को भी मोहित कर रहा है। मुकुट, बाजूबंद आदि विचित्र आभूषण अंग अंग में सजे हुए हैं। कमल के समान नेत्र हैं, चौड़ी छाती है और लंबी भुजाऐं हैं जो उनके दर्शन करते हैं, वे मनुष्य धन्य हैं।। 2।।

इस अंकन में चितेरे ने अपनी कल्पना का प्रयोग किया है। वाल्मीकि रामायण तथा रामचरितमानस में वर्णित प्रसंगों के अनुसार पूर्णत: चित्रण इस अंकन में नहीं है। यह रामदरबार का अंकन है। चित्र का ऊपरी भाग क्षतिग्रस्त है किन्तु दृश्य दिखाई देता है। ऊपरी भाग की पृष्ठभूमि नीली है जिसमें सुंदर हरी झाड़ियां व तने के दोनों ओर नुकीली पत्तियों वाले वृक्षों को चित्रित किया गया है। इस प्रकार के वृक्ष इस श्रृंखला के चित्रों में अन्यत्र दिखाई नहीं देते।

नीचे के भाग में गहरे हरे रंग की पृष्ठभूमि में राजसिंहासन पर भगवान राम व माता सीता बैठे हैं। राम ने पीत वस्त्र पहिन रखे हैं, सिर पर मुकुट है, कमर में पटका है। उनके बाजू में बैठी माता सीता की भी गरिमामय मुद्रा अद्‌भुत है। उनके सिर पर मुकुट है गले में उसी तरह की सफेद पुष्पों की लम्बी माला जैसी श्रीराम ने भी पहिनी है तथा कान में गोल बुन्देलखण्डी नथ। उनके राजसी परिधान हैं। गहरे हरे व गहरे नीले रंग का लहंगा उन्होंने पहिना है। गहरे नीले रंग की बिन्दीदार साड़ी उनके पूर्ववर्ती अंकनों के परिधानों का स्मरण कराती है।

उनके पीछे मोरछल, चंवर तथा सफेद रंग का बिजना (लंबा मोटा पंखा) लिए तीनों भाई खड़े हैं। सिंहासन के सामने पंक्ति में दो मुनि सबसे आगे खड़े हैं। इनमें सबसे आगे वाले मुनि आशीर्वाद देने की मुद्रा में हैं। उनके पीछे एक मुनि हैं तथा उनके पीछे वीणा लिए नारद को व उनके पीछे संभवत: हनुमान को चित्रित किया गया है।

सभी के चेहरे एकचश्म हैं तथा सभी ने बुन्देली परिधान पहिने हैं। एक नगाड़ची, तन्मयता से दृश्य के निचले भाग में नगाड़ा बजा रहा है।

चितेरे ने नीले, गहरे हरे, लाल, पीले, नीले व सफेद रंगों का संतुलित प्रयोग किया है।

चित्र के पीछे कोई इबारत अंकित नहीं है।

yudhkand

प्लेट क्रमांक-35:

यह अंकन भी रामदरबार का है। वाल्मीकि रामायण में यह प्रसंग वर्णित नहीं है। रामचरितमानस के उत्तरकाण्ड में यह निम्नानुसार है,

भ्रातन्ह सहित रामु एक बारा। संग परमप्रिय पवनकुमारा।।
सुंदर उपबन देखन गए। सब तरु कुसुमित पल्लव नए।। 1।।
जानि समय सनकादिक आए। तेज पुंज गुन सील सुहाए।।
ब्रह्मानंद सदालयलीना। देखत बालक बहुकालीना।। 2।।

अर्थात् एक बार भाईयों सहित श्री रामचंद्रजी परमप्रिय हनुमानजी को साथ लेकर सुन्दर उपवन देखने गए। वहाँ के सब वृक्ष फूले हुए और नए पत्तों से युक्त थे।। 1।। सुअवसर देखकर सनकादि मुनि आए जो तेज के पुंज, सुन्दर गुण और शील से युक्त तथा सदा ब्रम्हानंद में लवलीन रहते हैं। देखने में तो वे बालक लगते हैं, परन्तु हैं बहुत समय के।। 2।।

इस श्रृंखला का यह मनोहारी अंकन है जो तीन भागों में विभक्त है। सबसे ऊपर के भाग में वन्य शोभा की सुन्दर दृश्यावली चित्रित की गई है जिसमें सबसे पीछे अनेक नारियल के व लम्बे पत्तों वाले केलि के वृक्ष अंकित किए गए हैं। केलि के दो वृक्ष ऐसे हैं जिनमें लाल रंग के फूल लगे हुए हैं। नीचे धरती की सतह पर सफेद फूलों वाली पुष्पित झाड़ियां हैं। इनके बीच चार छतनार आम के वृक्ष खड़े हैं। यह भाग हल्के नीले रंग की पृष्ठभूमि में चित्रित है।

बीच के भाग में एक ऊंचे हल्के बैंगनी रंग के चौकोर पीठे पर भगवान राम तथा माता जानकी बैठी हैं। जानकीजी ने लाल व हरे रंग के परिधान पहिने हैं। यहाँ वे गहरे नीले रंग की वह बिन्दीदार साड़ी नहीं पहिने हुए हैं जिसे अन्य अंकनों में उन्हें पहिने हुए चित्रित किया गया है। उनके कान में वलयाकार कुंडल हैं तथा नाक में गोल मोतीयुक्त बड़ी नथ है। वे हाथ में लम्बे वृंतयुक्त कमल की कली लिए बैठी हैं। उनके बाजू में भगवान राम बैठे हैं जिनके हाथ में भी कमल का फूल है। श्यामवर्णी राम के सिर पर मुकुट है तथा वे बुन्देली परिधान पहिने हुए हैं। पीले रंग के अधोवस्त्र तथा लाल रंग के उपर्णा को धारण किए वे सिंहासन पर विराजित हैं। उनके पीछे चंवर लिए लक्ष्मण व उनके पीछे भरत व शत्रुघ्न हैं। सभी ने बुन्देली परिधान पहिने हुए हैं। इनके सामने बालस्वरूप में पांच सनकादिन ऋषि चित्रित किए गए हैं।

गहरे धूसर रंग की पृष्ठभूमि में यह अंकन किया गया है जिसमें सबसे पीछे हाथ जोड़े गदाधारी हनुमान सर्वथा अलग अपनी विनीत मुद्रा में दिखाई देते हैं।

इस दृश्य के नीचे पांच सुंदर चौकोर क्यारियां हैं जिनमें लाल व पीले रंग के पुष्प खिले हुए हैं। इसके नीचे के भाग में गहरे हरे रंग के तीन वृक्ष चित्रित हैं जिनके बीच में हल्के बैंगनी रंग के पुष्पों वाली झाड़ियां हैं।

लाल, पीले, हरे, सफेद, बैंगनी, स्लेटी व हल्के हरे रंगों का सुंदर प्रयोग चित्रकार ने किया है।

चित्र के पीछे निम्न इबारत अंकित है,

'बगैचा को गये अजुध्या में'।

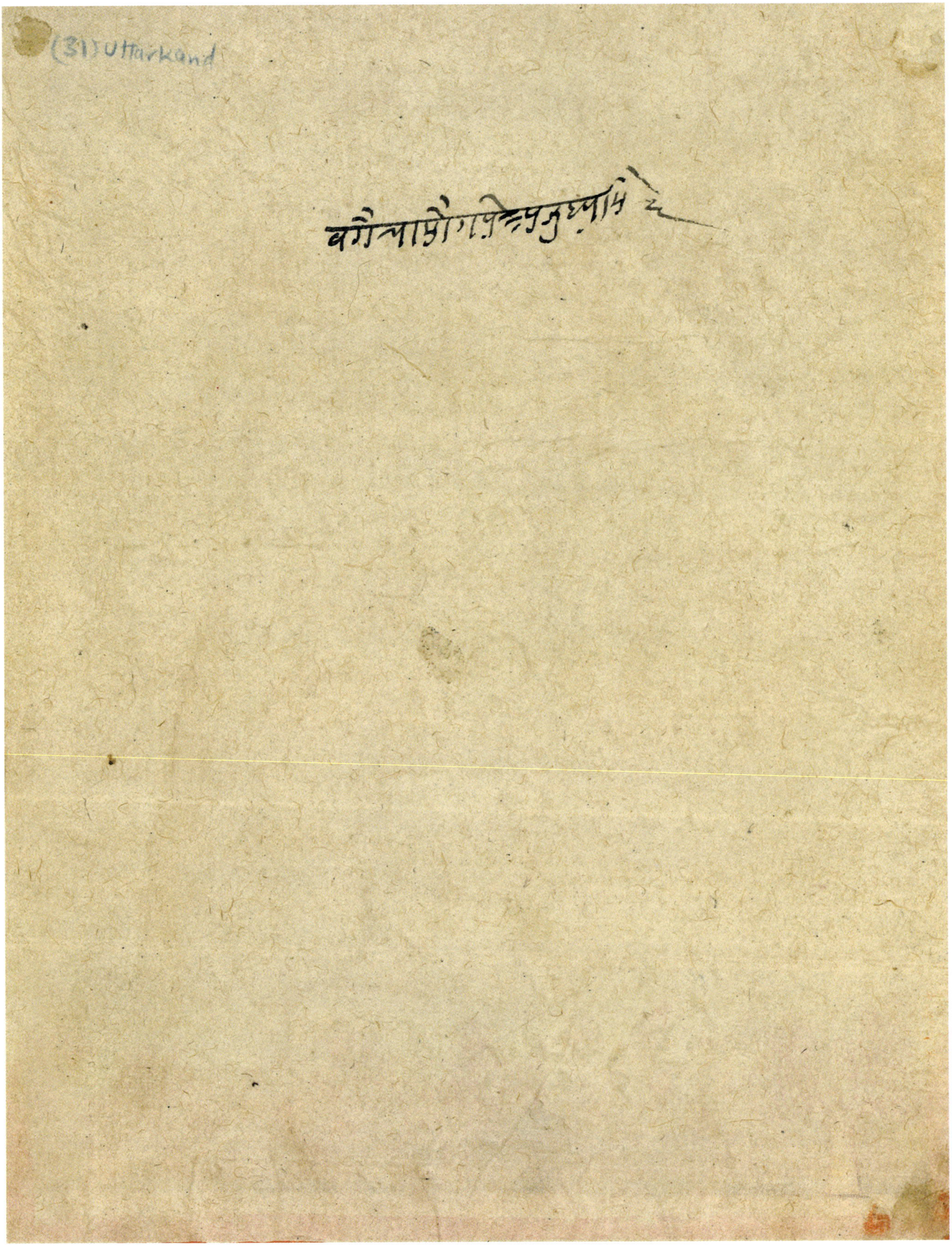
(31) Uttarkand

प्लेट क्रमांक-36:

यह अंकन वाल्मीकि रामायण के उत्तरकाण्ड (पूर्वार्द्ध) के नवें सर्ग पर आधारित है जिसमें रावण, कुंभकर्ण, सूर्पणखा तथा विभीषण के जन्म की कथा दी गई है। इस कथा में पुलस्त्य ऋषि के राक्षस वंशजों का विवरण है। इनमें सुमाली, माल्यवान और माली प्रधान थे। इनमें सुमाली की कन्या कैकसी भी थी जिसका विवाह विश्रवा मुनि से हुआ था। चूंकि कैकसी ने उचित समय में पुत्र प्राप्त करने की आकांक्षा प्रगट नहीं की थी इसलिए विश्रवा ने कहा कि उसके पुत्र भयंकर रूप वाले तथा क्रूरकर्मी होंगे लेकिन कैकसी की प्रार्थना पर उन्होंने कहा कि उसका पिछला पुत्र धर्मात्मा होगा।

नवें सर्ग में इन्हीं तीन पुत्रों के जन्म सम्बन्धी उल्लेख निम्नानुसार है,

एवमुक्ता तु सा कन्या राम कालेन केनचित्।
जनयामास बीभत्सं रक्षोरुपं सुदारुणम्।। 28।।

अर्थात् हे राम! विश्रवा मुनि ने उस कन्या से इस प्रकार कहा। तदनन्तर कुछ काल बाद उसने बड़े भयंकर और वीभत्स राक्षस रुपी पुत्र को जन्म दिया।। 28।।

दशग्रीवं महादंष्ट्रं नीलांजनचयोपमम्।
ताम्रोष्ठं विंशतिभुजं महास्यं दीप्तयूर्धजम्।। 29।।

अर्थात् उसके सिर दस थे और दांत बड़े बड़े थे। उसके शरीर का रंग काला और आकार पहाड़ के समान था। उसके ओंठ लाल थे, उसकी बीस भुजाऐं थीं। उसका मुंह बड़ा और सिर के बाल चमकीले थे।। 29।।

तस्य त्वनन्तरं जातः कुम्भकर्णो महाबलः।
प्रमाणाद्यस्य विपुलं प्रमाणं नेह विद्यते।। 34।।

अर्थात् तदनन्तर कैकसी के गर्भ से कुम्भकर्ण का जन्म हुआ। उसके समान लंबा और चौड़ा दूसरा कोई प्राणी न था।। 34।।

ततः शूर्पणखा नाम संजज्ञे विकृतानना।
विभीषणश्च धर्मात्मा कैकस्याः पश्चिमः सुतः।। 35।।

अर्थात् तदनन्तर बुरी सूरत की सूर्पनखा उत्पन्न हुई। सबके पीछे कैकसी के सबसे छोटे पुत्र धर्मात्मा विभीषण उत्पन्न हुए।। 35।।

रामचरितमानस में इस प्रकार का कोई प्रसंग नहीं है। बालकाण्ड में भगवान शंकर देवी भवानी को जब रामचंद्रजी के जन्म लेने के कारण बताते हैं तब वे रावण जन्म का उल्लेख करते हैं। इस कथा के अनुसार भगवान हरि के दो द्वारपाल जय और विजय को सनकादिक ऋषियों का शाप मिला जिसके कारण वे अगले जन्म में आसुरी शरीर पाकर हिरण्यकशिपु और हिरयाक्ष के रूप में जन्मे। इनमें से हिरण्याक्ष, भगवान के वाराह अवतार द्वारा तथा हिरण्यकशिपु नृसिंह अवतार द्वारा मारा गया। यही दो दैत्य जन्म पाकर रावण तथा कुंभकर्ण हुए। सम्बन्धित दोहा निम्नानुसार है,

भए निसाचर जाह तेह महावीर बलवान।
कुंभकरण रावन सुभट सुरबिजई जय जान।। 22।।

अर्थात् वे ही (दोनों) जाकर देवताओं को जीतने वाले तथा बड़े योद्धा रावण और कुंभकर्ण नामक बड़े बलवान और महावीर राक्षस हुए, जिन्हें सारा जगत जानता है।। 22।।

इस दृश्यावली के नीचे जयपुर शैली के स्थापत्य से प्रभावित प्रासाद का स्थापत्य चित्रित किया गया है। उससे नीचे के भाग में कैकसी को महल के एक भाग में खड़े होकर अपने तीनों पुत्रों को निहारते हुए चित्रित किया गया है। सबसे पहिले दशग्रीव अर्थात् रावण को बैठे हुए अंकित किया गया है तथा उससे वार्ता करते हुए विशालकाय कुंभकर्ण को चित्रित किया गया है। कैकसी का चेहरा एकचश्म है जबकि रावण व कुंभकर्ण के चेहरे पूर्णचश्म हैं। इन दोनों से अलग एक प्रकोष्ठ में विभीषण को बैठे हुए चित्रित किया गया है। वे हाथ में माला फेरते हुए दर्शाए गए हैं। विभीषण जिस प्रकोष्ठ में बैठे हैं उसके नीचे सीढ़ियां भी चित्रित की गई हैं।

इस अंकन में कुंभकर्ण का आनुपातिक रूप से बहुत बड़ा मुख बनाया गया है। सुघड़ स्थापत्य इस अंकन की विशिष्टता है। साथ ही रावण के द्वारा बांधा गया पटका तथा उपर्णा विशेष रूप से दर्शनीय हैं।

चित्र के सबसे नीचे गहरे मेहंदी रंग में सपाट भूमि चित्रित की गई है। हरे, नीले, लाल, पीले, बादामी, हल्के पीले व सफेद रंग अंकन में प्रयुक्त किए गए हैं।

चित्र के पीछे निम्न इबारत अंकित है,

'रावन कुंभकरन विभीषण कौ जन्म'।

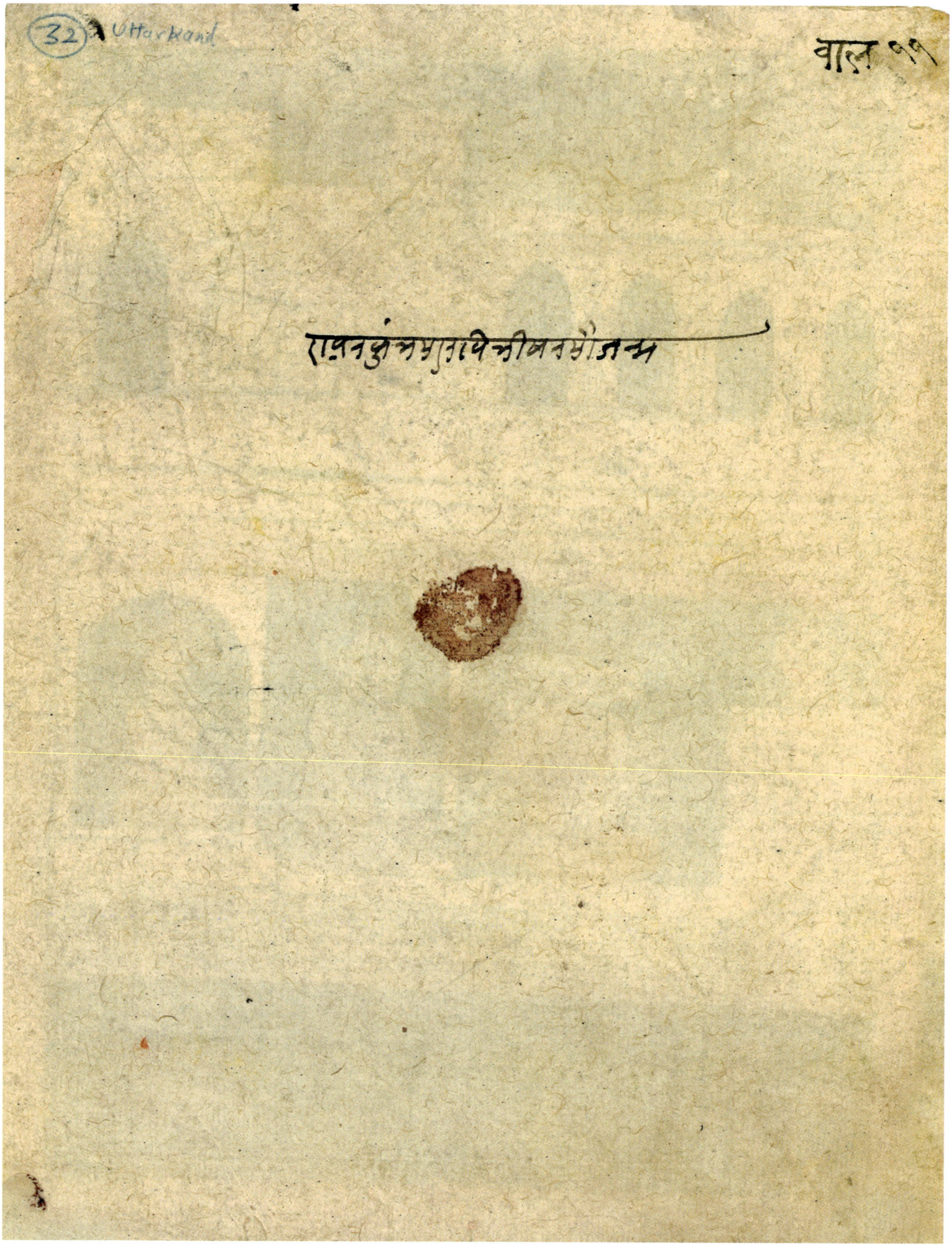
32
Uttarkand
बाल

चित्रवीथिका :
रामायण की चित्रांकन परम्परा

मेवाड़ रामायण का एक पृष्ठ - मेवाड़ शैली - 18वीं सदी

ायनमश्रजोध्याकांड२

॥१॥

॥श्रीगणेशायनमः॥श्रीमतेरामानुजायनमः॥श्लोक॥ वामांकेचविभातिभू
धरसुतादेवापगामस्तकेभालेबालविधुर्गलेचगरलंयस्योरसिव्यालराट्॥ सोयंभू
तिविभूषणःसुरवरःसर्वाधिपःसर्वदाशर्वःसर्वगतःशिवःशशिनिभःश्रीशंकरःपातुमां
॥१॥प्रसन्नतांयानगताभिषेकतःतथानमम्लेवनवासदुःखतः॥मुखांबुजश्रीरघुनंदन
स्यमेसदास्तुसामंजुलमंगलप्रदा॥२॥नीलांबुजश्यामलकोमलांगंसीतासमारो
पितवामभागं॥पाणौमहासायकचारुचापंनमामिरामंरघुवंशनाथं॥३॥दोहा॥
श्रीगुरुचरणसरोजरजनिजमनुमुकुरसुधारि॥बरणौरघुबरबिमलजसजोदायक राम

॥१॥

तुलसीकृत रामचरित मानस का एक पृष्ठ - जयपुर शैली - 19वीं सदी

फलचारि॥१॥चौपाई॥ जबतेरामब्याहिघरआए॥ नितनवमंगलमोदबधाए॥
भुवनचारिदसभूधरभारी॥ सुकृतमेघबरषहिबरवारी॥ रिधिसिधिसंपति सुख
नदीसुहाई॥ उमगिअवधअंबुधिकहआई॥ मणिगणपुरनरनारिसुजाती॥
सुचिअमोलसुंदरसबभाती॥ कहिनजाइकछुनगरविभूती॥ जनुइतनीयविरं

चिकरतूती॥ सबविधिसबपुरलोगसुषारी॥ रामचंद्रमुषचंदनिहारी॥ मुदित
मातुसबसषीसहेली॥ फलितविलोकिमनोहरवेली॥ रामरूपगुणसीलसुभाउ॥
प्रमुदितहोहिदेषिसुनिराउ॥ दोहा॥ सबकेमनअभिलाषअसकहहिमनाइमहेसु॥
॥आपुअछतजुवराजपदरामहिदेहुनरेसु॥१॥चौपाई॥ एकबारजानकीसमेता॥

साधु के वेश में रावण - मुग़ल शैली - 17वीं सदी

राम जन्म - औतारचरित - झालावाड़ शैली - 19वीं सदी

राम लक्ष्मण व हनुमान - त्रिचनापल्ली - 19वीं सदी

रामचरित के विभिन्न प्रसंग - जयपुर शैली - 19वीं सदी

रावण के गुप्तचरों को मुक्त करते राम - गुलेर शैली - 18वीं सदी

राम-रावण युद्ध - पहाड़ी शैली - 18वीं सदी

लंका विजय के पश्चात अयोध्या लौटते हुए राम - कांगड़ा शैली - 19वीं सदी

वन में राम, लक्ष्मण व सीता - पहाड़ी शैली - 19वीं सदी

सीता का अयोध्या में स्वागत - भित्तिचित्र - बुन्देलखण्ड शैली - तोड़ी फतेहपुर - 19वीं सदी

चित्रवीथिका :
शैलचित्र, भित्तिचित्र, लोकचित्र व लघुचित्र परम्परा–बुंदेलखंड के परिप्रेक्ष्य में

शैलचित्र- जटाशंकर-बुंदेलखंड

शैलचित्र-कालिजर-किला-बुन्देलखण्ड

भित्तिचित्र-मदनपुर-12वीं सदी

भित्तिचित्र सतखंडा महल- दतिया- 17वीं सदी

रागमाला के प्राचीनतम भित्तिचित्र - राग देशाख- सतखंडा महल दतिया- 17वीं सदी

भित्तिचित्र- रामदरबार- ओरछा- 17वीं सदी

भित्तिचित्र- राय प्रवीण महल-ओरछा-17वीं सदी

भित्तिचित्र- रहली- 19वीं सदी

भित्तिचित्र-लक्ष्मी मंदिर-ओरछा

भवानीसिंह जी की छतरी दतिया

भित्तिचित्र- बिजना- अष्टगढ़ी- 19वीं सदी

भित्तिचित्र-रजा पारीछत की समाधि- 19वीं सदी -दतिया

भित्तिचित्र-गोसाईं छतरी- 19वीं सदी दतिया

भित्तिचित्र- राम का राज्यारोहण-तोडी फतेहपुर-19वीं सदी

भित्तिचित्र-बिजना- अष्टगढ़ी-19वीं सदी

भित्तिचित्र-चिरगांव- अष्ट गढ़ी-19वीं सदी

बिहारी के दोहे पर आधारित लघुचित्र कृष्ण को दर्पण दिखती नायिका; दतिया; 1770 ईस्वी

महाराजा सावंतसिंह ओरछा- 18वीं सदी-ओरछा शैली- जगदीश एंड कमला मित्तल म्यूज़ियम ऑफ़ इंडियन आर्ट हैदराबाद

सावन माह-ओरछा- 18वीं सदी-व्यक्तिगत संग्रह

घोड़े पर सवार राजा शत्रुजितसिंह 18वीं सदी दतिया-व्यक्तिगत संग्रह

वैशाख माह -अष्टगढ़ी में निर्मित लघुचित्र- वैशाख माह-18वीं सदी

मतिराम के रसराज पर आधारित लघुचित्र- 1770-80 ईस्वी दतिया

बिहारी सतसई के दोहे पर आधारित लघुचित्र- 18वीं सदी -दतिया-पीटर ब्लोम संग्रह लन्दन

भागवत के दशम स्कंध के प्रसंग पर आधारित लघुचित्र 18वीं सदी दतिया;पीटर ब्लोम संग्रह लन्दन

नृत्य देखते राजा सज्जनसिंह ओरछा -19वीं सदी-वयात व्यक्तिगत संग्रह

बिजना अष्टगढ़ी में निर्मित महाराज कुमार धुरमंगसिंह का लघुचित्र- 19वीं सदी -व्यक्तिगत संग्रह

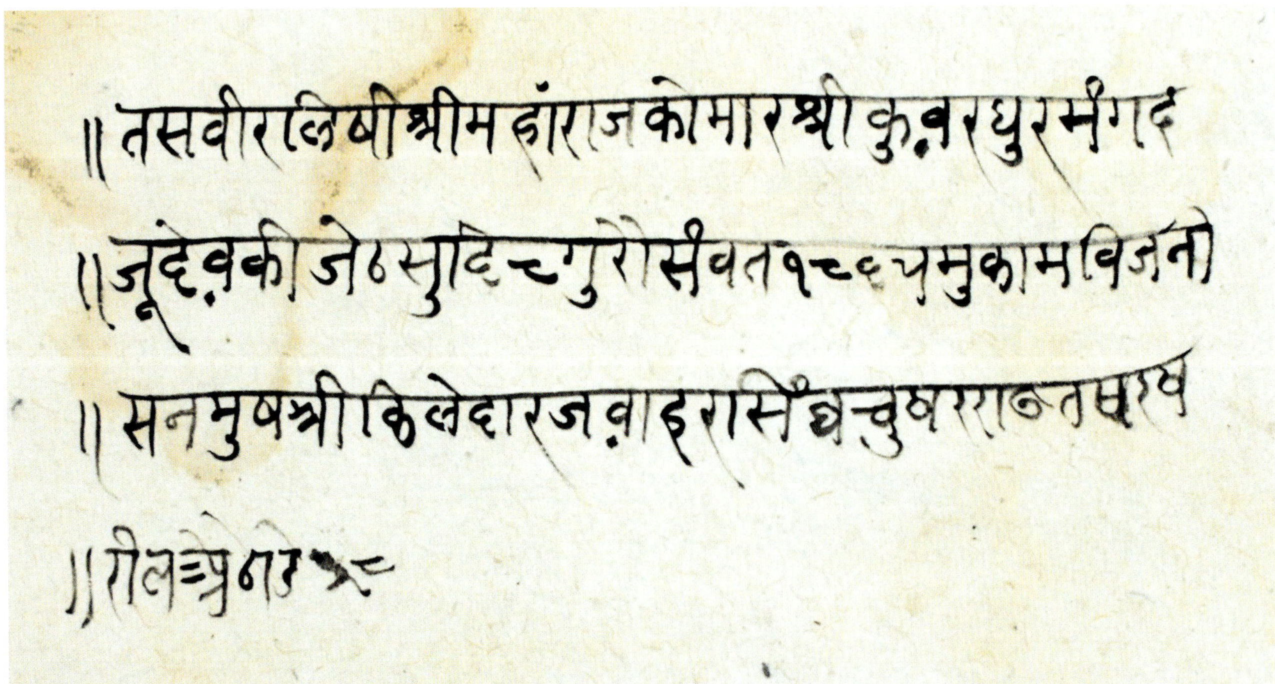

॥ तसवीर लिषी श्रीमहाराज कोमार श्री कुवर धुरमंगद
॥ जूदेव की जेठ सुदि ८ गुरो संवत १८८५ मुकाम बिजनो
॥ सनमुष श्री किलेदार जवाहरासिंघ चुषराज तषाव
॥ [illegible]

बिजना अष्टगढ़ी में निर्मित महाराज कुमार धुरमंगद्सिंह के लघुचित्र अंक पृष्ठ भाग

जातिभेद पर आधारित लघुचित्र- 19वीं सदी -अष्टगढ़ी में निर्मित लघुचित्र व्यक्तिगत संग्रह

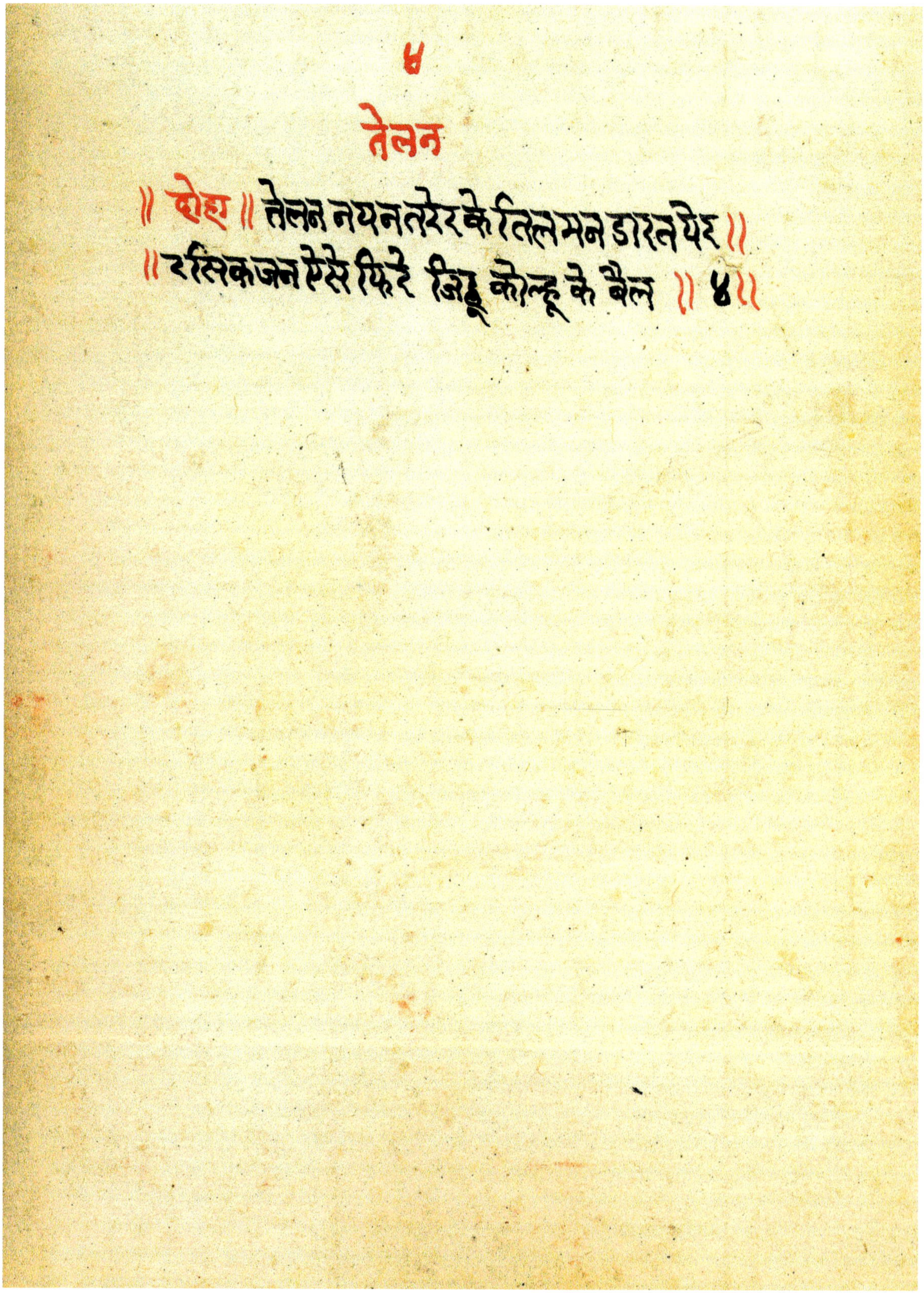

४

तेलन

॥ दोहा ॥ तेलन नयन तरेर के तिल मन डारत पेर ॥
॥ रसिक जन ऐसे फिरे जिहू कोल्हू के बैल ॥ ४ ॥

जातिभेद के लघुचित्र का पृष्ठ भाग

जातिभेद पर आधारित-नटिनी का अष्टगढ़ी में निर्मित लघुचित्र- 19वीं सदी हर्ष दहेजिया संग्रह कनाडा

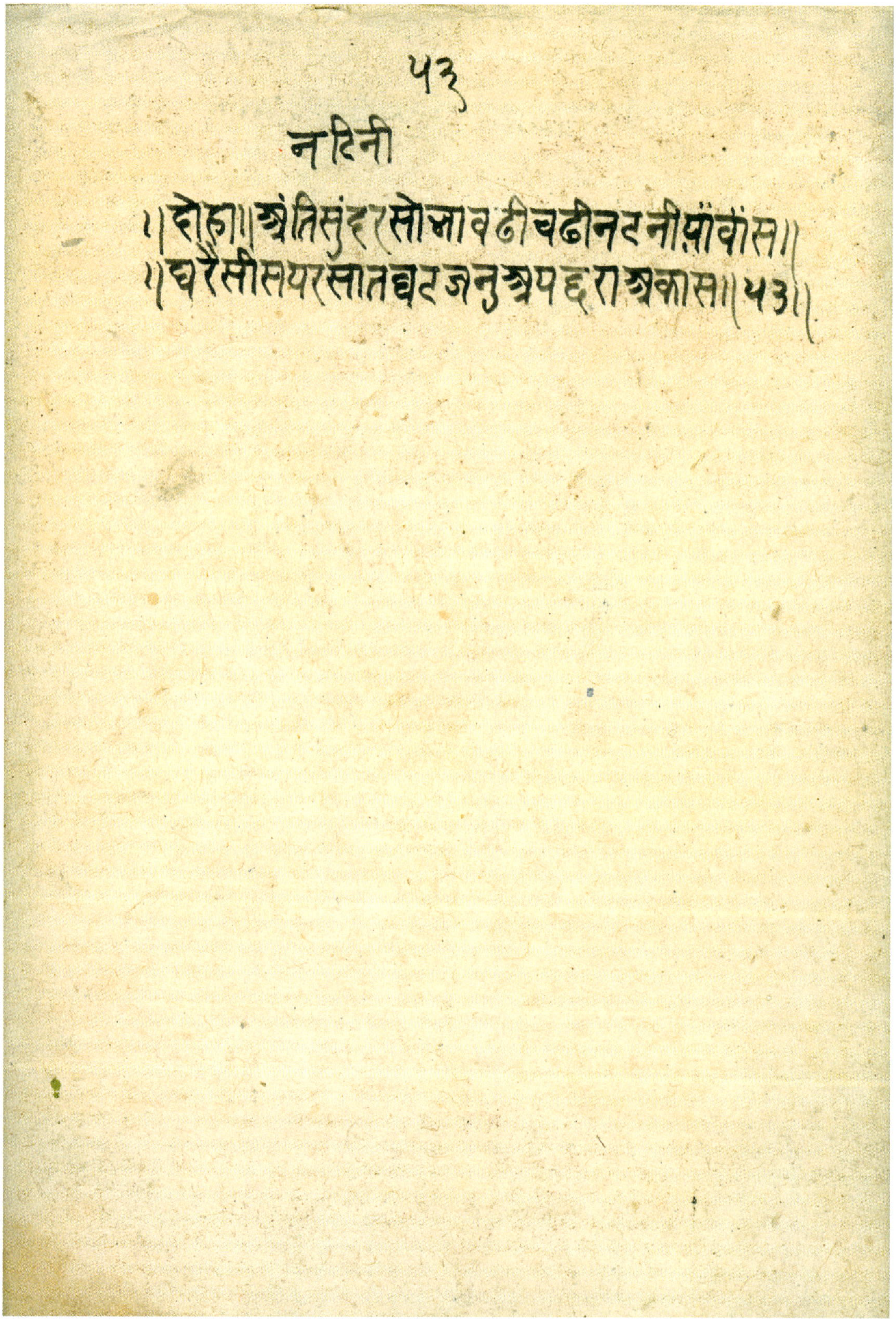
५३

नटिनी

।।दोहा।।अतिसुंदरसोभावढीचढीनटनीआँवांस।।
।।घरैसीसपरसातघटजनुअपछराअकास।।५३।।

अष्टगढ़ी में निर्मित नटनी के लघुचित्र का पृष्ठ भाग

लोकचित्र-बुन्देलखण्ड

शैलचित्र-भीमबैठका -आदि मानव द्वारा निर्मित

बाघ की गुफा की भित्ति पर उत्कीर्ण भित्तिचित्र-चौथी -पाँचवीं सदी

राजदरबारी महिलाएँ - हम्पी-विजयनगर - भित्तिचित्र - 16वीं सदी

बोधिसत्व मैत्रेय - पाल शैली - 12वीं सदी

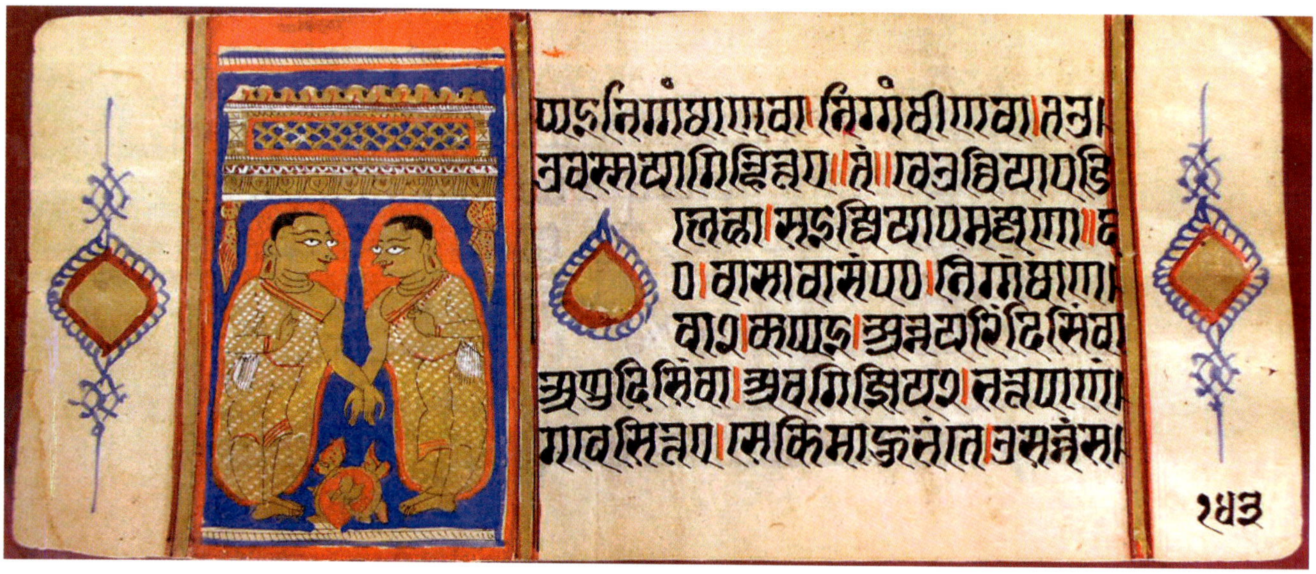

कल्पसूत्र - अपभ्रंश शैली - 15वीं सदी

बालगोपाल स्तुति - अपभ्रंश शैली - 15वीं सदी

पालम भागवत का पृष्ठ-सल्तनत काल - 16वीं सदी

अमरूकशतक - मालवा शैली - 16वीं सदी

फतेहपुर सीकरी का निर्माण - अक़बरकालीन - मुग़ल शैली - 16वीं सदी

वृक्ष पर गिलहरी - जहांगीरकालीन - मुग़ल शैली - 17वीं सदी

सूफी संत - शाहजहांकालीन - मुग़ल शैली - 17वीं सदी

दाराशिकोह - शाहजहांकालीन - मुग़ल शैली - 17वीं सदी

यूरोपीय परिधान पहिने राजकुमारी- प्रोविंशियल मुग़ल- 18वीं सदी

रागिनी आसावरी - दक्कन शैली - 18वीं सदी

बिहारी के दोहे पर आधारित - मेवाड़ शैली - 18वीं सदी

भ्रमित कृष्ण - देवगढ़ शैली - 18वीं सदी

श्रीनाथजी - पिछवई - नाथद्वारा शैली - 19वीं सदी

नायिका - बीकानेर शैली - 18वीं सदी

नायिका - किशनगढ़ शैली - 18वीं सदी

राग वसन्त - बून्दी शैली - 19वीं सदी

शिव पार्वती - जयपुर शैली - 19वीं सदी

राग वसंत - राघौगढ़ शैली - 18वीं सदी

उत्का नायिका - ठिकाणा शैली - उनियारा - 18वीं सदी

वर्षा के बीच राधा और कृष्ण - काँगड़ा शैली - 18वीं सदी

राधा कृष्ण - बसोहली शैली - 18वीं सदी

दावानल पान - गुलेर शैली - 18वीं सदी

विरहणी नायिका - मंडी शैली - 18वीं सदी

नायिका - नूरपुर शैली - 18वीं सदी

गुरु गोविन्द सिंह - सिख शैली - 18वीं सदी

पुरुष राधा, नारी कृष्ण - कालीघाट शैली - 9वीं सदी

इंडियन जे - कम्पनी शैली - 19वीं सदी

देवी सरस्वती - राजा रवि वर्मा का कार्य - 19वीं सदी